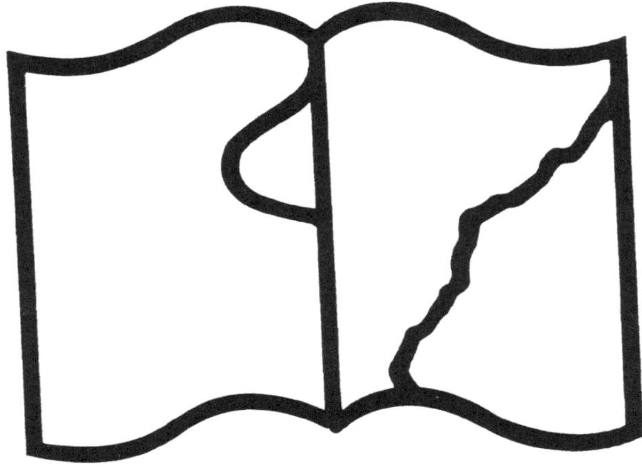

Mis DE LA MAZELIÈRE

LA PEINTURE ALLEMANDE AU XIXe SIÈCLE

Ouvrage accompagné de cent trois gravures hors texte

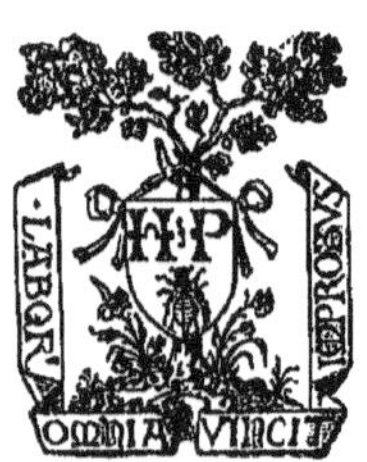

PARIS

LIBRAIRIE PLON

PLON-NOURRIT ET Cie, IMPRIMEURS-ÉDITEURS

RUE GARANCIÈRE, 8

1900

(Conserver la Couverture)

1925

Mis DE LA MAZELIÈRE

LA PEINTURE ALLEMANDE AU XIXe SIÈCLE

Ouvrage accompagné de cent trois gravures hors texte

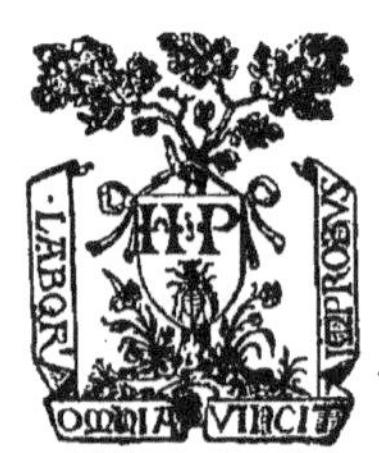

PARIS
LIBRAIRIE PLON
PLON-NOURRIT ET Cie, IMPRIMEURS-ÉDITEURS
RUE GARANCIÈRE, 8
1900

LA

PEINTURE ALLEMANDE

AU XIXe SIÈCLE

Ce volume a été déposé au ministère de l'Intérieur (section de la librairie en juin 1900.

PARIS. — TYPOGRAPHIE PLON-NOURRIT ET Cie, 8, RUE GARANCIÈRE. — 862.

Mis DE LA MAZELIÈRE

LA

PEINTURE ALLEMANDE

AU XIXe SIÈCLE

Ouvrage accompagné de cent trois gravures hors texte

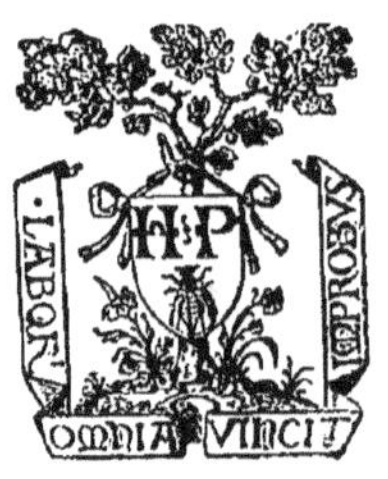

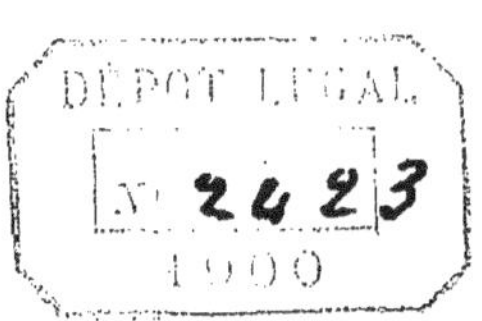

PARIS
LIBRAIRIE PLON
PLON-NOURRIT ET Cie, IMPRIMEURS-ÉDITEURS
RUE GARANCIÈRE, 8

1900

ERRATA

Page 105, ligne 20, lire : *le Mahomet à la Mecque* de A. Müller. Léopold Müller (1834-92) traite le genre oriental.

Lire :

Page 5, ligne 7, « sigisbée ».
Page 5, ligne 17, « nous peignent la Venise du seizième siècle ».
Page 33, (note) « Emilia Galotti ».
Page 57 et 98 « Chriemhild ».
Pages 70, 172, 260, 296, 354, 372, 374 « triptyque ».
Page 77, ligne 25, « Erechtheion ».
Pages 382, 383, « sphinx ».
Pages 88, (note) et 114, ligne 18, « Münchhausen ».
Page 101, (note) Reineke Fuchs ».
Page 119, ligne 34, « Karl Marx ».
Page 279, (note) « Rollin », le président Hénault ».
Page 361, ligne 21, « *Dans le Printemps d'Amour*, une source, que guette un pâtre; en haut d'un rocher couvert de mousse et comme enveloppé de branches fleuries, des amours dansent... »
Page 404, ligne 3, « C'est par esprit d'opposition contre les classiques, par dépit que le public se refusât... »
Page 414, ligne 7, « Knackfuss ».
Page 420, « Oberländer », au lieu d' « Oberlünder ».

GRAVURES

Lire :

Planche 31, Cefalù.
Planche 46, Rübezahl.
Planche 57, L'abbesse de Frauenchiemsee.
Planche 61, Copyright Hanfstängl.
Planche 74, Schönleber.
Planche 88, Au lieu de « Musée », lire « Galerie Nationale » à Berlin.
Planche 93, Phot. Gurlitt.

LA

PEINTURE ALLEMANDE

AU XIXᴱ SIÈCLE

I

L'art d'un pays ou d'une époque nous offre l'une des fidèles images que nous puissions avoir des mœurs comme des croyances de ce pays ou de cette époque : les sujets que les artistes représentent le plus volontiers, ne sont-ils pas les événements, les édifices et les personnages mêmes de leur temps ou les symboles de ses idées et de ses sentiments habituels?

Les peintres allemands du dix-neuvième siècle ont fait plus encore : tandis que les uns voulaient enseigner la foule, les autres cherchaient à lui plaire. Beaucoup sont devenus populaires, on trouve leurs œuvres dans les maisons des pauvres. Sans doute la faveur du public n'est pas toujours allée aux maîtres. Mais pourquoi condamner les peintres qui sacrifient au goût du jour? grâce à leurs efforts, la foule ne se désintéresse pas des artistes et les artistes continuent de s'adresser à la foule (1).

(1) A la fin du dix-huitième siècle, et dans la première moitié du dix-neuvième, les artistes se font surtout connaître de la foule en publiant les gravures de leurs tableaux et des livres illustrés. Ainsi Chodowiecki, *la Bible* de Schnorr, les reproductions des tableaux religieux de l'école d'Overbeck et des tableaux de genre de l'école de Schadow, l'œuvre de Schwind et de Louis Richter. Depuis

*
* *

L'esprit d'un siècle ou d'une race n'apparaît pas seulement dans les sujets que traitent les arts; il apparaît dans leur technique même. De tous les arts, le plus souple est la peinture : à chaque époque elle se propose un but nouveau et cherche des procédés nouveaux, qui lui permettent d'y atteindre. L'idéalisme veut le dessin et la composition et répudie la couleur. Dans un temps qui admire la force, l'élan, la richesse, la joie de vivre, les peintres se plaisent aux tons éclatants. Une école mystique aimera le clair-obscur, une école précieuse les *glacis*. Plus la civilisation se fera matérielle, plus la pâte deviendra épaisse : l'artiste trouvera comme une jouissance à la jeter par plaques ou à l'étaler largement. Enfin, quand la peinture voudra rendre les impressions multiples d'hommes raffinés, elle changera de technique pour chaque tableau, souvent pour chaque partie d'un tableau.

Prenons comme exemple l'évolution de l'école italienne. Les sujets traités sont toujours les mêmes, mais combien la manière de les traiter varie! Et je ne parle pas de l'esprit des peintres ou de leurs sentiments, ni même du dessin anguleux ou ondulant, sobre ou tourmenté, mais seulement de la facture

quarante ans, la photographie a popularisé soit des tableaux comme les œuvres paysannes de Vautier et de M. Knaus et le portrait de la reine Louise de Prusse par Gustave Richter, soit des collections de dessins, faits spécialement pour la photographie : *Galerie de Gœthe, de Schiller, de Heine, de Freytag, de Wagner, des opéras célèbres*. Le plus populaire des peintres allemands a été sans contredit Guillaume de Kaulbach; l'illustration du *Reineke Fuchs* et les *Héroïnes de Gœthe* sont connues de tous. Parmi les peintres impressionnistes, plusieurs commencent à se faire aimer de la foule : ainsi MM. Böcklin, Hans Thoma, Klinger, Stuck, Schneider et Vogler de Worpswede.

Comme M. Jules Breton le fait observer avec justesse dans son livre *Nos peintres Français du siècle*, il est rare que les grands artistes peignent les événements de leur temps ou que les œuvres qui reproduisent ces événements soient leurs chefs-d'œuvre. Ainsi le véritable peintre de la Révolution Française n'est pas David mais Delacroix; et, si 1848 produit une réaction dans la peinture, cette réaction n'apparaît pas dans les tableaux politiques mais dans les paysages et dans la peinture de paysans. De même, en Allemagne, 1830 produit la peinture de la philosophie de l'histoire; 1848 et la peinture de paysans et la peinture des coloristes. L'art et la technique marqueraient donc mieux l'esprit d'un temps que les sujets mêmes.

de la couleur, de la pâte. Chez les Primitifs, des fonds d'or, des tons crus posés l'un près de l'autre avec un trait seulement pour les séparer, les procédés les plus simples, qu'il s'agisse de fresques ou de tableaux peints à la détrempe. Et cette simplicité de Giotto nous dit Saint-François d'Assise, son maître céleste, comme Dante son ami. La manière sèche de Mantegna nous fait comprendre le caractère rude des hommes du quinzième siècle, tandis que, avec ses fines couleurs, ses fonds bleus dégradés, le Pérugin nous révèle leurs rêves mystiques et que dans les teintes violettes de Botticelli, ses chairs transparentes, ses ors travaillés de main d'orfèvre, nous apparaît leur naïve préciosité. A la fin du quinzième siècle, la peinture à la détrempe tombe en désuétude, l'huile permet aux maîtres de rendre tous les effets de l'art par toutes les virtuosités du métier. Léonard est un curieux : sans cesse il change et sa facture, et sa pâte, et les tons de sa palette ; ce qu'il sait, ce qu'il peut, ne l'intéresse plus. De ses expériences, beaucoup sont malheureuses : ses tableaux écaillés perdent leur éclat, mais leur délabrement leur donne ce charme du mystère, qui convient à son génie. Car Léonard est aussi un curieux de l'âme humaine, et le clair obscur où, dans ses œuvres, se fondent les formes du corps, les traits du visage, nous montre qu'en sondant la réalité, il trouve partout le mystère.

Tandis que Michel-Ange devient le maître de la fresque, l'art du tableau atteint son apogée avec Raphaël et Titien ; ils étudient toutes les écoles, Raphaël s'approprie la manière de toutes. L'un ou l'autre ne donne jamais un coup de pinceau sans savoir l'éffet qu'il obtiendra. Titien prétend que l'on pourrait peindre avec trois couleurs, le noir, le blanc et le rouge. Mais déjà le Corrège inquiet cherche toujours l'imprévu. Chez lui, point de grandes lignes, point de contrastes francs : des gris de plus en plus clairs unissent les noirs aux blancs, et les blancs sont dorés, et la pâte est épaisse, et, comme les corps tourmentés ne peuvent se comprendre sans le mouvement, les couleurs indépendantes, scintillantes, aveuglantes supposent les vibrations de la lumière. Au calme des classiques a succédé l'agitation fiévreuse de l'art moderne ; et la *morbidesse* des chairs, les couleurs fondues, glacées dans un émail, annoncent la délicatesse conventionnelle, que la société gardera toujours.

Après le Corrège, l'art semble hésiter. Le Parmesan, Daniel de Volterre, Jules Romain voudraient copier la manière de leurs maîtres, cependant que le Soddoma crée à Sienne un style efféminé, qu'avec le Tintoret et Véronèse l'école Vénitienne devient une école de décoration. Et cette hésitation fait bien comprendre l'esprit d'une époque trouble et débauchée, qui de la grande époque n'a gardé que les vices mais plus efféminés, et les crimes mais plus perfides.

Depuis 1559, l'histoire de l'Italie présente un caractère différent : les guerres civiles cessent ; les invasions étrangères, devenues rares, ne ravagent plus que le Nord. Au régime municipal succède la monarchie absolue, sous la tutelle de l'Espagne ou de l'Autriche. La société recouvre une hiérarchie, des lois et des mœurs policées. L'Église aussi se transforme ; le Concile de Trente a fixé le dogme et la discipline ; les grands ordres religieux, nouvellement fondés ou réformés, prêchent l'obéissance et la dévotion mystique ; ils introduisent l'usage de figurer des « Mater Dolorosa » et des têtes du Christ couronné d'épines.

Avec la société, l'art se soumet à l'ordre nouveau, il devient éclectique chez les Bolonais, les Carraches savants et consciencieux ; le Guide souple et fin, comme il convient au peintre de seigneurs spirituels et de grandes dames délicates ; l'Albane voluptueux, le Dominiquin mystique et dur. Longtemps on tient la *Communion de saint Jérôme* pour le plus beau tableau de Rome après la *Transfiguration* ; c'est assurément une œuvre représentative dans le sens qu'Emerson donne à l'expression ; pleine d'effet malgré la sécheresse et la convention, la facture même y montre qu'entre l'époque de la *Transfiguration* et celle de cet art nouveau, le Concile de Trente a changé la constitution de l'Église et l'établissement de la monarchie absolue celle de la société. Puis, dans l'Italie en décadence c'est un art de décadence. Seuls, les naturalistes se montrent originaux : le Caravage, Salvator Rosa, Ribera ; leur coup de pinceau rude, leur pâte épaisse, leur facture brutale semblent protester contre la mollesse environnante. Chez les élèves des Carraches, les *glacis*, la surface lisse, l'usage monotone du clair-obscur trahissent l'imitation de l'imitation ; l'on pense aux salons où tous les soirs, le même galant Sigisbé redit le même compliment banal à la même dame, qui, souriante sous le fard, s'évente. Toute l'imagination du temps est chez les décorateurs : dans leurs œuvres, nous trouvons la facilité, des coups de pinceau donnés comme au hasard, à défaut d'inspiration la maîtrise du métier, ce que les Italiens appellent le *brio*. Et le premier des grands décorateurs, Pierre de Cortone est du moins un artiste d'une verve prodigieuse, et le dernier, Tiepolo, un maître de la couleur. De même que la pompe de Véronèse et ses tons argentés nous peignent la Venise du quinzième siècle, où l'éclat des fêtes, la dignité des manières cachent mal de sauvages passions, ainsi la pâte plus grasse du Tiepolo, ses couleurs plus fondues, sa facture plus *morbide* nous représentent les mœurs faciles du dix-huitième siècle et ses voluptueuses élégances, ces fêtes du carnaval, où sur les eaux, lourdes de reflets, les gondoles se pressent entre les palais antiques, portant les rois détrônés du *Candide*, les princes ambitieux, qui évoquent des fantômes comme *le Visionnaire* de Schiller.

Et l'on pourrait ainsi suivre l'histoire de chaque école, montrer que pour rendre les yeux en amande, les ovales fins des Valois, il faut la couleur sèche, la manière précise des Clouets. Peints par Rubens, François Ier, Henri II, Henri III ne sembleraient plus des princes raffinés jusque dans leurs débauches, mais des soudards ou des fous. Seul, le style de Philippe de Champagne convenait au génie précis de Richelieu, au christianisme austère de Port-Royal. L'art de Rigaud a la roideur solennelle du grand siècle, celui de Watteau la galanterie de la Régence, celui de Boucher les grâces banales du temps de Louis XV. Mais, dans le même temps, Chardin plus sobre, dit le retour à la simplicité antique; Greuze avec sa pâte tendre, la mollesse sentimentale d'une société qui va finir. Tandis que la facture conventionnelle et charmante de Mme Vigée Lebrun convient aux dernières grandes dames, le dessin classique et le naturalisme de David réussissent à rendre les visages énergiques des hommes de la Révolution. Aux héros de l'épopée impériale, il faut le style plus emphatique, la couleur plus vive de Gros et de Gérard; aux romantiques, les peintres romantiques; aux hommes de 1830, Ingres et Delaroche; au second empire, Cabanel, Meissonier et Léon Cogniet. Pour peindre la France contemporaine, à la fois centralisatrice et révolutionnaire, amoureuse et craintive de tout changement, les talents les plus divers doivent s'employer depuis M. Bonnat et M. Benjamin Constant jusqu'à M. Roll et M. Besnard.

Ainsi, plus que les sujets toujours volontairement choisis, la technique inconsciente révèle le génie d'une époque ou d'un pays; et la facture, plus inconsciente encore trahit le caractère même de l'artiste.

Le coup de pinceau d'un peintre est comme son écriture. L'idée, la composition, le choix du sujet, la manière de le comprendre, la couleur, la qualité de la pâte appartiennent surtout à l'école; le coup de pinceau, c'est le peintre même; on ne pourrait l'imiter sans faire un faux. Mais, comme toutes les écritures d'un temps présentent des caractères communs, toutes les factures d'un temps se ressemblent, montrant une génération d'artistes timides ou hardis, scrupuleux ou faciles à se contenter, calmes ou nerveux, volontaires ou bons enfants, ascétiques ou sensuels.

Sous le rapport de la technique, l'étude de l'école allemande au dix-neuvième siècle présente un intérêt particulier; répudiant tous les maîtres du siècle précédent, elle s'essaie dans le carton, puis aborde la fresque. Les premiers tableaux de chevalet ont encore le style de la fresque; progressivement l'art trouve la couleur, puis la pâte, enfin tous les effets du naturalisme et de l'impressionisme. Sans doute les premiers peintres s'inspirent et de Dürer et de Raphaël et des Préraphaélites tandis que leurs successeurs imitent des écoles restées fidèles aux traditions et plus avancées dans la technique, surtout la France et la Hollande. Mais à chaque époque les peintres allemands se donnent librement leurs maîtres, par suite leur admiration pour tel ou tel maître rend plus distinctes encore les tendances artistiques de l'époque.

L'évolution de l'art allemand nous apprend ainsi l'évolution même de l'Allemagne : idéaliste, au temps des fresques pâles, qui représentent des sujets classiques ou religieux ; hésitante dans la pratique mais pleine du rêve du progrès, alors que les fresques plus colorées et les grands tableaux de chevalet exposent la philosophie de l'histoire ; de plus en plus réaliste, quand le tableau, de pâte grasse et de tons éclatants, abandonne l'histoire, d'abord pour le genre historique, ensuite pour les genres ; d'un réalisme toujours plus individualiste, quand le naturalisme veut rendre toute la vie moderne et l'impressionnisme tous les sentiments de l'âme moderne.

II

Comme dans son art nous trouvons la fidèle image d'une nation, ainsi l'esprit de cette nation nous explique son art. S'il est certains sentiments de l'Allemagne contemporaine, que seule sa peinture nous fait bien saisir, de même pour comprendre l'évolution de la peinture allemande il nous faut nous rappeler les caractères de l'art allemand dans tous les temps, et ceux de l'art en Europe au dix-neuvième siècle.

Les caractères de l'art allemand peuvent se ramener à celui-ci : l'opposition de l'idéalisme et du réalisme. Ni l'idéalisme, ni le réalisme n'est particulier à l'Allemagne ou même aux races du Nord ; mais il leur est particulier de ne pas chercher à les concilier. Gœthe, le grand classique, le tente seulement dans quelques œuvres imitées de l'antique, ses *Élégies*, son *Hélène* et son *Iphigénie*. Dans le *Faust*, dans *Egmont* nous voyons, comme dans Shakespeare, des scènes sublimes entre des scènes trivales ou même grossières. Tout au contraire, les artistes de la Grèce et de l'Italie s'efforcèrent toujours de fondre dans leurs œuvres l'idéal et le réel. Le réalisme de Phidias vaut celui d'aucun sculpteur du Nord ; la frise du Parthénon représente de jeunes Athéniens montés sur des chevaux de l'Attique, rien de plus. Hommes et chevaux sont sculptés avec une exactitude scrupuleuse, mais, grâce à la perfection de la facture, à la pureté des formes, au calme de la composition, les figures naturelles deviennent des figures idéalisées, dignes de servir de modèle à l'art de tous les temps. D'autre part, aucun sculpteur du Nord ne s'inspira de l'idéal autant que Michel-Ange. Les quatres statues du tombeau des Médicis, le *Pensieroso*, le *Moïse*, sont des symboles ; mais chez lui le symbole prend corps, il devient un être de chair et d'os, vivant de sa vie propre, tel le Zeus ou l'Aphrodite d'Homère. Or, que l'artiste donne l'apparence de la vérité à des songes ou qu'il anoblisse les formes vues dans la nature d'après les formes qu'il a rêvées, cette union de l'idéal et du réel est proprement ce qu'on appelle la beauté.

L'art du Nord, qui traite séparément l'idéal et le réel, n'essaie donc pas de produire le beau. Son originalité ne proviendrait-elle que de son impuissance? il ne saurait donner ni une forme idéale à la réalité, ni une forme réelle aux songes de l'idéal?

L'histoire de l'Allemagne semblerait d'abord le faire croire. Comme le soleil et les riches plaines du Midi fascinèrent les barbares, puis les soldats des empereurs, ainsi tous les grands artistes de l'Allemagne, ceux d'autrefois et ceux d'aujourd'hui, ont voulu se former en Italie; et tout d'abord l'Italie a paru leur faire oublier leur caractère propre et l'art de leur pays. Plusieurs causes expliquent cette attraction. La première est la jouissance de vivre dans un climat doux après avoir connu les rudes hivers du Nord ; beaucoup de ces artistes amoureux de l'Italie avaient d'ailleurs une santé délicate. La seconde cause est le prestige d'une civilisation plus ancienne; puis aucune époque a-t-elle égalé la sculpture de la Grèce et la peinture de la Renaissance italienne? Mais l'influence de l'Italie n'a pu changer le génie des maîtres allemands. Ils ont continué de donner des œuvres purement idéales et des œuvres entièrement réalistes. Ainsi Dürer, ainsi Böcklin, ainsi les chefs de la jeune école impressioniste.

Les peuples du Nord exposent moins éloquemment que ceux du Midi les idées abstraites mais ils ont l'esprit plus précis; leur geste est sobre et leur conversation ne connait pas l'emphase. Si les Allemands se plaisent à classer, les Anglais évitent de généraliser; la manière dont les Français composent leurs livres les trouble au lieu de les aider; ils trouvent une sorte de mensonge à ne pas présenter les choses dans leur ordre naturel. C'est donc volontairement que les peuples du Nord ont tenu à donner dans leur art une image fidèle de leur vie, et l'on ne saurait les en blâmer, puisque leur conception naturaliste triomphe aujourd'hui dans tous les pays.

Il semblerait moins facile d'expliquer pourquoi ces peuples d'esprit réaliste n'ont pas revêtu leurs symboles d'une forme plus nettement concrète. Toutes les créations de Michel-Ange sont vivantes; Dürer n'a donné qu'une forme vivante d'une idée abstraite, la *Mélancolie*. Chez lui, chez Holbein, chez tous les idéalistes allemands, le péché, la vertu, la douleur sont restés des symboles.

Pour répondre à cette question, il faut se rappeler les sujets que l'Allemagne traite le plus volontiers, ce sont la religion, l'amour et la mort.

Le plus souvent les peintres du Nord représentent les scènes de la Bible ou de la vie des Saints, comme des scènes de la vie quotidienne dans un de leurs villages. S'inspirent-ils au contraire de l'idéal, ils deviennent mystiques. Déjà Tacite écrivait des Germains : « Ils croiraient insulter à la grandeur des dieux en les enfermant dans des temples ou en les représentant sous une forme humaine : ils consacrent des bois et donnent le nom de dieux à ce qu'ils adorent sans le voir (1). ».

Aussi, tandis que les Grecs et les Latins trouvent le divin dans la beauté, dans le fini, les Allemands le cherchent dans l'infini, Hartmann et Wagner disent même dans l'inconscient. Pour eux comme pour les Indiens, l'origine de la religion est dans le sentiment. S'il s'applique à l'homme, le sentiment religieux s'appelle la pitié. S'il s'adresse à Dieu, on le nomme la prière.

La philosophie allemande comprend la pitié comme le panthéisme de la douleur. Schopenhauer exprime bien cette pensée, quand il montre Ulysse pleurant sur ses propres malheurs : rien, dit-il, n'est aussi grand que la pitié désintéressée de soi-même. Au moyen-âge, la sainte populaire de l'Allemagne est Élisabeth de Thuringe. Les plus vieux tableaux qui la représentent, n'éveillent pas en nous l'idée de la charité faite par devoir, ou pour secourir les misérables ; Sainte Élisabeth y semble aimer la misère et la souffrance mêmes. Sa pitié s'étend au monde entier, parce que, tout entier, le monde est douleur.

Terrestre, la religion de l'Allemagne admet l'union de l'homme avec tous les êtres par la pitié. Mystique, elle admet l'union de l'homme avec Dieu par la prière, plus encore, la confusion de l'homme et de Dieu, Dieu repris dans l'homme, suivant l'expression des théologiens protestants. Pour comprendre le mysticisme des Allemands, il importe de comparer leur art religieux avec celui des Espagnols. Dans les tableaux de Murillo, le saint ou le donateur a toujours une

(1) Le pantheisme des Allemands se rapprochant de celui de l'Inde, cette page de M. Vacherot servira à faire comprendre combien leur idéalisme diffère de celui des Latins : « Alors j'ai essayé de traverser la scène mobile du monde pour pénétrer jusqu'au fond immuable, au principe inépuisable de la vie universelle. Mais, ce Dieu vivant, que d'imperfections, que de misères il étale, si je regarde dans ce monde son acte incessant ! Et, si je veux le voir en soi et dans son fond, je ne trouve plus que l'être en puissance sans lumière, sans couleur, sans forme, sans essence déterminée, abime ténébreux où l'Orient croyait contempler la suprême vérité et où l'admirable philosophie grecque ne trouvait que chaos et non-être. Mon illusion n'a pas tenu contre l'évidence, contre la foi du genre humain. Dieu ne pouvait être où n'est pas le beau, le pur, le parfait ».

vision. Portée sur les nuages, où des anges se jouent dans la lumière, la Vierge au doux visage, aux grands yeux noirs, descend sur la terre pour récompenser son serviteur fidèle. Et son sourire dit l'amour, et voici même que, jaillissant de son sein découvert, le lait de la grâce inonde Saint Bernard, dont le rude visage semblerait celui d'un inquisiteur. L'enfant Jésus repose entre les bras de Saint Antoine, et, tandis que ses petites mains le caressent, sa joue se presse doucement contre celle du Saint.

Au contraire, dans l'*Homme de douleur* de Dürer, dans la *Madone* d'Holbein, les personnages célestes ne paraissent pas voir les fidèles agenouillés. La piété du tableau est tout entière dans le visage du donateur. Cette religion purement subjective fait pressentir Schleiermacher enseignant que les dogmes sont des états d'âme. Le mysticisme de Dürer est celui du panthéiste Böhme ; le mysticisme de Murillo est celui de Ste-Thérèse.

Comme dans la religion, l'art allemand ne veut pas dans l'amour confondre l'idéal et le réel. De tous temps, il a représenté la débauche : nous trouvons des noces de ribaudes dans les vieilles *Danses des morts*, chez les Flamands, chez les Hollandais, et de nos jours encore dans les œuvres de nombreux peintres humoristiques, dont le plus connu est M. Diez.

Mais longtemps la peinture ne semble pas digne de représenter l'amour idéal. Le vieux sentiment n'a pas disparu, que signale Tacite : les Germains croient qu'il existe chez la femme un principe saint et prophétique. Or les Allemands ont lontemps porté sur l'art le jugement que Hegel a plus tard précisé : l'art se purifierait dans la musique, qui serait sa forme la moins matérielle : il atteindrait son apogée dans la poésie, la matière faite esprit. Et, pour le chef-d'œuvre de la poésie, Hegel donne le *Roi de Thule* de Gœthe : afin d'exprimer l'affection de toute sa vie, le vieux prince jette son gobelet dans la mer et meurt sans prononcer une parole.

Aussi, tandis que la poésie allemande du moyen âge produit le *Tristan*, l'œuvre passionnée de Godefroy de Strasbourg, l'art allemand peint la débauche et n'ose pas figurer le sentiment idéal. Le quinzième siècle a bien produit deux planches que l'on connaît sous le nom de *Jardins d'amour* mais, comme l'art bourguignon qui les inspire, ces planches ne montrent que la galanterie.

Depuis le romantisme au contraire, la passion devient pour les peintres un sujet favori. D'abord ils ne connaissent que l'amour pur, comme le comprend Ary Scheffer qui s'inspire de l'école allemande. L'on fait un crime à Kaulbach de représenter des nudités désirables. Mais l'école de Piloty, formée par l'étude des anciens maîtres flamands et vénitiens, s'est plue à peindre des corps de femme : la chair nacrée de leurs muscles sans rudesse semble à Makart la plus belle des couleurs. Les symbolistes modernes traitent aussi le nu, mais, loin d'y chercher la grâce, ils n'en aiment que la brutalité.

Plus encore que dans les tableaux inspirés par l'amour, l'opposition de l'idéal et du réel se marque dans les œuvres que les Allemands consacrent à la mort.

Sans doute bien des fresques du moyen-âge italien figurent des scènes macabres ; le Nord n'a rien produit de plus saisissant que les cavaliers du Campo-Santo de Pise, dont les chevaux hennissant s'arrêtent devant des cercueils. Mais c'est la religion chrétienne qui révèle à l'Italie ce contraste violent entre les douceurs de la vie et la hideur de la mort ; il n'est pas dans l'esprit de la race gréco-latine. Gœthe dit justement : « Le païen ornait de vie les sarcophages et les urnes. L'abondance y vainc la mort ; dans sa prison solitaire, la cendre paraît encore se réjouir de la vie ». Une pensée si naturelle aux Italiens que, dans leurs cimetières, nous voyons le plus souvent des images douces et même gaies, fréquemment des images tragiques, rarement une image pénible.

Naturaliste, l'art allemand se plaît à figurer des squelettes. Gœthe lui-même écrit cette ballade hideusement poétique, où le sonneur disparaît dans la tombe avec le squelette dont il vole le suaire. Dans le mythe du Nord, l'âme des morts n'a pas la résignation farouche des esprits d'Homère, ou la sérénité des ombres de Virgile. Du moins les spectres de Banco et du père d'Hamlet ne cherchent-ils que la vengeance, mais, dans la ballade de Bürger, l'amant de Lénore, tué pendant la guerre, vient la prendre pour l'entraîner dans son tombeau.

Idéaliste, l'art allemand figure la Mort même. Tandis que les fantômes sont impitoyables, la Mort se montre tour à tour bonne ou mauvaise, compatissante ou cruelle; farouche quand elle apparait au milieu des fêtes, doucement souriante quand elle se penche sur le lit de la douleur.

Ainsi le génie de l'Allemagne ne cherche pas dans l'art cette union de l'idéal et du réel, que nous appelons la beauté, et ce n'est point par impuissance de découvrir la beauté, c'est pour trouver, avec un rigorisme protestant, que la beauté fausse le réel en le faisant plus vague et rabaisse l'idéal en voulant le préciser.

Peu d'œuvres allemandes montrent, il est vrai, le pur esprit allemand ; la plupart trahissent une influence étrangère.

Bien des races, se mêlant à la race germanique, ont contribué à transformer son caractère. Une civilisation en a renouvelé l'esprit, la civilisation latine ; elle a modifié la langue, les mœurs, les institutions. Pendant des siècles les Allemands ont reconnu l'autorité du pape et dix-sept millions d'entre eux appartiennent encore à l'église catholique. Les Césars germaniques se prétendaient les héritiers des empereurs d'Occident, leur héritier portait le titre de *roi des Romains*. Dans la législation allemande, la part du droit romain l'emporte sur celle du droit germanique; la conception de l'État prussien est celle même de l'État romain ; et c'est de Rome que s'inspirent ceux qui veulent l'omnipotence de l'État comme les hégéliens et les socialistes. Par sa méthode, son goût de la classification et de la dialectique, la philosophie allemande, surtout celle de Hegel, est une philosophie latine. L'on pourrait même dire que mieux qu'aucun pays latin, l'Allemagne représente aujourd'hui certaines facultés de l'esprit latin.

Cette influence se manifeste aussi dans l'art. Avec son art propre, qui cherche à symboliser l'idéal d'une manière à peine concrète et figure le réel tel qu'il est, l'Allemagne possède un art latin, amoureux de la composition et des formes classiques, amoureux surtout de la beauté. Sans cesse, nous voyons se combattre la tradition allemande et la tradition latine ; et cette lutte a contribué à l'évolution de l'art allemand du dix-neuvième siècle.

Pour juger de l'art d'un peuple il faut comme la race connaître le pays. L'Allemagne se divise en quatre parties principales : le bassin du Rhin, le Nord-Est, le Sud et les États Autrichiens. Chacune de ces régions a son centre artistique : dans le nord, Berlin ; sur le Rhin, Cologne, puis Dusseldorf; dans l'Allemagne orientale, Vienne ; dans l'Allemagne du Sud, Munich ; et chaque centre représente, avec certaines qualités particulières de l'esprit allemand, une influence étrangère différente.

Situé dans une région où vivent plusieurs millions de catholiques, Dusseldorf est voisin de Cologne aux nombreuses églises et du cours héroïque du Rhin. Aussi l'école de Dusseldorf sera-t-elle d'abord catholique, romantique et mystique. Puis l'influence de la Belgique et de la France lui donnera le goût de la peinture d'histoire et du genre. Enfin, grâce à l'esprit facile et plaisant de l'Allemand des bords du Rhin, le genre y deviendra volontiers humoristique.

A Berlin, nous trouvons l'homme du Nord, travailleur et rude. Pied à pied il a dû conquérir un pays de sable et de marais ; et sa conquête est si précaire qu'après chacune des grandes guerres, il lui faut recommencer tout le travail, comme si le sol fût resté en friche. D'où, chez lui, l'énergie, le sens pratique, l'économie, la simplicité, le positivisme brutal.

D'autre part, Berlin est la capitale de la monarchie prussienne, centralisatrice, bureaucratique et militaire. Tout y semble convention et Treitschke peut dire de l'écrivain Gutzkow :

« C'était un vrai Berlinois, ne sachant rien de la nature, tout raison, tout éducation; la passion même prenait chez lui un tour doctrinaire. Plus tard Gutzkow s'efforça bien de voir, de vivre, de sentir. En vain. Il lui resta de s'être formé dans une grande ville où le peuple lui-même ne connaissait pas de pire injure que celle d'homme inéduqué; une grande ville, où, dès le premier âge, les enfants se persuadaient devant les cages de leur ressemblance avec les singes mais n'avaient que rarement ou même jamais vu un troupeau de bœufs allemands. Toujours spirituel, Gutzkow était incapable d'exprimer simplement une idée simple ».

De l'opposition des deux esprits, naît le don d'observation, cet humour amer, qui se retrouve dans toutes les œuvres prussiennes. De plus, Berlin subit l'influence de la Russie et des pays Scandinaves. Son art sera donc tour à tour conventionnel et naturaliste : l'État y protégera les écoles classiques; les artistes indépendants y chercheront la vigueur ou même la brutalité.

Munich, c'est l'Allemagne du Sud, au climat moins rude, au sol plus riche, aux mœurs plus douces; c'est aussi le catholicisme et l'Italie proche. Dans le moyen-âge, au temps de la Renaissance, la Bavière cultive déjà les arts, elle produit Pierre Vischer, Adam Krafft, Holbein et Dürer ; les deux premiers de ces artistes s'inspirent de l'Italie, les deux autres se mettent à l'école des maîtres italiens : il est certain tableau d'Holbein, le portrait de Moretto, que l'on a tenu longtemps pour un Léonard. Peu de monuments de Munich sont proprement allemands. La Renaissance y rappelle l'Italie, le dix-septième et le dix-huitième siècles la copient directement. Klenze construit des palais grecs, romains et italiens. Enfin c'est un Italien, Piloty, qui fonde l'école de peinture, en conseillant l'étude des anciens maitres italiens. Et cette école devient une école internationale.

Comme Munich catholique et sous l'influence de l'Italie, Vienne est de plus, pendant des siècles, le poste avancé de l'Europe en Orient ;en 1683, les Turcs l'assiègent encore. Tchèques, Polonais, Hongrois, les Chrétiens des provinces balkaniques reconnaissent longtemps Vienne pour leur capitale; de leurs pays encore barbares, ils y apportent la pompe, les costumes, même un peu des mœurs de l'Orient, et Vienne est aussi la résidence des Césars : pendant des siècles ce nom de César éveille en Europe et surtout en Allemagne le souvenir de la grandeur romaine. Enfin, de 1815 à 1848, Vienne devient la capitale de l'élégance, et même après 1848, il reste la ville la plus aristocratique. Cependant Vienne n'est jamais un centre pour les peintres, comme longtemps il l'est pour les compositeurs et le devient plus tard pour les architectes. Vienne n'a produit qu'une seule école de peinture, une école de genre. Mais, quand Munich crée, de 1860 à 1880 l'art des coloristes, Vienne porte cet art à son apogée.

Ces quatre centres ne sont pas les seuls de l'Allemagne. Dresde, Hanovre, Hambourg, Carlsruhe, Stuttgard, Leipzig, Francfort, cultivent aussi la peinture. Mais seules les quatre grandes écoles représentent des facultés durables de l'esprit allemand. Et leurs tendances font déjà pressentir le rôle qu'elles ont joué. Au temps de l'idéalisme, l'influence appartient à Dusseldorf, au temps des coloristes, c'est à Munich et à Vienne, au temps des naturalistes, à Berlin.

Tels sont les caractères de l'art allemand, mais, pour comprendre son histoire au dix-neuvième siècle, il faut connaître aussi les aspirations de l'art moderne. Nous regardons le dix-neuvième siècle comme une époque de troubles, d'inquiétude et de changements. Sans doute l'évolution est la loi même de toute société, mais certaines époques nous montrent la transformation plus rapide ou du moins plus apparente d'une institution ou d'une qualité de l'esprit ou d'un sentiment pris en particulier. Telle fut, sous le rapport du mouvement intellectuel, la seconde moitié du dix-huitième siècle, et, sous le rapport du développement économique et social, la seconde moitié du dix-neuvième.

Ces troubles, ces changements du dix-neuvième siècle, ne

pourrait-on pas les expliquer tous, en disant que, depuis quatre-vingts ans, la conception de la vie s'est faite de plus en plus réaliste? Sans doute, l'histoire ne permet pas de décider si cette conception réaliste est le résultat de causes accidentelles ou si elle a pour cause l'évolution même de l'esprit humain. Mais il semblerait qu'après avoir longtemps rêvé de l'idéal, l'Europe voulût maintenant s'absorber dans la recherche de découvertes pratiques et la poursuite de profits immédiats. Ainsi chez l'homme nous trouvons l'idéalisme dans la jeunesse et le réalisme dans l'âge mûr. L'Europe connaîtra-t-elle ce retour à l'idéalisme, qui d'ordinaire est le propre d'une vieillesse sereine?

Jamais l'évolution de l'idéalisme au réalisme ne s'est produite aussi nettement qu'au dix-neuvième siècle. L'époque précédente ne s'intéressait qu'aux idées générales. Aucune n'en conçut autant et de si fécondes. Alors parurent les grands systèmes scientifiques, depuis celui de Newton jusqu'à ceux de Laplace et de Lavoisier; la philosophie se transforma dans le mouvement qui, commencé avec Locke et Leibnitz, finit avec Kant. Alors l'Angleterre établit le régime parlementaire et la France posa tous les principes de la Révolution. Tandis que Winckelmann renouvelait l'art et fondait la véritable critique avec la véritable archéologie, Voltaire, Gœthe et Schiller créaient la tragédie moderne; Diderot et Lessing le drame bourgeois; Richardson, l'abbé Prévost et Gœthe le roman de mœurs et le roman psychologique; Rousseau, Klopstock, Macpherson, Bürger inauguraient le romantisme. Le premier pour les découvertes techniques et l'un des premiers pour l'art et la littérature d'imagination, le dix-neuvième siècle apparaît dans son ensemble comme dépourvu d'originalité intellectuelle; il n'a pu que développer les idées trouvées à la fin du siècle précédent.

Par contre, le dix-neuvième siècle a tiré toutes les conséquences pratiques des principes posés tant par les sciences physiques que par les sciences sociales; puis, dans la psychologie et la morale, il a rendu au sentiment et à l'instinct la part que leur refusait le rationalisme. A la philosophie de la raison il a substitué la philosophie des forces.

Les premières années du dix-neuvième siècle sont celles du romantisme : unissant l'esprit du temps qui finit à l'esprit de celui qui commence, il cherche encore les idées générales mais corrige le rationalisme par le sentiment. Puis du romantisme au naturalisme, de Chateaubriand et de Lamartine à Zola et à Maupassant, de Schiller à G. Hauptmann, de David et de Cornélius aux peintres impressionnistes, de Kant à Nietzsche, des *lakistes* à Rudyard Kipling, l'évolution est décisive. Et de cette évolution, nous pouvons commodément marquer les étapes par les événements de notre propre histoire. Après l'époque romantique (de 1815 à 1830), celle de la bourgeoisie libérale de 1830 à 1848 ; la période révolutionnaire de 1848 ; puis le second empire, la politique des nationalités, les grandes guerres, la formation de l'Allemagne et de l'Italie ; enfin l'époque moderne, époque de paix, signalée par les progrès de tous les peuples dans le commerce et l'industrie et l'expansion coloniale.

L'Allemagne est le pays où l'on peut le mieux étudier cette évolution. La seconde moitié du dix-huitième siècle forme avec les premières années du dix-neuvième la plus belle période de son histoire littéraire et philosophique ; et la littérature, la philosophie sont alors idéalistes. Dans le même temps l'Allemagne, partagée entre des États ennemis, est plus misérable que l'Italie et que l'Espagne. Aujourd'hui, la philosophie a perdu tout crédit, la littérature n'a pas retrouvé son ancienne gloire, mais le pays est puissant et la richesse ne cesse de s'y accroître.

Et de tous les arts, l'art allemand est celui qui marque le mieux cette évolution de l'idéalisme au réalisme car son esthétique relève de la philosophie. Si, après Cornélius et les Nazaréens, l'Allemagne a toujours suivi le mouvement artistique des autres pays, elle eut plus nettement conscience des tendances de chaque époque, et seule elle sut en formuler la théorie. La peinture allemande nous montre ainsi l'évolution de l'Allemagne et de l'Europe tout entière. D'abord l'art cherche la beauté idéale, puis c'est la beauté relative, telle que nous la trouvons seulement dans certaines scènes de l'histoire ou de la vie quotidienne ; la recherche de la beauté est ensuite abandonnée pour celle de la vérité : à la peinture historique succède la peinture de genre, puis le naturalisme ; mais plus les artistes s'efforcent de rejeter toute convention, plus ils s'aperçoivent que la vérité est subjective, que, pour être sincères, ils doivent rendre ce qu'ils sentent eux-mêmes, c'est-à-dire ce que les autres ne peuvent sentir. Le naturalisme se transforme en impressionnisme.

Dans ce livre, je me proposerai donc un double but : d'abord expliquer l'évolution de l'art allemand par l'évolution de la société qui l'a produit ; puis montrer que la connaissance de l'art complète sur bien des points celle que nous avons de la société.

Étudier la peinture allemande du dix-neuvième siècle, c'est étudier comment l'Allemagne idéaliste d'autrefois, l'Allemagne des philosophes et des poètes, est devenue l'Allemagne réaliste d'aujourd'hui, soucieuse des sciences exactes, dédaigneuse de la philosophie, moins sensible à la poésie vague et plus désireuse de bien-être (1).

[1] Avec le temps, l'Allemagne s'est transformée, sous l'influence de races et de civilisations étrangères.

Ce furent d'abord les invasions des Slaves et des peuples mongols venus de l'Asie, que le cinquième siècle a connus sous le nom de Huns et le dixième sous le nom de Hongrois. Aujourd'hui la majorité des Allemands a le front carré et la tête large tandis que le type de la race germanique est le type dolichocéphale, resté général en Angleterre. Après les invasions, Slaves et Mongols s'établirent surtout dans l'Ouest de l'Autriche, la Lusace, la Silésie et la Prusse. Comme les Allemands, les Slaves distinguent dans leur art l'idéal du réel, mais leur idéalisme est plus vague et leur réalisme plus marqué, bien que moins pratique. « Le Slave, disait Bismarck, n'est bon qu'à s'en aller rêver devant la lune avec des bottes vernies. » Et cependant la famille Bismarck semble d'origine slave. Nietzsche est l'écrivain le plus puissant, que la race slave ait donné à l'Allemagne ; dans l'art moderne, il faudrait citer surtout M. Skarbina, le peintre berlinois, dont le père était Croate, et toute l'école polonaise de Munich. C'est sans doute à l'élément mongol que la race allemande doit sa grande ténacité ; telle ne semble pas cependant la principale qualité des Hongrois. Ceux-ci ont donné à l'Allemagne le poète Lenau, les peintres Benczur, Wagner et Munkacsy.

Les nations d'origine scandinave ou germanique ont beaucoup influé sur l'Allemagne, mais leur caractère présente tant de traits de ressemblance avec l'un ou l'autre des peuples de l'Allemagne, qu'il n'est pas facile de déterminer leur influence. Cependant il faut rappeler dans la littérature les noms d'Ibsen, de Björnson, surtout celui de M. Brandes, qui écrit en allemand comme en danois. Dans l'art, le rôle des Scandinaves fut considérable. Thorwaldsen fut considéré comme un artiste allemand. MM. Normann, Dahl, Andersen-Lundby etc., se sont formés en Allemagne et vivent en Allemagne. La Belgique eut une influence décisive sur les artistes allemands de 1840 à 1860, la Hollande, de 1870 à 1890; le plus grand artiste de l'école allemande moderne est un Suisse, Arnold Böcklin.

Les Allemands d'origine israélite sont nombreux; l'on en compte aujourd'hui plus de 567,000, qui pratiquent le rite hébraïque. Dans l'histoire de l'Allemagne moderne, leur rôle est important; de 1830 à 1848, il semble même prépondérant. La littérature avait alors Börne, Heine, Auerbach, etc., Rachel Varnhagen, Fanny Lewald; la peinture, Veit et Bendemann (l'un et l'autre convertis au catholicisme), la musique Mendelssohn et Meyerbeer. Depuis 1848, l'influence israélite s'est surtout produite dans le socialisme international avec Lassalle et Karl Marx. A l'art moderne, elle a donné deux maîtres du premier ordre, MM. Israels d'Amsterdam et Liebermann de Berlin; l'un et l'autre ont peint la misère et les souffrances du peuple, et l'on retrouve dans certaines de leurs œuvres comme l'inspiration de Jérémie.

Mais aucune influence n'a transformé l'Allemagne comme celle des Latins.

D'abord la race, quoique la part de l'élément latin dans la race allemande d'aujourd'hui ne puisse pas se comparer à la part de l'élément slave. Du Tyrol et de Trieste, les Italiens se répandirent dans la Bavière et dans l'Autriche : ils n'ont donné aucun grand nom à la littérature, mais l'art allemand leur doit l'aquarelliste viennois Passini et surtout Piloty, le maître dont l'influence fut décisive de 1860 à 1880. De l'Alsace, de la Suisse et de la Belgique Wallone, des Français ont émigré en Allemagne; après la révocation de l'Edit de Nantes, il s'établit à Berlin une forte colonie de huguenots, dont descendent nombre d'officiers de l'état-major prussien et le poète romantique Fouqué, l'auteur de l'*Ondine*. Au début de la Révolution, quelques familles d'émigrés français se fixèrent en Allemagne; à l'une d'elle appartenait Chamisso, l'auteur de *Peter Schlemihl*, l'homme qui a vendu son ombre au diable. Dans l'art moderne de l'Allemagne, l'on trouve un grand nom d'origine française, Vautier, un Suisse du canton de Vaud. Avec lui, l'on peut citer M. Douzette.

Mais, bien plus que dans la race, l'influence latine s'est manifestée dans les lois et dans les mœurs. Un grand nombre des mots de la langue allemande est d'origine latine, et parmi eux beaucoup des plus communs. L'influence latine date de l'établissement des colonies romaines sur le Danube et sur l'Elbe, puis de la prépondérance des Francs sous les Mérovingiens et les Carlovingiens, mais surtout des prétentions des Césars allemands à l'empire romain. Tandis que leurs soldats adoptaient les mœurs de l'Italie, apprenaient sa langue et son art, leurs légistes donnaient à l'Allemagne le droit romain; plus tard la maison de Habsbourg gouverna l'Espagne et la plus grande partie de l'Italie : après la Réforme, l'influence latine devint prépondérante dans le Midi, tandis que le Nord s'efforça de s'en affranchir. Mais pour peu d'années; car l'alliance française sous Louis XIII, puis le prestige de Louis XIV, l'influence de la société française sous Louis XV imposèrent aux cours et à la classe riche les modes, les coutumes et même la langue de la France. Au dix-neuvième siècle, l'Allemagne subit l'influence de la Révolution française; depuis 1815, les provinces rhénanes et Bade ont conservé le code civil. Les révolutions de 1830 et de 1848 eurent leur contre-coup en Allemagne, la dernière surtout.

Dans l'art, on peut marquer les époques suivantes :

Influence de la France au douzième siècle (style gothique).

Influence de la Flandre et de la Bourgogne au quinzième siècle (école de Cologne).

Influence italienne au seizième et au dix-septième siècles surtout dans le Midi (école d'Augsburg et de Nuremberg. Styles du Baroque et de la Renaissance).

Influence française au dix-septième et au dix-huitième siècles, surtout dans le Nord et pour la décoration.

Influence de Rome et des anciens maitres sur l'art du dix-neuvièmesiècle, surtout vers 1820.

Influence de la France : école historique par l'entremise des Belges de 1840 à 1850, école naturaliste de 1870 à 1880.

Influence des anciens maitres italiens de 1860 à 1880.

PREMIÈRE PARTIE

LES ANCIENNES ÉCOLES

INTRODUCTION

L'ALLEMAGNE A LA FIN DU XVIIIe SIÈCLE ET AU COMMENCEMENT DU XIXe SIÈCLE

À la fin du dix-huitième siècle, au commencement du dix-neuvième, l'idéalisme inspira la littérature et les arts; son influence se fit sentir dans la politique, dans les mœurs et jusque dans les actes de la vie quotidienne. L'Allemagne professa même une philosophie proprement idéaliste. Pour comprendre ce mouvement, il convient d'exposer quel était l'état de l'Allemagne à cette époque.

I

Vers le milieu du dix-huitième siècle, l'influence de la France avait répandu dans toute l'Europe la même civilisation aristocratique. Il en était alors de la société comme de l'homme même : habitué à des exercices de force et de souplesse, il en conservait dans toutes ses manières une grâce extrême et portait sans ridicule un costume qui tenait à la fois de celui de la femme et de celui du soldat. Pour ne plus vivre sous les armes, tous n'en avaient pas moins gardé l'habitude du courage : on parlait plaisamment d'un duel sérieux et la guerre se faisait *en dentelles*. Si le temps avait passé des folles aventures amoureuses, les mœurs, sous Madame de Pompadour, étaient telles encore que les prouesses des amants ne semblaient pas des forfanteries banales.

De même dans la littérature. Formé à la discipline et aux idées générales, l'esprit pouvait impunément se permetrre toutes les audaces et toutes les délicatesses. Sans les œuvres de l'âge classique, sans Fénélon, Racine et La Bruyère, la prose facile de Voltaire ne serait pas si correcte et si pure. Sans Bossuet, sans Descartes, continué par Spinoza et Leibnitz, comment les philosophes seraient-ils restés sérieux et même profonds dans des œuvres de vulgarisation où ils ne se refusaient ni l'esprit, ni même les propos galants ?

Mais tout alors, monarchie absolue, centralisation, aristocratie, mœurs faciles, littérature aimable, liberté complète de l'esprit sous un gouvernement despotisque qui ne tolérait pas d'initiative, dans une société qui réprouvait les moindres manifestations du sentiment comme grossières, tout ne semblait-il pas disposé pour faire triompher l'une des facultés de l'homme au détriment des autres, la souveraine raison ?

Descartes avait reconnu dans la raison notre maîtresse faculté, quand il disait : « Je pense donc je suis. » La Rochefoucauld y avait trouvé le fondement même de la vertu. Il tenait a pitié pour « une passion qui n'est bonne à rien au dedans d'une âme bien faite.,. et qu'on doit laisser au peuple, qui, n'exécutant jamais rien par raison, a besoin de passions pour le porter à faire les choses. »

Comme en France, le rationalisme triomphait en Allemagne, et l'époque même en a gardé le nom. Frédéric II et Joseph II gouvernaient au nom de la raison ; c'est en son nom qu'écrivaient Wolf et Gottsched et Mendelssohn et Nicolai : les Allemands se plaisent à dire que, pour eux, la Révolution de 1789 s'est faite dans les salles de leurs Universités (1). Le

(1) L'époque de Frédéric II s'appelle en Allemagne époque du rationalisme (Aufklärung) ou époque de la raison d'État (Staatsraison). Wolf (1679-1754) est le philosophe du rationalisme, Gottsched (1700-66) en est le critique. Mendelssohn (1729-86) et Nicolai (1733-1811) lui restèrent fidèles à une époque où il était

DENNER

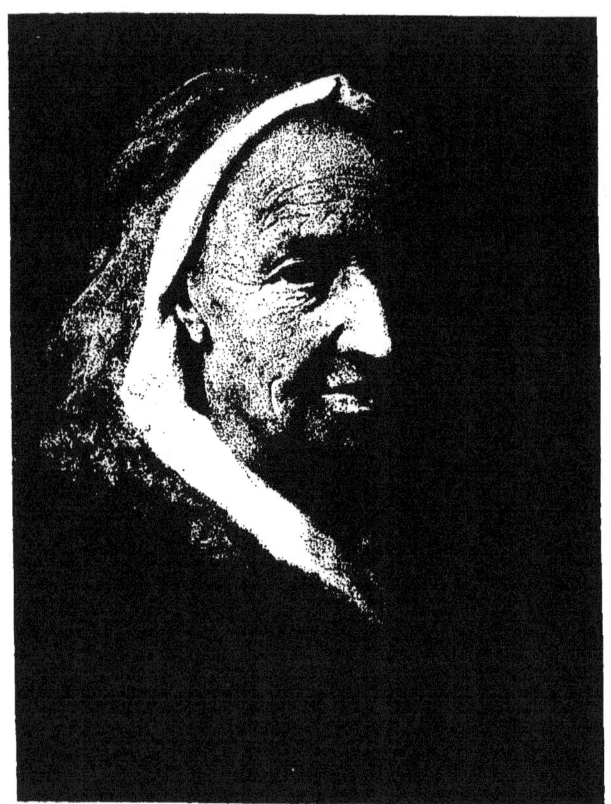

PORTRAIT DE FEMME AGÉE

(Musée de l'Ermitage.)

Cliché de la maison Braun, à Paris.

développement des sciences fortifiait ce que Taine appelle la religion nouvelle de la vérité. Aussi bien les sciences étaient-elles alors moins expérimentales que théoriques, et l'on tenait pour la première de toute la science de la raison, les mathématiques.

Mais la raison en vint à se raisonner elle-même. Pour établir le rationalisme sur une base scientifique et donner à la philosophie la certitude des mathématiques, Kant analysa la raison. Et que découvrit-il ? C'est que les *catégories*, ces formes premières de toutes nos perceptions, comme la *substance*, la *quantité*, la *qualité*, c'est que le temps et l'espace sont les idées *a priori* de la raison pure. Par suite la raison ne nous apprend rien que la raison elle-même ; ce que nous appelons le monde matériel n'est que l'ensemble des phénomènes qui se produisent chez les êtres raisonnables. En cherchant à donner à la philosophie la certitude de la science, Kant n'avait pas seulement condamné la philosophie mais la science. Pour rétablir la certitude, il fut obligé de recourir à cette faculté qu'il nomme la *raison pratique*, mais qui est en vérité le sentiment ; sa philosophie, le chef-d'œuvre du rationalisme du dix-huitième siècle, détruit ainsi le rationalisme et marque la fin de l'esprit du dix-huitième siècle, le commencement de l'esprit du dix-neuvième.

L'art était l'image de la société, comme elle rationnel et comme elle d'une galanterie de bon ton ; l'union de l'un et de l'autre esprits produit justement ce qu'on appelle la préciosité. Cependant l'art du dix-huitième siècle reste un art vigoureux parce qu'il est classique, qu'il a pour base la Renaissance et le style Louis XIV et que l'un et l'autre procèdent de l'antique. Que deviendraient macarons, cartouches et rocailles si

attaqué par les partisans de la Renaissance littéraire Allemande et par ceux de Rousseau.

cette décoration n'était supportée par des monuments logiquement composés, et fortement construits? Sans les belles formes qui survivent du mobilier Louis XIV, sur quoi tiendraient les coquilles, les ovales tordus ? De même dans la peinture, il y a Poussin et Claude Lorrain derrière Watteau et Fragonard, comme il y a les Flamands et les Hollandais derrière Greuze.

En Allemagne, l'art ne faisait qu'imiter ; depuis la guerre de *Trente Ans*, l'Allemagne semblait avoir perdu la faculté d'être originale. L'architecture connaissait deux styles ; l'un catholique, le *baroque* apporté d'Italie à Vienne ; l'autre protestant, le style classique du Palladio, transformé par les Hollandais. Mais le goût du luxe et le prestige de Louis XIV firent triompher le baroque dans les cours protestantes (1). Le premier roi de Prusse Frédéric Ier avait un architecte de génie : Schlüter construisit le *château*, fondit la statue du Grand Électeur, que l'on voit sur le *Long Pont* et sculpta les beaux masques de guerriers mourants pour l'*Arsenal* construit par Nehring (2),

Sous l'influence de l'art Français, le baroque transformé devint le *rococo ;* dès lors, comme le dit Semper, le cadre remplaça les autres formes de l'architecture ; on le vit s'enlacer au contenu à la facon d'une plante. C'est à la transition du baroque au rocaille qu'appartient l'édifice le plus original de

(1) Le baroque adopte alors certaines formes de l'architecture française comme la galerie. L'on appelle *baroque* les formes tardives de la Renaissance dans lesquelles toutes les lignes droites sont remplacées par des lignes courbes. Son principal maître est le Bernin. — Les Allemands appellent *rococo* notre style *rocaille.*

(2) Schlüter (1664-1714) : Château de Charlottenburg (1696), Arsenal (1698), Statue du Grand Electeur (1703), *Château* (jusqu'en 1706). Tombeau de Frédéric Ier (1713), mort en Russie. — Pöppelmann (1662-1736) : Zwinger (1711-1722). Palais Japonais (1715). Parmi les œuvres importantes du baroque en Allemagne il faut citer les églises de Munich, de Dresde, de Vienne et de Prague ; le château des archevêques de Cologne à Brühl (1728) ; à Vienne, le Belvédère (1693-1724) par Hildebrand, Schönbrunn et le Manège d'Hiver, Hofburg (1716) par Fischer (1650-1724), Bamberg (1698-1704), Wurzburg (depuis 1720) par Neumann (1687-1753) ; le palais du *Grand Jardin* à Dresde (1679-80), etc. Le meilleur sculpteur de Vienne est Donner (1692-1741). On lui doit la fontaine de la *Prudence* sur le *Neumarkt.*

DIETRICH

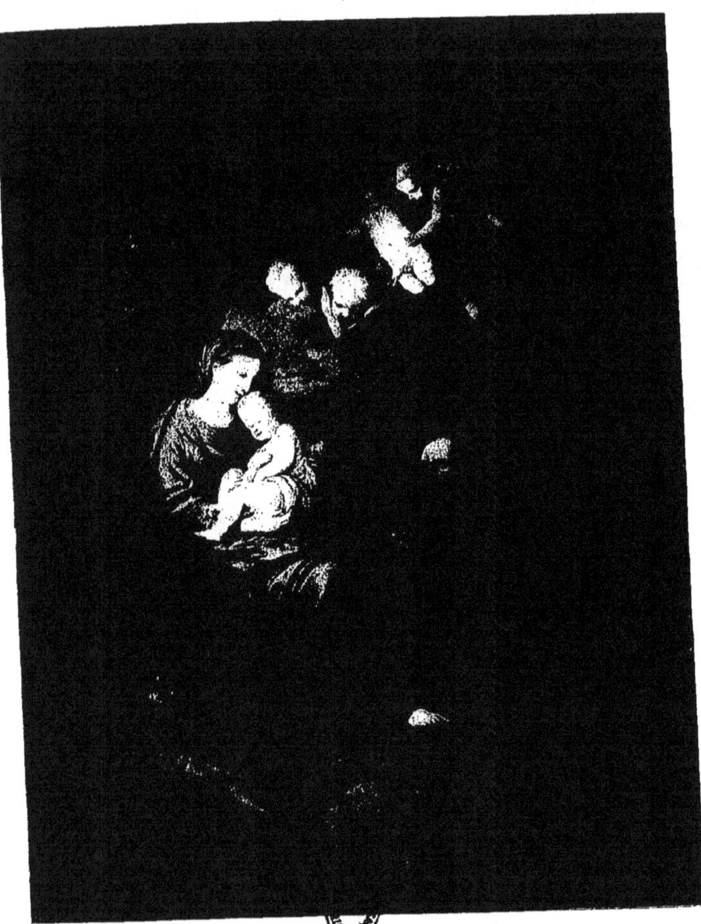

LA SAINTE FAMILLE SOUS LE PALMIER (1746)

H. 0m,31 1/2 — L. 0m,47.

(Musée de Dresde.)

Ph. Tamme, succ. de Brockmann,
à Dresde.

l'Allemagne, le *Zwinger* de Dresde, construit par Pöppelmann. Un style, qui rappelle celui de la porcelaine, récemment inventée. (En Allemagne et dans l'Europe entière, les formes de la porcelaine ne s'imposèrent-elles pas au mobilier et même à l'architecture ?) Autour d'une cour ovale, des terrasses, de longs bâtiments recouverts de toits Chinois, des pavillons élancés, dont les cinq portes, les cinq fenêtres flanquées de cariatides, forment le piédestal d'un Atlas ou d'un Hercule. Le *Zwinger* devait se terminer par une terrasse qui borderait l'Elbe, comme celle que le comte de Brühl fit plus tard élever devant son palais. Dans ce décor fantastique, il faut s'imaginer la cour d'Auguste le Fort, électeur de Saxe et roi de Pologne : le luxe de Louis XIV fidèlement imité ; ce qui subsistait chez les grands des coutumes et des uniformes de la vieille Allemagne ; la Pologne, dont les mœurs rappelaient et la Russie et l'Orient ; les défilés avec les carrosses dorés, les carrousels, les fêtes de jour et de nuit, les bals masqués, où le roi, la reine, les favorites, les princes et les princesses se mêlaient à la foule sous des déguisements.

Comme l'architecture, la peinture s'inspirait de la France et de l'Italie. Au temps du baroque, elle était surtout décorative, mais le rocaille remplaça fresques et tableaux par les boiseries sculptées et les marbres polychromes. D'ailleurs, la seule grande œuvre décorative du baroque est d'un étranger ; de 1750 à 1753, le Tiepolo peignit les célèbres fresques du palais de Wurzbourg.

Dans la seconde moitié du siècle, la peinture allemande ne connut plus que le tableau de chevalet, et, si elle produisit de bons artistes, ce furent des imitateurs. Cependant leurs œuvres ne méritent pas le mépris où longtemps on les a tenues ; et l'heure de la réparation semble venir pour plusieurs comme elle est enfin venue pour Watteau et pour Tiepolo. Les portraits de Denner rappellent par leur conscience et leur soin du détail ceux des anciens maîtres allemands ; Dietrich traite tous les genres, imite toutes les manières : ses meilleurs tableaux s'inspirent de Rembrandt. Comme peintre de batailles, il faut citer Rugendas ; comme peintre d'animaux les Roos, mais, plus encore que la peinture française, la peinture allemande montrait un art qui s'inquiète seulement de la technique et dans la technique même se soucie peu d'inventer. Le temps était proche où, sous peine de disparaître, l'une et l'autre devraient se transformer en s'inspirant d'idées nouvelles, en créant, pour les exprimer, des formes et des procédés nouveaux (1).

II

La brillante civilisation du dix-huitième siècle ne pouvait durer ; elle était celle d'un petit nombre de privilégiés, qui ne tenaient compte ni des justes réclamations de la bourgeoisie, ni de la misère des paysans. Ceux-là même la condamnaient qui l'avaient établie, les nobles, les littérateurs et les savants. Tout en affectant de ne rien estimer que la raison, ils souffraient de ne pouvoir exprimer leur affection aux êtres, qui leur étaient chers, et se reprochaient leur égoïsme comme un crime contre l'humanité.

Le premier en France, Rousseau eut le courage de parler de la nature à des hommes qui ne vantaient que la civilisation. Sa doctrine répondait si bien aux aspirations de tous qu'en peu d'années mœurs et préceptes se trouvèrent changés. « C'est, dit Carlyle, qu'avec tous ses défauts, Rousseau avait le signe caractéristique des héros, il prenait la vie au sérieux. De toute la philosophie d'alors, de tout ce scepticisme et ce persiflage, Rousseau avait su dégager le sentiment que cette vie, notre vie, est vraie, et non pas un scepticisme, un théorème, un persiflage, mais un fait, la réalité, une terrible réalité. »

(1) Rugendas (1666-1742) ; son arrière-petit-fils (1775-1826). Voir *Peintres de Batailles*. De même pour Ruthardt (œuvres de 1663 à 1672). Les Roos, Henri (1631-85), Théodore (1638-98), Philippe (1651-1705), Melchior (1659-1731), Joseph (1728-1805). Denner (1685-1749), Dietrich (1712-74).

RUGENDAS

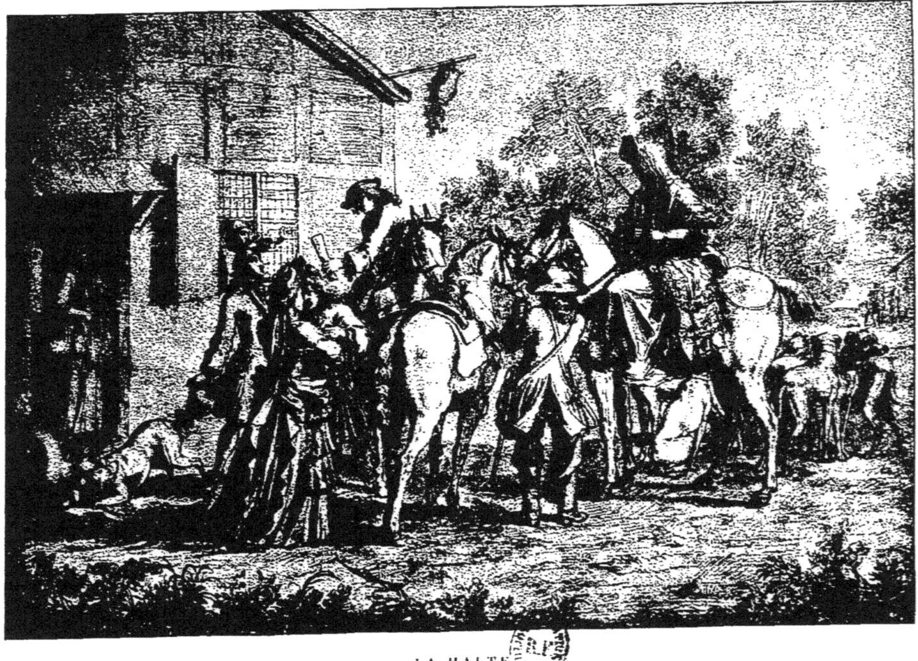

LA HALTE

(Dessin.)

(Musée de Dresde.)

Cliché de la maison Braun, à Paris.

En Allemagne, le mouvement, qui avait commencé avant Rousseau, se développa plus encore qu'en France ; car le génie même de l'Allemagne répugnait à la civilisation du dix-huitième siècle, qui était l'exagération du génie latin.

Sans doute, la réforme ne pouvait venir du peuple : presque partout les paysans étaient encore des serfs, ignorants et misérables (1). Et la réforme ne pouvait venir de la noblesse : les hobereaux menaient la vie rude de leurs paysans, la haute noblesse ne quittait plus les cours et les cours se réglaient sur Versailles. D'humeur chaste, Frédéric Ier de Prusse croyait que sa dignité royale lui commandait d'avoir une maîtresse ; c'était la fille d'un cabaretier, et le roi ne la voyait qu'à la promenade. Le grand Frédéric ne savait d'autre langue que le français ; à peine pouvait-il lire l'allemand avec l'aide d'une bonne traduction française, et lui-même disait en 1757 à Gellert: « Je parle l'allemand comme un cocher et maintenant je suis trop vieux pour l'apprendre. »

Mais, dans les villes, il se formait une bourgeoisie riche et lettrée ; c'est d'elle que partit le mouvement qui transforma l'Allemagne. Nous trouvons dans les Mémoires de Gœthe un charmant tableau de la vie de Francfort pendant son enfance. D'aspect, c'était encore une ville moyen âge : une enceinte flanquée de tours et, dans l'enceinte même, couvents, collèges et quartiers formant comme autant de villes fortes, dont le soir on fermait les portes et l'on barrait les rues. Ces rues étroites, tortueuses, étaient bordées de maisons à pignon : chaque étage faisait saillie sur celui qui se trouvait au-dessous, et, dans le haut, les maisons se touchaient presque.

Les mœurs étaient policées. Le père de Gœthe savait l'italien et le français, il avait visité Rome, Paris et la Hollande ; sa galerie réunissait les meilleurs œuvres des peintres de Francfort, les paysagistes surtout, qui reproduisaient les sites du Rhin dans la manière des Hollandais.

(1) Même en Prusse, où la noblesse payait cependant certains impôts depuis 1667, le Grand Électeur avait dû assurer par la déclaration de 1663 les droits des nobles sur leurs serfs (Leibeigene).

Les principales villes de l'Allemagne avaient comme Francfort leur bourgeoisie, de caractère indépendant et d'esprit cultivé. C'est dans ce milieu que le génie de Frédéric II réveilla le patriotisme presque disparu depuis la guerre de *Trente Ans*. Il faut lire dans *Poésie et Vérité* l'étonnement, puis l'admiration, que suscitèrent les réformes et les victoires du roi de Prusse. L'Allemagne entière se trouva divisée ; les conservateurs défendaient l'héroïque Marie-Thérèse, les réformateurs et les patriotes ne juraient que par le grand Frédéric. Dans chaque famille, l'un et l'autre avaient ses partisans, et le vieux Gœthe rompit avec son beau-père, qui avait mal parlé du roi de Prusse.

Dans le même temps, les écrivains de l'école de Leipzig, Gottsched et Gellert débarrassaient la prose Allemande des locutions françaises, dont l'abus la rendait presque inintelligible. Après eux, Klopstock et Lessing réformèrent tous les genres littéraires ; bientôt, l'Allemagne eut une philosophie, une morale, une esthétique nouvelles.

L'on méprisait l'Allemagne ; maintenant tous se glorifieront d'être Allemands. Dès 1745, Klopstock publie ses premières Odes en l'honneur des dieux Scandinaves ; en 1769 il donne son drame de la *Bataille d'Hermann*.

De l'antique, l'on ne connaissait que le style romain, transformé par les architectes du dernier siècle ; pour eux ce style représentait toutes les pompes de la monarchie absolue depuis celles des Césars jusqu'à celles de Louis XIV. Maintenant l'antique apparaît comme l'image de la liberté, de la vertu et de la simplicité républicaines.

L'on cachait les sentiments les plus naturels ; maintenant c'est ce débordement d'amour et d'amitié, qui a rendu le *Werther* populaire.

L'on méprisait la nature. Pour les admirateurs de la raison, rien n'existait, qui n'était pas raisonnable. Malebranche donnait des coups de pied à sa chienne, prétendant que c'était une machine et qu'elle ne sentait rien. Maintenant tous admirent la nature. Gesner compose ses *Idylles*. Et Werther écrit à son ami :

CHODOWIECKI

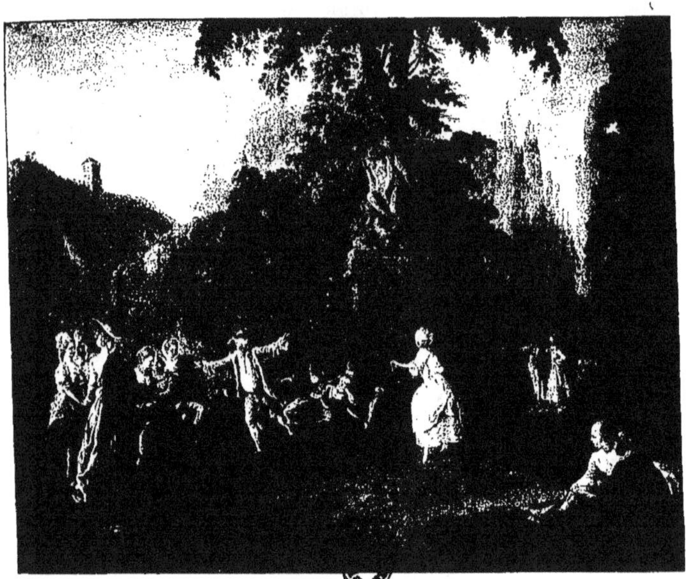

FÊTE CHAMPÊTRE

(Musée de Berlin.

Cliché de la maison Braun,
à Paris.

Couché dans le gazon épais auprès de la cascade, je découvre mille petites herbes jusqu'alors inaperçues ; je sens plus près de mon cœur le frémissement du petit monde qui s'agite entre leurs tiges, les innombrables, les insondables formes des vers et des insectes ; je sens la présence du Tout-Puissant, qui nous a créés à son image, le souffle du Tout-Aimant qui nous porte et nous conserve dans le vol d'une éternelle joie.

Plus tard Faust s'écriera : « Esprit de la nature, tu m'apprends à reconnaître mes frères dans le buisson tranquille, dans l'air, dans l'eau. »

Vers 1770, la réforme poétique se transforme en mouvement révolutionnaire ; c'est la période que l'histoire connaît sous le nom *d'Assaut et Presse* (1).

Les novateurs s'attaquent d'abord aux institutions politiques. Voici une scène de *Cabale et Amour* de Schiller. La maîtresse d'un prince d'Allemagne, une Anglaise, s'adresse au Valet, qui lui apporte un coffret de bijoux.

LADY. — Homme ! qu'a payé ton duc pour ses pierres ?

VALET. — Pas un rouge liard.

LADY. — Quoi, rien ?.....

VALET. — Hier sept mille hommes sont partis pour l'Amérique, ils ont tout payé.

LADY. — Tu pleures ?

VALET. — Les pierres... mais j'avais aussi deux fils parmi eux.

LADY. — Nul ne les a forcés au moins.

VALET. — Mon Dieu, non, tous volontaires ! Il y eut bien quelques braillards pour demander combien le prince vendait le joug d'hommes. Mais notre gracieux seigneur fit réunir les régiments sur la place et fusiller ces braillards. Nous entendîmes craquer les fusils, nous vîmes sauter les cervelles sur le pavé, toute l'armée cria : Hourrah ! en Amérique.

Bientôt les jeunes poètes condamnent, avec le gouvernement, la société elle-même. Dans le *Laidion*, Heinse chante l'assomption de la courtisane Laïs ; dans le roman de l'*Ardinghello*, resté célèbre pour de bonnes critiques d'art, il prêche

(1) *Sturm und Drang periode*. Ce nom est celui d'un drame de Klinger (1775). Klinger (1752-1831).

la communauté des femmes, telle qu'on la pratique dans les *Iles Bienheureuses*. Karl Moor, le héros des *Brigands* s'écrie :

Honte à ce vil siècle de castrats, où la loi a changé le vol de l'aigle en traînage d'escargots. La loi, n'a jamais su former un grand homme mais la liberté enfante les colosses et les partis extrêmes. Donnez-moi une armée de gaillards comme moi, et l'Allemagne deviendra une république près de laquelle Rome et Sparte n'auront été que des couvents de nonnes.

En 1775, le théâtre de Hambourg propose un prix pour la meilleure pièce dramatique, drame ou comédie, et telle est la haine du droit d'aînesse, telle la violence des passions que toutes les pièces présentées ont pour sujet le fratricide. Quand le comte Frédéric de Stolberg fait le pèlerinage de Francfort pour voir la mère de Gœthe, il ne lui parle que de boire le sang des tyrans ; la mère de Gœthe remplit un verre de vin rouge en lui disant : Voilà qui vous vaudra mieux.

Du coup, l'on change le costume (1770-1780) ; en vrais philosophes, le grand Frédéric et Joseph II ont déjà défendu les longues perruques et les habits brodés ; mais les jeunes révolutionnaires ne veulent rien garder qui rappelle la tyrannie. Plus de perruque, le tricorne, que remplace bientôt le haut de forme des *Quakers*, les cheveux longs, l'habit à la Werther, drap bleu et boutons d'or, la culotte, la botte, et le bâton noueux, que l'on regarde comme le symbole de la vieille Allemagne. Pour les femmes, la tunique grecque, la taille haute, plus de corset ni de crinoline. Bientôt les élégantes pousseront la simplicité jusqu'à ne porter qu'un voile, comme nos Merveilleuses du Directoire. Tuniques grecques et vieux costumes Allemands semblent aujourd'hui ridicules : mais ils nous font comprendre les idées d'alors, et ces idées sont celles qui ont formé la société d'aujourd'hui (1).

(1) Voici les dates les plus importantes de cette période littéraire : Premières *Odes Germaniques* de Klopstock (1745), *Esprit des Lois* de Montesquieu (1748), *Messiade* (1748-73), *Contrat social* (1752), *Essai sur les mœurs* (1757), *Père de Famille* de Diderot (1758), *Nouvelle Héloïse* (1759), *Ossian* de Macpherson (1762-63), *Émile* (1762), *Minna de Barnhelm* (1763). *Traité des délits et des*

CHODOWIECKI

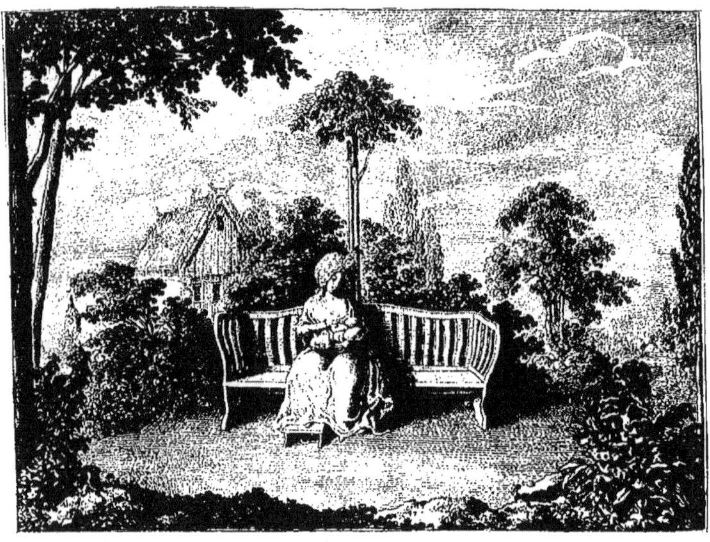

LA VIE DE L'HOMME (1793)
Première période.

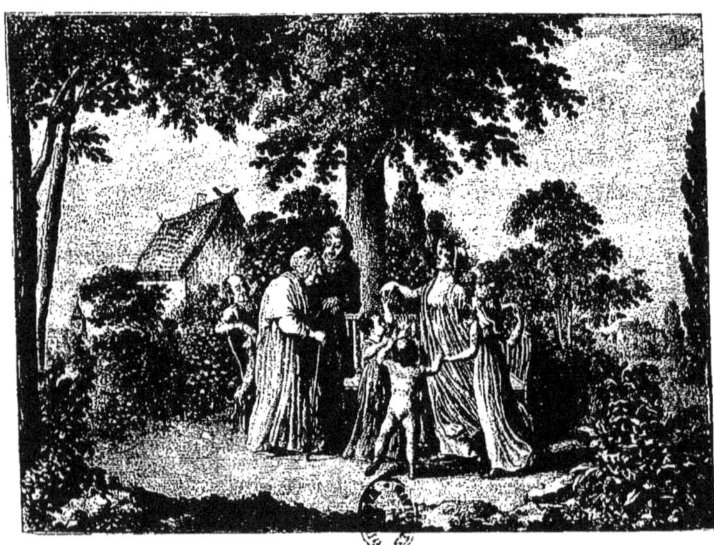

LA VIE DE L'HOMME (1793)
(Sixième période.)

D'après la gravure originale.

*
* *

Comme la littérature l'art répudia la pompe et l'apprêt. Il prit l'antique pour modèle : l'antique ne nous révèle-t-il pas un âge de liberté, un temps qui comprenait encore la nature? Perdus par la civilisation, comme le dit Rousseau, les hommes du dix-huitième siècle n'auraient pas su retrouver la nature sans un maître. Dans l'architecture, les origines du mouvement étaient plus anciennes : en France, il date de la fin du dix-septième siècle ; la colonnade du Louvre fut un premier essai de retour à l'antique. En Angleterre, l'influence hollandaise, prépondérante depuis le règne de Guillaume III, y fit adopter le style du Palladio. Mais ce fut seulement vers le milieu du siècle que la décoration abandonna les cartouches rocaille pour les boiseries blanches et vertes et les guirlandes de roses. Puis l'influence de Rousseau ramena le goût de la simplicité antique, et dans le même temps, la découverte de Pompéi fournit des modèles nouveaux. Les lignes droites prévalurent ; partout on plaça les symboles de la vertu républicaine, de l'amour dont tous débordaient : les colombes, les carquois, les torches, les urnes funéraires, les trophées, les faisceaux, les ornements des boudoirs rappelèrent à tous qu'il fallait avoir l'amour de Werther et la pauvreté de Cincinnatus.

En Allemagne, le Grand Frédéric introduisit le premier le style classique anglais. Knobelsdorff bâtit le château de la ville à Potsdam, Sans-Souci et l'Opéra de Berlin. Gontard éleva les Communs du Nouveau Palais. Puis, ce fut la Porte de Brandebourg de Langhans ; au commencement du dix-neu-

peines de Beccaria, *Histoire de l'Art dans l'antiquite* de Winckelmann (1764), *Laocoon* (1766), *Forêts critiques* de Herder (1669), *Fils naturel* de Diderot (1771), *Émilia Galéotti* (1772), *Götz de Berlichingen* (1773), *Werther* (1774), *Clavigo* (1774), *Barbier de Séville* (1775), *Stella*, première traduction française de Werther (1776), *Nathan le Sage* (1779), *Les Brigands* (1781), *Critique de la raison pure* (1781), *Fiesque* (1782), *Cabale et Amour* (1783), *Mariage de Figaro* (1784), *Idées sur l'histoire de l'Humanité* de Herder (1784-91), *Don Carlos* (1787), Mort de Frédéric II (1787), *Paul et Virginie* (1788), *Les Élégies Romaines*, *L'Histoire de la Révolution des Pays-Bas* (1788).

vième siècle, Schinkel sut, en s'inspirant de l'antique, créer un style original, dont les chefs-d'œuvre sont le Théâtre (1818-21) et le Musée (1823) (1).

Les arts plastiques se transformaient comme l'architecture. Des Français, (le comte de Caylus entre autres), avaient déjà conseillé aux peintres et aux sculpteurs de s'inspirer plus directement des chefs-d'œuvre classiques. Mais le véritable initiateur de la nouvelle Renaissance fut Winckelmann (*Histoire de l'art dans l'antiquité* 1764).

Pour écrire cette histoire il résolut de négliger les écrivains Grecs ou Romains et de travailler seulement d'après les statues. L'ouvrage traite de l'art chez tous les peuples anciens, mais spécialement de la sculpture classique. Abandonnant même l'histoire pour la philosophie, l'auteur compose, au sujet des chefs-d'œuvre de la Grèce, un traité d'esthétique complet. Pour lui, deux causes principales ont contribué à donner à chaque nation un art différent : le pays et les institutions politiques. Si les Grecs l'ont emporté sur les autres peuples, c'est d'abord qu'ils vivaient sous un ciel clément, dans des vallées et des golfes, dont les montagnes aux formes harmonieuses leur apprenaient la beauté ; c'est ensuite que la république et la liberté les avaient faits des hommes.

De l'étude de la sculpture grecque, Winckelmann tirait ces conclusions : « L'art doit chercher la beauté. Il n'est de véritable beauté que dans le corps de l'homme, qu'on pourrait appeler la mesure de toute choses. La beauté de l'homme résulte des proportions qui existent entre ses parties. Découvrir ces proportions, voilà le but de l'art ».

Ce que Winckelmaun enseignait, son protecteur, son ami, Raphael Mengs (1728-79) le mit en pratique. Le chef-d'œuvre de Mengs est le plafond de la villa Albani à Rome : *Le Parnasse* (1761).

Un paysage comme les aime le Dominiquin. Au milieu, un bouquet d'arbres ; de part et d'autres des échappées de lumière,

(1) Knobelsdorff (1697-1753), Langhans (1733-1808), Gontard (1731-1791), Schinkel (1781-1841).

MENGS

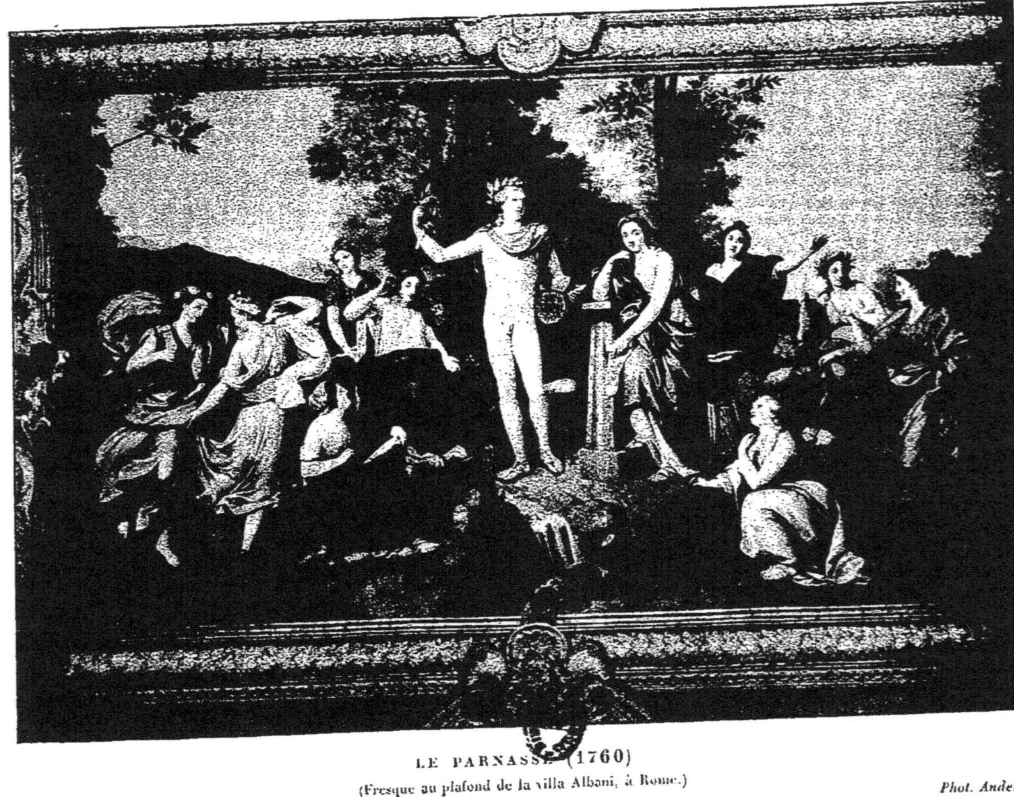

LE PARNASSE (1760)

(Fresque au plafond de la villa Albani, à Rome.)

Phot. Anderson, à Rome.

puis de nouveau des masses sombres, montagnes et bois. Contre le fond des arbres se détache le corps nu d'Apollon, qui tient la couronne de laurier et la lyre : nous retrouvons dans l'Apollon de Mengs les proportions de la statue du Belvédère, le même cou long, la même tête fine et hautaine ; la chair est traitée dans la manière du Corrège. A la gauche du maître, une déesse aux longs vêtements s'appuie contre une colonne. Quatre des Muses sont auprès d'elle, les cinq autres à la droite d'Apollon. Elles ne forment pas de groupes comme dans la fresque du Vatican ; chacune préside à l'œuvre qui lui est propre, et chacune a son type particulier. Les unes rappellent Raphaël, d'autres le Dominiquin, deux les danseuses de Pompéi récemment découvertes.

Avec cette réforme classique, la fin du dix-huitième siècle en connut une autre, naturaliste celle-là. Héritiers de la tradition de Denner, Chodowiecki, Graff et Angelica Kauffmann peignaient d'excellents portraits. Mais Chodowiecki est de plus un graveur plein de verve qui nous dit toute la vie du temps. Il en montre les mœurs dans le *Voyage à Danzig* et les dessins pour les almanachs ; l'histoire dans les planches consacrées au Grand Frédéric ; l'esprit dans ses illustrations des œuvres de Lessing, de Gœthe, de Nicolai (1).

Enfin les deux styles se confondirent dans l'œuvre du sculpteur prussien Schadow. Il est classique dans le tombeau du Comte de La Mark, où l'on voit un enfant demi-nu couché avec son épée entre les genoux (église de Dorothée à Berlin) ; classique et réaliste tout ensemble dans son charmant groupe des princesses de Prusse au château de Berlin (1793), franchement réaliste quand, le premier enfin, il représente Frédéric et ses généraux en uniforme prussien et non plus en costume romain (2).

(1) Chodowiecki (1726-1801), Graff (1736-1813), Angelica Kauffmann (1741-1807), Schadow (1764-1850).

(2) La fin du dix-huitième siècle, le commencement du dix-neuvième siècle forment aussi l'époque glorieuse de la musique allemande. Haydn 1732-1809), Mozart (1756 1791), les premières œuvres de Beethoven (1770-1827) jusqu'en 1802, représentent l'esprit du dix-huitième siècle ; Gluck (1714-1787) et Beethoven

III

Depuis 1780, les écrivains allemands demandaient une révolution ; aussi accueillirent-ils avec enthousiasme la nouvelle de la révolution française : Schiller et Klopstock s'enorgueillirent d'être nommés citoyens de la nouvelle république. Mais l'exécution de Louis XVI et la Terreur changèrent leurs sentiments ; une nouvelle école apparut, qui maudissait la raison, la liberté, le progrès, déclarait le moyen âge seul admirable ; dans sa haine pour l'esprit classique, elle repoussait les œuvres de ceux qui, assagis, devenaient les classiques allemands, Gœthe et Schiller. C'est l'école romantique, dont les chefs, réunis à Iéna, rédigèrent le programme en 1797.

Au romantisme, il faut une philosophie nouvelle. Fichte déclare que l'*Objet-en-soi* de Kant est le *Moi;* Schelling enseigne l'identité de l'idéal et du réel.

Au romantisme, il faut une science nouvelle. Jacob et Wilhelm Grimm créent la science de la langue et de la littérature allemandes, tandis que Wilhelm et Friedrich de Schlegel prétendent faire de l'allemand la langue universelle en traduisant les œuvres de toutes les littératures.

Le romantisme a sa théologie, qui sera mystique. Aussi la plupart de ses chefs se convertiront-ils au catholicisme ou du moins en célébreront-ils le génie. Mais le protestantisme devient aussi romantique avec Schleiermacher qui cherche le fondement de la religion dans le sentiment.

Le romantisme a sa littérature. Son chef est Tieck, poète, romancier, traducteur du *Don Quichotte*. Derrière ce chef, ce seront des rêveurs poitrinaires, qui demanderont la mort, comme Novalis et Wackenroder, des mystiques comme Brentano, des auteurs de contes étranges comme Fouqué, Chamisso,

dans sa seconde période jusqu'en 1815, la Renaissance classique; Weber (1786-1826) et Beethoven dans sa dernière manière, le romantisme.

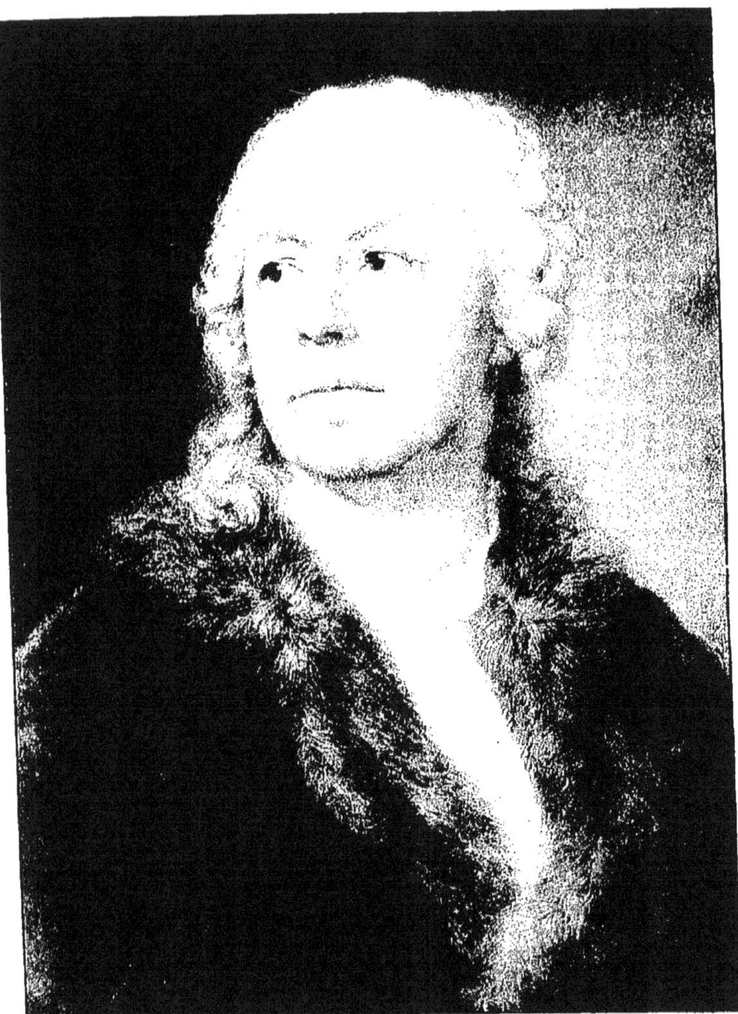

PORTRAIT D'ISMAEL MENGS, PÈRE DE L'ARTISTE (1744)

Pastel. H. 0m,55 1/2 — L. 0,m42 1/2.

(Musée de Dresde.)

Ph. TAMME, succ. de BROCKMANN, à Dresde.

MENGS

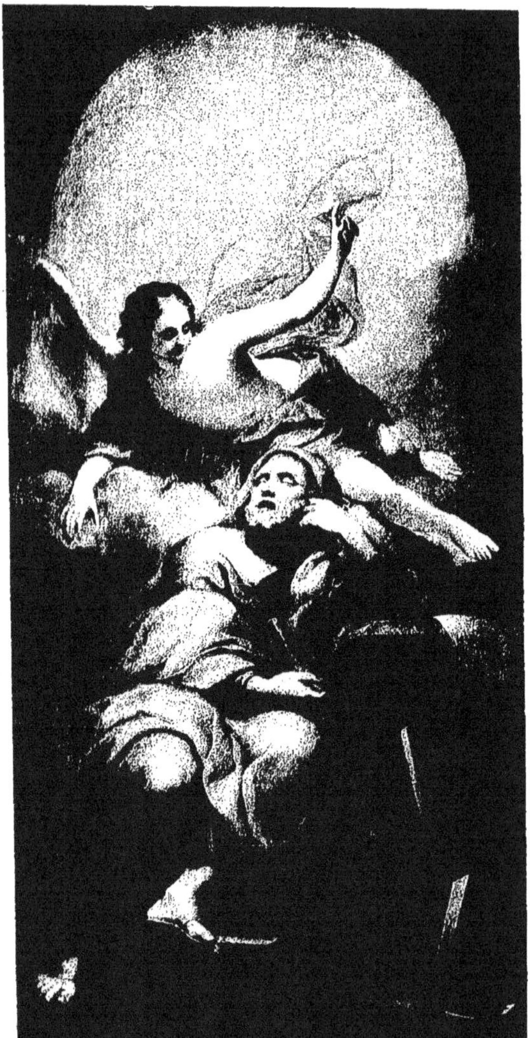

LE SONGE DE JOSEPH (1750)
H. 0m,55 — L. 0m,27 1/2.
(Musée de Dresde.)

Ph. Tamme, succ. de Brockmann,
à Dresde.

Hoffmann. La violence des passions est si grande, la conception de la vie si étrange, que Kleist, le meilleur poète dramatique de l'école, cède aux désirs de son amie Henriette Vogel, la tue et se tue sur le bord d'un étang de Potsdam (1811).

Enfin le romantisme a son art propre dont Tieck et Wackenroder rédigent le programme en 1797.

Cet art est mystique et catholique. En architecture, il ne reconnaît qu'un style, le gothique, seul allemand et seul chrétien : dès 1811, l'on recommencera de travailler à la cathédrale de Cologne; bientôt, gouvernements et particuliers fournissent des fonds pour la restauration et l'achèvement des anciennes églises. En peinture, le romantisme revient d'abord au vieil art allemand; les frères Boisserée forment une belle collection des maîtres du moyen âge et de la Renaissance. Mais Durer et Holbein sont protestants. Les romantiques les abandonnent pour Raphaël. Bientôt Raphaël lui-même leur semblera païen, puis son art classique répugne à leur goût du fantastique, à leur recherche des symboles, comme à leur idée que l'art ne doit sacrifier aucun détail. Archaïsante et minutieuse, la peinture romantique sera celle des *Préraphaélites* et des *Atomistes*, peu différente de l'école anglaise moderne, qui s'en est inspirée (1).

(1) Voici les dates des principaux écrivains de l'école romantique : Fichte (1762-1814), Schelling (1775-1854), Jacob Grimm (1785-1863), Wilhelm Grimm (1786-1859), Wilhelm de Schlegel (1767-1845), Friedrich de Schlegel (1772-1829), Schleiermacher (1768-1834), Tieck (1773-1853), Wackenroder (1773-1798), Hardenberg (Novalis) (1772-1801), Schulze (1789-1817), Brentano (1778-1842), Arnim (1781-1831), Bettina d'Armin (1788-1859), Fouqué (1777-1843), Hölderlin (1770-1843), Kleist (1777-1811), Werner (1768-1823), Hoffmann (1776-1822), Chamisso (1781-1838), Eichendorff (1788-1857), auxquels on peut joindre les poètes de l'école de Souabe : Uhland (1787-1862), Kerner (1786-1862), Schwab (1792-1850). Les poètes de 1812 sont Schenkendorf (1783-1817), Körner (1791-1813) Arndt (1769-1860) et Rückert (1788-1866). Le dernier poète classique est Platen (1796-1835).

IV

Après les victoires de Napoléon, les réformes de Stein et de Hardenberg, qui changèrent la Prusse féodale en État moderne, l'on vit apparaître une nouvelle génération littéraire. En même temps que la guerre contre Napoléon, Uhland, Arndt, Rückert, Körner et leurs amis demandaient le rétablissement de l'Empire d'Allemagne, la concession des libertés civiles et politiques. De nouveau la littérature était révolutionnaire.

Jusqu'en 1815, les princes et les hommes d'État encouragèrent les tribuns et les insurgés, puis, Napoléon vaincu, ils refusèrent les libertés promises et persécutèrent ceux qu'ils avaient poussés à la révolte.

Mais comment arrêter le mouvement? Les associations d'étudiants couvrent l'Allemagne (*Burschenschaften*). Partout les étudiants font la loi ; en 1812, ils avaient adopté le vieux costume allemand. Maintenant ils s'affublent de tenues étranges : pantalons collants, grandes bottes, taille de femme, l'habit aux longs pans ou la tunique à brandebourgs, chapeaux immenses ou bonnets de toutes formes. Et ce sont des duels, des bagarres, des conspirations, des concours de gymnastique, des excursions à pied dans les sites romantiques visités au clair de lune, des cavalcades dans les rues des villes terrorisées par les aboiements des gros chiens.

Après l'assassinat de Kotzebue, les gouvernements de l'Allemagne se rallièrent au système du prince de Metternich, les ligues d'étudiants furent dissoutes, l'on restreignit la liberté de la presse. Il semblait que l'on eut oublié les événements des vingts dernières années, et que l'on voulût rétablir le régime antérieur à la Révolution Française.

Cependant l'Allemagne n'était plus la même. En Prusse, le prince de Hardenberg poursuivait ses réformes ; le service mili-

GRAFF

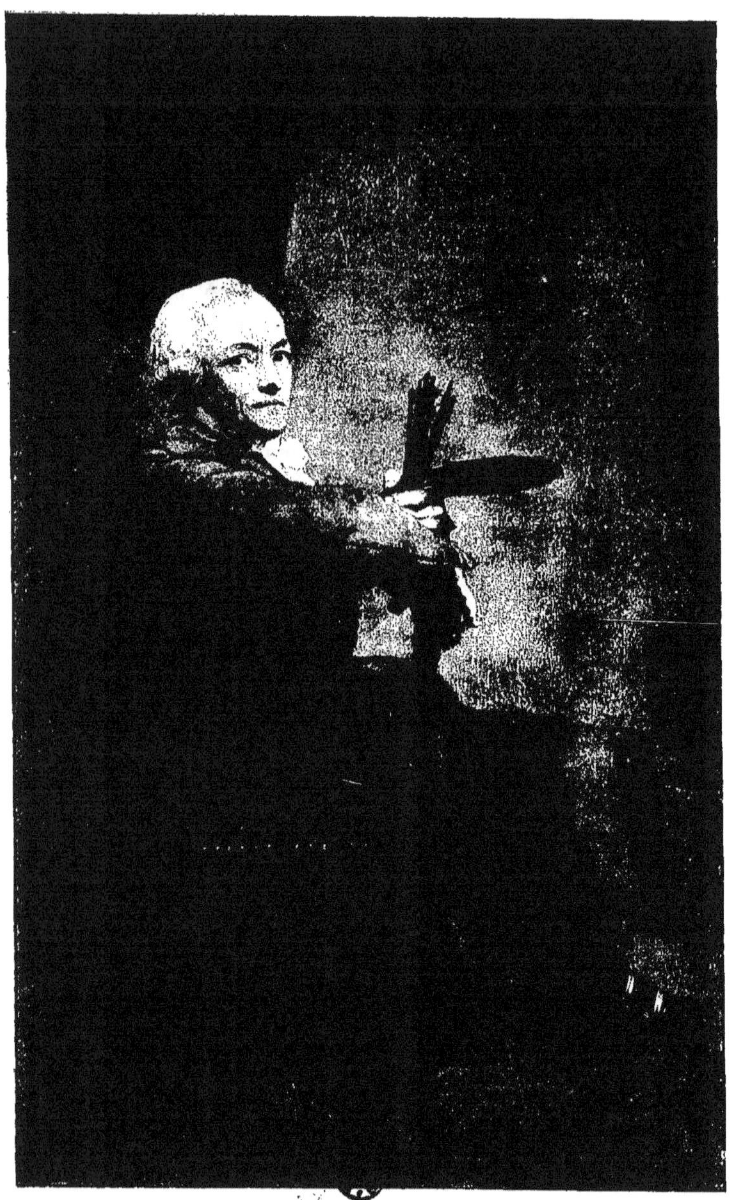

SON PORTRAIT (1766 ou 1795)

H. 1m,68 — L. 1m,05 1/2.

(Musée de Dresde.)

Phot Tamme, succ. de Brockmann, à Dresde.

taire et la loi de 1816 sur le régime scolaire faisaient pénétrer les idées nouvelles même dans les villages de la Prusse Orientale et de la Poméranie; les provinces rhénanes conservaient le code civil et les états de l'Allemagne du Sud obtenaient des constitutions.

L'aspect même du pays montrait cette transformation. Partout Napoléon avait construit des chaussées, jeté des ponts, élargi les rues des villes, et malgré leurs finances obérées, les anciens gouvernements rétablis imitaient son exemple. Sans doute les paysans conservaient les modes du dernier siècle, mais les habitants des villes adoptaient le costume moderne. A peine quelques vieillards portaient-ils dans la rue la culotte et la perruque. Et, si les hommes qui avaient dépassé la quarantaine se rasaient encore, les jeunes gens avaient déjà la moustache ou même la barbe. Les femmes renoncèrent au costume antique ; le corset reparaissait en 1820, la crinoline en 1825, mais les modes conservèrent une plus grande simplicité; on sentait que la vie de cour et les mœurs galantes du dix-huitième siècle étaient désormais choses du passé.

Tout ainsi, dans l'Allemagne de Metternich, annonçait des idées et de mœurs nouvelles, aucune loi ne pouvait lui rendre les idées et les mœurs d'autrefois.

C'est alors que l'Allemagne prit conscience d'elle-même dans l'idéalisme. Plusieurs causes avaient contribué à produire cet état d'esprit.

D'abord le rationalisme. Dans la première moitié du dix-huitième siècle, les philosophes n'admiraient que l'intelligence, et pour eux l'intelligence se réduisait à cette faculté que les Cartésiens appellent la *raison raisonnante*. Ils estimaient que la volonté avait son origine dans la raison et méprisaient l'instinct et le sentiment. La France obéissait aux encyclopédistes, l'Allemagne aux professeurs des Universités. Partout prévalait le rationalisme, et le rationalisme, uni au scepticisme sensualiste de Locke, aboutit à l'idéalisme de Kant.

Le milieu du dix-huitième siècle connut la réaction de Rousseau, qui, pour réformer les mœurs, demandait le retour à la nature ; dans le même temps, Winckelmann et les critiques exigeaient que l'art s'inspirât de l'antique. Puis les poètes allemands s'insurgèrent contre l'influence française, pour eux l'Allemagne nouvelle devait continuer la vieille Allemagne. Tous cherchaient donc leur idéal dans le passé.

A cette réaction philanthropique et sentimentale succéda le mouvement révolutionnaire. Avec Rousseau, la philosophie commença de croire à la bonté naturelle de l'homme ; les vices ne provenaient que des conventions sociales : s'en affranchir, c'était affranchir l'homme du mal. L'on chercha l'idéal dans l'avenir.

Les luttes de la Révolution, les guerres de l'empire semblèrent monstrueuses à des hommes élevés dans des salons ou des universités. Tant de sang versé leur donna la pensée d'une vengeance céleste. Le même sentiment qui inspirait à Joseph de Maistre les *Soirées de St-Pétersbourg*, fit naitre le romantisme allemand, épris d'un nouvel idéal, mystique et religieux.

Telles furent les causes de l'idéalisme allemand ; de 1740 à 1815, tous les événements le fortifièrent, comme toutes les transformations de l'art et de la philosophie. Mais, tant que durèrent les troubles et les guerres, l'action détourna les meilleurs de la spéculation. Après 1815, l'action devenant impossible, les plus forts, les plus violents n'eurent plus qu'une occupation : penser. Ce fut alors l'apogée de l'idéalisme.

Or, pour l'idéalisme allemand, le réel n'est, comme l'idéal, qu'une forme de l'esprit. L'idéal est l'abstrait, le réel le concret. La beauté ne peut se comprendre que dans leur union. Mais seul l'art sait les unir. Voilà donc l'art proposé comme la solution même de l'énigme de la vie, comme le but vers lequel tendent et l'effort de la nature et l'effort de la pensée. Voilà donc l'artiste élevé au-dessus de tous les

ANGELICA KAUFFMANN

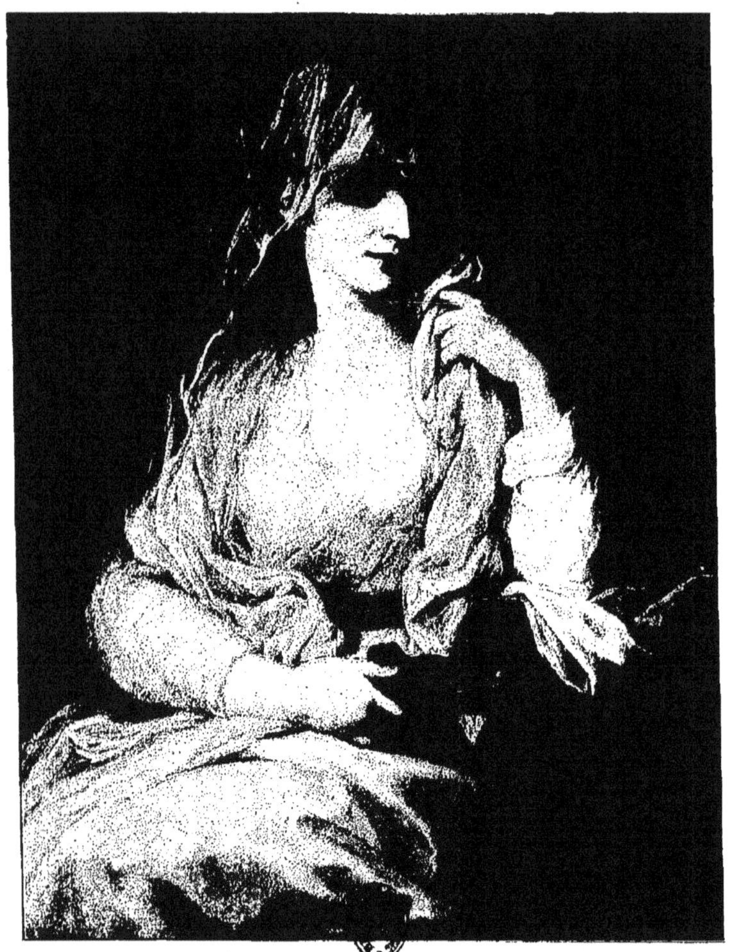

PORTRAIT D'UNE DAME EN VESTALE

H. 0m,91 — L. 0m,72 1/2.

(Musée de Dresde.)

Ph. Tamme, succ. de Bruckmann, à Dresde.

hommes. Le monde n'a qu'une raison d'être, l'art : l'artiste est le sauveur du monde.

Aussi, pénétrés de l'importance de leur mission, les peintres de 1815 ne voulurent-ils s'inspirer ni des maîtres de la première moitié du dix-huitième siècle, ni de Mengs, ni de Chodowiecki et des naturalistes. L'école nouvelle suivit sa voie propre; ses modèles ne furent pas artistiques mais littéraires. Sous l'influence de la philosophie, elle voulut remonter à la source de tout art, à l'idéal (1).

(1) En analysant la raison pure, Kant avait distingué les objets eux-mêmes des formes sous lesquelles les objets nous apparaissent; nous ne pouvons rien connaître que ces formes, la nature des objets nous échappe entièrement. Mais l'étude de la raison pratique fit découvrir à Kant l'*Impératif catégorique*, la loi du devoir, qui commande à l'homme de faire le bien, dût-il même n'en tirer aucun profit, dût-il même en souffrir. Cette loi nous révèle la nature des objets en soi, qui sont les idées morales. Aucun lien existe-t-il entre le monde des phénomènes transformés par la raison pure et le monde des objets en soi tels que nous les connaissons par la raison pratique? En d'autres termes, le monde que nous appelons matériel et le monde moral n'exerceront-ils jamais aucune action l'un sur l'autre? Kant répond que ces deux mondes peuvent s'unir dans l'art : le génie crée comme la nature, mais il crée non plus d'après les lois de la nature, il crée d'après l'*Impératif catégorique*. L'œuvre de l'art est une création matérielle faite sur les principes de l'idéal. Dans l'art, l'idée et la matière se réconcilient; par suite, l'art seul satisfera pleinement l'esprit humain. Schelling a voulu donner une valeur objective à ce qui n'avait dans la pensée de Kant qu'une valeur subjective. Dans son traité sur *Les Rapports des Beaux-Arts et de la Nature* (1804) et ses *Lectures sur la Philosophie de l'Art* publiées après sa mort en 1859, il voit dans l'art l'union complète de l'idéal et du réel, qu'en dehors de l'art il conçoit comme identiques dans le fond mais distincts dans la forme. L'esthétique de l'école de Schelling est exposée par son élève Solger (1780-1819) dans : *Erwin; Quatre Dissertations sur le Beau et l'Art* (1815).

LIVRE PREMIER

L'ÉCOLE IDÉALISTE

Dès le milieu du dix-huitième siècle, la recherche de l'idéal était devenue le but que tous les philosophes, tous les critiques proposaient à l'art en décadence. Mais chaque école avait sa conception particulière de l'idéal et de la manière d'y atteindre.

I

L'art n'avait d'abord connu qu'un idéal de dilettante, comme en pouvait concevoir le dix-huitième siècle ; c'était assez pour lui de rectifier les lignes d'un membre ou d'une montagne. Plus tard, la critique s'enhardit et conseilla de mêler les études faites d'après nature pour en former des corps ou des paysages qui approchassent de la perfection. L'on parlait d'un sculpteur grec, qui, pour composer sa Vénus, avait pris les plus belles parties de toutes les femmes qu'il connaissait.

Avec les progrès du rationalisme, cet idéal de dilettante devint un idéal de mathématicien. Le comte de Caylus, Mengs, Winckelmann fixèrent le canon des proportions de la beauté humaine ; pour trouver la beauté, il fallait résoudre un problème de géométrie. Mais, si ce canon suffisait à la sculpture, la peinture en voulait un autre, celui de la couleur. Aussi mathématiquement que le sujet le comportait, Mengs démontra que la meilleure technique était celle de Raphaël, le plus beau coloris celui des Vénitiens, que le clair-obscur parfait était le clair-obscur du Corrège. Unir les perfections de ces maîtres, s'en tenir fidèlement au canon des proportions dans le dessin des figures, telle était la formule de l'art.

Cette formule nous montre combien l'esthétique a changé depuis un siècle. Mengs et Winckelmann croyaient que le beau est absolu : les hommes ne se distingueraient les uns des autres que par leurs défauts ; parfaitement beaux, ils seraient tous semblables. La philosophie moderne ne s'inquiète plus de la beauté ; dans toutes les formes, elle ne voit que le produit de certaines forces. Et, comme les forces sont distinctes, les formes sont distinctes. La pensée même ne saurait les supposer unies, puisque par leur nature même elles s'excluent.

Déjà Schopenhauer se demandait si aucun corps pourrait exister qui n'ait pas existé ou ne doive pas exister réellement ; si, dans les corps idéalisés, une connaissance plus approfondie de la nature ne nous ferait pas découvrir des monstruosités. Cette objection est juste. La physiologie a prouvé que les parties du corps sont dans une étroite dépendance. L'éclat du teint et des yeux, la forme du visage, même la vivacité de l'intelligence proviennent de la circulation et changeraient, si, le cou étant plus long, le sang arrivait moins vite aux cellules du cerveau. De même, la géologie nous montre toutes les lignes d'un paysage comme connexes. C'est le travail lent du vent et des eaux, qui a donné leur forme aux montagnes et aux vallées. Resserrez la rivière, modérez son cours, diminuez le nombre des arbres ou peignez-les plus droits, par suite dans un pays où le vent souffle avec moins de force, changez la nature du terrain, et le paysage devient impossible.

Comme la physiologie moderne condamne l'idéal plastique du dix-huitième siècle, les sciences historiques condamnent aussi l'idéal du coloris que Mengs se proposait. L'art de Raphaël, l'art du Titien, l'art du Corrège supposent chez ces maîtres des tempéraments dissemblables comme dans leurs patries des lois et des mœurs distinctes. L'électisme de Raphaël ne prouve rien que le caractère de Raphaël, le coloris du Titien rien que le caractère du Titien ; et, comme l'on ne saurait confondre leurs caractères, l'on ne saurait confondre les productions de leurs génies.

II

Mais Winckelmann était Allemand, et la réaction littéraire qui commençait en Allemagne ne lui restait pas indifférente. Aussi trouvons-nous chez lui avec cet idéal classique un autre idéal, que l'on pourrait appeler romantique.

Voici comment il décrit l'Apollon du Belvédère :

> La statue de l'Apollon est l'idéal le plus élevé de l'art entre toutes les œuvres antiques qui ont échappé à la destruction. L'auteur a fondé toute son œuvre sur l'idéal ; de matière il a pris seulement ce qui était nécessaire pour réaliser son dessin et le rendre visible... Imaginez le royaume des beautés immatérielles, cherchez à créer une nature céleste... Car, ici, rien de mortel, rien qui rappelle les misères de l'humanité. Ce ne sont pas les veines et les muscles qui échauffent et meuvent ce corps, c'est un esprit céleste. »

Cette seconde forme de l'art est l'idéalisme parfait. L'artiste ne cherche plus à modifier la nature ; il prétend créer comme la nature. Par l'imagination il mêle les données des sens, il les change d'après ses sentiments, ses idées, produit un monde nouveau et des êtres nouveaux, pour qui ne valent plus les lois du monde matériel.

Mais l'art crée de diverses manières.

Autrefois, c'était inconsciemment Aucun sculpteur, aucun poète n'inventa le monde merveilleux des dieux, des Centaures, des Sylvains et des Nymphes. Dans la houle qui déferlait sur les rochers rougis par le couchant, les marins de l'Archipel croyaient reconnaître des Tritons, comme les vagues, dont la lune éclairait la crête, leur semblaient des Néréides à la chevelure d'or. De même, incapables de raisonner et d'avoir des idées abstraites, ces marins Grecs cherchaient à se représenter leurs sentiments par des images. Ne pouvant concevoir ce qu'était la colère, ils se figuraient l'un de ces rudes cavaliers de Thessalie que les voyageurs disaient moitié homme et moitié animal, et nommaient des Centaures. Incapables de se former l'idée abstraite de la ruse, quand ils pensaient à cette ruse première, dont celle de la femme est une forme atténuée, ils voyaient réellement la comparaison de Shakespeare : « Perfide comme l'Onde. » Pour eux, la vague devenait femme, on l'appelait une Sirène.

Quand le Christianisme eut détruit avec l'Olympe la croyance aux divinités naturelles, le moyen âge imagina le monde merveilleux que Dante décrit et qu'ont peint les Primitifs. Fra Angelico croyait que les élus étaient les êtres sans ombre qu'il nous peint glissant sur ses fonds d'or ou ses prairies en fleurs.

Mais aujourd'hui nul ne saurait se représenter un Olympe ou un Paradis. L'art idéal recourra donc au symbolisme, il cherchera des formes pour des conceptions abstraites. Ou bien il s'efforcera, comme le veut Schopenhauer, d'avoir la vision des types premiers des êtres, que Platon appelait les *Idées* et la Scolastique les *Universaux*. L'artiste vulgaire peindra la montagne, le cheval, l'homme, qu'il aura sous les yeux ; le génie aura la vision du type idéal de la montagne, du cheval, de l'homme. Et voici comment, précisant sa pensée, Schopenhauer nous explique la nature des idées platoniciennes :

Les nuages passent, peu importent leurs formes... mais qu'ils soient de la vapeur élastique, comprimée par le vent, voilà leur nature, voilà l'idée..... Le ruisseau roule sur les pierres, peu importent tourbillons, vagues, écume... mais qu'il obéisse aux lois de la pesanteur et se comporte comme un liquide.... voilà l'idée...... Ainsi en est-il pour le développement de l'idée la plus parfaite : l'histoire de l'humanité. Circonstances multiples, changements des temps, formes variées de la vie humaine dans les différents pays, les différents âges, autant d'accidents, qui ne concernent que l'apparence de l'idée, et n'affectent pas l'idée elle-même.

Mais c'est le propre de l'humanité, que chez elle le caractère de l'espèce et celui de l'individu sont distincts ; chaque homme représente dans une certaine mesure une idée particulière. Aussi les arts, qui figurent l'homme ont-ils un double but : d'abord le caractère de l'espèce, la beauté, puis le caractère de l'individu, ce que nous appelons proprement le caractère. Encore ces arts ne doivent-ils pas reproduire ce qui, dans le caractère, est simplement accidentel, ce qu'on doit considérer comme propre à l'individu pris comme individu ; ces arts reproduiront seulement le côté particulier du type humain, qui dans un individu en particulier se manifeste plus distinctement que dans aucun autre » (1).

Ainsi Schopenhauer et les Idéalistes allemands admettent deux principes. D'abord que chacun de nous ne connaît rien que lui-même (couleurs, formes, sons, odeurs, sont des phénomènes, des états de son Moi.) Ensuite, que parmi ces phénomènes, les plus précis, les plus vrais sont les idées platoniciennes : entre l'homme qui voit un cheval et l'artiste qui conçoit le cheval-type, il n'existe pas d'autre différence que l'intensité du sentiment, plus grande chez l'artiste. Ce qu'une pareille pensée peut renfermer de vérité, Gœthe l'exprimait plus clairement, quand il disait : J'aime mieux voir Michel-Ange que la nature ; Michel-Ange, c'est la nature vue avec des yeux plus grands.

III

Kant et Schiller proposèrent à l'art un troisième idéal qui était un idéal moral.

Chacun de nous, écrit Schiller, porte en soi un homme idéal ; notre devoir, à nous qui changeons toujours, est de nous conformer à cet homme idéal, qui ne change jamais.

(1) Voilà bien l'art même du paysage héroïque aux lignes simplifiées de Carstens et de Rottmann, le symbolisme de Cornelius et le portrait, tel que le comprend Thorwaldsen dans ses statues. L'esthétique de Schopenhauer ne fut discutée que beaucoup plus tard. Mais, au contraire de son système, qui est par avance un système moderne, son esthétique est la plus fidèle image des idées du romantisme. Il comprit clairement ce que les autres ne faisaient que pressentir.

Pour Schiller l'homme idéal, c'est l'État; car l'État vit des siècles et non quelques années, son but même est la justice, comme notre but est l'intérêt. Mais l'État doit-il opprimer les individus, les ramener tous au type unique qu'il leur propose? Non, c'est nous-mêmes, les hommes du temps, qui nous ennoblirons jusqu'à devenir l'homme dans l'idée. Comment le pourrons-nous? par le sentiment de la beauté. Les cris, les bonds, tous les jeux sont la preuve chez l'homme, que, ses instincts assouvis, il lui reste un surplus de force dont il fait un libre usage. Mais l'instinct du beau, cette conscience qu'il a de l'idéal, fait que l'homme trouve son plaisir à discipliner sa propre liberté : les bonds deviennent danse, les cris deviennent chant. Danse et chant savent plaire ; l'homme veut plaire : dans l'amour, son instinct le plus fort, peu lui importe de vaincre maintenant, il veut séduire. Et comme il a séduit la femme, il séduira la foule. Et comme ses instincts sont devenus la politesse, son imagination devient l'art. Autrefois sa conscience était odieuse à ses plaisirs ; maintenant sa conscience est son plaisir même. C'est ainsi que l'individu s'ennoblit jusqu'à devenir l'homme dans l'idée. Ces États où tous les citoyens seraient convertis par la beauté à la raison devraient s'appeler les états esthétiques. Dans l'État de la force chaque citoyen suit son instinct et ne connaît point de loi; dans l'État de la morale pure, la loi brise tous les instincts; la loi et l'instinct se confondent dans la république de la beauté.

Cette république de la beauté n'existe pas sur la terre. Existera-t-elle jamais ? qu'importe ! Puisqu'il n'est pas de monde réel mais seulement des phénomènes, nos idées sont aussi vraies que le monde des sens ; elles sont même plus vraies, elles sont seules vraies. Schiller peut donc résumer dans ces vers célèbres la morale et l'esthétique de Kant :

Éternellement lumineuse, pure, égale, la vie des bienheureux s'écoule dans l'Olympe, légère comme le zéphyr. Les lunes changent, les générations passent ; mais, immuables dans l'éternelle ruine, les bienheureux voient toujours fleurir les roses de leur divine jeu nesse. Entre les plaisirs des sens et la paix de l'âme, l'homme doit faire son choix ; pénible choix ! Mais leurs rayons mêlés éclairent le front des hauts Uraniens.

Sur la terre même, voulez-vous ressembler aux dieux, devenir libres dans les royaumes de la mort ; ne cueillez pas les fruits de son jardin...

Seul le corps est la proie des noires puissances du destin ; affranchie de la tyrannie du temps, la compagne des natures célestes, dans les champs de lumière s'avance, divine entre les dieux, la *Forme*. Si vous souhaitez planer sur ses ailes, dépouillez la crainte du terrestre. Hors la vie étroite et sombre, envolez-vous dans le règne de l'idéal.

Là, toujours jeune, libre des souillures de la terre, plane dans l'éclat de la perfection le type divin de l'humanité....

S'agit-il de conquérir ou de se défendre... que l'audace s'attaque à la puissance... seul le fort subjugue le destin...

Mais, le fleuve de la vie, qui, prisonnier dans la gorge, roulait furieux et bouillonnant, doux, égal, ce fleuve coule dans le calme pays de la beauté...

Former, donner une âme à la mort, s'unir à la matière comme son époux créateur, telle est la mission du génie : qu'il travaille donc, tende ses nerfs, lutte sans répit, qu'il soumette l'élément à la pensée... Mais pénétrez dans la sphère de la beauté ; et la pesanteur se perd en poussière, comme la masse qu'elle commande. L'œil ravi ne voit plus une image péniblement arrachée à la matière; svelte et légère, l'image semble sortie du Rien.

Si noble que soit la poésie dont Schiller pare les idées de Kant, elles n'en restent pas moins celle d'un philosophe et d'un mathématicien. L'art de Kant est d'abord un art stoïque : pour lui, le même Impératif catégorique, qui commande à l'homme de faire le bien, lui commande aussi de faire le beau. Et cet art est un art ascétique. Comme Kant voit dans l'absence d'égoïsme la base de la morale, il admet que le propre de l'art est d'être une virtualité désintéressée, une conformité au but sans but.

Par suite, l'art, c'est la grâce de la femme, qui n'éveille aucun désir ; c'est la force de l'homme, sans que l'homme éprouve la tentation d'employer sa force ; c'est le fleuve qui ne féconde pas, la terre qui ne produit pas ; c'est un Dieu qu'on adore sans jamais l'invoquer.

Aussi, amoureux du calme, scrupuleux du dessin et de la composition, qui montrent la forme idéale, l'art kantien répudiera-t-il l'esprit, la délicatesse, la couleur, le mouvement; tout ce qui rappelle la joie, la douleur, l'instinct, la matière. Ses fresques pâles, sa composition froide, ses formes grandioses mais sans vie nous rappelleront que Schiller semble confondre l'Olympe et les Champs-Élysées ; pour lui les dieux sont des ombres.

L'Allemagne d'aujourd'hui hait l'art kantien, comme elle hait l'idéalisme, qui, tenant le monde matériel pour une illusion, en faisait ce monde vide, où, d'après Schiller, « une seule loi régnait, la chute morte du pendule. » C'était un art de stoïcien fondé sur une morale d'ascètes.

L'Allemagne ne devrait cependant pas oublier que l'art kantien lui a donné une singulière discipline artistique, comme la morale kantienne lui a donné une singulière discipline morale. Sans l'un et sans l'autre elle n'aurait peut-être ni l'art, ni la prospérité matérielle d'aujourd'hui.

CHAPITRE PREMIER

CORNELIUS

Telle est l'esthétique de l'école idéaliste. Dans la peinture, elle se manifeste sous trois formes différentes. L'étude de l'antique produit l'idéalisme classique ; la ferveur religieuse, l'idéalisme catholique ; enfin l'amour de la nature et le goût de la légende produisent l'idéalisme romantique. Mais les classiques veulent les ruines et les statues de l'antiquité, les catholiques la ville du pape, les romantiques les paysages de l'Italie. Et voilà pourquoi Rome devient la véritable capitale de l'art allemand.

I

Déjà, au temps de Winckelmann et de Mengs, les artistes du Nord se rendaient volontiers à Rome. En 1787, Gœthe y trouvait, avec son ami Tischbein (1) et son hôtesse Angelica Kauffmann, une nombreuse colonie de ses compatriotes ; ils occupaient un banc au théâtre, applaudissaient bruyamment les auteurs de leur choix. Ce qui les retenait à Rome, ce n'étaient pas seulement les chefs-d'œuvre de l'antiquité ou de la Renaissance, mais les spectacles et la vie pittoresque. Une population restée sauvage, nous dit Gœthe : chaque nuit des attaques de brigands, des disputes, des meurtres causés par la violence ou la jalousie. La noblesse au contraire policée, ne

(1) Tischbein, dit le *Napolitain* (1751-1829) d'une célèbre famille de peintres, a traité tous les genres mais est surtout connu pour le portrait qu'il a peint de Gœthe (Francfort).

s'occupant que d'art et de littérature, indifférente aux questions qui agitaient l'Europe.

Tous les jours des fêtes. D'abord les cérémonies religieuses, l'illumination du dôme de Saint-Pierre, les processions que suivaient des milliers de moines et de pénitents. Puis les plaisirs profanes : carnaval, courses de chevaux sauvages dans le Corso, combats de taureaux dans le tombeau d'Auguste, ces curieux divertissements que nous montrent les peintures : les carrosses de gala faisant le tour de la place Navone inondée, aux éclats de rires des dames et des seigneurs.

Sans doute cette vie trop facile énervait les artistes car l'école de Rome ne produisit aucune œuvre de valeur avant l'arrivée de Carstens en 1792 ; c'était un Sleswigois sans ressources, de grande énergie, mais d'une santé précaire et d'une instruction incomplète : s'il avait pour l'antique l'admiration de Winckelmann, il estimait peu l'art de Mengs. Désireux de créer un style monumental, la couleur l'occupait moins que la composition et le dessin. Malade et misérable, Carstens ne put rien entreprendre de considérable. La phtisie l'enleva moins de six ans après son arrivée à Rome ; il ne laissait que des dessins, des aquarelles et des gouaches. Ses cartons du Musée de Berlin représentent la *Traversée de Mégapenthes*.

Dans l'un de ses dialogues, Lucien nous raconte que le jeune et puissant Mégapenthes refusa de monter dans la barque de Charon ; il fallut l'attacher au mât. Au contraire, le pauvre vieux Micyll suppliait qu'on l'emmenât.

Voici le meilleur carton. Au pied d'une ligne de montagnes esquissées à grands traits, le Styx au cours rapide, la barque pleine de gens nus. Charon rame, Mercure est à la proue, Mégapenthes se tord dans ses liens, beau comme un dieu. Sur ses épaules, Micyll se tient accroupi, le narguant (1).

(1) Carstens, né à Schleswig (1754) s'établit à Copenhague en 1776, où ses démêlés avec les professeurs de l'Académie de Beaux-Arts le rendent populaire parmi les étudiants. Il quitte Copenhague en 1783 pour visiter le nord de l'Italie.

CARSTENS

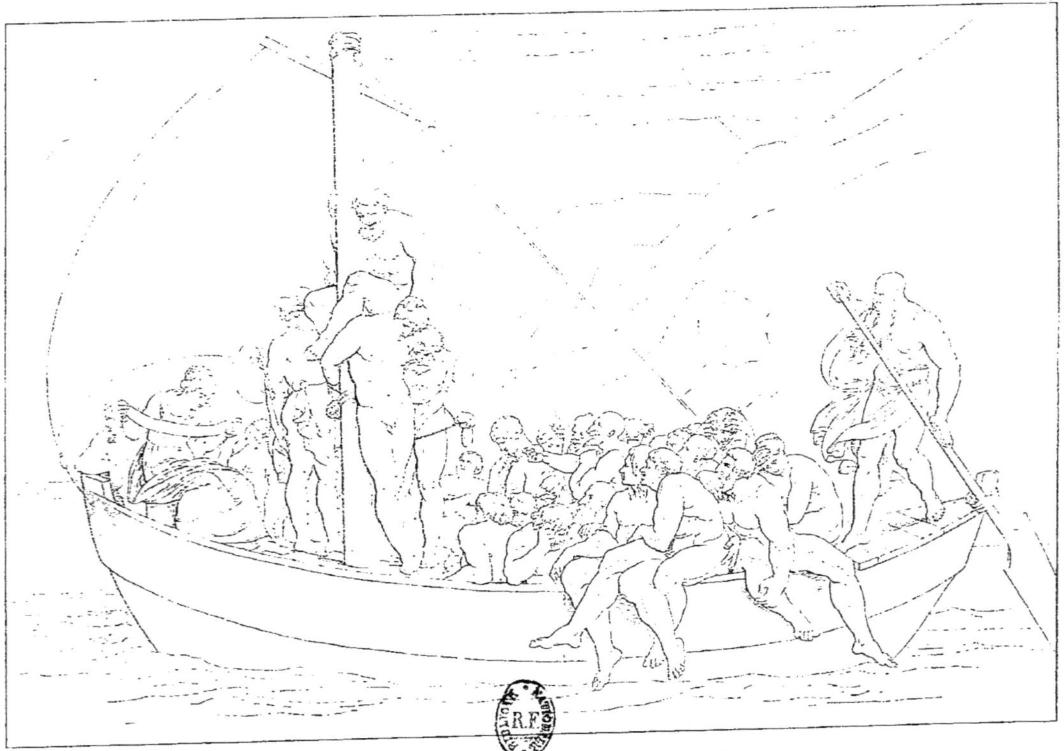

LA TRAVERSÉE DE MEGAPENTHES (1794)

(Carton au Musée de Weimar.)

GENELLI

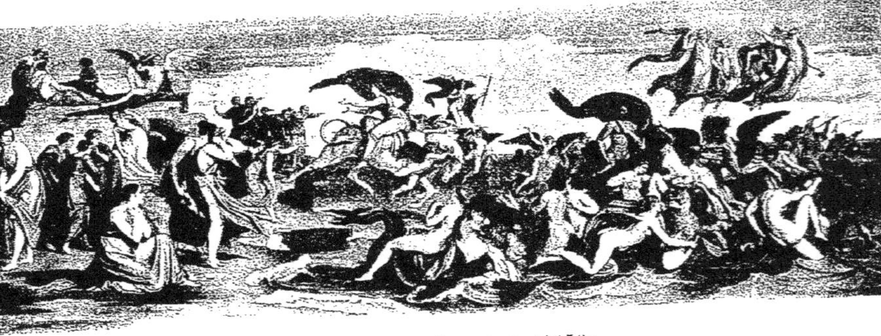

L'ENLÈVEMENT D'EUROPE (1859)

(H. 1m,06 — L. 3m,10.

Munich, Galerie Schack.)

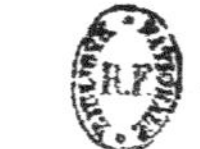

Cliché réduit d'après l'édition de luxe : la Galerie du comte Schack. Dr Albert, Munich.

Carstens est le premier artiste qui ait rompu franchement avec la tradition du dix-huitième siècle. A bon droit, on le le considère comme le fondateur de l'art allemand moderne ; mais à sa mort il ne laissa que deux élèves pour recueillir son héritage : le Tyrolien Koch qui abandonna bientôt la peinture mythologique pour le paysage, et le sculpteur Islandais Thorwaldsen (1).

A cette époque, Thorwaldsen avait déjà vingt-huit ans ; ses heureuses dispositions avaient décidé l'Académie de Copenhague à l'envoyer en Italie (1796). Mais ce grand enfant silencieux ne voulait rien apprendre. Il ne savait le nom d'aucun des dieux antiques. Son art même l'occupait peu, ses journées se passaient dans la campagne ou dans les musées à rêver sans paraître rien voir. C'est seulement en 1802, quatre ans après la mort de son ami Carstens, que Thorwaldsen exposa le *Jason*, sa première statue. Ce jour même l'avait fait un maître. Chaque année eut dès lors son chef-d'œuvre ; ce qu'avait tenté Carstens, Thorwaldsen l'avait achevé.

Dans la peinture, la tradition de Carstens se perdit. Un homme la reprit pourtant, qui naissait au moment de la mort de Carstens et vécut solitaire dans un monde artistique nouveau. Bonaventura Genelli (1798-1868), en Italie depuis 1822, excelle surtout dans le carton ; et ses tableaux eux-mêmes ne sont que des cartons légèrement colorés. D'abord des cycles de dessins reproduits par la gravure : *La vie de la sorcière, la vie d'un débauché, la vie d'un artiste*. Puis les grandes toiles de la galerie du comte Schack à Munich. La plus belle, l'*Enlèvement d'Europe* (1857). Sur la rive, le chœur des jeunes filles étonnées ; plus loin, les dieux des bois curieux. Dans la mer, Europe sur le Taureau que conduisent l'Hymen et l'Amour. Volant, les Muses les précédent, tandis que les tritons mons-

En 1788, il vient à Berlin ; en 1792 le gouvernement prussien l'envoie en Italie pour s'y former. Mort à Rome (1798). Parmi ses plus belles œuvres, il faut citer la *Nuit* et l'*Expédition des Argonautes*.

(1) Thorwaldsen (1770-1844) né sur mer, d'abord à Copenhague, puis à Rome (1797-1819) et (1821-38), ensuite à Copenhague.

trueux, les nymphes aux belles formes se pressent pour chanter la victoire de Zéus.

II

Depuis le commencement du dix-huitième siècle, mais surtout après 1815, Rome devint le lieu de rendez-vous des romantiques : diplomates, grands seigneurs, archéologues, artiste et poètes avec le vieux costume allemand, la barrette sur les longs cheveux, qui recouvraient le col bordé de dentelles.

C'étaient l'historien Niebuhr alors ministre de Prusse, la belle Henriette Herz, l'Egérie de Schleiermacher, Frédéric de Schlegel, sa femme Dorothée, d'abord mariée au banquier Veit, qu'elle avait quitté pour suivre Schlegel. En 1808, Frédéric s'était converti au catholicisme avec sa femme et ses beaux-enfants. Philippe et Jean Veit étaient maintenant des peintres connus, le premier surtout. Ils fréquentaient à Rome les artistes de la nouvelle école : Cornelius, Schnorr, Führich, les Schadow et ceux qu'on appelait les Nazaréens, Overbeck, Pforr et Vogel (1).

En 1818, la colonie allemande reçut la visite du prince royal de Bavière, plus tard le roi Louis Ier. Il aimait la société des artistes, et le peintre Catel nous a montré leurs relations dans un amusant tableau : la taverne de Don Raffaelle Anglada sur Ripa Grande. Par la porte ouverte, on voit le quai ensoleillé, le Tibre avec les bateaux aux grandes vergues, les mariniers habillés de blanc et coiffés de bonnets, au delà sur l'Aventin bordé de ruines, le prieuré de Malte aux grands murs blancs, percés de petites fenêtres. Dans la taverne, buvant et déclamant, le prince, trop consciemment bon

(1) Philippe Veit (1793-1877), Jean Veit (1790-1854), Pforr (1788-1812) Vogel (1788-1868). Le sculpteur Ridolfo (1786-1822) et le peintre Guillaume Schadow étaient les fils du célèbre sculpteur.

CORNELIUS

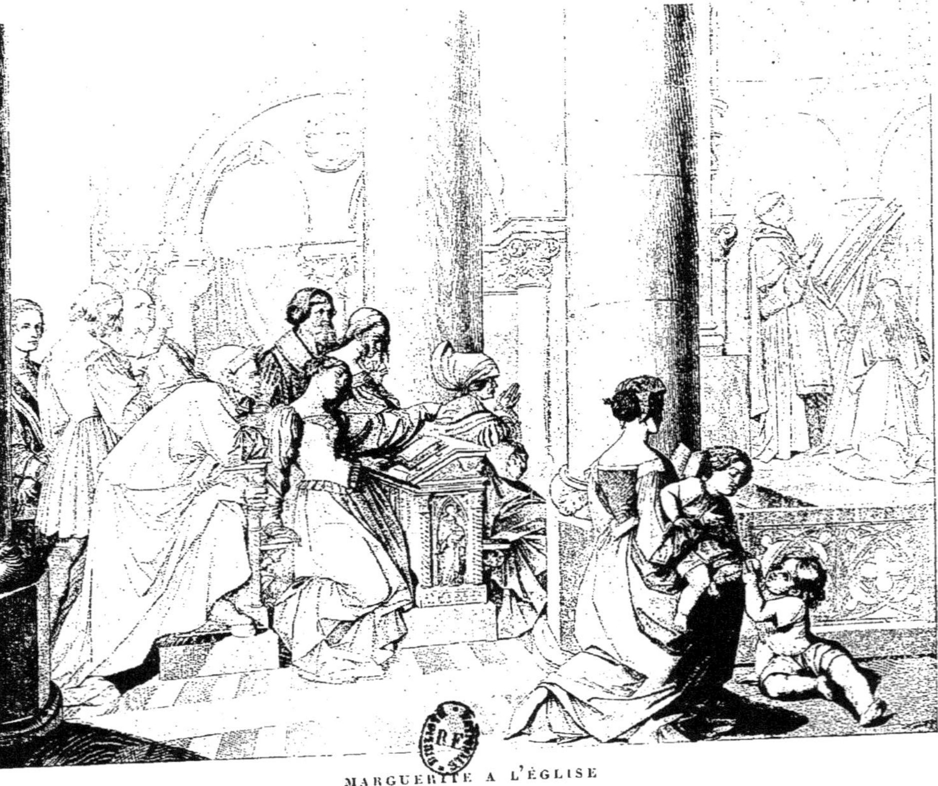

MARGUERITE A L'ÉGLISE

(Planche du Faust 1811.)

Editeur, Dietrich Reimer, à Berlin.

CORNELIUS

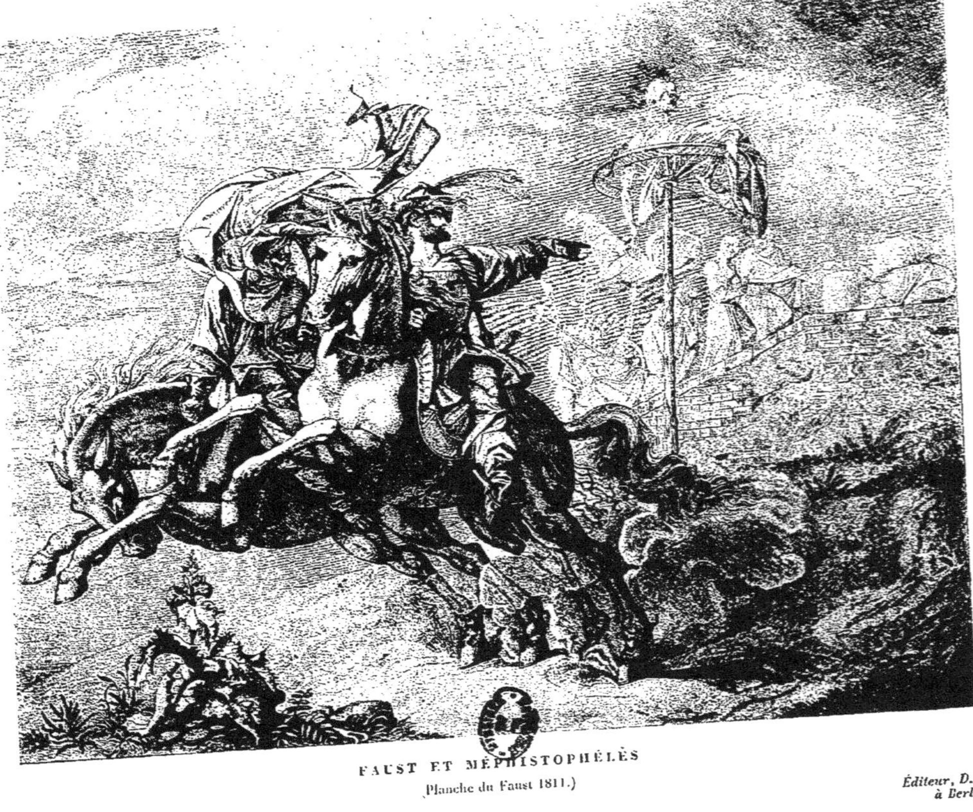

FAUST ET MÉPHISTOPHÉLÈS

(Planche du Faust 1811.)

Éditeur, D. Reimer, à Berlin.

enfant, Thorwaldsen aux longs cheveux gris, Klenze, l'architecte des palais de Munich, les peintres Veit, Schnorr, Wagner et Catel, le professeur Ringseis (29 février 1824-Munich) (1).

Les artistes de l'école de Rome suivaient des voies diverses épris, les uns de l'antique, les autres de la Renaissance italienne, d'autres encore des Préraphaélites ; mais tous s'accordaient sur ce point que le but de l'art est l'idéal. Le tableau de chevalet leur semblait une forme inférieure de la peinture ; ils résolurent de restaurer la fresque, abandonnée depuis Mengs. Cornelius et Overbeck décorèrent, avec l'aide de Schadow et de Veit, la maison du consul allemand Bartholdy, puis, avec l'aide de Schnorr, la villa du marquis Massimi : dans la première, ils représentèrent l'histoire de Joseph, aujourd'hui à Berlin, dans le seconde les œuvres des grands poètes italiens, Dante, le Tasse et l'Arioste.

Ces fresques annonçaient l'art nouveau : avec une composition classique l'on y trouvait un dessin ferme, une couleur sobre sans aucun effet de clair-obscur, le mépris de la réalité mais le désir de rendre par des formes simples les sentiments du christianisme et les idées de l'esthétique de Kant. Le génie d'un homme inspirait tous les jeunes artistes. Cet homme était Cornelius (1783-1867). Aussi bien son visage même le révélait-il comme un maître : le frond grand et carré, le nez aquilin, des sourcils minces au-dessus des yeux écartés, la bouche nette, le menton court et ferme, les maxillaires saillants. Son regard fixe, l'expression de sa bouche montraient son caractère : froid, ascétique, opiniâtre, porté à la contradiction, fervent catholique dans l'Allemagne protestante, presque protestant à Rome, où ses amis se convertissaient au catholicisme.

Comme les romantiques, Cornelius cherchait à fonder un art nouveau, mais il suivait sa voie propre. Il s'était d'abord attaché à Dürer, puis Raphaël l'avait séduit ; maintenant Luca Signorelli et Michel-Ange lui enseignaient l'antique.

(1) Catel (1778-1856), Bartholdy (1779-1825).

Trois œuvres marquent les progrès de son génie : les planches du *Faust*, les planches des *Nibelungen* et les fresques de l'histoire de Joseph.

Le Faust est de 1808-1811. Du poème de Gœthe, Cornelius n'a conservé que les amours de Faust et de Marguerite. Pour lui, Faust est le Don Juan cher aux poètes romantiques, Marguerite la jeune fille tendre et pure, qui cède au charme de l'amour mais trouve la rédemption dans la douleur.

Voici les plus belles planches :

Marguerite à l'église. A droite, dans le chœur d'une cathédrale gothique un prêtre célèbre le saint-sacrifice. Au premier plan, nous voyons la foule des fidèles, une mère avec ses enfants (symbole des joies que donne un chaste amour); assise dans le banc, les yeux fixés sur cette femme, Marguerite sent remuer l'enfant de l'amour coupable ; tremblante, elle touche l'épaule de Marthe, mais la proxénète ne lève point les yeux de son livre de messe, et, tandis que Faust sourit, Méphistophélès hideux murmure à la coupable les paroles du désespoir.

La Mort de Valentin. Nuremberg, la nuit. Au fond, devant l'église, Faust et Méphistophélès s'enfuient. A gauche, sur le perron de la maison de Marthe, Marguerite, le visage éclairé par la lampe de la vieille, se penche pour voir dans la rue. Au premier plan, Valentin est couché sur le pavé, la foule se presse avec des lanternes. Entre les bras de Marthe, Marguerite tombe évanouie.

La Chevauchée. Emportés sur des chevaux tragiques, Faust et Méphistophélès se retournent pour voir le gibet, une procession de fantômes, qui conduit Marguerite à l'échafaud.

La Prison. A la porte les chevaux de l'enfer hennissent, leurs narines jettent du feu. Méphistophélès entraîne Faust. Marguerite dont le démon vient de briser les chaînes, est tombée à genoux, les mains levées vers le ciel ; peu lui importent maintenant les souffrances et la mort; elle n'a qu'un désir : son salut éternel. Aussi, derrière Marguerite, l'ange apparait

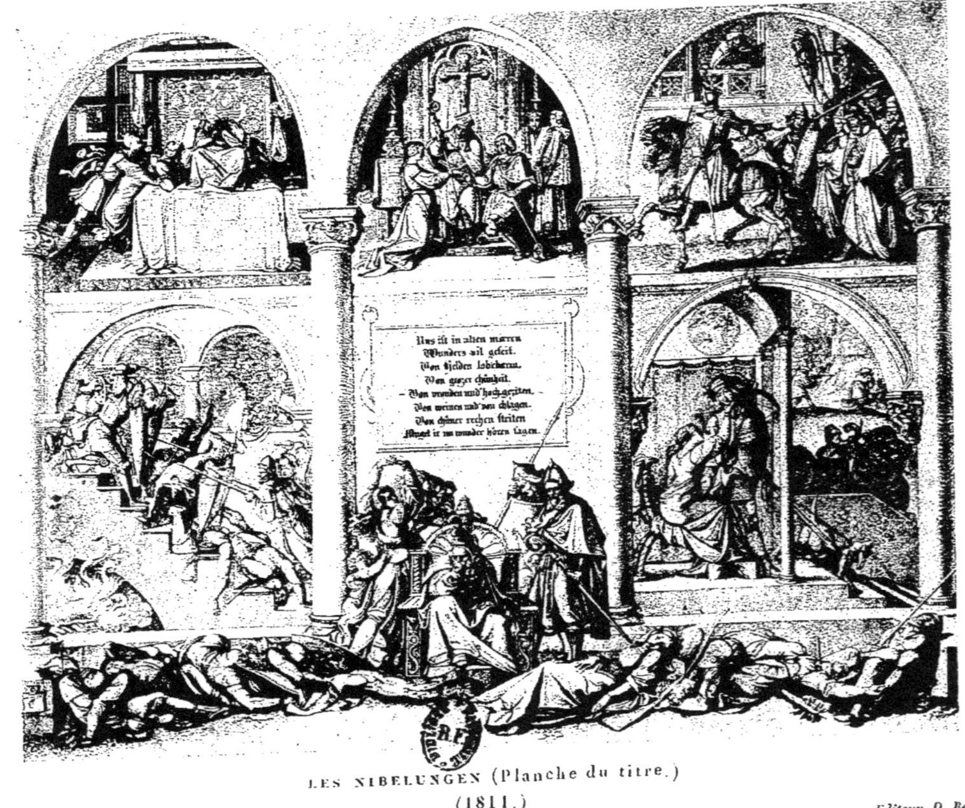

LES NIBELUNGEN (Planche du titre.)
(1811.)

Editeur, D. Reimer,
a Berlin.

CORNELIUS

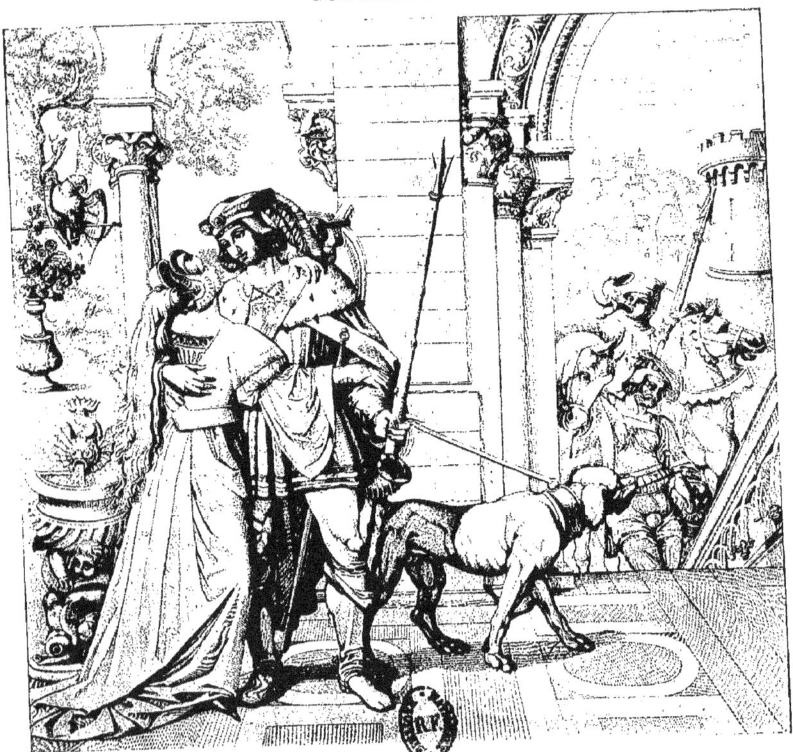

SIEGFRIED QUITTANT CHRIMHILDE

(Planche des *Nibelungen.*)

Éditeur D. Reimer,
à Berlin.

l'épée à la main ; il annonce à l'enfer que Marguerite a mérité le ciel : la douleur a fait d'elle une sainte.

Dans les *Nibelungen* (1811) la meilleure planche est celle du *Titre*. Trois arceaux. Dans ceux des côtés, des épisodes. Dans le troisième, en haut, la scène du mariage de Siegfried et de Chrimhilde ; au milieu, le Titre ; en bas, comme un fronton qui s'étend sous les arceaux des côtés, Attila sur son trône et semblable au *Pensieroso*, à sa droite des femmes qui se tordent les mains ; à sa gauche, des guerriers, de part et d'autre, des cadavres étendus, le plus près du trône celui de Chrimhilde.

Dans la maison Bartholdy, la meilleure des deux fresques de Cornelius est celle de Joseph expliquant le songe de Pharaon. Une colonnade : un trône de pierre placé devant une niche. De part et d'autre, un paysage raphaelesque, et, dans le ciel, deux petits médaillons avec les sept vaches grasses et les sept vaches maigres. Sur le trône, Pharaon, dont l'attitude rappelle Attila. Derrière le scribe, à gauche, un groupe harmonieux composé d'un homme fait, d'un vieillard et d'un adolescent ; à droite Joseph expliquant le songe avec une calme assurance. Dans cette fresque, l'art de Cornelius est déjà tel que nous le trouvons dans les œuvres de son âge mûr ; sa composition est digne des maîtres qu'il voudrait égaler, son dessin ferme et large ; il a le don de rendre les idées abstraites par des formes simples et puissantes, son coloris est pâle et sans nuances ; ses sujets, son style, sa facture, tout montre le mépris de la réalité (1).

(1) Les fresques de la maison Bartholdy ont été transportées dans la *Galerie Nationale* de Berlin. Sur la muraille du fond, l'on voit les deux fresques de Cornélius : *Joseph expliquant les songes* et *Joseph reconnu par ses frères*. Au-dessus deux lunettes l'une par Veit : *Les sept vaches grasses*, l'autre par Overbeck : *Les sept vaches maigres*. Sur les autres murs, *Joseph vendu par ses frères* d'Overbeck, *La plainte de Jacob* de Schadow, *Joseph en prison* du même, *Joseph et la femme de Putiphar* de Veit.

III

En 1819, Cornelius quitta Rome pour fonder l'Académie de Dusseldorf; en 1826 il prit la direction de celle de Munich. C'était le temps où le roi Louis voulait faire de Munich la capitale artistique de l'Allemagne. Klenze construisait des monuments de tous les styles (1). Schwanthaler les décorait de frontons et de statues. Les peintres Schraudolph, Kaulbach, Zimmermann aidaient Cornelius; Rottmann traitait le paysage Adam la peinture de batailles, Pierre Hess abordait tous les genres. Et cette ardeur ne laissait pas que de prêter à sourire : trop souvent la hâte des artistes méritait les sarcasmes de Kaulbach dans les fresques de la Nouvelle Pinacothèque. L'on n'y voit que statues colossales hissées avec des treuils, monuments élevés en une nuit comme dans les contes orientaux, campements établis sur les places, et nous pensons plutôt aux Américains bâtissant une ville dans l'Ouest qu'aux Athéniens construisant le Parthénon.

Cornelius ne prenait pas garde à ces ridicules. Le temps lui semblait venu de réaliser son rêve : il donnerait à l'Allemagne un art nouveau et cet art y changerait les idées et les mœurs.

Dans la Glyptothèque, Cornelius décora la salle des dieux et la salle des héros. Ces salles sont carrées et recouvertes d'une coupole que supportent des arcs. Dans l'un des arcs, la fenêtre, dans les trois autres, des fresques cintrées. La coupole est ornée de petits sujets habilement distribués.

Les grandes compositions de la salle des dieux représentent l'*Olympe* (Hébé versant à Hercule le vin de l'immortalité),

(1) Klenze (1784-1864) : Glyptothèque, palais, Pinacothèque (1826-1836) Walhalla près Ratisbonne (1830). Ermitage à Pétersbourg (1851) Propylées de Munich. Zimmermann (1789-1869) peintre d'histoire. Schwanthaler (1802-48) fondateur de l'école de sculpture de Munich, auteur de la *Bavaria*.

CORNELIUS

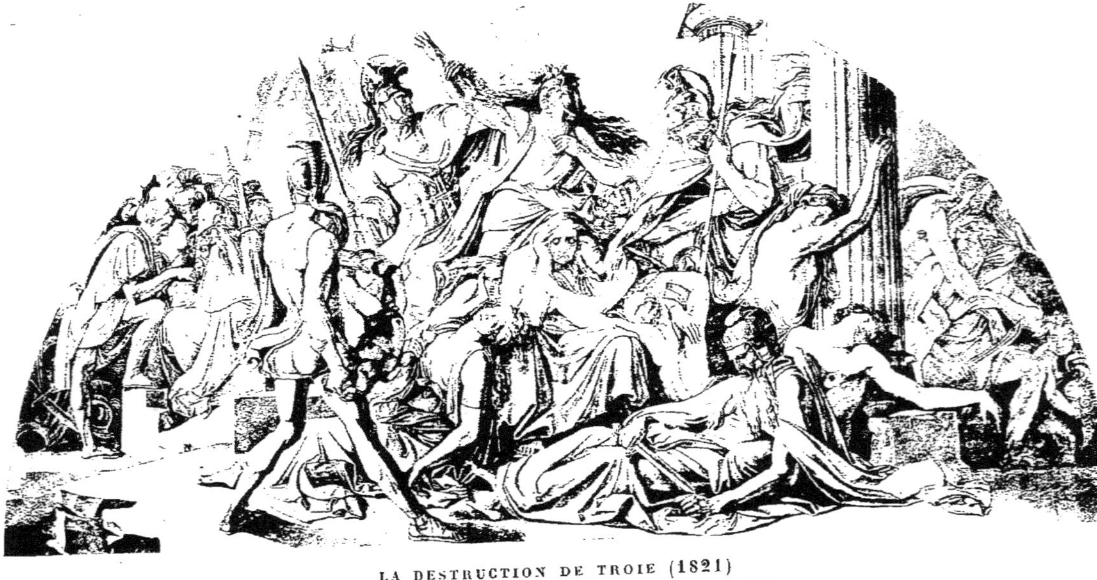

LA DESTRUCTION DE TROIE (1821)

Carton à la Galerie nationale de Berlin. H. $4^m,09$ — L. $7^m,92$.

(Pour la fresque à la Glyptothèque de Munich.)

Avec la permission de la Société photographique (Paris et Berlin).

les Enfers (Orphée demandant Eurydice aux dieux souterrains), *la Mer* (Amphitrite sur son char au milieu des tritons et des nymphes.)

Dans la salle des héros, nous trouvons *Agamemnon emmenant Briséis, Achille retrouvant le corps de Patrocle* et la *Destruction de Troie*. Cette dernière composition est le chef-d'œuvre de Cornelius.

Depuis Michel-Ange, l'on n'avait plus vu de corps et d'attitudes, qui exprimassent aussi fortement de grandes idées et des sentiments violents. Comme décor, Troie en flammes. A gauche, le cheval de bois, les Grecs, tirant au sort les captifs. A droite, un temple en ruines. Énée, emportant Anchise; Hélène calme et belle, étreignant une colonne pour obtenir la protection des dieux. Devant Hélène, Pâris mort, la main sur l'épaule de Priam dont le corps étendu occupe le premier plan. Derrière Priam, le groupe des femmes. Hécube est assise, accoudée sur son genou et le front dans la main : la douleur l'accable au point, que, nouvelle Niobé, elle paraît glacée dans l'immobilité de la pierre. Sa main gauche est posée sur l'épaule de l'une de ses filles, que nous voyons de dos évanouie ; son bras serre Polyxène, qui l'étreint : c'est en vain, Néoptolème entraîne l'enfant pour l'immoler sur le tombeau d'Achille. Contre le genou droit d'Hécube, Andromaque est couchée, inconsciente. Un Grec a saisi Astyanax pour le jeter du haut des murs. Derrière Hécube, Agamemnon saisit Cassandre debout qui prophétise le crime de Clytemnestre et la vengeance d'Oreste.

Cornelius voulut ensuite résumer ce qu'il pensait de la religion et de l'art. Dans l'église Saint-Louis, il peignit *le Jugement dernier*, la plus grande fresque du monde. Dans la galerie de la nouvelle Pinacothèque, il donna l'histoire de la peinture. Cette histoire ne lui apparait pas comme une évolution, mais comme le symbole d'une immuable idée. Deux principes sont nécessaires pour former la beauté : le réalisme et l'idéalisme. L'un se manifeste dans l'art du Midi, l'autre dans l'art du Nord. Et, partant des deux extrémités de la galerie, nous voyons les œuvres de ces deux arts s'ébaucher, se préciser, atteindre leur apogée, pour former le chef-d'œuvre. Ainsi, de part et d'autre, un prologue ; puis, d'un côté, les premiers efforts de l'art allemand, de l'autre Cimabue, ensuite Cologne en pendant de Sienne, les mystiques Flamands et Italiens, Holbein et Luca Signorelli, Durer et Léonard, le Lorrain et Corrège, les coloristes Français et le Titien, Rubens et Michel-Ange ; enfin, les deux principes de l'art s'étant confondus, dans la niche du milieu, celui qui est à la fois le premier des réalistes et le premier des idéalistes, Raphaël.

IV

En 1841, Cornelius se rendit à Berlin ; il devait y peindre les fresques du Campo-Santo, que le roi voulait bâtir devant la nouvelle cathédrale, dans l'île de la Sprée. Ni la cathédrale ni le Campo-Santo ne furent construits ; la *Galerie Nationale* conserve les dessins du maître. A peine quelques traits plus lâches y trahissent la vieillesse, mais la pensée en est sombre : le temps était passé où Cornelius espérait donner à l'Allemagne un art nouveau. Les sujets des principaux cartons sont empruntés à l'Apocalypse.

La *Chute de Babel* rappelle la *Destruction de Troie*. Dans le fond, la ville en flammes, la foule éperdue ; les femmes des puissants abîmées dans le désespoir ; les rois de la terre, maudissant le ciel vengeur. Au premier plan Babel demi-nue renversée sur la Bête, qui la menace de ses têtes hurlantes ; des cadavres entassés, des rêveurs accablés comme dans le fronton des *Nibelungen*, comme dans les niches de la Sixtine ; l'ange exterminateur, debout, la main gauche levée, dans la droite l'épée de la justice.

Les cavaliers de L'Apocalypse. Des femmes à genoux, des hommes qui se tordent les mains, des vieillards, des enfants écrasés, un monceau de cadavres. Et, sur cette masse humaine emportés par la tempête, suivis des Furies vengeresses, les quatre cavaliers. La Peste, un archer Maure penché sur le cou tendu de son cheval au galop. La Famine avec la balance. Un coursier qui se cabre, et la Guerre, un homme nu brandissant le glaive de ses mains levées. Sur un cheval qui rue en reniflant l'odeur des cadavres, la Mort, un squelette, avec la faux.

La Résurrection de la Chair. Au sommet d'une montagne, l'ange de lumière impassible est assis, les jambes étendues. Sa vue remplit de joie le cœur des Justes, tandis que les Méchants se détournent terrifiés.

La Nouvelle Jérusalem portée sur les ailes des anges. Et les vieillards ne la voient pas, absorbés dans leurs rêves ou la cherchant du côté qu'elle n'est pas. Mais les enfants, naïfs et curieux, tournent la tête et regardent. Dans le fond, des bateaux parés de fleurs amènent les poètes et les penseurs.

Ainsi Cornelius, que les générations nouvelles ne comprenaient plus, continuait, déjà octogénaire, à travailler à ses cartons. Avec ses cheveux longs et son visage rasé, il semblait un homme d'un autre âge ; et ses traits durs, ses yeux fixes disaient aussi qu'un autre monde occupait sa pensée. Dans la Prusse de Sadowa, dans le nouveau Berlin industriel, lui seul vivait pour le rêve de l'idéal kantien. (1)

(1) Peu nombreux, les tableaux de chevalet de Cornelius sont d'une couleur pâle et ne présentent qu'un intérêt relatif. Ce sont, à Dusseldorf : *Les vierges folles et les vierges sages* (1821) et deux portraits dont l'un de 1809. A Berlin : *Hagen jetant dans le Rhin le trésor des Nibelungen* (1859), A Dresde un portrait (1809-11). Dans la galerie Schack : *La fuite en Égypte* (vers 1818), etc. (Voir la liste de ses œuvres dans *Les Peintres Allemands* de Charles Blanc.)

CHAPITRE DEUXIÈME

L'ÉCOLE CATHOLIQUE. — OVERBECK

L'art de Carstens et de Cornelius représentait l'idéalisme classique ; il ne pouvait suffire à ceux qui s'étaient affectionnés aux doctrines des mystiques.

La renaissance du mysticisme en Allemagne remontait à la réforme de la secte des Frères Moraves, devenus protestants en 1722 (1). De la Bohême et de la Saxe les confréries des Moraves se répandirent dans toute l'Allemagne. Leur influence devint si grande, que Gœthe lui-même ne put y échapper. Il joignit au premier *Wilhelm Meister* la *Confession d'une Belle-Ame*. Une jeune fille de la société polie, qui affectait alors le scepticisme, y raconte ainsi sa conversion :

En étudiant les Psaumes de la Pénitence, je compris que David voyait l'origine de toutes ses fautes dans sa nature même ; mais, désireux d'être purifié, il priait instamment pour obtenir la grâce d'avoir un cœur pur. Pouvais-je moi-même y réussir ? Je savais la réponse des livres symboliques ; puis je tenais pour un dogme de la Bible que le sang de J.-C. nous rachète de tous les péchés. Mais je m'aperçus que je n'avais jamais compris cette phrase si souvent répétée... Comment en effet participer à cet inestimable bienfait ?.. Par la foi, répond l'Écriture... Alors, Dieu tout-puissant, donne-moi la foi. Ainsi priai-je un jour dans l'angoisse de mon cœur. Je m'appuyai sur la petite table, contre laquelle j'étais assise, et je cachai dans mes mains mon visage baigné de larmes... Aucun mot rendrait-il ce que je ressentis ? Ce fut comme un élan, mon âme était près de la croix sur laquelle pâlit autrefois Jésus. Je dis un élan, car je ne saurais trouver

(1) *Herrnhuter Brüdergemeine*, fondés en 1722 par les *Frères Moraves* chassés de Bohême et convertis au protestantisme. Ils forment des associations, qui prétendent mener la vie des chrétiens de la primitive Église (14,000 en Europe, 80,000 indigènes dans les missions).

une autre expression ; c'était le même élan qui nous porte vers l'aimé absent, un rapprochement plus réel, plus matériel même que nous le pensons. Ainsi mon âme se sentit près du Dieu fait homme, mort sur la croix, et à l'instant je sus ce qu'était la foi...

Mais l'influence des Frères Moraves s'affaiblit bientôt. Et le protestantisme ne voulut plus connaître que le rationalisme : comme il expliquait par des coïncidences les miracles des Écritures, il justifiait par les principes de la morale utilitaire les préceptes d'amour de l'Évangile ; ce fut seulement après les événements de 1815 que Schleiermacher réussit à détruire l'esprit de rationalisme dans l'Église protestante et lui rendit ainsi son influence perdue. Mais, à la fin du siècle dernier, les romantiques enseignaient que, pour retrouver son ancien génie, l'Allemagne devait abandonner l'hérésie, répéter les prières qu'avaient dites les aïeux.

Ce fut alors comme un élan général des poètes, des artistes, des penseurs vers le catholicisme longtemps méprisé. Partout on restaure les églises, on recherche les vieux tableaux, on publie les œuvres des anciens écrivains mystiques. Lorsqu'en 1802, Werner fait représenter son *Luther* à Berlin, les étudiants se lèvent et crient : « A bas le Réformateur ». Aussi les conversions se multiplient. Werner lui-même reçoit les ordres et prêche dans les églises de Vienne. Les chefs du romantisme, les peintres de l'école de Rome, des savants, des historiens, des diplomates embrassent le catholicisme. Cette ferveur dure près de vingt années ; les *Hymnes à la Nuit* de Novalis et la *Chronique d'un écolier errant* de Brentano en marquent les limites extrêmes.

Voici d'abord l'un des hymnes de Novalis : il date d'une époque où tous admiraient le catholicisme mais où tous l'interprétaient librement.

Le désir de la mort. — En bas, dans le sein de la terre, loin du règne de la lumière ! La rage, les coups violents de la douleur sont des signes précurseurs de l'heureuse délivrance... Bénie soit la nuit éternelle, béni le sommeil éternel. Fatigués de la chaleur du jour, flétris par les longs chagrins, nous ne prenons plus de plaisir à l'étranger, nous voulons la maison paternelle... Le cœur est las, le monde est vide... En bas vers ma douce fiancée (1), vers mon bien-aimé Jésus! Enfin! le crépuscule du soir est venu pour les amants, pour les affligés; un songe brise nos liens et nous engloutit dans le sein du Père.

Et voici maintenant un fragment de l'*Écolier*.

Brentano était catholique, mais sa jeunesse fut orageuse; longtemps il ne publia que des histoires de brigands et des nouvelles licencieuses. Plus tard, quand la ferveur catholique avait déjà disparu, il se convertit et vécut à Dulmen auprès de Catherine Emmerich, la stigmatisée. De cette époque date son conte mystique, encore populaire.

C'était la nuit, raconte l'étudiant; assise avec sa quenouille, ma mère chantait; près de notre fenêtre, un rossignol se mit aussi à chanter; il était déjà tard, la pleine lune brillait, claire et belle. Ma mère ne s'arrêta pas de chanter, elle et l'oiseau chantaient en même temps. Alors, pour la première fois, je me sentis triste; et j'eus des soucis d'enfant sur le sérieux de la vie... Le lendemain, je m'éveillai plutôt que ma mère. L'hirondelle commençait à chanter. Je m'habillai sans faire de bruit et je m'approchai du lit de ma mère, elle avait les mains jointes et le matin éclairait son visage. Sa vue me remplit d'amour et de deuil; peu de temps auparavant j'avais vu la fille de l'intendant dans son cercueil, ainsi couchée, les mains jointes. Il me prit une si grande peur que je couvris ma mère de baisers fous. Elle s'éveilla dans mes bras, et je lui dis pourquoi je pleurais. Alors elle retira mes mains de son cou, les joignit, les serra dans ses chères mains; et nous priâmes Dieu ensemble, le remerciant qu'il nous eût conservés pendant cette nuit et qu'il nous donnât un jour de plus pour nous corriger.

Tels sont les sentiments qui produisirent la seconde forme de l'art idéaliste allemand, l'art catholique (2).

(1) Hardenberg avait perdu sa fiancée.

(2) Les principaux représentants de la peinture religieuse classique sont en Allemagne, Ovens (1623-1679) : dans la *Sainte Famille*, de Schlesing, il imite le Corrège; et Dietrich (1712-1774), qui s'inspire de Rembrandt, heureusement d'ailleurs, dans ses tableaux de Dresde.

OVERBECK

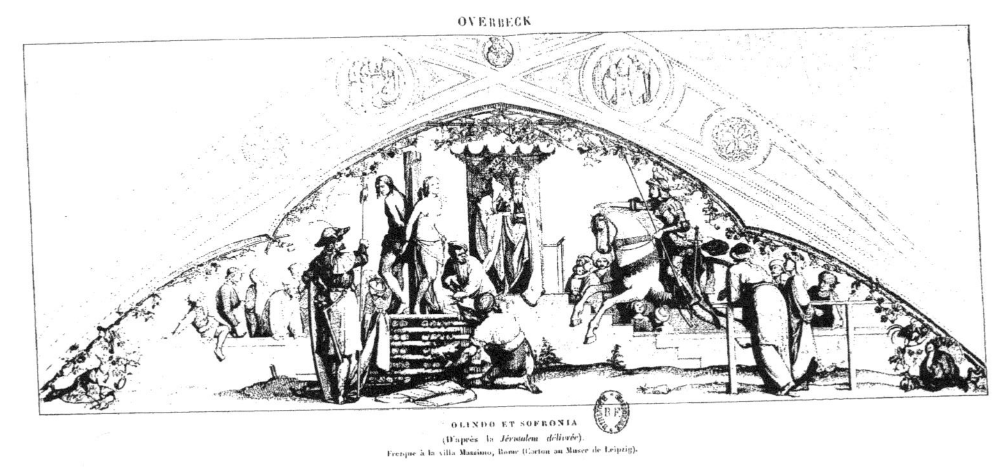

OLINDO ET SOFRONIA

(D'après la *Jérusalem délivrée*).

Fresque à la villa Massimo, Rome (Carton au Musée de Leipzig).

I

L'ouvrage qui décida du sort de l'art catholique parut en 1797. C'est un roman de Tieck : *Les voyages de Franz Sternbald*. La meilleure partie du livre n'est pas de lui, mais de Wackenroder, qui l'avait écrite sous le titre : *Épanchements du cœur d'un cénobite ami des arts*. Deux ans plus tard Wackenroder mourut de la phtisie et Tieck publia la dernière œuvre de son ami : *Les fantaisies sur l'art pour les amis de l'art*.

Wackenroder s'insurge d'abord contre l'admiration exclusive de l'art antique :

> Pourquoi ne condamnez-vous pas l'Indien parce qu'il parle l'indien et non pas notre langue ? Et cependant vous reprochez au moyen âge de n'avoir pas construit des temples semblables à ceux de la Grèce.... Nommons l'art la fleur du sentiment humain. Toujours sous de nouvelles formes, et dans toutes les zones de la terre, l'art s'élèvera vers le ciel... Au Père de toutes choses le temple gothique plaît autant que le temple grec.

Puis Wackenroder condamne toutes les écoles postérieures au seizième siècle. Ces écoles n'ont su qu'imiter. Or jamais la copie n'égale le modèle ; mais pourquoi ? Parce que le maître imite son propre cœur. Comment le peut-il ? Par l'inspiration du ciel. L'œuvre du génie est la véritable inspiration et la véritable prière. La religion et l'art ne sont qu'un.

Le roman de Wackenroder expliquait ses théories. Pris de doutes devant l'œuvre du maître, un élève de Dürer se rend à Rome. Raphaël dissipe ses doutes, mais Raphaël lui apprend qu'il n'est pas d'art sans la foi et pas de foi en dehors de l'église catholique romaine.

Frédéric de Schlegel convertit à la doctrine nouvelle quelques jeunes étudiants de l'Académie de Vienne, Pforr, Vogel et Overbeck (1789-1869), ce dernier, le fils du poète

Adolphe Overbeck de Lubeck, qui avait fréquenté Klopstock et protégé Carstens.

Avec ses longs cheveux blonds bouclés, son visage ovale, ses grands yeux bleus et sa bouche un peu molle, il semblait un personnage de Raphaël. Encore protestant, il inclinait déjà vers les idées religieuses de ses amis, Viennois et catholiques.

Ces jeunes gens se rendirent à Rome en 1810 et s'y établirent dans le couvent abandonné de Saint-Isidore, d'où leur nom de moines (*Klosterbrüder*) ou de *Nazaréens*. Ce couvent s'élève derrière la Trinité du Mont, entre la Villa Ludovisi et la Villa Malta (où résidèrent Guillaume de Humboldt puis le prince royal de Bavière). Des jardins, les jeunes artistes découvraient la vue de Rome : au pied de la Trinité, la ville aux maisons sans toits, les dômes des églises, les coupoles du Panthéon et du Mausolée d'Auguste, puis les grandes courbes du Tibre aux eaux brunes, baignant ici des prairies, là des palais et là des masures ruinées. Sur la rive droite, le fort Saint-Ange, Saint-Pierre, le Janicule, la chaine des collines qui réunit le Monte Verde au Monte Mario et le soir tombant derrière Saint-Pierre, baigné dans une lueur d'or.

La vie des Nazaréens était celle de religieux. Chacun avait sa cellule; il y peignait tout le jour, mais les frères se réunissaient dans le réfectoire pour y prendre leur repas et travailler d'après des modèles.

Sur les conseils de Wackenroder, les Nazaréens avaient d'abord étudié Raphaël ; bientôt ils l'abandonnèrent pour les Préraphaélites. Ce qu'ils aimaient dans les vieux maîtres, c'étaient la foi mystique et la naïveté, les couleurs simples, les fonds d'or, les attitudes un peu gauches, enfin la conscience de rendre jusqu'aux moindres détails. Comme les Primitifs, les jeunes maîtres allemands n'admettaient plus de clair-obscur, d'arrière-plan, de composition, plus de sacrifices. Les cheveux, les cils, les ongles de leurs madones, les écailles de leurs lézards, les fibres de leurs feuilles, les moindres brins d'herbe étaient reproduits avec amour, parce que, suivant l'expression de Werther, ils y retrouveraient l'âme du Tout-Aimant.

OVERBECK

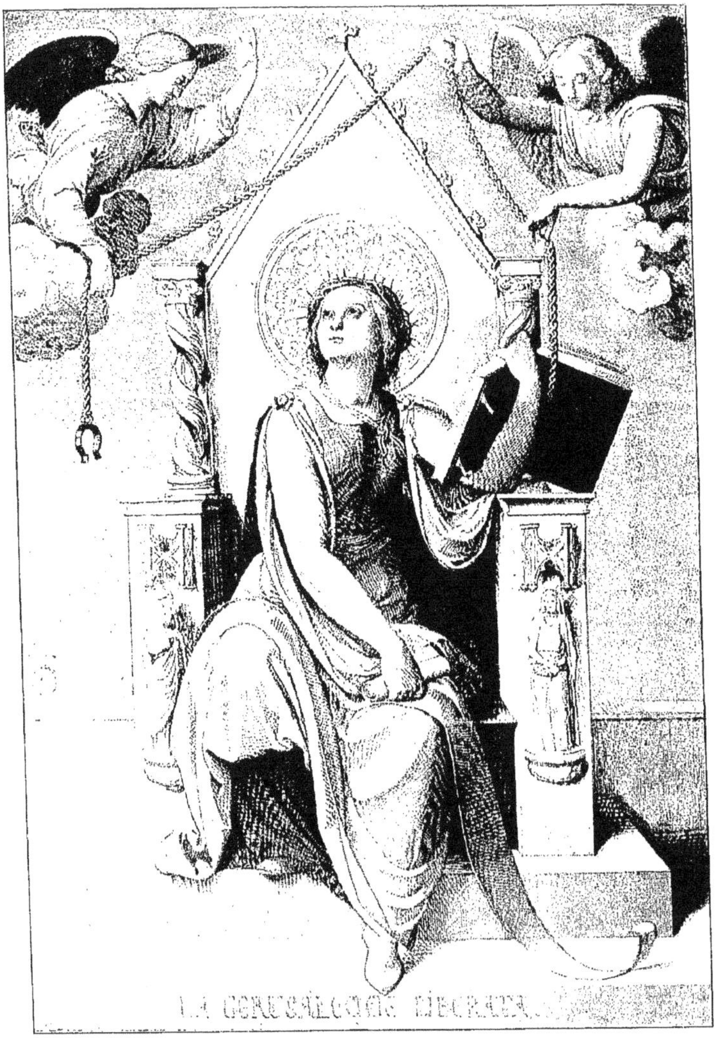

LA JÉRUSALEM DÉLIVRÉE

(Fresque dans la chambre du Tasse. — Villa Massimo, à Rome. 1826.)

D'après la gravure de Caspar, qui diffère de l'original.

Aussi les Classiques donnèrent-ils aux Nazaréens le surnom d'*atomistes*.

Cette vie cloîtrée, la mort de Pforr (1812) influèrent sur l'esprit d'Overbeck, qui se convertit au catholicisme en 1813. Plus tard, il épousa une Italienne et s'établit à Rome ; sa vie fut ainsi celle même du héros de Wackenroder, qu'il avait tant admiré.

Le couvent de Saint-Isidore fut longtemps le lieu de rendez-vous des artistes allemands établis à Rome ; Cornelius y fréquentait, mais ses idées différaient de celles des Nazaréens. Au contraire l'art d'Overbeck devint l'art des Veit, déjà convertis au catholicisme, et des Schadow, qui s'y convertirent en 1814.

Dans la maison Bartholdy, l'œuvre d'Overbeck se ressent de l'influence de Cornelius, mais ses fresques de la villa Massimo doivent être comptées parmi ses meilleures productions.

D'abord la figure allégorique de la *Jérusalem délivrée*. Au-dessous d'anges tenant une chaîne brisée, le trône où siège la *Jérusalem* pareille aux Sybilles : la tête relevée, elle avance la main droite, qui laisse tomber un rouleau ; le bras gauche accoudé soutient le livre ouvert du poème.

Des épisodes, le plus beau est la *Mort de Gildippe*, inspiré par le *Combat de cavalerie* de Léonard. Sur son cheval, qui se cabre, la guerrière Gildippe chancelle, blessée à mort ; le casque a roulé; nous voyons le joli visage aux yeux éteints. Odoardo étreint sa femme qui tombe. Distrait, il ne voit pas le sabre de Saladin levé pour le frapper ; en vain son cheval qui rue mord le païen à la cuisse. Bientôt Odoardo tombera aux côtés de Gildippe.

Overbeck se repentit d'avoir traité ces sujets profanes et jura de consacrer son talent à la peinture religieuse. Il accepta de peindre une fresque sur la Portioncule d'Assise (1829). Le paysage l'inspirait : un ciel pur, des montagnes aux formes abruptes bordant la plaine fertile, les maisons pressées sur le versant de la colline, que domine le vieux château de Rocca

Grande, plus bas le couvent bâti sur de puissantes arcades ; au-dessus de la crypte, où repose le corps de Saint-François, l'église à deux étages avec les peintures de Cimabue et de Giotto.

Dans la plaine s'élève la basilique de Sainte-Marie-des-Anges que surmonte une puissante coupole : après le treizième siècle, voici le seizième et la papauté sortant victorieuse de sa lutte contre l'hérésie, qu'Overbeck haïssait de toute la haine d'un converti.

Sous la coupole de Sainte-Marie se trouve la Portioncule : c'est une maison de bois avec une large porte cintrée au pignon. La fresque d'Overbeck couvre le pignon, une partie des côtés de la porte. En haut, le Christ et la Vierge; des anges, qui jouent des instruments de musique; un autel, et derrière l'autel, dans le cadre d'une arche Renaissance, le paysage d'Assise. A gauche, des moines en prière. A droite, Saint François agenouillé tendant ses mains trouées par les stigmates ; derrière lui, deux anges, dont l'un porte des roses (1).

Toute sa vie, Overbeck demeura en Italie, fidèle comme

(1) Le critique et compositeur allemand Ambros écrit en 1872 :

« Le soir tombait déjà quand j'entrai dans l'église. Le soleil couvrait tout de ses feux... Je crus avoir une vision. Plus tard, j'examinai la fresque ; elle n'y perdit rien. Je venais d'étudier les maîtres de l'âge d'or ; je retrouvais la même impression (*Bunte Blätter*) »

D'autre part, nous trouvons dans Taine :

« Il y a en bas dans la plaine une grande église, qui contient la maison du saint ; mais elle est moderne avec une coupole païenne et pompeuse. Les fresques d'Overbeck sont des pastiches ; pour rester gothique, il se fait maladroit et donne aux anges un cou tors, à Dieu l'air piteux d'un homme à qui son dîner ne réussit pas. On s'en va vite, rien de plus désagréable après la dévotion vraie que la dévotion factice. »

On pourrait rapprocher ce jugement de celui que Taine porte sur Tiepolo, si admiré aujourd'hui :

« Le dernier des décorateurs de plafonds, Tiepolo, est un maniériste qui, dans ses tableaux religieux, cherche le mélodrame, et dans ses tableaux allégoriques le mouvement et l'effet, qui, de parti pris, bouleverse ses colonnes, renverse ses pyramides, déchire ses nuages, éparpille ses personnages, de manière à donner à ses scènes l'aspect d'un volcan en éruption. »

Je ne citerai pas ici les tableaux d'Overbeck ; tous les musées de l'Allemagne en possèdent. L'on peut en trouver la liste dans l'ouvrage de Charles Blanc.

OVERBECK

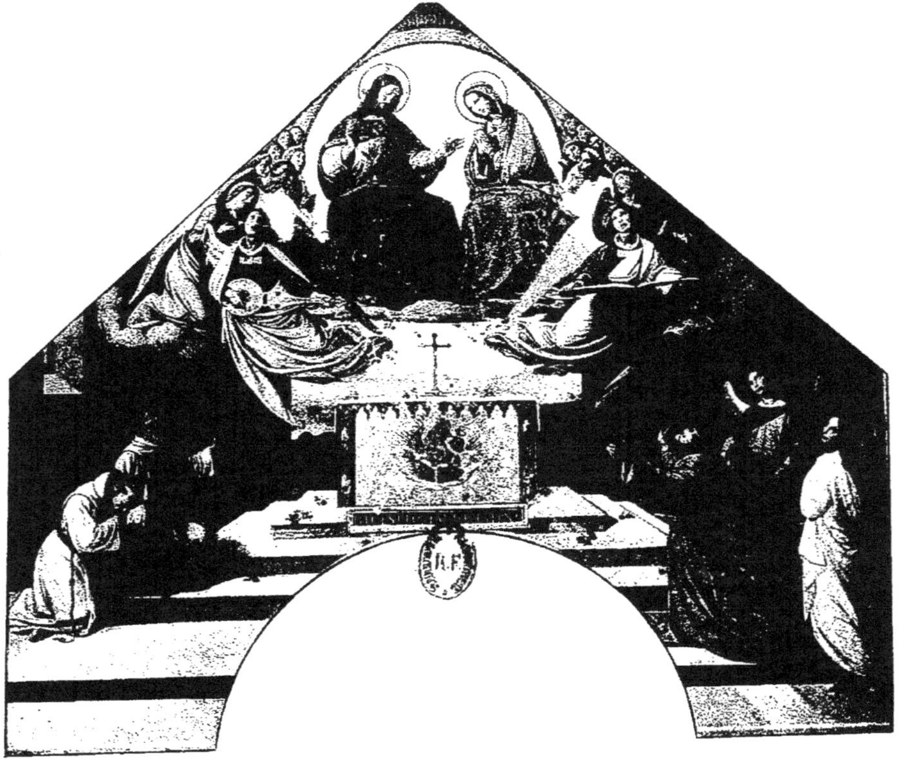

LE MIRACLE DES ROSES

(Fresque sur la Portioncule d'Assise.)

Phot. Carloforti.
à Rome.

OVERBECK

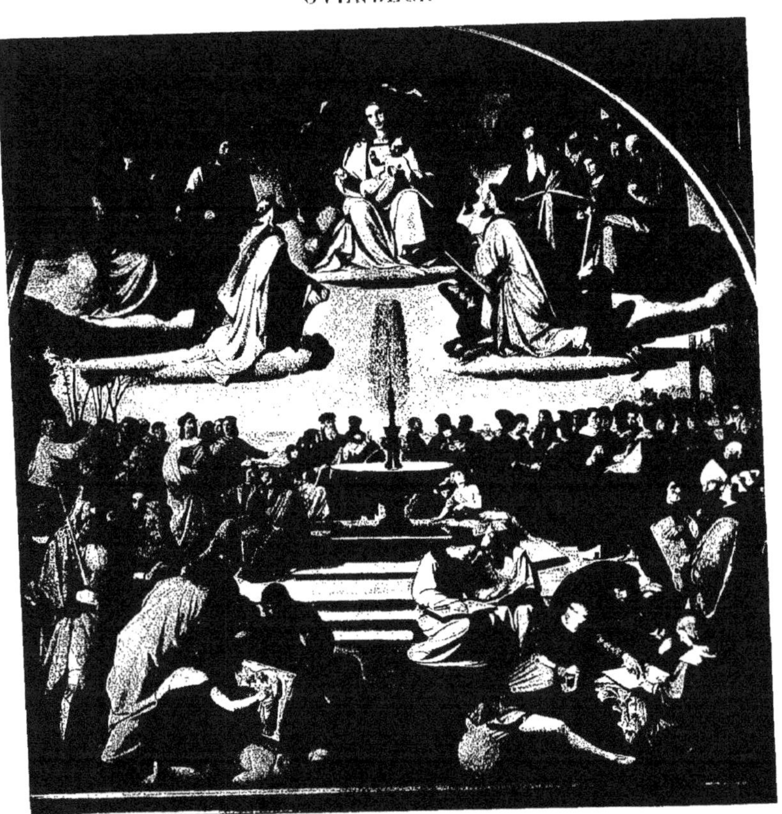

LE MAGNIFICAT DES ARTS (1840)

H. 3m,83 — L. 3m,89

(Institut Städel, à Francfort.)

Avec la permission de M. Bruckmann, à Munich.

Cornelius à l'idéal de sa jeunesse et comme lui indifférent aux aspirations nouvelles de l'art allemand. Il ne connut même pas les doutes et la mélancolie de son ami. Cornelius n'avait plus d'élèves ; dans tous les pays, la peinture religieuse suivait l'enseignement d'Overbeck. Cornelius doutait de son art et sa foi était rude ; Overbeck ne séparait pas son art de sa foi et sa foi était douce. Avec ses cheveux pendants, son front chauve, son nez maintenant aquilin, les traits accusés de son visage rasé, ses yeux au regard fixe, il semblait moins un artiste qu'un prédicateur et lui-même disait : « Mon art est une harpe. Toujours et toujours je voudrais chanter sur ma harpe les louanges du Seigneur. »

Overbeck a donné la synthèse de ses idées sur l'art dans son célèbre tableau du musée de Francfort : *le Magnificat*. La composition rappelle *la Dispute du Saint-Sacrement*. Dans le ciel, la Vierge avec l'enfant-Dieu contre un nimbe d'or ; de part et d'autre les Évangélistes, les Apôtres et les Prophètes. Sur la terre, un paysage raphaëlesque, la fontaine de vie qu'entourent les artistes célèbres. Au premier plan, deux groupes de sculpteurs imités de *la Leçon de géométrie* dans *l'École d'Athènes*.

Ainsi de toutes les œuvres de la nature et de l'homme, un seul chant s'élève au ciel, et ce chant dit : « Gloire à Dieu au plus haut des cieux et Paix sur la terre aux hommes de bonne volonté. »

II

Quand Overbeck composa *le Magnificat des Arts*, le temps de la ferveur catholique était passé ; mais, de 1815 à 1830, l'on put croire que l'art allemand consacrerait toutes ses forces à la louange du Ciel. Partout, dans les nouvelles églises, dans les anciennes églises restaurées, les disciples d'Overbeck peignaient des fresques pâles aux figures mystiques ; les princes, les savants et les critiques se faisaient un honneur d'être admis à voir les œuvres inachevées ; quand les échafaudages tombaient, la foule se précipitait anxieuse dans l'église qu'emplissait le bruit de l'orgue et des cantiques. Même après 1830, alors que Hegel triomphait dans la philosophie et l'école historique dans l'art, les disciples d'Overbeck continuèrent leur apostolat, les savants et les critiques, la foule protestante ne s'inquiétaient plus d'eux, mais, pour les catholiques, l'art des *Nazaréens* était encore le seul art chrétien.

Les Allemands donnent le nom de Nazaréens à tous les peintres qui se rattachèrent à la petite communauté de Saint-Isidore : les plus connus sont Veit, Führich et Schadow ; à leurs noms on peut joindre ceux de Hess, de Schraudolph et des artistes de l'école catholique de Munich.

La meilleure œuvre de Veit (1793-1877) est sa fresque du musée de Francfort : *l'Introduction des arts en Allemagne.*

Un tryptique. Dans un paysage du Midi avec des cyprès et des cactus, l'Italie méditant sur des ruines. Dans un paysage romantique, l'Allemagne rêvant au pied d'un chêne ; elle tient d'une main le glaive posé sur le livre, de l'autre l'écusson de l'Empire.

Entre ces volets, la fresque principale. Comme fond, des arbres du Nord, une cathédrale romane ; les trois vertus théologales ; des moines absorbés dans leur méditation. Au premier plan, la Religion chrétienne, la main droite posée sur un livre qu'un ange tient ouvert. A gauche, un groupe de trois personnes debout : un chevalier, un troubadour, une dame qui porte un petit orgue comme la Sainte Cécile de Raphaël. Une mère assise apprend à ses enfants la légende des Saints. A droite, Saint Boniface évangélise les Saxons encore barbares, tandis qu'un barde rêve douloureusement, la main appuyée sur sa lyre, les yeux encore pleins de l'horreur des forêts maintenant brûlées, des dieux maintenant disparus.

Führich (1800-1876) fonda l'école de Vienne. On lui doit des fresques (la plus belle représente *la Résurrection de Lazare*)

VEIT

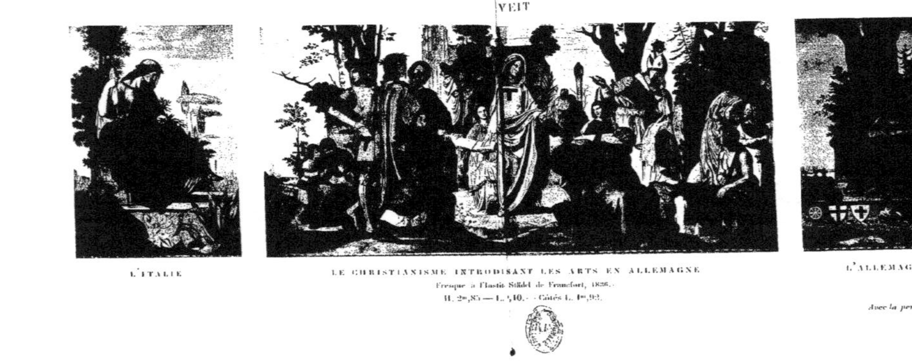

L'ITALIE — LE CHRISTIANISME INTRODUISANT LES ARTS EN ALLEMAGNE — L'ALLEMAGNE

Fresque à l'Instit. Städel de Francfort, 1836.

H. 2m,85 — L. 3,40. — Côtés L. 1m,92.

Avec la permission de M. Bruckmann, à Munich.

FÜHRICH

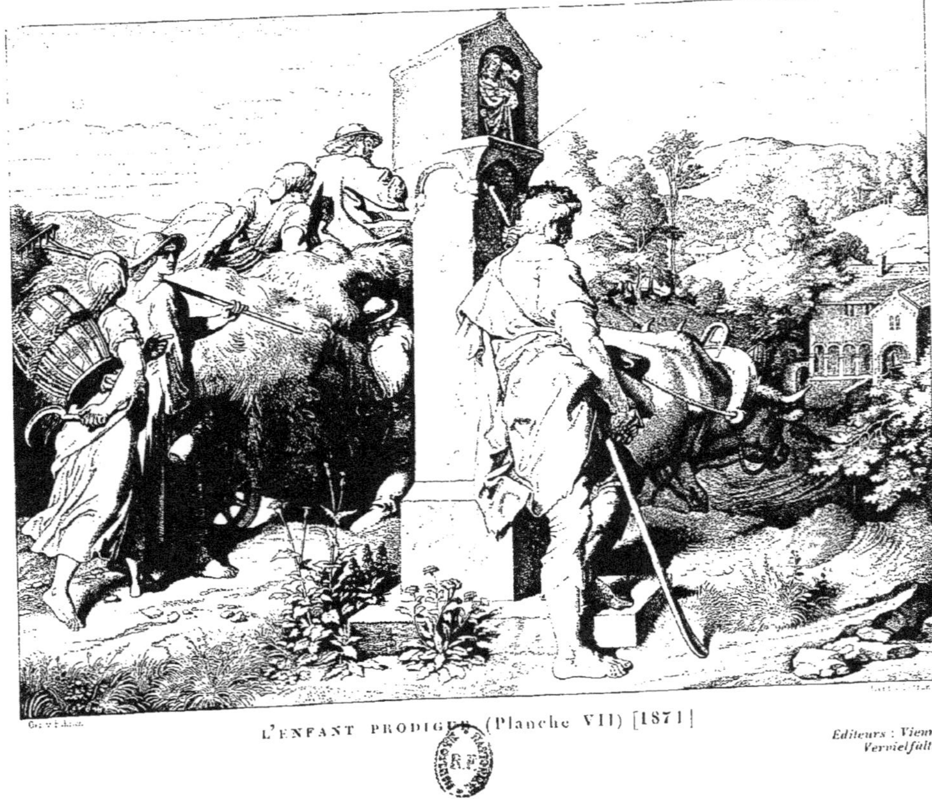

L'ENFANT PRODIGUE (Planche VII) [1871]

Editeurs : Vienne, *Gesellschaft für Vervielfältigende Kunst.*

et des tableaux de chevalet, dont *la Vierge* du musée de Vienne. Un paysage romantique : à droite, des collines sous un ciel nuageux ; à gauche, une forêt. Précédée de trois anges qui tiennent un livre, d'un quatrième qui balance l'encensoir, Marie, dont le sein porte l'enfant-Dieu, s'avance sous les roses, que répandent trois anges volant. Derrière elle, Saint Joseph se baisse pour les ramasser.

Enfin des gravures : *l'Imitation, la Vie de la Vierge, la Parabole de l'Enfant Prodigue*, autant d'œuvres fortement conçues et fermement dessinées qui sont justement restées populaires les dernières surtout où paysans et paysages rappellent l'art de Millet.

L'école religieuse de Munich doit sa fondation à Cornelius ; elle conserva toujours la marque du génie rude de son maître. L'œuvre la plus solide d'Henri de Hess (1798-1863) est *la Cène*, dans le réfectoire du couvent des Bénédictins, derrière la basilique de Saint-Boniface. Son œuvre la plus aimée est *la Fuite en Égypte*. Dans la nuit des anges traînent une barque sur la mer houleuse. Saint Joseph rame à l'arrière ; assise contre un nimbe d'or, la Vierge aux yeux rêveurs tient l'enfant divin sur ses genoux.

Depuis Schraudolph (1808-1879), qui peignit à fresque la cathédrale de Spire, jusqu'à M. Baumeister, l'école nazaréenne de Munich est demeurée fidèle à l'enseignement de Cornelius et de Hess. Mais voilà trente ans déjà que la foule ne s'intéresse plus aux efforts des Nazaréens : pour elle l'art catholique est l'art des coloristes.

III

De tous les Nazaréens le moins grand exerça la plus durable influence. Guillaume de Schadow (1789-1862) prit, en 1826, la direction de l'Académie de Dusseldorf qu'abandonnait Cornelius ; il forma de nombreux élèves ; pendant cinquante ans l'école de Dusseldorf resta la principale école romantique. Ses œuvres religieuses contribuèrent surtout à la rendre populaire. Dépouillant ce que la manière d'Overbeck avait encore de sévère, elle n'en conserva que le mysticisme, la piété, la grâce, les fonds d'or, les chairs pâles, les membres délicats, un art qui tient à la fois et des Préraphaélites et de Raphaël, et souvent même de la décadence italienne.

Les derniers maîtres de l'école catholique de Dusseldorf, Deger (1809-1885), Ittenbach (1813-1879), Müller (1811-1890) et Charles Müller (1818-1893) travaillèrent en commun à la décoration de la chapelle de Saint-Apollinaire à Remagen (1844-1850).

Remagen est situé sur la rive gauche du Rhin, en amont de Bonn. De la terrasse de Saint-Apollinaire, on découvre au pied du rocher le large fleuve aux eaux vertes, au cours rapide ; au delà du fleuve, des collines plantées de vignes. Au Sud-Est, le Honninger Wald et le Hammerstein, plus au Nord, les Sept Montagnes et le Drachenfels.

Dans les temps anciens, les païens de la rive droite du Rhin offrirent une jeune chrétienne au dragon, qui habitait la caverne du Drachenfels : la vierge fit le signe de la croix et le monstre s'élança dans le fleuve. Le chef des barbares se convertit, épousa la captive et bâtit le château du Dragon dont nous voyons les ruines. Sa petite-fille Hildegonde fut fiancée à Roland avant l'expédition d'Espagne ; à la nouvelle du désastre de Roncevaux, elle prit le voile dans un couvent qui s'élevait au pied du rocher. Mais Roland n'était pas mort ; après bien des mois, il revint chercher sa fiancée. Apprenant qu'Hildegonde avait prononcé des vœux éternels, le preux construisit le château du Rolandseck sur la rive gauche du Rhin. Jour et nuit, il regardait la même cellule du cloître. Quand la cellule fut vide, jour et nuit il regarda la même tombe. Une nuit que la lune était plus belle, on le trouva mort devant sa fenêtre.

HESS (H. VON)

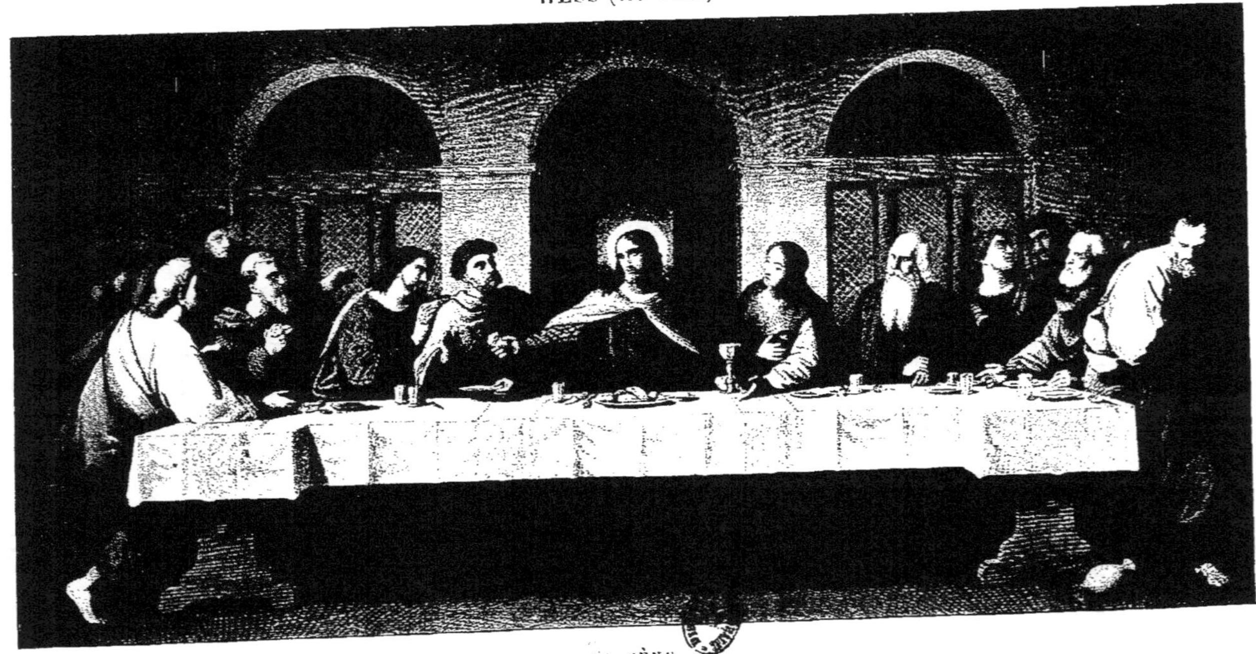

LA CÈNE

Fresque au couvent de Saint-Boniface (Munich).

Saint Apollinaire est un lieu de pèlerinage ; on y vénère les reliques de Saint Apollinaire, évêque de Ravennes. L'église actuelle fut construite en 1839 par Zwirner (1), l'architecte de la cathédrale de Cologne, sur l'emplacement d'une ancienne chapelle tombée en ruines. C'est un édifice gothique avec quatre tours, deux carrées et deux octogones, une fine façade percée de grandes rosaces et un joli portail élancé. A l'intérieur, de hautes voûtes ogivales, une lumière gaie, que les vitraux colorent à peine, sous le chœur une crypte romane, où les fidèles honorent le chef du saint dans une châsse entourée de lampes et de cierges.

De 1844 à 1850 les deux Müller, Ittenbach et Deger vivent dans le vieux prieuré, couvert de plantes grimpantes, qui s'élève à gauche de l'église. Le soleil à peine levé, ils montent sur l'échafaud et se mettent au travail. L'un entonne le premier verset d'un cantique, les autres lui répondent en chœur. Souvent ils ne s'arrêtent pas de peindre avant la chute du jour. Alors, s'asseyant sous la tonnelle, ils boivent un verre de vin du Rhin en regardant sur les Sept Montagnes les reflets du soleil qui se couche derrière eux.

Cinq ans ils mènent la même vie ; l'une après l'autre, on découvre les fresques qui témoigneront de la ferveur des nouveaux Nazaréens. L'art de Deger est le plus vigoureux : il peint les grandes scènes de la vie du Christ. André Müller raconte la vie de Saint Apollinaire : sa *Résurrection d'une jeune fille* rappelle les œuvres des Primitifs, mais ses têtes d'adolescents imitent Raphaël. Dans *la Vie de la Vierge*, Ittenbach et Müller trouvent déjà ce gracieux type de madone, que reproduiront leurs tableaux de chevalet.

Ainsi l'art des Nazaréens finit dans un couvent comme il a commencé dans un couvent. Mais l'œuvre des premiers Nazaréens dit l'enthousiasme d'apôtres, qui pensent convertir le monde ; l'œuvre des derniers dit la piété mélancolique

(1) Zwirner (1802-1861), architecte de Cologne depuis 1833, de plusieurs églises et châteaux gothiques.

d'artistes amoureux du passé, qui se séparent du monde, pour ne pas voir combien la réalité diffère de leurs songes(1).

(1) Parmi les Nazaréens les plus connus, il convient encore de citer : Rotermund (1826-1859) dont la belle *Pieta* (Dresde) fut terminée par Bendemann ; Kupelwieser (1796-1862) qui continua Führich à Vienne ; Pfannschmidt (1819-1887) et Plockhorst (1825-1895) à Berlin : le dernier a peint la *Mort de Moïse* à Cologne

DEGER

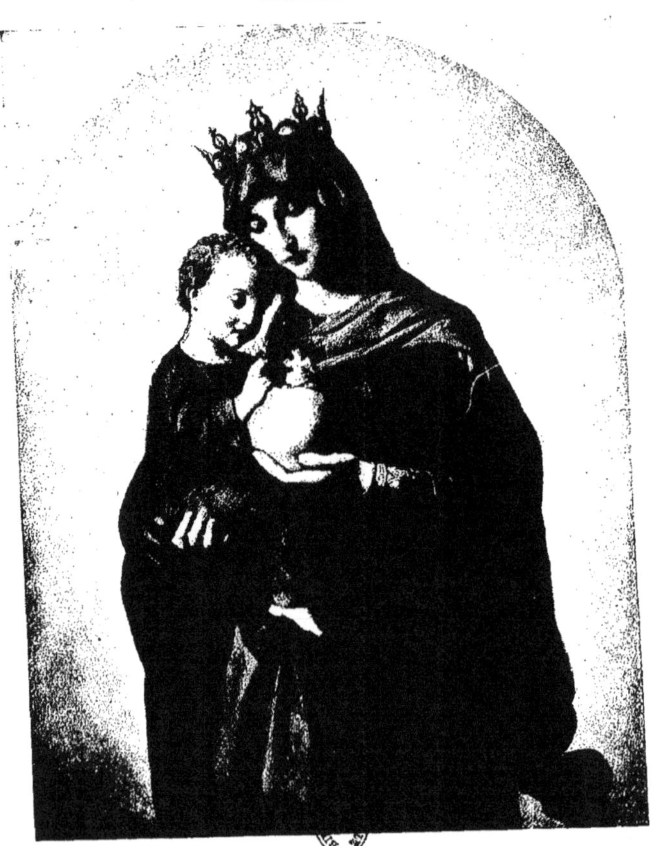

VIERGE

Avec la permission de l'Union photographique, à Munich.

CHAPITRE TROISIÈME

LE PAYSAGE HÉROÏQUE

L'idéalisme classique et l'idéalisme religieux avaient pu exprimer leurs sentiments propres, l'un en imitant l'art antique, l'autre en s'inspirant de l'art des vieux maîtres italiens. Mais l'idéalisme romantique hésita longtemps avant de trouver dans les fresques et les gravures de Steinle, de Schwind et de Richter la forme qui lui convenait. Ses œuvres considérables relevèrent d'abord du genre classique ou du genre religieux, plus tard du genre historique ; pendant trente ans, il n'y eut de véritable peinture romantique que le paysage idéal.

Aussi bien à la fin du dix-huitième siècle, au commencement du dix-neuvième, l'amour de la nature semblait-il le premier sentiment d'une âme noble. L'influence de Rousseau avait mis fin aux parcs à la française; le style écossais prévalait, un mélange de l'esprit classique et du romantisme d'Ossian. A Wilhemshöhe, le modèle du genre en Allemagne, nous voyons des prairies, de belles eaux, des cascades, des bassins, au sommet de la colline couverte de bois sombres une pyramide, que surmonte un Hercule, puis des temples grecs, les ruines d'un château moyen-âge, la grotte de Pluton, un village chinois, une mosquée turque. Mais, comme dans les tableaux de Ruysdael, le temple, la ruine, le village ne sont là que pour accuser le caractère du paysage ; et le paysage dit toujours l'amitié, l'amour, le goût de la nature, le sentiment des joies de la vie joint à la mélancolie de vivre. N'était-ce pas la mode en Allemagne de se faire enterrer dans une île et sous des peupliers pour imiter Rousseau ? Plus tard, les décors romantiques servirent aux initiations de la franc-maçonnerie.

Aucun écrivain n'a mieux que Jean-Paul Richter exprimé la poésie de ces paysages de convention. Dans le *Titan* (1800), il nous montre comment son héros Albano s'élève aux sentiments les plus sublimes, sous les impressions que lui produisent les sites d'un parc princier.

.... L'horloge solitaire sonna le quart avant minuit ; au fond du bois et comme dans un rêve, l'écho en répéta le son, disant tout bas à l'homme, qui fuit, le temps, qui fuit.... Albano posa le pied sur une dalle, qui s'enfonça ; un pan de la muraille tomba ; et le bois apparut: un bois d'arbres serrés, aux troncs reliés par des lianes, qui ne laissaient passer aucun rayon de lune. Sous la porte, Albano se retourna. Au-dessus du sombre escalier, un tête pâle le suivait sans corps. Il tire son épée, s'élance dans le bois, guidé par le bruit du fleuve souterrain et les tressaillements du sol. Par malheur, il se retourne, la tête du cadavre est derrière lui mais haut dans les airs et sur les épaules d'un géant.

Il fuit à travers les branches plus épaisses ; enfin, il sort du bois. Voici un jardin, l'espace, le clair de lune.... mais quel étrange jardin! des parterres sans fleurs, rien que du romarin, de la rue et des ifs. Autour de ce lieu silencieux, un cercle de bouleaux de deuil penchés comme ceux qui suivent un mort, sous le jardin le murmure du torrent souterrain, et, dans le milieu, un autel blanc, devant l'autel un homme étendu.

Comme son enfer, le parc mystérieux renferme aussi ses lieux de délices

Les yeux mouillés de larmes, Albano pénétra dans le val céleste. L'ombre, les parfums. Des montagnes aux allées d'orangers en fleurs.... Toutes les plantes dont les rameaux portent de grandes fleurs, étaient là, pressées au bord du ruisseau, sur les pentes, au sommet des deux longues montagnes, qui, serpentant avec leurs fleurs autour des fleurs du fond et se repliant sans cesse, promettaient une vallée sans fin. Placées de travers sur les montagnes, des fontaines jetaient par-dessus les arbres leurs arcs-en-ciel d'argent dans le ruisseau.... Soudain des sons de flûtes partirent des montagnes et des bois... toujours plus nombreux, aimablement mêlés, de tous côtés des chœurs de flûtes, pareils à des anges, s'envolaient vers le ciel. Ils disaient, combien le printemps est doux, comment pleure la joie, comment désire le cœur. Ils le disaient et disparaissaient dans le bleu printemps du ciel; et des fleurs humides les rossignols s'envolaient vers les sommets éclairés, faisant leur part dans les chants de triom-

SCHINKEL.

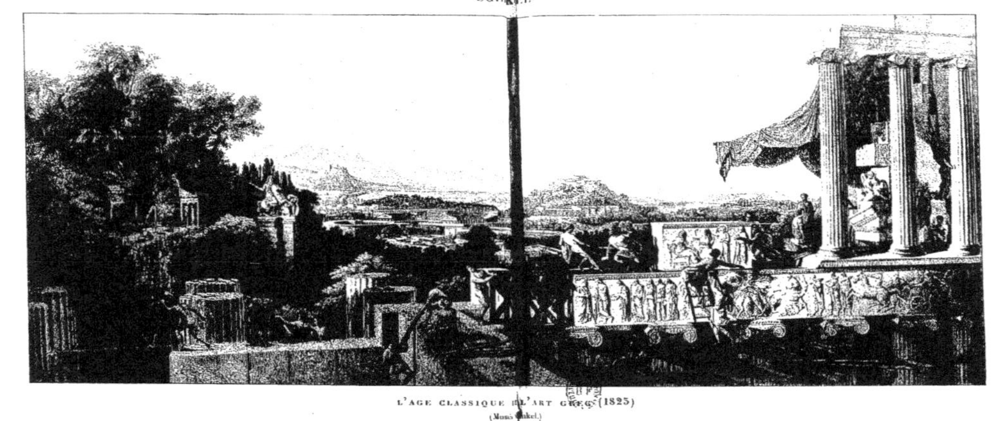

L'AGE CLASSIQUE DE L'ART GREC (1825)

(Musée Schinkel.)

phe de mai; et le souffle du matin, balançant d'ici et de là les arcs-en-ciel frémissant, les répandait au loin sur les fleurs.

Mais la nature, les parcs, les fêtes où l'on se déguisait, les initiations des sociétés secrètes ne pouvaient suffire aux contemporains de Lavater et de Cagliostro. Ils commencèrent de peindre des paysages fantastiques, peuplés de dieux puis de fées, de brigands et de chevaliers ; le romantisme développa ce goût et le roi Frédéric Guillaume se consolait de ses malheurs en composant des scènes sentimentales.

Toutes les rêveries de cette époque se retrouvent dans l'œuvre de Schinkel. S'il construit des monuments classiques et crée le style de la brique dans la *maison des architectes*, Schinkel donne aussi dans l'église et la villa de Potsdam le modèle d'une retraite de rêve et de poésie ; au-dessus des étangs, sur la colline couverte de forêts, il élève le château gothique du Babelsberg.

Mais, pour comprendre son esprit, il faut voir ses tableaux et ses cartons au Musée Schinkel et à la *Galerie Nationale*. Des projets d'abord : monuments symboliques, églises, ce prodigieux palais qu'il voulait bâtir pour l'impératrice de Russie sur un rocher abrupt de la Crimée, (1838). Vu de la terre, le château semble quelque Mont Cassin plus austère, mais au-dessus de la mer bleue c'est une terrasse de marbre avec des colonnades ioniques, un gigantesque portique aux cariatides imitées de l'Érectheion. Et dans l'enceinte même, les jardins des *Mille et une Nuits*, des grottes, des cloîtres ; entre leurs colonnes étranges, qui rappellent l'Inde, des plantes touffues et des fontaines jaillissantes.

Puis des décors d'opéra : *L'Ondine*, *Armide*, *La Flûte enchantée* surtout, dont les scènes merveilleuses hantent l'esprit des romantiques (le palais de la reine de la nuit, le temple de la lumière, les jardins du soleil). Enfin des paysages idéaux, grecs, romains, orientaux, allemands. Telle la *Ville moyen âge* de la *Galerie Nationale* : Fribourg en Suisse mais entouré d'une rivière plus large, et, sur la courbe de la presqu'île, l'abside d'une prodigieuse cathédrale gothique, dont les tours énormes rappellent Malines et Tours, avec une galerie comme à Strasbourg (1).

I

L'on distinguait alors trois genres de paysages idéaux. Le premier est le *Paysage Héroïque :* des montagnes, des lacs, une rivière, dont les lignes donnent l'impression du noble et du beau. Et, dans le paysage, une scène de la Bible, de l'antiquité classique ou d'un poème célèbre.

Le créateur du genre est un Allemand, Elsheimer (1578-1620). Dans son œuvre, nous trouvons des vues idéalisées de la campagne romaine, de la Sabine et des monts Albains : rochers à pic, gorges affreuses, vallées idylliques, les cyprès, les pins, les platanes, les grandes ruines envahies par les plantes grimpantes. Et ces rochers, ces ruines, il les éclaire des rayons de l'été, les baigne dans les teintes humides du matin ou les détache en relief sur la lumière dorée de la lune. La palette d'Elsheimer est riche, le rouge y domine, mais il lui manque le clair-obscur des Hollandais. Ses meilleurs tableaux sont le *Joseph* et la *Fuite en Égypte* du Musée de Dresde.

Après Elsheimer, Poussin et Claude Lorrain devinrent les maîtres du paysage héroïque ; ce furent eux qu'imitèrent directement les artistes allemands du dix-huitième siècle. Il existait alors comme un canon de paysage : sur les côtés, des masses sombres, arbres ou ruines ; au milieu, une échappée de lumière, la vue lointaine de montagnes, dont une rivière baignait le pied ; au premier plan des personnages (2).

(1) Schinkel est aussi l'auteur des fresques que l'on voit sous le portique du *Vieux Musée* à Berlin : *L'évolution de la nuit au jour* (Civilisation) et *Le Jour et la nuit* (Vie humaine).

(2) Au dix-septième siècle, les Bemmel imitèrent Poussin. Au dix-huitième siècle, l'on s'efforça d'imiter le Lorrain devenu populaire. Ainsi Agricola (1667-1719), les Brand (dix-huitième), Beich (1665-1748), Feichenberger (1678-1722), Orient (1677-1747).

PRELLER

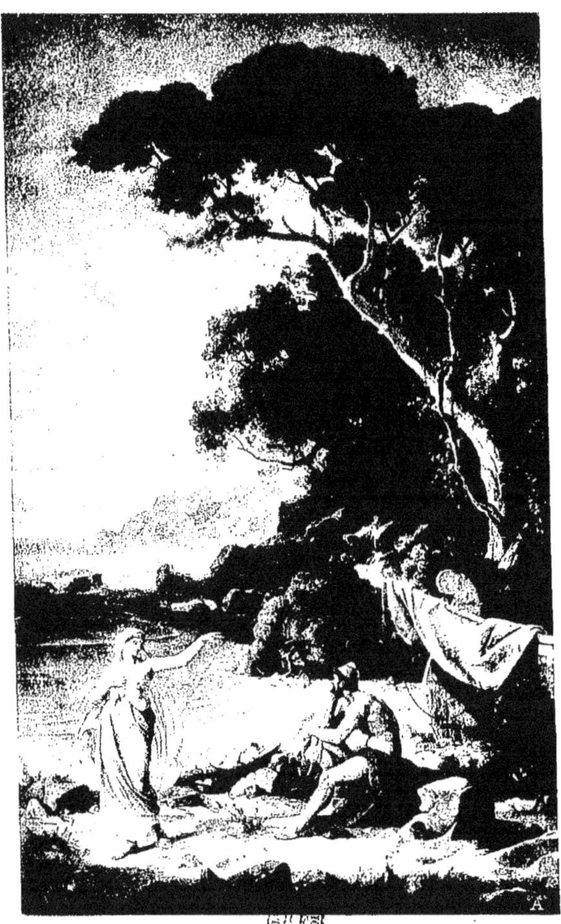

ADIEUX DE CALYPSO ET D'ULYSSE

H. 1m,56 — L. 0m,93.

Galerie Schack, Munich, d'après les peintures à l'encaustique du Musée de Weimar.

Cliché réduit d'après l'édition de luxe : Galerie du comte Schack. (Dr Albert, Munich.)

Mais Carstens s'écarta des traditions. Il fit de nombreuses études d'après nature, surtout dans la campagne romaine, puis il choisit les meilleures parties de chacune d'elles, en simplifia les lignes et composa les paysages sobrement indiqués de sa *Traversée de Mégapenthes* et de son *Expédition des Argonautes*.

Koch resta fidèle à cet enseignement. Dans ses œuvres idéales, le paysage, imaginaire mais composé de souvenirs, doit mettre en relief la scène historique. Son *Apollon* nous montre la Grèce, des montagnes aux lignes pures, un ciel serein; son *Macbeth*, le Nord, des rochers fantastiques, la mer houleuse, un ciel d'orage.

Preller (1804-78), un élève de Koch, porta le genre à la perfection dans les peintures à l'encaustique du Musée de Weimar, qui représentent les *Voyages d'Ulysse*. Son coloris est sobre mais harmonieux; le bleu et le violet y dominent; ses paysages idéaux sont composés d'après des dessins faits en Italie; il sait nous montrer les dieux, les hommes et les monstres eux-mêmes comme les produits naturels des paysages qu'il imagine.

Voici une côte abrupte, que battent les vagues; de grands arbres penchés par le vent; un rocher aux formes monstrueuses, et monstrueux comme ce rocher, Polyphème lançant un bloc sur la barque d'Ulysse, que les Grecs poussent au large, aidés par le reflux.

Voilà les jardins de Circé, l'enchanteresse : entre des palmiers et des pins parasols, son palais, dont les hauts murs en forme de pylône évoquent des souvenirs d'Égypte. Dans le fond, un lac qu'ombragent des chênes verts et des cyprès; du lac une rivière s'écoule. Près d'un pont, que défend un sphinx de marbre, Mercure met Ulysse en garde contre les charmes de l'enchanteresse. Entre des cactus et des figuiers de Barbarie rôdent des tigres et des lions.

Un détroit, des rochers, une barque : Ulysse attaché au mât, et sur le bord, les Sirènes, de belles femmes aux grandes ailes. Nous-mêmes ne pourrions entendre le bruit des vagues contre ces rochers sans le prendre pour la voix des Sirènes.

La mer en fureur : Ulysse s'accroche au mât de sa barque engloutie, et d'une vague, qu'elle complète, Leucothea s'élève bienfaisante.

Dreber (1822-75) imita Preller avec moins de composition et plus de poésie. (*Dianes* de Dresde et de Berlin, *Sappho* de la galerie Schack.) Schirmer (1807-63) fut le paysagiste de la Bible comme ces maîtres étaient ceux des mythes antiques : il aime la couleur et se plaît aux effets de la lumière. Böcklin se forma sous la direction de Schirmer et les fresques de Preller firent longtemps son étude ; mais avec le temps, les Nymphes et les Faunes, qui peuplaient ses paysages, devinrent pour lui des êtres véritables, dont il connut la vie, les mœurs, les joies brutales et les sauvages passions. Et c'est ainsi que l'étude du romantisme a formé l'un des maîtres du réalisme ; qu'un genre condamné semble, dans les œuvres d'un peintre de génie, original et moderne (1).

II

Avec le paysage héroïque, le dix-huitième siècle avait connu la *Veduta*, la représentation exacte d'un lieu donné. Tantôt c'était une sorte de plan, comme chez Van der Meulen et nos peintres de villes ; le maître du genre est Joseph Vernet. Tantôt c'était un paysage véritable mais sans le sentiment de la nature ni la recherche des effets de la lumière que nous trouvons dans les œuvres des artistes modernes. Ainsi Hobbéma et Canale. Les Allemands avaient eu Thiele (1689-1752), qui copie les Canale, et Hackert (1737-1807) un peintre exact et sans originalité.

(1) Les principaux représentants du paysage héroïque, tel que le comprenaient Preller et Schirmer, sont aujourd'hui MM. Kanoldt (1845), Hummel (1821) et Preller fils (1838). Dans le genre transformé de Böcklin, il faut citer M. M. F. de Keller, Hans Thoma, Klinger (gravures), Stuck, Steinhausen, même M. Leistikow et plusieurs des jeunes impressionnistes de Munich, enfin M. Lugo.

FRANZ-DREBER

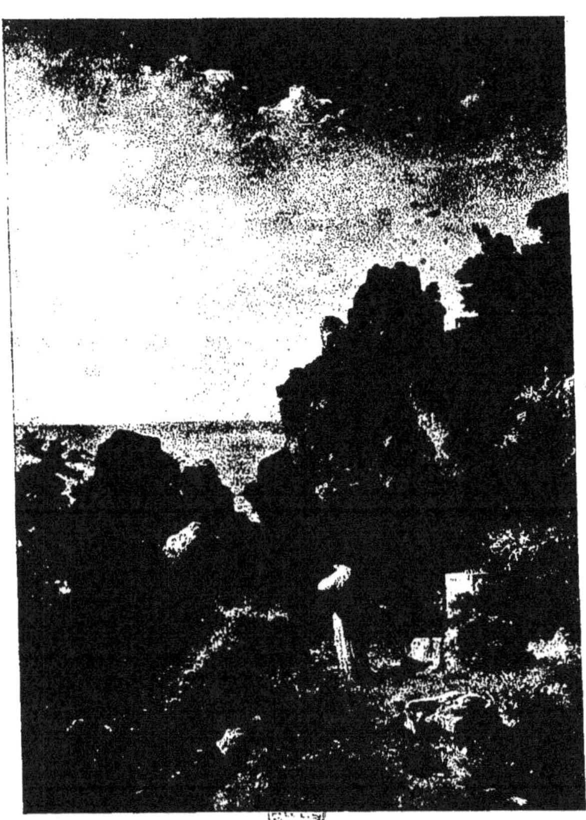

SAPPHO

L. 1m,66 — H. 2m,35.

(Galerie Schack.)

Cliché réduit d'après l'édition de luxe : Galerie du comte Schack (Dr Albert, Munich).

Carstens laissa de belles études aux lignes idéalisées. Comme lui, Koch s'efforça de composer et de donner aux sites reproduits des formes plus synthétiques. Mais c'était un paysan, un montagnard ; il ne pouvait s'empêcher de faire vrai. Son *Monte Olivano* et sa *Cascade de Tivoli* sont presque des paysages réalistes. L'élève de Koch, Rottmann (1798-1850) revint au style de Carstens. Lui-même racontait que ses esquisses d'un endroit différaient de celles de ses amis. Sans même le remarquer, il adoucissait les contours, simplifiait les lignes et composait le paysage.

Sous les arcades du jardin royal à Munich, Rottmann a représenté les sites célèbres de l'Italie. Ceux du Nord l'ont souvent mal inspiré. Sans ses montagnes anguleuses, Pérouse n'est plus Pérouse ; nous ne pouvons nous expliquer le génie mystique des Ombriens, les paysages du Pérugin et de Raphaël, Saint François d'Assise épousant sa *douce dame pauvreté*, prêchant aux oiseaux et aux poissons.

Tout au contraire, l'art de Rottmann nous rend bien la Sicile, Taormina, Syracuse, les écueils des Cyclopes, Sélinonte, Agrigente enfin, où le sirocco brûle les rochers et les ruines. Nulle part cependant comme dans ce site aujourd'hui désolé, nous ne comprenons l'amour qu'un Hellène portait à sa ville.

Musset écrit dans *Rolla* :

> Ce qu'on voit aux abords d'une grande cité,
> Ce sont des abattoirs, des murs, des cimetières.

Mais le marin, qui s'approchait d'Agrigente, apercevait des collines couronnées de temples aux colonnes peintes, aux statues d'or, au toit de tuiles émaillées, au fronton, aux frises polychromes. De ces temples, des murailles de marbre descendaient par les pentes aux oliviers gris jusqu'au port où les battait la mer bleue, et dans les vallées, où des fontaines coulaient sous les cyprès des bois sacrés. Cette image s'imprimait dans l'esprit du marin, il ne pouvait l'oublier au milieu des villes voluptueuses de l'Afrique ou de l'Orient ; dans ses rêves, la patrie lui apparaissait, douce comme une maîtresse.

De 1836 à 1850, Rottmann peignit pour la Nouvelle Pinacothèque les plus belles vues de la Grèce ; la technique particulière, l'éclairage de la salle donnent à ces tableaux le relief de dioramas.

Le Byronisme prévalait à cette époque : on pensait que l'aspect d'un lieu célèbre devait produire l'impression des événements, que son nom évoquait. C'est pourquoi Rottmann représente Tyrinthe sous la tempête, Aulis par un couchant du Lorrain, Épidaure mystérieux avec la mer bleue, un lac que le soir fait sembler un bassin de cuivre. A Marathon, il s'inspire directement des vers de Byron :

> Le sol que nous foulons, est un sol hanté, un sol sacré. — La colline, la vallée... défient la puissance, qui renversa les temples. Le temps brise les tours d'Athènes, le temps respecte la grise plaine de Marathon. Le même soleil, le même sol !... Le champ de bataille, qui vit la horde des Perses s'incliner sous l'épée d'Hellas, tel aujourd'hui qu'en ce matin cher à la gloire, où le nom de Marathon devint un mot magique !

Ainsi Rottmann. Sur la Grèce, le ciel bleu ; au-dessus de la mer l'orage, la pluie, l'éclair. Des nuages un faisceau de rayons s'échappe, que la baie réfléchit. Au premier plan, des rochers, des sables, des arbustes tordus par le vent. Un cheval fuit comme fou et l'eau des marais a des reflets livides.

Rottmann fit école. Les paysagistes de Munich suivirent tous sa direction : les Fries, Ernst (1801-73) et Bernhard 1820-1879) dont les vues d'Italie valent celles de Rottmann. Puis Schleich (1812-74), qui voulut idéaliser les sites de la Bavière comme les maîtres avaient idéalisé ceux de l'Italie : il compose avec soin, simplifie les lignes, accuse par des effets de lumière et par des motifs bien choisis le sentiment particulier qu'un endroit lui inspire. Ainsi ce beau paysage où la lune se reflète sur les étangs, sur les lignes à peine esquissées des collines, que surmontent des moulins aux grandes ailes.

Après Schleich, Munich eut Lier (1826-82), dont la pâte fine mais toujours pleine, la bonne technique et la lumière

ROTTMANN

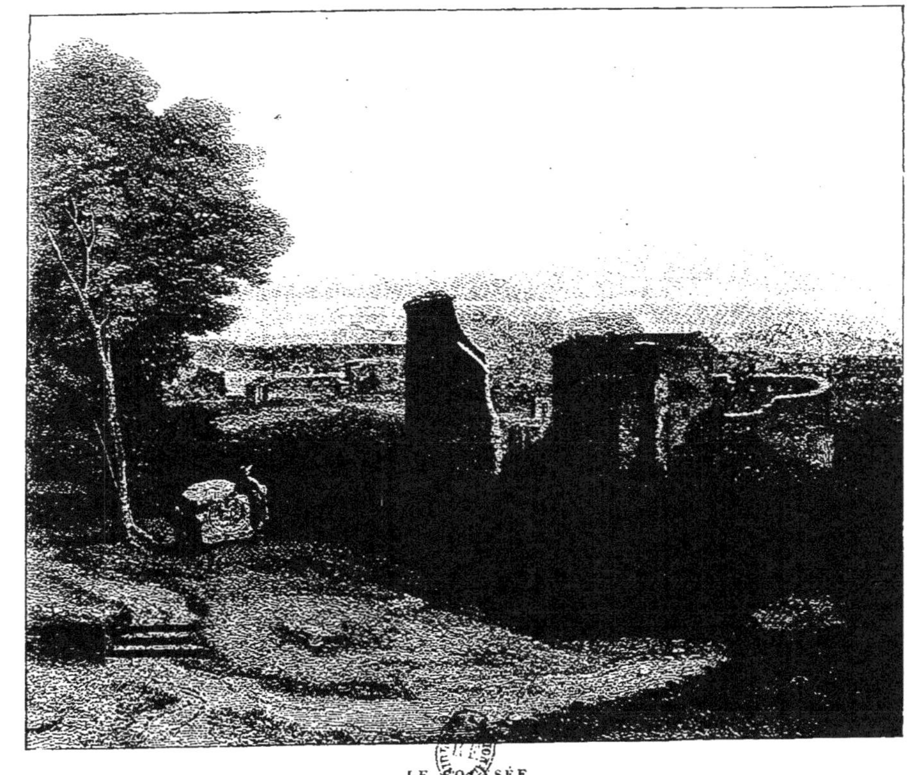

LE COLYSÉE

(Fresque sous les arcades du Jardin royal, à Munich.)

ROTTMANN

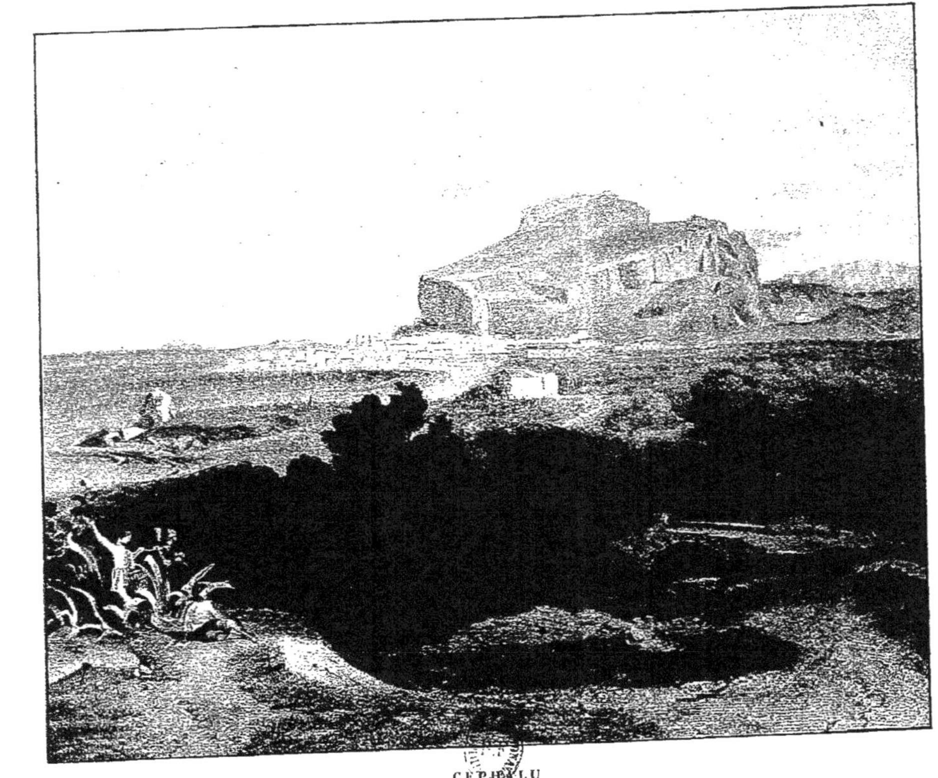

CEPHALU

(Fresque sous les arcades du Jardin royal, à Munich, 1830-33.)
Carton au Musée de Darmstadt.

SCHLEICH

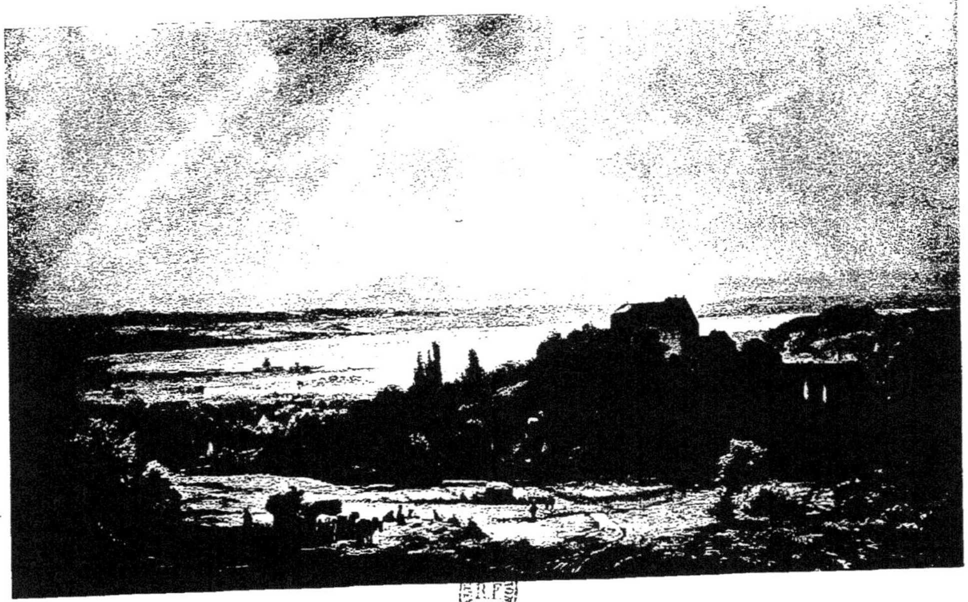

LE LAC STARNBERG

H. 0m,77 — L. 1m,15.

(Munich, Galerie Schack.)

Cliché réduit d'après l'édition de luxe : la Galerie du comte de Schack (Dr Albert, Munich).

rappellent quelquefois les Hollandais modernes. Ses élèves, MM. Baisch et Schönleber fondèrent l'école de Carlsruhe, où Rottmann et Fries avaient déjà professé. C'est ainsi que deux des principales écoles du paysage moderne, Munich et Carlsruhe procèdent directement du paysage idéalisé de Carstens et de Koch (1).

III

L'art romantique connut une troisième forme du paysage, *le paysage de sentiment* (*Stimmungs Landschaft*) qui s'inspirait des célèbres tableaux de Ruysdael : le *Couvent* et le *Cimetière des Juifs* (Dresde).

Mais le romantisme littéraire avait changé l'idée que les rêveurs se faisaient de la nature. Ruysdael voyait dans la nature l'image de ses propres sentiments ; les romantiques la tenaient pour une amie, qui partageait leurs peines et s'efforçait de les consoler. Gœthe exprime bien cette idée dans son poème *A la Lune* :

De nouveau tu remplis buisson et vallée, calme, d'un brouillard de lumière ; enfin tu permets à mon âme de s'épancher une fois tout entière. — Sur mes champs ton doux regard se répand, comme l'œil compatissant d'un ami sur mon destin. — Mon cœur sent chaque écho des temps heureux, des temps malheureux ; entre la joie et la douleur j'erre dans la solitude. — Coule, coule, fleuve chéri ! jamais plus je ne serai heureux ; ainsi s'en allèrent en bruit rires, baisers, et la fidélité.

Mais c'est dans Schopenhauer que nous trouvons la théorie du paysage de sentiment.

Retirons-nous dans un lieu solitaire ; l'horizon infini, un ciel sans nuages, arbres et plantes sans un souffle de vent, point d'animaux, point d'hommes, point d'eaux courantes, le silence complet. Un

(1) Si l'on ne s'occupe que de l'histoire du paysage à Munich, il faut alors considérer Schleich comme le créateur de la Stimmungs-Landschaft.

pareil milieu est comme une invite au recueillement et à la contemplation......

Que dans ce lieu nous ne trouvions aucune plante, rien que des rochers nus,... c'est le caractère terrible du désert, et notre impression devient tragique....

Un effet plus puissant : un torrent dont le bruit nous empêche d'entendre notre voix. Ou le bord de l'Océan : les vagues s'élèvent et s'abaissent, hautes comme des maisons ; elles se brisent contre des rochers abrupts, rejaillissent en écume, l'orage gronde, la mer mugit, les éclairs déchirent les nuages, le bruit de la foudre couvre celui de la tempête et de la mer..... Voilà proprement le sublime.

Le poète suisse Gessner (1730-88) et Louis Hess (1760-1800) furent les premiers qui s'essayèrent dans le paysage de sentiment. Mais l'on regarde Friedrich (1774-1840) comme le fondateur du genre. Peu lui importe le sujet traité ; il ne peint la nature ou les monuments que pour traduire sa mélancolie.

Aussi l'un de ses tableaux inspire-t-il au poète Körner cette exclamation. « Froidement admirer? Non, sentir. Le sentiment est l'apogée de l'art. » L'œuvre la plus connue de Friedrich est le *Tombeau des Huns* au Musée de Dresde. — Sous un ciel de tempête, un bloc énorme ; auprès, des buissons, un tronc d'arbre brisé.

Louis Richter (1803-84), de Dresde, suit la tradition de Friedrich.

Voici le *Schreckenstein près d'Aussig* (1830). La disposition de l'ancien paysage. Deux masses sombres : à droite, une colline boisée ; à gauche le rocher que surmonte la ruine. Dans le milieu, le ciel clair, des montagnes lointaines d'une teinte grise. Un bateau traverse l'Elbe : dans le bateau, un vieillard joue de la harpe (tel celui de Mignon) ; Werther semble absorbé dans ses pensées ; vêtu de la blouse du voyageur, Wilhelm Meister se tient debout, les yeux fixés sur le burg, Hermann et Dorothée se pressent doucement, une jeune moissonneuse sourit, un vieux paysan rame indifférent. (1837, Dresde.)

Les autres paysages de Richter sont : *La Prière du Soir* (Leipzig) et *Le Cortège Nuptial au printemps* (1847, Dresde).

Dans ses premières œuvres, Lessing (1808-80) peignit de

RICHTER (LUDWIG)

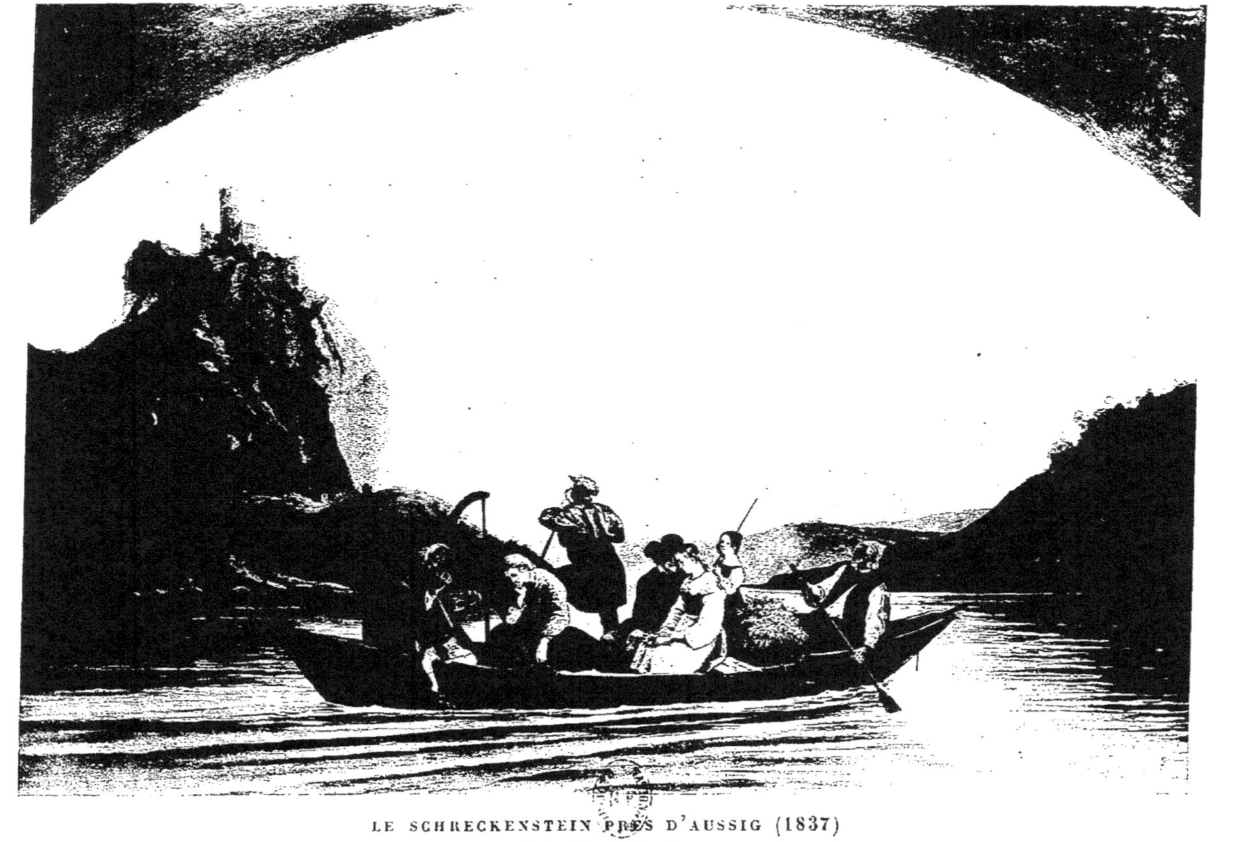

LE SCHRECKENSTEIN PRÈS D'AUSSIG (1837)

H. 1m,16 — L. 1m,56.

(Musée de Dresde.)

Ph. TAMME, succ. de BROCKMANN, à Dresde.

lourds nuages, l'éclair, des rochers à pic, des précipices, des forêts inexplorées, des chevaliers, des soldats, des brigands. Tels les deux tableaux du Musée de Francfort. Plus tard, le maître abandonna les rêves romantiques de sa jeunesse pour rendre la nature, telle qu'il la voyait. Les œuvres de sa maturité nous montrent une composition plus libre, des teintes moins sombres, le souci de faire vrai, une pâte suffisamment épaisse, le sentiment des sites qu'il représentait.

Lessing professa d'abord à Dusseldorf, puis à Carlsruhe. Dans ces deux villes, il eut Schirmer pour collègue ; leur influence fut considérable. Tandis que, s'inspirant de l'art romantique, MM. Böcklin, Hans Thoma et Lugo composaient leurs paysages mystérieux ou fantastiques, MM. André et Oswald Achenbach, Canale, Kalkreuth, Kameke, Gude se dégageaient du style conventionnel et devenaient les premiers maîtres du paysage moderne. Ainsi tous les genres se transformaient et tous de la même manière ; l'esthétique était abandonnée ; des artistes, les uns ne se préoccupaient que de plaire ; déjà les autres cherchaient à faire vrai (1).

Sans doute, cette évolution des genres ne s'accomplit que lentement ; Cornelius, les Nazaréens, les Romantiques ne cessèrent de produire jusqu'en 1860 et plus tard encore. Une date marque cependant la fin de la période de l'idéalisme : en Allemagne comme en France, 1830 annonce une société nouvelle.

1830, c'est d'abord l'influence grandissante de la bourgeoisie remplaçant l'influence de la noblesse ruinée. C'est aussi le libéralisme, le retour à la philosophie du siècle dernier, la glorification de la France révolutionnaire. Mais les espérances

(1) Aux noms de ces paysagistes, l'on peut ajouter ceux de Karl Werner 1808-94), qui peignit toute l'Europe, la Palestine et l'Égypte, et d'Hildebrandt (1818-68) qui mérita d'être appelé le peintre du Cosmos.

des libéraux sont bientôt déçues ; le prince de Metternich impose sa politique à tous les États de l'Allemagne. Alors apparaît le radicalisme : le célèbre pamphlétaire Börne ouvre la voie aux écrivains de la *Jeune Allemagne* Heine, Laube et Gutskow.

1830 marque ensuite la fin du véritable romantisme. Avec le romantisme disparaît le culte de la femme, culte formé de deux tendances opposées : le libertinage du siècle dernier et le mysticisme.

Dans tous les pays, l'époque du rationalisme est aussi celle du plaisir. Les deux poètes le plus admirés de 1820 à 1830 conservent l'esprit de la période qui vient de finir. Né dans le milieu du dix-huitième siècle, Gœthe, en a le goût des amours faciles, l'égoïsme, la grâce. Byron, plus jeune, trouve au contraire quelque honte à sa conduite ; aussi se donne-t-il tantôt pour un défenseur de la liberté contre les tyrannies sociales, tantôt pour une victime du destin.

Les romantiques allemands gardent le culte de la femme, mais en l'idéalisant ; ils oublient ou feignent d'oublier la volupté. Pour eux, le symbole de la femme est la Vierge, en qui la religion catholique a glorifié la jeune fille et la mère.

Tout autres sont les idées de la *Jeune Allemagne*, que dirige Rachel Varnhagen, fille du banquier israélite Levin et mariée à l'écrivain Varnhagen. La *Jeune Allemagne* cherche l'émancipation de la femme. Dans ses soirées de thé, dont elle fait le centre du monde littéraire de Berlin, Rachel réclame le droit pour les femmes d'exercer tous les métiers, d'écrire, d'enseigner, de s'occuper de politique (1).

Sans doute, ces idées sont celles d'un petit nombre. Cependant le bruit fait autour de ceux qui les professent, montrent l'intérêt qu'éveille la discussion de théories autrefois tenues

(1) En **1834**, Charlotte Stieglitz se tue, pour que son mari, le poète Stieglitz (**1801-1849**) trouve le génie dans une grande douleur. Dans le roman de Gutzkow, *Wally la Douteuse* refuse d'épouser celui qu'elle aime, mais, le jour même de son mariage avec un autre, se rend chez lui et se montre à lui sans vêtements. Ainsi se consomme l'union mystique « de ces deux êtres qui, s'aimant, ne devaient pas se posséder. »

pour insensées. Même dans les sociétés sévères, l'on trouve un ton plus libre et des manières plus faciles. Les barrières tombent, qui séparaient les classes. Et les vêtements aussi annoncent des mœurs nouvelles. Ceux des hommes deviennent simples, ceux des femmes gracieux. Sans doute dans la rue elles se coiffent encore de lourds chapeaux cabriolets et portent, comme les hommes, de longs manteaux à pèlerines, mais dans les salons elles ont des robes serrées au-dessus des hanches, la taille ronde et fine, les épaulettes hautes; la nuque est dégagée, de longues papillotes encadrent le visage. Rien ne subsiste plus dans le costume de l'idéal classique ni de l'idéal romantique : progressivement aussi le costume se fait pratique et moderne.

Mais 1830, c'est plus. C'est l'idéalisme condamné dans son principe même. A la période de la métaphysique éprise de l'art et dédaigneuse de la science, succédera la période des grands savants. En 1825, l'Allemagne n'a pas de chaire de mathématiques supérieures ; quelques années plus tard, un professeur dit encore à ses élèves : « Bien répondu, quoique vous ne preniez garde qu'aux faits; tenez-vous-en à l'Absolu. » Mais bientôt Liebig, Ritter et Müller commenceront de publier, et déjà Humboldt prépare le *Cosmos*.

L'étude de la nature conduit à l'admiration des découvertes utiles et de la vie active. Gœthe lui-même proclame le travail manuel supérieur à tous les rêves de l'art et de la philosophie. Dans la seconde partie de son grand poème achevé quelques jours avant sa mort, il nous montre comment Faust, dégoûté de l'amour, de la science, de la beauté, de la gloire, trouve enfin le bonheur dans l'effort quotidien, dans la lutte contre les éléments, dans la vie pratique, qu'il croyait une vie inférieure.

FAUST

Comme le bruit des bêches me réjouit ! Soumise à ma volonté... la foule met une borne aux vagues, enferme la mer d'une digue infranchissable... Mais un marais entoure la colline, empeste le terrain conquis. Dessécher ce bourbier putride, ce sera ma dernière, ma plus belle conquête. Je donne un sol à des millions d'hommes, incertain, il est vrai, mais tel qu'ils puissent le conserver par le travail et par la liberté... Oui ! voilà toute ma pensée, la dernière conclusion de la sagesse. Celui-là seul mérite la liberté, la vie, qui, tous les jours, les doit reconquérir. Au milieu des dangers, l'enfant, l'homme, le vieillard vivent ici des jours d'effort. Je voudrais voir cette ardeur, fouler un sol libre avec un peuple libre..... Dans le pressentiment d'un pareil bonheur, je goûte maintenant mon suprême instant (1).

(1) On donne le nom de *Jeune-Allemagne* aux écrivains, dont la diète de Francfort prohiba les écrits publiés ou à publier. Ce sont Mundt (1808-1861), Kühne (1806-1888), Wienbarg (1802-1872) et les trois écrivains célèbres : Heine (1797-1856), Laube (1806-1884), Gutzkow (1811-1878), ces deux derniers surtout connus comme auteurs dramatiques. A leurs noms, on joint d'ordinaire celui de Börne (1786-1837).

Dans son roman de *Munchausen* (1838) Immermann (1796-1840) ridiculisa la noblesse ruinée : dans un château que l'on pourrait comparer à la *Chambre des Antiques* de Balzac, il introduit le descendant du baron de Munchausen, le M. de Crac de l'Allemagne. Et le vieux noble ruiné, séduit par l'aventurier, cherche à refaire sa fortune en fondant une société par actions pour la condensation de l'air.

Voici les principaux savants de cette époque. Müller (1801-1858) renouvelle la physiologie en ne voyant dans les corps qu'un ensemble de phénomènes physiques et de réactions chimiques. Wöhler (1800-1882) développe la chimie et Liebig (1803-1873) lui cherche des applications pratiques ; il crée l'agriculture scientifique. A côté d'eux, Ritter (1779-1859) le fondateur de la géographie comparée ; Dove (1803-1879), physicien et météréologiste ; Schwann (1810-1882), physiologue. Al. de Humboldt (1769-1859) résume tout l'effort du temps : en 1845, il fondera le *Cosmos* (1845-1862). Helmholtz (1821-1894) publie son premier ouvrage : *Sur la conservation de la force* en 1847.

En 1818, la Bavière obtient une constitution ; en 1819 ce sont Bade et le Wurtemberg ; la Hesse en 1820. La révolution de 1830 a son contre-coup en Allemagne : le duc de Brunswick est chassé de ses États ; la Saxe obtient une constitution en 1831.

LIVRE II

LA PEINTURE HISTORIQUE

I

A l'époque de la philosophie idéaliste succéda l'époque de l'histoire. La société se transformait : si l'on n'admettait plus de principes absolus, l'on admettait encore des principes. L'on n'en cherchait plus l'origine dans la métaphysique, mais dans la tradition ; et la tradition était discutée ; il convenait de faire la part de la légende et la part de la réalité : une pareille critique est l'histoire même.

Tous les pays de l'Europe professaient alors des doctrines identiques, mais, seule, l'Allemagne sut les formuler dans la philosophie de Hegel. Kant et Fichte n'admettaient que l'*Etre*; Hegel comprit le défaut de leurs systèmes et prétendit fonder le sien sur la seule idée qui leur échappait, celle du *Devenir*. Pour lui, Dieu est l'Idéal dont l'humanité se rapprochera toujours sans l'atteindre jamais. Le Vrai d'aujourd'hui prépare le Plus Vrai de demain, donc la philosophie se confond avec l'histoire de la philosophie ; le Bien d'aujourd'hui fera naître le Meilleur de demain, donc l'histoire des religions est la religion même ; le Beau d'aujourd'hui n'est que l'ébauche du Plus Beau de demain, donc l'esthétique aura pour fondement l'histoire e l'a rt.

Plusieurs causes politiques et sociales contribuèrent à la diffusion de la nouvelle philosophie.

La première était le principe des nationalités. Dans un temps où la coutume, la prescription semblaient encore le fondement du droit, les nations recherchèrent leurs actes d'identité, leurs titres de liberté et de propriété. L'Allemagne surtout avait intérêt à produire ses titres : déchue et divisée, elle aimait à se rappeler la gloire de l'Empire germanique, héritier de l'Empire d'Occident.

La seconde cause du mouvement historique était une cause sociale, l'influence de la bourgeoisie. La noblesse aimait la légende ; tous les droits acquis lui paraissaient sacrés, quelle qu'en fût l'origine. Pour le peuple, l'histoire est sans intérêt : il n y trouve ni souvenirs de famille, ni la preuve d'aucun droit. Aussi le peuple s'attache-t-il au présent : depuis que toutes les grandes nations ont adopté le suffrage universel et l'instruction obligatoire, les sciences historiques ont cédé le premier rang aux sciences sociales ; dans l'étude du passé, l'on ne cherche plus que l'explication du développement économique ou des transformations de la morale. L'histoire fut au contraire la science même du Tiers État. Il avait ses privilèges et ses traditions mais il se voyait forcé de les défendre : en montrant les droits que lui conféraient les anciennes chartes, il discutait ceux que s'attribuaient la couronne et les nobles. La constitution de l'Angleterre a son origine dans une charte et cette constitution fut prise comme modèle par tous les États de l'Europe. Et la bourgeoisie ne défendait pas seulement ses droits politiques, elle défendait aussi ses droits comme propriétaire : les titres de propriété sont des documents historiques. Quand Lassalle voulut fonder le socialisme, il commença par s'attaquer à la *théorie des droits acquis* (1). Enfin les Chroniques ne mentionnaient guère que des familles nobles ou des familles bourgeoises anoblies. Pour montrer le rôle qu'il avait joué, le Tiers État dut rectifier la chronique par l'histoire. Aussi toutes les grandes œuvres his-

(1) Ce qui caractérise bien l'esprit de cette époque en Allemagne, c'est la polémique entre Savigny et l'École hégélienne. De part et d'autre l'on cherche l'origine du droit dans l'histoire. Mais les Hégéliens admettent le progrès, les partisans de l'*École historique* le rejettent. Donc pour ces derniers, une institution est sacrée, parce qu'elle est ancienne ; pour les premiers, parce qu'une institution est ancienne, elle doit disparaitre.

toriques, publiées de 1820 à 1840, furent-elles d'esprit bourgeois et libéral : la France avait Guizot et Augustin Thierry, l'Angleterre Macaulay, l'Allemagne Schlosser, Rotteck, Droysen et Dahlmann. Seul Raumer, l'auteur des *Hohenstaufen*, se souvenait encore du romantisme.

Avec ces causes une troisième contribua au développement des sciences historiques dans l'Allemagne protestante, ce fut la question religieuse. Le protestantisme ne peut se comprendre sans l'histoire : tandis que le catholicisme s'appuie sur la tradition et chérit la légende, le protestantisme prétend combattre la tradition et détruire la légende. Il lui faut d'abord démontrer que les dogmes repoussés par ses fondateurs n'ont pas toujours été admis par l'église ; il lui faut ensuite justifier ses fondateurs des accusations portées contre leur morale ou leur intelligence. Aussi le plus grand des historiens allemands, Léopold de Ranke a-t-il consacré ses efforts à fixer l'histoire des différents pays de l'Europe dans le seizième siècle.

Après avoir discuté certains dogmes, le protestantime voulut discuter tous les dogmes. L'école de Hegel appliquait à l'histoire du Christianisme sa propre méthode ; pour elle les doctrines évoluent. Mais les *Vieux Hégéliens* ne s'écartaient pas des principes que le maître avait posés pour l'étude de la religion. Tout au contraire, les *Jeunes Hégéliens*, Feuerbach, Strauss, Bauer voulurent expliquer le dogme par la théorie des origines historiques. En 1835, parut le livre de Strauss : il ne voit dans la vie du Christ que la dernière forme du mythe grec et de la légende hébraïque. Dès lors l'Allemagne se trouva divisée ; et pendant un demi-siècle, l'étude de la religion s'y confondit avec l'étude de l'histoire religieuse.

Enfin une dernière cause contribuait à transformer l'histoire comme à la rendre populaire. Macaulay, Augustin Thierry, Raumer et Ranke s'efforçaient de faire revivre les nations, dont ils racontaient les gloires ou les revers : ils décrivaient le pays, les monuments, les mœurs et les costumes. La littérature aidait à l'histoire : Walter Scott peignait l'Écosse, Chateaubriand la France barbare, Victor Hugo le moyen âge. Wilibald Alexis restituait dans ses romans les mœurs et les costumes de la Prusse d'autrefois.

II

Avec la philosophie, l'esthétique changea. Sans doute l'art nouveau conservait le principe de l'art ancien : le beau considéré comme l'union de l'idéal et du réel. Mais l'école idéaliste voyait cette union dans les types primordiaux, les idées platoniciennes, tandis que Hegel croyait la trouver dans 'effort incessant de l'humanité vers un état plus voisin de la perfection.

Pour lui, la beauté est l'idée sous la forme d'une apparence finie. A l'état d'ébauche dans la nature inconsciente, le beau se précise dans les œuvres de l'homme. L'histoire du beau se confond avec celle de l'humanité. L'on peut y distinguer trois grandes périodes. Chez les peuples primitifs, qui ne savent pas concilier l'idéal et le réel, l'inspiration est symbolique ; chez les peuples jeunes, qui confondent l'idéal et le réel, l'inspiration est classique ; chez les peuples supérieurs, qui réussissent à transformer le réel même en idéal, l'inspiration est romantique. Chaque période connaît tous les arts : d'abord les arts plastiques (architecture, sculpture et peinture), puis la musique, enfin la poésie; mais, dans chaque période, un art prédomine. L'époque symbolique a l'architecture, l'époque classique la sculpture. Les peuples romantiques cultivent surtout la musique et la poésie, qui est la matière comme affranchie d'elle-même et faite Idéal mais ils ont aussi leur art plastique et c'est le plus complexe de tous, la peinture. L'esthétique de Hegel a reçu le nom d'esthétique du *fond* par opposition à l'esthétique de la *forme*, que professa plus tard l'école de Herbart.

Vischer, le principal défenseur de la doctrine hégélienne, s'occupa surtout de l'art romantique, la peinture ; il voulut démontrer que la peinture a pour but de représenter les événements de l'histoire. De 1840 à 1842, Vischer soutint contre Overbeck une violente polémique.

L'un et l'autre partent du même principe, que l'art doit glorifier Dieu. Mais comment le pourra-t-il? En représentant le Christ, la Vierge et les Saints, affirme Overbeck, et, comme le moyen âge avait une foi plus vive, en s'inspirant de l'art du moyen âge. Mais Vischer répond : Même les catholiques les plus fervents ne sauraient se figurer le dogme sous des formes sensibles. Dante croyait que le ciel, l'enfer et le purgatoire sont tels qu'il les dépeint. Depuis les découvertes de la géologie et de l'astronomie, Overbeck lui-même ne croit plus à la Vision de Dante ; il ne s'imagine pas que la Vierge et les Saints ont réellement les apparences qu'il leur prête. Son art ne donne donc que des symboles; et ces symboles, d'autres les ont trouvés, dont les croyances n'étaient pas ses croyances, dont la piété n'était pas sa piété. Vischer en conclut que l'art religieux touche à son terme.

Quel art le remplacera ? L'art historique, répond Vischer. Hegel n'enseigne-t-il pas que Dieu est dans tout mais que dans l'esprit de l'homme Dieu prend conscience de Lui-même ? Hegel n'enseigne-t-il pas que Dieu est Devenir ? l'histoire de Dieu est l'histoire même de l'humanité ; les actes de Dieu ne sont pas les miracles mais les événements de l'histoire, par lesquels Dieu se crée. Parmi ces actes, lesquels regarderons-nous comme les plus décisifs, les plus féconds d'avenir, par suite les plus divins ? Ceux, qui révèlent l'une des graves crises de la conscience populaire. Et, Vischer, protestant, voit dans la Réforme la plus grave crise de l'histoire.

Philosophes et littérateurs développèrent les principes posés par Vischer : Quelle tâche plus haute, disaient-ils, pourrait-on proposer à l'art que de représenter les grands hommes, les belles et les nobles femmes de tous les temps, et de les représenter dans leurs actes les plus héroïques ? En nous montrant sur le visages de ces êtres d'exception l'image de leur vie tout entière, l'image même de leur rôle dans l'histoire ; en dégageant la figure des grands hommes des faiblesses et des hésitations, que la Chronique a rapportées; en débarrassant les grands événements des complications, des intrigues, des faits accessoires, qui pour les contemporains en ont caché le sens, l'art ne complète-t-il pas l'œuvre de l'histoire et de la philosophie ? Ne donne-t-il pas la véritable histoire, que l'historien ne saurait donner sans mentir ? La véritable philosophie qui présente comme concrètes les synthèses abstraites de la spéculation ?

Ainsi l'esthétique hégélienne proposait en même temps deux buts à l'art, la beauté et la vérité. L'ancienne n'en connaissait qu'un, la beauté. De nouveau, l'esthétique n'admet aujourd'hui qu'un but de l'art, mais c'est la vérité.

III

Étude de l'histoire due à la philosophie de l'évolution, libéralisme soucieux de définir les droits de la bourgeoisie, politique des nationalités, voilà les trois causes morales de la peinture historique. Mais, dans l'évolution de l'art au dix-neuvième siècle, on peut la considérer comme le genre transitoire, qui permet l'évolution de l'ancien idéalisme au réalisme moderne. La peinture idéaliste ne figurait que des symboles ; la peinture réaliste ne reproduit que les faits de la vie quotidienne : la peinture historique tient de l'une et de l'autre puisqu'elle représente les événements de l'histoire et comme des faits, et comme les symboles des idées et des sentiments d'un peuple ou d'une époque.

Complexe dans son esprit, la peinture historique l'est aussi dans sa technique. L'idéalisme veut le dessin ; le réalisme veut le coloris, la pâte épaisse et la bonne facture. Chez les peintres d'histoire, nous trouvons le désir de concilier ces tendances opposées : Delaroche admet l'éclectisme dans la peinture, comme Meyerbeer l'admet dans la musique et Cousin dans la philosophie, comme Thiers et Guizot l'admettent dans l'histoire.

De même dans la composition. La peinture historique veut faire vrai ; et, du moins en Allemagne, elle conserve la tradition de partager la toile en trois plans, de représenter les personnages du premier plus grands que ceux du second, ceux du second plus grands que ceux du troisième : ni la distance laissée entre les plans, ni aucun effet d'atmosphère ne justifie ces différences. Dans les tableaux de cette époque nous retrouvons aussi l'ancienne division en trois parties, les côtés sombres et le milieu éclairé. Obligés de faire vite des œuvres colossales, les peintres allemands en arrivèrent à répartir leurs fresques en neuf compartiments ; ils les remplissaient avec les mêmes motifs, des personnages disposés en groupes harmonieux qui affectaient la forme de pyramides, comme le veut l'art de Raphaël.

C'est surtout dans la manière de représenter les personnages que l'on sent les hésitations de l'école historique. Les peintres dessinaient leurs figures toutes nues, puis ils les habillaient ; malgré leurs vêtements ces figures paraissent encore nues. Toutes les figures rappellent l'antique ; un soldat de notre siècle a la même attitude que les Romains et les Grecs de David.

Que fait d'ailleurs le peintre d'histoire ? Il établit une académie d'après le modèle nu ; il lui met une tête copiée sur une statue ou sur un portrait, puis il couvre son académie de vêtements empruntés à la défroque d'un musée. A cet être complexe, comment donner le naturel et la vie ? Et s'il ne s'agit plus d'un seul personnage, mais de vingt, de trente personnages ? Et si ces personnages doivent se rencontrer dans la mêlée d'une assemblée politique, d'une émeute, d'une bataille ?

Aussi bien est-il sans intérêt de discuter les principes et les procédés de la peinture historique. Par sa nature même c'est un art de transition. Ses plus anciennes œuvres montrent le même mépris de la couleur locale que les fresques de Raphaël ; ses dernières œuvres sont des merveilles de restitution archéologique. Ses premiers tableaux appartiennent au style classique, ses tableaux d'aujourd'hui sont des scènes naturalistes. Ce qui nous intéresse chez les maîtres de cette époque, c'est leur hésitation même. Leur éducation leur apprend que l'art a pour seul but le beau ; et, comme inconsciemment ils cherchent la vérité, chaque œuvre nous dit, avéc l'idéal oublié, le réel mieux compris et plus aimé (1).

(1) Le dix-septième et le dix-huitième siècles avaient produit nombre de peintres d'histoire. Dans l'Allemagne du Midi, Elsheimer représente surtout des scènes de la Bible et triomphe dans le paysage héroïque ; Sandrart de Francfort (1606-88) peint dans la manière des naturalistes italiens *La Mort de Sénèque* (Erfurt), et dans celle des peintres de portraits hollandais *La Réception de la reine Marie de Médicis par les chasseurs d'Amsterdam*. Au commencement du dix-huitième siècle, il existe une école Tyrolienne, qui s'inspire de l'Italie. La meilleure œuvre de Rottmayr (1660-1730) est *Le Sacrifice d'Iphigénie* (Vienne). Au milieu, Iphigénie agenouillée; derrière elle, un guerrier, le poignard à la main; à droite, le vieux Calchas ; dans les airs, Diane montrant le cerf, dont le sang rachètera celui d'Iphigénie. Le rival de Rottmayr est Strudel (1660-1714), dont la galerie Lichtenstein possède *La Mort d'Archimède*. — Dans l'Allemagne du Nord, Kloecker-Ebrenstrahl (1629-98) vit en Suède, où il peint *Le Couronnement de Charles XI*. Dietrich (1712-74) est le maitre par excellence de Dresde. D'un talent souple et peu personnel, il a non seulement traité tous les genres, mais imité toutes les manières. De tableaux proprement historiques, je citerai, à la galerie de Dresde : *Bélisaire mendiant*. *Blessés près d'un champ de bataille*. *Explosion d'un Bastion* (1747).

CHAPITRE PREMIER

SCHNORR, KAULBACH ET RETHEL

En Allemagne, la peinture d'histoire traversa quatre périodes principales Romantique avec Schnorr de Carolsfeld, philosophique avec Kaulbach, elle devint proprement historique avec Lessing et Rethel ; puis Piloty et ses élèves ne cherchèrent plus dans les événements du passé que des sujets de scènes dramatiques, de grandes compositions qu'ils pussent peindre avec des couleurs éclatantes. Mais le temps de l'école historique était alors passé ; elle avait accompli son œuvre, qui était de permettre la transition de l'idéalisme ancien au réalisme moderne.

I

Le premier peintre d'histoire qu'ait produit l'école romantique est Julius Schnorr de Carolsfeld (1794-1872). Fils d'un artiste connu, Schnorr chercha d'abord sa voie dans le même sens que les *Atomistes*. Le *Saint Roch* de Leipzig et la *Sainte Famille* de Dresde marquent un effort pour rattacher l'art nouveau à celui des anciens maîtres allemands. Mais Schnorr se rendit à Rome, où son talent se transforma sous la direction d'Overbeck et de Cornélius. Cependant il ne traitait pas les mêmes sujets que ces maitres et choisit à la Villa Massimo les épisodes du *Roland furieux* (1827).

En 1831, Schnorr accepta de décorer le Nouveau Palais de Munich ; déjà son style était formé. Avec les idées propres au

7

romantisme, l'on y retrouve l'influence des Italiens du seizième siècle et celle de Cornélius.

Les fresques du *Bâtiment des Fêtes* représentent la vie de Charlemagne, de Barberousse et de Rodolphe de Habsbourg (1835-42) ; celles du *Bâtiment Royal* les aventures des Nibelungen. Ces dernières fresques sont le chef-d'œuvre de Schnorr, elles décorent cinq salles. Dans la première, nous trouvons les figures des héros du poème groupées deux à deux ; dans la seconde, le prologue du drame. La troisième salle nous montre le drame même : Hagen tuant Siegfried, puis les funérailles du héros. — L'Église de Worms. Dans le fond des soldats. A gauche, une estrade avec des prêtres. A droite, le roi Gunther, des enfants de chœur terrifiés. Au milieu le cadavre de Siegfried. Hagen s'approche ; aussitôt le sang s'échappe à gros bouillons de la plaie du cadavre et Chrimhilde étend la main pour accuser le meurtrier.

Dans la quatrième salle nous voyons la vengeance de Chrimhilde, les Nibelungen dans le palais d'Attila, puis la mort de Chrimhilde. Dans la cinquième, c'est la Plainte (*Die Klage*). Attila et ses preux pleurent sur les cadavres de Chrimhilde et des Nibelungen, comme il est raconté dans l'épilogue du poème.

> Là gisaient tous ceux qui devaient mourir, la noble femme (Chrimhilde) hachée en morceaux. Etzel et Dietrich se mirent à pleurer, à plaindre lamentablement maint ami et maint sujet. La gloire des héros était couchée dans la mort ; tous connaissaient l'angoisse et la peine. En douleur s'achevaient les noces royales; toute joie ne doit-elle pas s'achever en douleur? (1)

(1) Ces vers n'appartiennent pas à la *Klage*, ce sont les derniers de l'épopée. La *Klage* ne fait que les développer.

Plus encore qu'aux Nibelungen, Schnorr doit sa popularité à la Bible en images qu'il publia pendant son séjour à Leipzig. 240 compositions sur l'Ancien et le Nouveau Testament. Un dessein ferme et correct mais sans hardiesse. Des compositions classiques.

SCHNORR VON CAROLSFELD

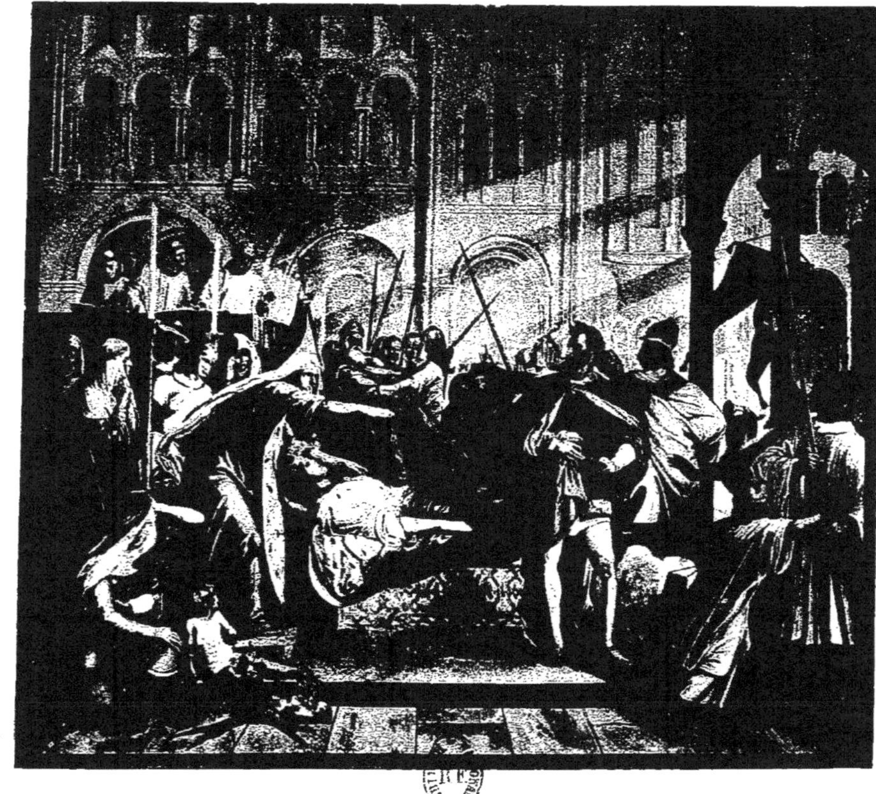

HAGEN DEVANT LE CORPS DE SIEGFRIED

(Du Cycle des Nibelungen.)

(Fresques au Palais de Munich, achevées en 1851.)

Phot. Jos. Albert.

SCHNORR VON CAROLSFELD

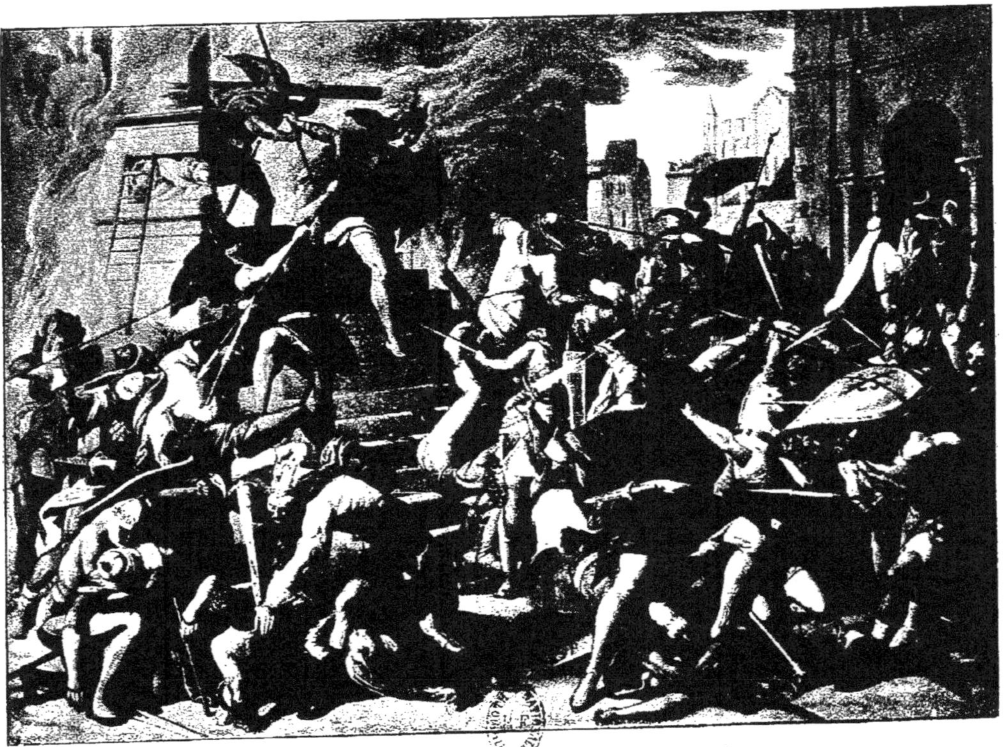

LUTTE DES NIBELUNGEN CONTRE LES SOLDATS D'ATTILA

(Fresque au Palais royal de Munich.)

Phot. Jos Albert.

II

Du temps où Schnorr peignait ces fresques romantiques, son art semblait déjà un art du passé. Les Hégéliens n'admettaient qu'une peinture, celle de la philosophie de l'histoire, telle que la comprend Kaulbach (1805-74).

Grand et d'un beau visage, Kaulbach avait les yeux durs, la lèvre dédaigneuse sous la moustache tombante ; et son visage montrait son caractère. Riche, admiré, populaire comme aucun artiste ne le fut jamais en Allemagne, il ne pouvait chasser les souvenirs d'une enfance malheureuse ; on ne le trouve vraiment sincère et fort que dans ses œuvres satiriques : *La Maison des Fous*, l'illustration du *Reineke Fuchs*, les fresques de la Nouvelle Pinacothèque et *La Danse des Morts*.

Dans ses grandes œuvres, son scepticisme le perdit. Cornelius, les Nazaréens, Schnorr lui-même regardaient l'art comme un sacerdoce. La prétention faisait sourire Kaulbach ; il voulut être l'homme de son temps, suivre le goût et les passions du jour, romantique dans sa *Bataille des Huns*, sentimental ou voluptueux dans ses *Femmes de Gœthe*, national dans sa fresque d'*Otton III* à Nuremberg, historien dramatique dans le *Néron* et la *Bataille de Salamine,* philosophe enfin dans ses fresques du Musée de Berlin.

Et, comme il n'eut pas de principes dans son art, Kaulbach n'en eut pas dans sa technique. Au temps de la gloire de Cornelius, il peignait des fresques monumentales ; quand les réalistes l'emportèrent, il s'efforça dans ses tableaux d'égaler le coloris des nouveaux maîtres. Ses figures semblent hésitantes ; à la fermeté d'un dessin classique il voudrait unir l'expression dramatique et même une grâce sensuelle.

Dans l'escalier du Nouveau Musée de Berlin, Kaulbach a représenté l'histoire de l'humanité. Outre des figures symboliques, cette décoration comprend six grandes fresques.

La Tour de Babel. — Au pied du monument abandonné, Nemrod est assis sur son trône, vainement menaçant. Trois groupes de peuples s'éloignent de leur commun berceau. A gauche les Sémites, pressés sous les bras du patriarche. Au milieu, les nègres Chamites avec leurs fétiches. A droite, les Japhétiques, qui, ardents, désunis, s'élancent à la conquête du monde ; monté sur un cheval fougueux, l'ange de l'inspiration les conduit.

La Grèce. — Devant le temple de la Beauté, les sages conversent doucement. De l'Olympe entr'ouvert, Apollon et les Muses descendent sur l'arc-en-ciel, tandis que des Nymphes conduisent au seuil sacré la barque où chante Homère.

La Destruction de Jérusalem. — Dans le ciel, les quatre prophètes, montrant l'arrêt au Livre des Écritures, les anges de la désolation. Au fond, le Temple en flammes, Titus conduisant ses légions. Au premier plan, un autel entouré de Romains railleurs ; le Juif errant poursuivi par les Furies ; le grand prêtre qui se tue ; une mère dévorant son enfant ; des Juifs comme accablés dans leur entêtement. De ces ruines le Christianisme s'échappe pour conquérir le monde : les apôtres portent les Évangiles ; assise sur l'humble « fils de l'ânesse » la Charité presse des enfants sur sa poitrine ; au-dessus d'elle, les anges élèvent l'hostie du nouveau sacrifice.

Le Combat des Huns. — Au pied des murs de Rome, barbares et chrétiens, tous les combattants sont tombés, mais, la nuit venue, les esprits s'éveillant montent au ciel pour continuer la lutte. Dans le ciel, à droite, les Huns, Attila sur le pavois, le fléau à la main ; à gauche les Germains, les légions Romaines ; derrière Théodoric, un soldat élève la croix. Ainsi le Christianisme fait tomber les idoles et le génie de Rome convertit les Barbares.

Les Croisades. — Dans les nues, le Christ, la Vierge à genoux, les Apôtres. Sur la terre, les Croisés s'approchant de Jérusalem : nobles et légats, des enfants vêtus de blanc, qui portent l'arche d'alliance, Godefroy de Bouillon présentant sa couronne ; les étendards de toutes les nations. Au premier

KAULBACH (W. VON)

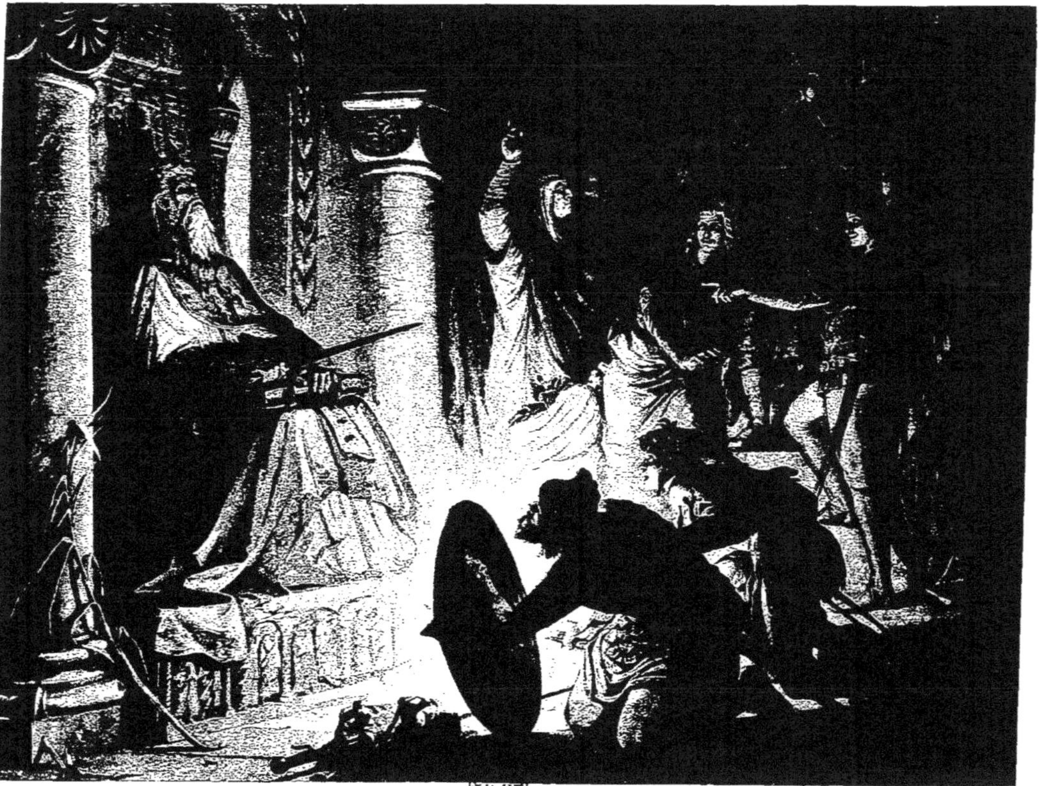

L'EMPEREUR OTTON III VISITANT LE TOMBEAU DE CHARLEMAGNE (1859)

(Fresque au Musée de Nuremberg.)

Avec la permission de l'Union photographique, à Munich.

plan, trois groupes symboliques. La chevalerie : des soldats en prières. La foi : des moines mendiants, des pèlerins en haillons, Pierre l'Ermite. Le culte de la beauté : une dame en croupe derrière un chevalier, une femme portée par des esclaves.

La Réforme. — Une église à trois nefs. Dans celle de gauche, les savants, Kepler traçant une figure en géométrie. Dans celle de droite, les artistes, Durer, peignant les *Tempéraments.* Dans le chœur, les chefs protestants; au milieu d'eux, Luther élevant la Bible traduite en allemand. Au premier plan, hommes d'État, artistes et savants se confondent. Deux groupes pourtant : les explorateurs autour de Christophe Colomb, la main appuyée sur le globe ; les poètes écoutant leur maître à tous, le Dante ; entre les deux groupes, Hans Sachs, rimant assis sur le sol.

Ces fresques nous font comprendre l'enthousiasme que les doctrines de Hegel suscitèrent en Allemagne, surtout à Berlin. Mais, avant même que Kaulbach eût achevé son œuvre, le mouvement révolutionnaire qui amena 1848 avait emporté la philosophie de Hegel, et l'art lui-même suivait une autre voie (1).

(1) A Kaulbach satiriste, nous devons l'illustration du *Reincke Fuchs*, les fresques à l'extérieur de la Nouvelle Pinacothèque et les Cartons pour la *Danse des Morts. Le Reinecke Fuchs* est de 1846. Kaulbach y montre de l'imagination, de la verve, un humour toujours comique et souvent profond. Les types des personnages sont caractéristiques. Plusieurs scènes sont excellentes : *Chez Sa Majesté* ; scène de la vie de famille. Le lion en robe de chambre, couronne en tête, lorgnon sur le nez, les bras croisés derrière le dos avec le sceptre dans les mains, est une des plaisantes créations de Kaulbach. Je citerai encore : *La maladie du Lion*, une scène digne de Molière, et toute la fin : *Le Triomphe du Renard*, *Reinecke recevant le collier de l'Ordre*, *Reinecke au lit racontant ses exploits à sa femme coquettement amoureuse.* Comme illustrateur, Kaulbach a fourni nombre de dessins que la gravure et la photographie ont rendus populaires. Ainsi pour les œuvres de Schiller, de Wagner, etc. La série la plus célèbre est celle des *Héroïnes de Gœthe :* Mignon, Ophélie, Hélène, Marguerite, Léonore, Adélaïde (Götz), Lili (Poèmes), Dora (Élégies), etc.

III

Ni Schnorr, ni Kaulbach n'avait traité la peinture d'histoire dans le sens où nous-mêmes l'entendons. Les premiers maîtres du genre historique en Allemagne appartiennent à l'école de Dusseldorf ; ce sont Lessing, le paysagiste, et Rethel. Ils luttaient depuis plusieurs années, lorsqu'en 1842 l'exposition des œuvres de Gallait et de Biefve à Berlin assura le succès de l'art nouveau. Ces artistes avaient appris en France la science archéologique et l'art de composer : l'étude de Rubens et de Van Dyck leur avait donné le coloris et la bonne technique. Ce sont les fondateurs de l'école belge, e leur influence fut considérable (1).

Silésien, d'un caractère ferme, d'un esprit puissant mais étroit, Lessing représente dans l'histoire de l'école de Dusseldorf la réaction du protestantisme et du réalisme contre l'idéal catholique des Nazaréens. Ainsi toute son œuvre historique est-elle consacrée à l'histoire de Jean Huss et de Luther. Son meilleur tableau est *Huss devant le bûcher* (1850), de la *Galerie Nationale*.

A gauche, sur un tertre, le bûcher allumé, les bourreaux vêtus de rouge. Puis, contre le ciel, que dore la lumière du soir, des soldats aperçus dans la pénombre, les tours de Constance. Au pied du tertre, la foule pressée, des visages étonnés, sceptiques, anxieux ; un homme touché, une jeune fille, qui

(1) L'école historique belge se subdivise en deux écoles. Bruxelles avec Gallait (1812-87) : *Abdication de Charles V*, *Le Tasse*, *Saint-Antoine* (Bruxelles), *Derniers moments d'Egmont* (Berlin) et Biefve (1809-82) : *Compromis des Nobles en 1566* (Bruxelles). Anvers avec Wappers (1803-74), coloriste et naturaliste : *Charles IX à la Saint-Barthélemy*, *La Révolution de septembre à Bruxelles*, etc., Keyser (1813-87), *Bataille de Worringen* et Leys (1815-69) : histoire et genre, décoration de l'Hôtel de Ville d'Anvers.

BENDEMANN

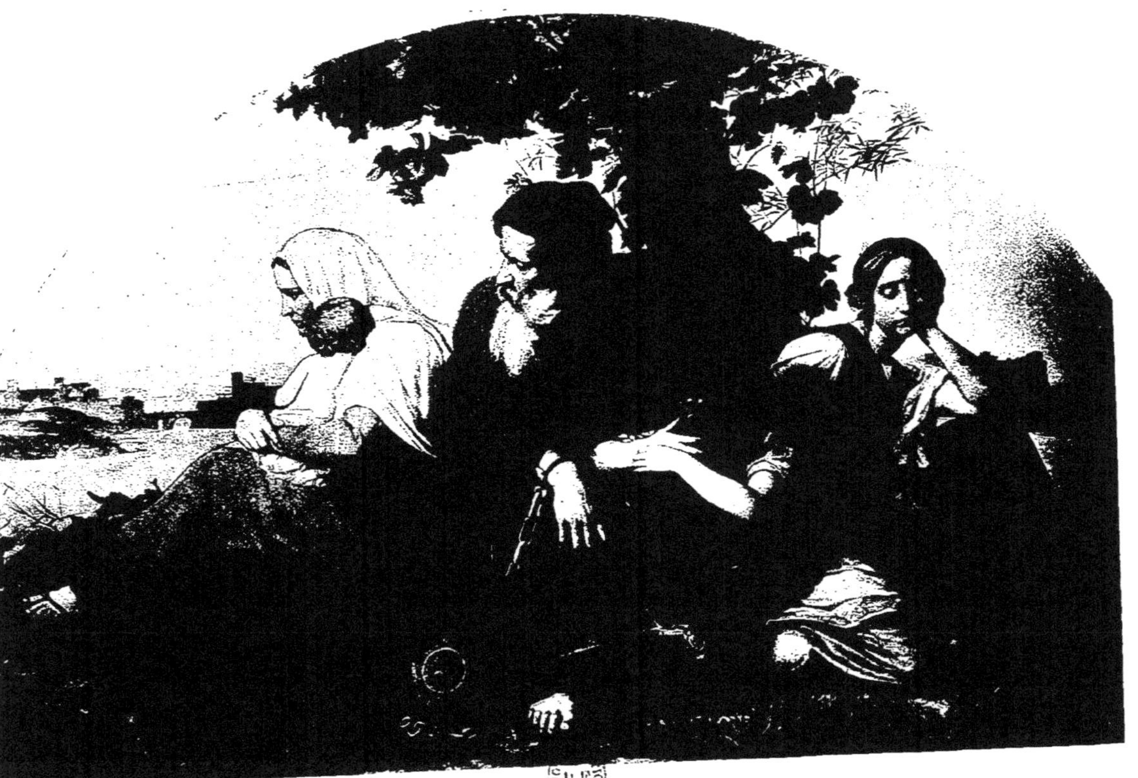

LA CAPTIVITÉ DE BABYLONE (1831)

H. 1m,79 — L. 2m,83.

(Musée de Cologne.)

Phot. Th. Creifeld, à Cologne.

LESSING

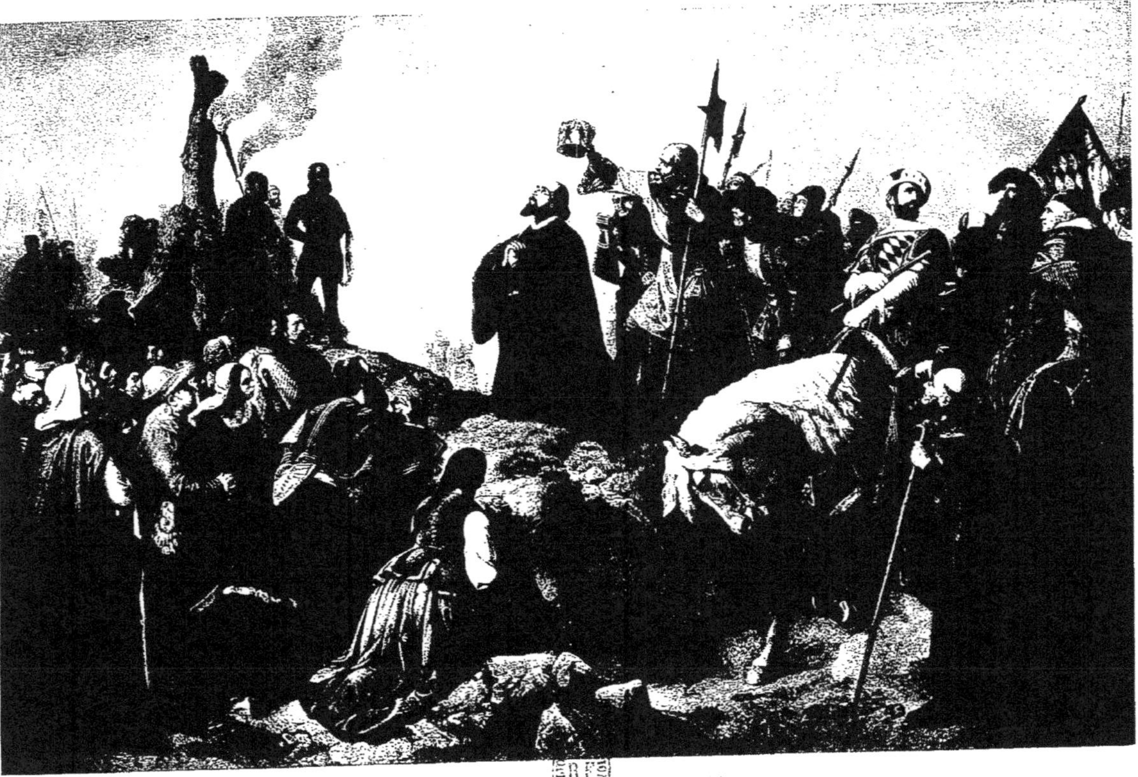

JEAN HUSS AU BUCHER (1850)

H. 3m,60 — L. 5m,53.

(Galerie Nationale à Berlin.)

Gravure de M. Wurtzburg (Berlin, Paulstr., 3V.

égrène son chapelet. Toutes ces figures sont déjà dessinées avec l'énergie des réalistes et peintes dans les tons chauds des coloristes.

A droite, le comte palatin Louis de Bavière représentant l'empereur. A cheval et vêtu d'un costume éclatant, son écusson blanc et bleu sur la poitrine, le comte se retourne vers le légat. Devant eux, un capucin porte la main à son front pour montrer que l'hérétique a perdu la raison.

Au milieu du tableau, Huss s'est agenouillé sur le tertre devant les hallebardiers brutaux ou railleurs. Tremblant, touché, l'un d'eux met au condamné la mitre des fous. Enveloppé dans sa longue robe, les mains jointes, Huss lève au ciel sa tête pâle au fin profil encadré dans la barbe noire et les cheveux longs en arrière du crâne chauve. Son visage est serein, son regard celui de l'extase : les choses de la terre ne le concernent plus.

Au contraire de l'art réaliste et protestant de Lessing, celui de Rethel nous montre l'enthousiasme des patriotes allemands pour l'idée de l'unité, et nous y trouvons le plus grand effort que l'Allemagne ait fait depuis Cornelius pour créer un style monumental.

Ardent, mélancolique, sans cesse menacé par la folie à laquelle il succomba, les cheveux frisés, le front large, le visage long, la barbe noire, la bouche douloureuse, les yeux tourmentés, Rethel nous donne l'impression de l'artiste désireux de faire grand mais dont la nervosité arrête toujours le génie.

A dix-huit ans, un dessin le rendait célèbre : *La Prière des Suisses avant la bataille de Sempach* (1834). Tous à genoux, ceux qu'on voit au fond sur les pentes des montagnes ; ceux qui, au premier plan, défendent le drapeau; devant eux un enfant aux yeux sombres, un homme barbu au rude profil. Sur le bord du rocher, un soldat vu de dos dans un beau raccourci.

De part et d'autre de ce soldat, nous apercevons vaguement le fond de la vallée, l'armée allemande pressée au bord de la rivière.

Puis les grandes œuvres se succédèrent rapidement : le dessin de la *Justice* (1836) les tableaux de l'*Empereur Maximilien sauvé par Saint-Martin* et de la *Mort de Gustave-Adolphe*, les fresques du Römer à Francfort, les aquarelles du *Passage des Alpes par Annibal*.

De 1847 à 1851, Rethel décora l'hôtel de ville d'Aix-la-Chapelle. Huit compositions dans le haut d'arcs en ogive. La plus célèbre est celle d'*Otton III visitant le tombeau de Charlemagne*. A droite, en partie cachés par un pilier, les visiteurs effrayés. A gauche du pilier, le porteur de torche, l'empereur à genoux, recueilli. Sur sa chaise d'ivoire, Charlemagne est assis ; le livre de la loi repose sur ses genoux : ses mains, qui le tiennent ouvert, serrent le sceptre et le globe. Du diadème pend un voile transparent ; la mort a respecté le calme visage aux traits puissants, les cheveux blancs, la longue barbe, entre les yeux doucement fermés les deux rides profondes qui disent la pensée.

* * *

L'influence de Lessing et de Rethel fut décisive. Partout le genre historique triompha. A Carlsruhe, Lessing professa lui-même ; à Dresde, des élèves de Schadow convertis à l'art de Lessing, Bendemann (1811-89), Hofmann (1824), Hübner (1806-82) fondèrent une solide école, dont le chef est aujourd'hui M. Prell, le premier peintre de fresques de l'Allemagne.

A Berlin, Wach (1787-1845) et Karl Begas (1794-1854) s'inspirèrent de Gros et de Gérard.

A Vienne, Rahl (1812-65) renouvela l'art autrichien tombé en décadence, d'abord avec ses deux grandes toiles un peu grises de *Manfred* (Musée), ensuite avec ses compositions plus colorées de l'escalier de l'Arsenal.

RETHEL

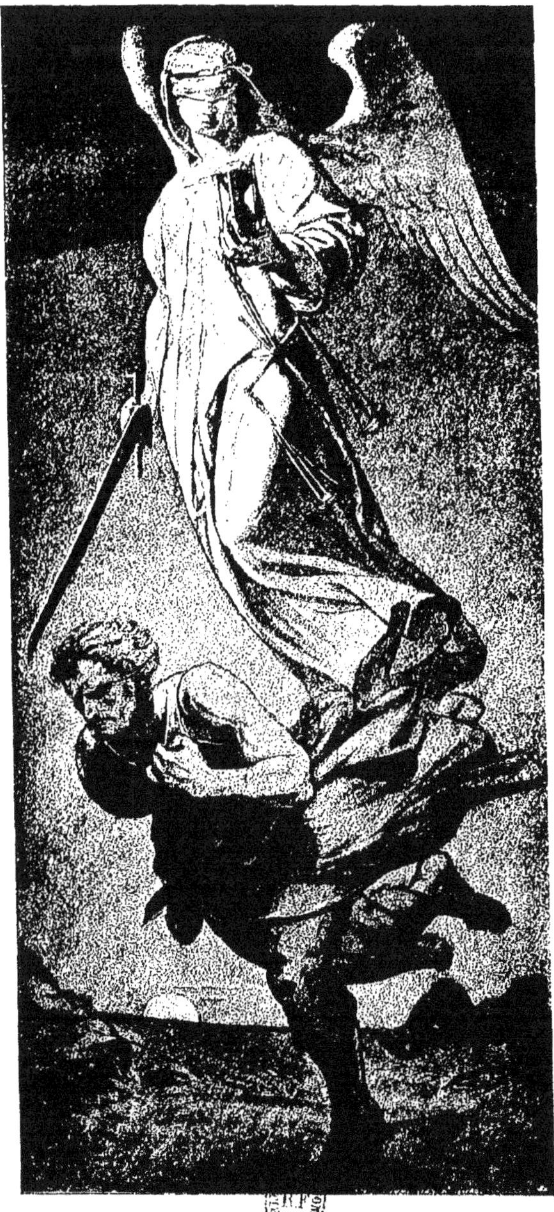

LA JUSTICE POURSUIVANT LE MEURTRIER (1836)

Dessin. H. $0^m,47$ — L. $0^m,21$.

(Dusseldorf. Collection particulière.)

Avec la permission de la Société photographique (Berlin et Paris).

A Munich, le roi Maximilien Ier construisit en 1855 le Maximilianeum, où les principaux artistes de l'Allemagne durent retracer l'histoire de l'humanité. Il ne s'agissait plus de peindre des fresques symboliques comme à Berlin mais des tableaux qui figurassent certains épisodes de la vie de chaque grande nation. Les œuvres de Schraudolf et de Deger y rappelèrent les Nazaréens presque oubliés ; la *Bataille de Salamine* de Kaulbach et le *Siècle de Périclès* de Foltz (1805-77), le temps déjà disparu des synthèses philosophiques. Mais l'*Henri IV à Canossa* de Schwoiser, le *Frédéric II à Palerme* de Ramberg (1819-75), l'*Ambassade Génoise à Versailles* de Pauwels (1830), les œuvres de Frédéric Kaulbach (1822), de Conrader (1838) et d'autres encore appartenaient à la peinture de genre historique.

Le Palais-Royal de Munich, le Musée de Berlin et le Maximilianeum marquent ainsi les trois premières étapes de la peinture historique allemande : Romantisme ; Philosophie de Hegel ; Peinture historique proprement dite. Et déjà, dans le Maximilianeum, les *Pyramides* de Gustave Richter, *La Ligue Catholique* de Piloty, le *Mahomet à La Mecque* de Léopold Müller (1834-1892) annoncent un art nouveau, celui des coloristes (1).

(1) La dernière œuvre de Rethel, déjà menacé par la folie, fut sa *Danse des Morts révolutionnaire* (six planches). On lui doit aussi : *La Mort cruelle* (*Le Choléra*). Une grande salle. A gauche, les musiciens de l'orchestre, qui s'enfuient terrifiés. Dans le fond, un juge en perruque et simarre, le fouet à la main, comme pétrifié. Au premier plan, des morts étendus ; une femme masquée, un fou, un noble, son écusson sur la poitrine. Debout, la Mort-squelette dans une robe de moine, le masque pendu au coude, joue du violon : pour caisse un fémur, pour archet un tibia. *La Mort Amie.* Une chambre. Devant la fenêtre ouverte, qui laisse voir une église, un vieillard assis dans un fauteuil. Vêtue d'une robe de moine, la Mort amie sonne le glas de l'éternel repos.

Parmi les autres peintres de l'école historique à Munich il faut citer Lindenschmit (1806-48), l'auteur des fresques de Hohenschwangau ; Schlotthauer (1789-1869) ; enfin Schorn (1803-50), un élève de Cornelius, qui prépara la voie aux coloristes. Principales œuvres : *Les Anabaptistes* (1843-45), *Le Pape Paul IV regardant le portrait de Luther* (Berlin), enfin sa plus grande œuvre, laissée inachevée, le *Déluge* de la Nouvelle Pinacothèque à Munich. L'on y retrouve Cornelius et Kaulbach et l'on y devine Piloty. C'est au premier chef une œuvre représentative de cette époque de transition.

CHAPITRE II

LA PEINTURE DE GENRE ET LE SECOND ROMANTISME

Les années qui suivirent 1830 furent aussi celles où fleurit le second romantisme. Deux caractères le distinguent du romantisme véritable.

D'abord le goût de la psychologie. Les poètes d'autrefois aimaient les légendes pour les légendes mêmes, pour les souvenirs qu'elles éveillent du passé, pour l'horreur que nous ressentons à voir des monstres et des fantômes. Les poètes de 1830 se préoccupèrent surtout d'analyser leurs sentiments ; pour eux les légendes étaient des symboles. Heine dit les perfidies de l'amour dans sa *Lorelei*, Lenau en célèbre le panthéisme dans son *Don Juan*. Mais les écrivains qui continuèrent la tradition de ces maîtres n'avaient ni la même ampleur de pensée, ni la même mélancolie. Au sentiment succéda la sentimentalité. Geibel devint le poète préféré des femmes et des jeunes gens.

Voici son *Roi des Songes* :

Doucement la fillette sommeille dans sa chambrette, couchée sur son pur oreiller... A peine les rayons dorés de la lune peuvent-ils traverser le feuillage. Mais soudain le parfum des tilleuls devient plus fort ; les vers luisants scintillent en filant, les feuilles bruissent, et l'air retentit de mélodieux murmures : « Douce mie, douce mie, berce-toi doucement sur les tranquilles vagues du sommeil. Roi des Songes veut être ton amant, Roi des Songes vient à toi. » Déjà l'Elfe est au chevet... il se penche sur la belle enfant, lui baise doucement le front et les lèvres.... La chambrette se transforme en palais. Dans une pompe princière, Roi des Songes y repose avec sa mie dans les baisers et les caresses, jusqu'à l'heure où le matin couronne leur

STEINLE

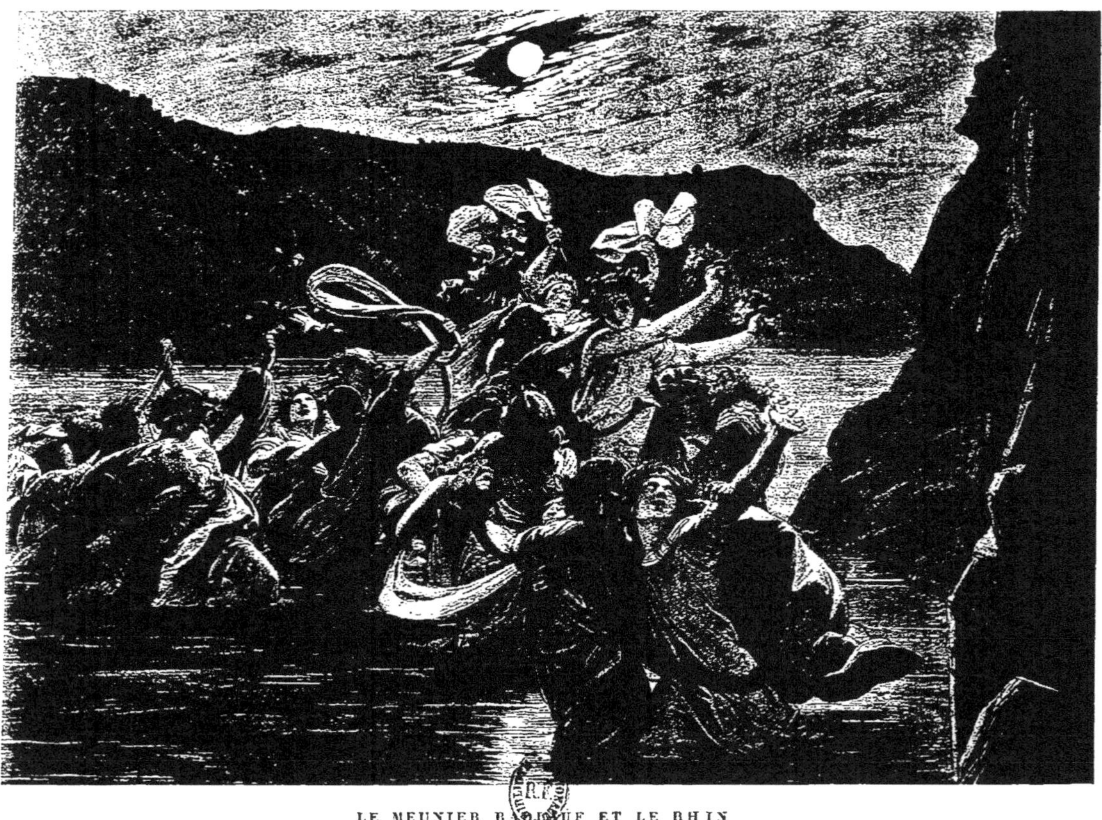

LE MEUNIER RADLAUF ET LE RHIN

Gravure.)

Editeur F. A. C. Prestel, à Francfort-sur-le-Mein.

couche de roses de feu. Alors l'Elfe disparaît doucement. Évanoui l'enchantement ! Et la belle enfant s'éveille, rouge d'une honte charmante. Elle ouvre ses yeux aux longs cils, et voilà qu'elle soupire, qu'elle presse son cœur agité : « Tout mon bonheur n'était-il donc qu'un rêve ? »

Mais pour rendre ces sentiments vagues, la musique convenait mieux que le poésie. Aussi de 1820 à 1848, l'école romantique produisit-elle Weber, Schubert, Schumann, Meyerbeer, Mendelssohn et Wagner. Dans la légende symbolique, musique et poésie trouvèrent d'ailleurs la véritable psychologie, amère chez Heine, désespérée chez Lenau, morbide mais puissante dans *Tristan* et *Yseult*. Du romantisme se dégageait lentement l'art moderne (1).

Le second romantisme présente un autre caractère : comme les historiens, les poètes et les romanciers voulurent dépeindre le passé. Tandis que Wilibald Alexis publiait ses romans sur l'histoire de Prusse, Simrock, l'élève du philologue Lachmann, rendait en vers les vieux chants allemands et scandinaves ; sa traduction des *Nibelungen* lui valait la protection de Gœthe. Sur le modèle des anciennes épopées, Simrock donna des poèmes originaux, comme le *Forgeron Wieland* et de nombreux auteurs l'imitèrent ; les plus connus sont Jordan, Kinkel, Roquette et Redwitz. Mais ces auteurs abandonnèrent les temps fabuleux ponr le Moyen-Age, puis pour le quinzième siècle, enfin pour l'époque de la *Guerre de Trente Ans*, et leur peinture des mœurs se faisait plus fidèle, l'épopée devenait roman épique, puis roman humoristique et sentimental. En 1853, Scheffel publia *Le Trompette de Säkkingen*, un des

(1) En 1821, le *Freichütz*, et le *Roi des Elfes* de Schubert ; en 1826, *Oberon* ; en 1827, *Le Chant de la nuit dans le bois* de Schubert ; en 1828, ses *Lieder* ; en 1831, *Robert le Diable*, Mendelssohn : *Songe d'une nuit d'été* (1826 et 1843), *Romances sans paroles* (depuis 1831), *Chœurs d'Athalie* (1843), *OEdipe à Colone* (1845). Schumann : *Compositions pour piano* (1836-39), *Lieder* (1840), *Le Paradis et la Péri* (1844), *Manfred* (1845). Enfin Wagner : *Rienzi* (1842), *Vaisseau fantôme* (1843), *Tannhauser* (1845), *Lohengrin* (1850), *Tristan* (1865), *Les Maîtres-Chanteurs* (1868). Wilibald Alexis, pseudonyme de Häring (1798-1871), Jordan (1819), Kinkel (1815-82), Roquette (1824-96), Redwitz (1823-91), Scheffel (1826-86), Simrock (1802-76), Lachmann (1793-1851), Lenau (Niembsch von Streblenau) (1802-50), Geibel (1815-84.)

poèmes populaires de l'Allemagne. Nessler en a tiré un opéra, des centaines de tableaux ou de gravures en ont reproduit les principaux épisodes. Au temps de la *Guerre de Trente Ans*, le jeune étudiant Werner se fait soldat et prend du service chez le seigneur de Säkkingen. Blessé en défendant le château contre des paysans révoltés, il charme les loisirs de sa convalescence en jouant de la trompette. Or le vieux seigneur vit avec sa fille, belle et rêveuse : telle la fiancée de *Roi des Songes*. Comment pourrait-elle résister à l'amour d'un sonneur de trompette ? elle n'a qu'un désir, s'essayer elle-même sur son instrument préféré. Mais une noble demoiselle ne doit pas épouser un soldat. Werner émigre en Italie, où le pape Innocent XI le prend comme maître de chapelle. A Rome, il retrouve Mademoiselle de Säkkingen, qui vient demander au pape de la guérir du mal d'amour ; le pape trouve plus sage de la marier à celui qu'elle aime.

Quoique sentimental et romantique, Scheffel a le don de l'observation. Ses descriptions sont précises. Plein d'humour, l'auteur de ce *Gaudeamus* qui charmait Bismarck, il sait au besoin se moquer de son sujet. Le chat Hiddigeigi a la verve du Chat Botté. Dans l'*appendice* du poème, l'héroïne exprime ainsi sa passion :

Qu'il est fier et beau et de noble cœur. Ce n'est qu'un trompette et cependant je l'aime. Il aurait cent châteaux, qu'il n'aurait pas meilleur air. Et pourtant, mieux vaudrait qu'il ne fût pas trompette.

A ces tableaux du passé le romantisme joint des tableaux de la vie paysanne contemporaine : ne trouvait-on pas dans les campagnes, et les costumes, et les mœurs, et les croyances du passé ? A la fin du siècle dernier, Voss et Gœthe avaient créé le genre paysan, le premier dans la *Louise*, le second dans *Hermann et Dorothée*. Mais ces poèmes étaient des idylles, même celui de Voss, qui cependant ne craignait ni le libre langage, ni les scènes triviales : sa Louise crache des noyaux de cerise au visage de son fiancé. Immermann publia le premier roman paysan ; c'est l'un des épisodes de son *Münchhausen*

SCHWIND

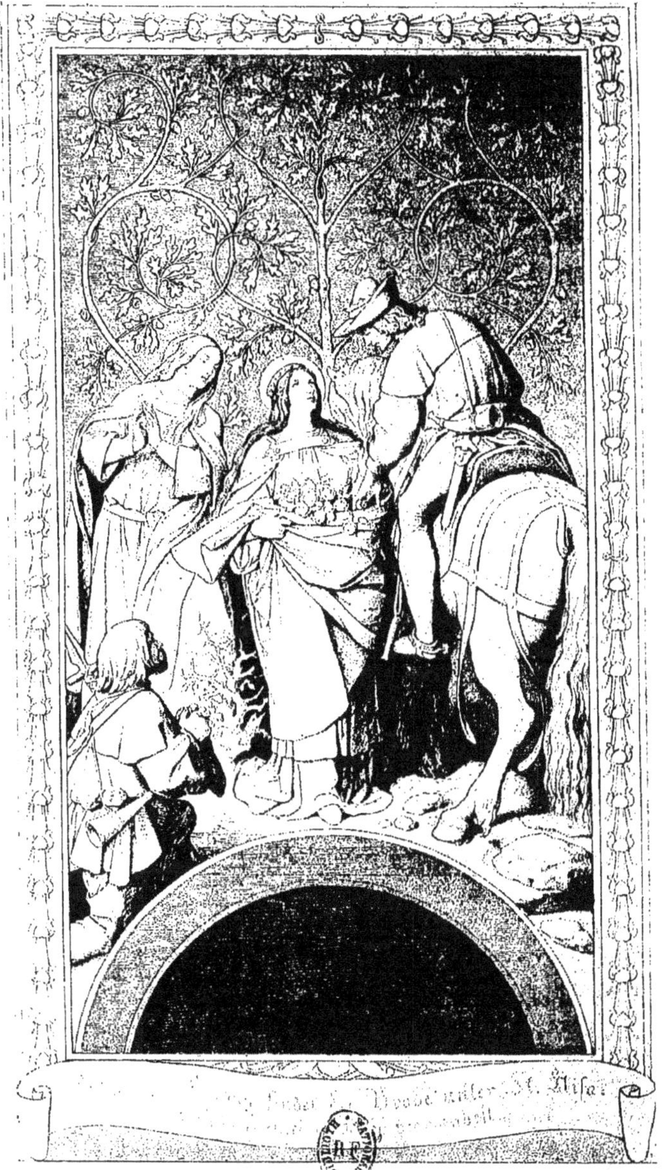

LE MIRACLE DES ROSES DE SAINTE ÉLISABETH

(Fresque à la Wartburg.)

D'après la gravure éditée par M. Wigand, à Leipzig.

SCHWIND

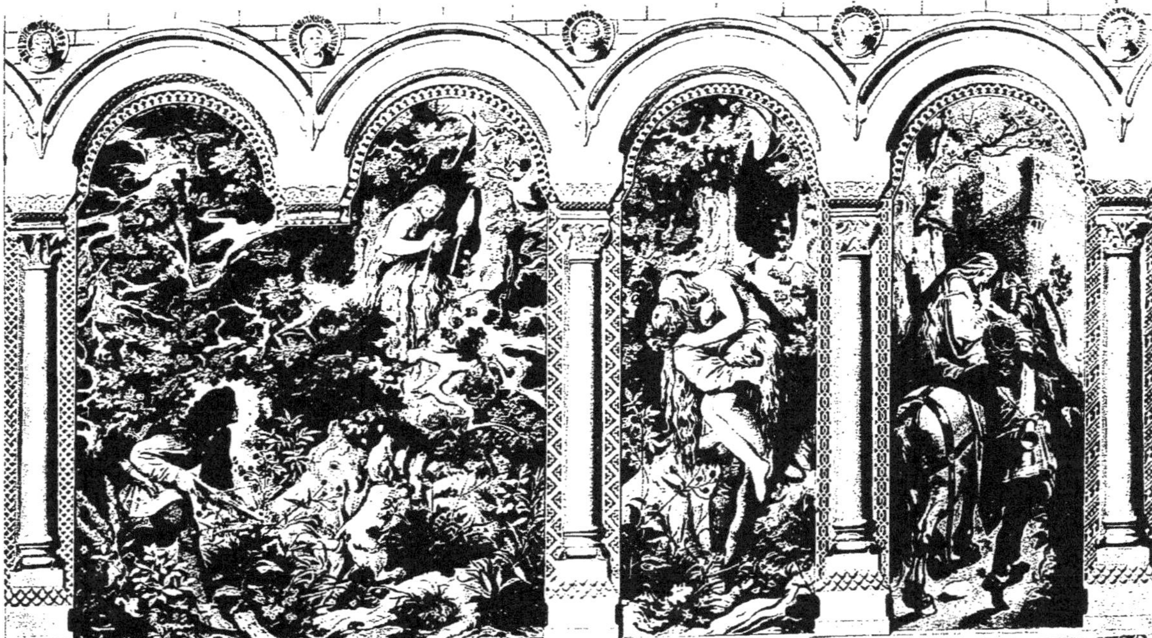

PREMIÈRE PARTIE DE LA SUITE D'AQUARELLES (Les Sept Corbeaux) [1857]

(Musée de Stuttgard).

Avec la permission de M. Paul Neff, à Stuttgard.

(1838) ; les mœurs de la Westphalie, *la terre rouge*, y sont fidèlement rendues, mais la donnée du livre est romanesque, et l'héroïne, la fille naturelle d'un noble, n'est paysanne que pour vivre chez des paysans. Dans ses premiers *Contes Villageois de la Forêt Noire* (1843), Auerbach prétend, au contraire, peindre le peuple tel qu'il est. Son conte du *Bien héréditaire* (*Lehenhof*) vaut les meilleurs chapitres de la *Terre* de Zola. Le père et les enfants s'y disputent pour le partage du bien : cette querelle cause la ruine des frères ennemis, et le vieillard, resté sans héritiers, se console en songeant que son bien n'a pas été partagé. Dans ses dernières œuvres, Auerbach se montra sentimental et déclamatoire ; ses types ne rappellent plus ceux de Balzac mais ceux de George Sand. Cependant son influence fut considérable, il prépara les esprits au naturalisme des *Tisserands* et du *Voiturier Henschel*. Et la bergerie, ce genre qui paraissait le dernier refuge de l'idéalisme, devint ainsi le plus réaliste de tous.

I

L'art s'inspira des sentiments de la littérature. Avec la peinture historique l'Allemagne eut, après 1830, une peinture de genre. L'une et l'autre présentaient d'ailleurs le même caractère : elles unissaient le présent au passé, cherchaient à concilier la poésie et la réalité.

Catholiques et romantiques, les Nazaréens aimaient les légendes; et, pour les rendre, le paysage idéal ne pouvait leur suffire. Mais l'influence de Cornelius, trop grave, et d'Overbeck, trop mystique, nuisit d'abord à la peinture romantique. Les *Nibelungen* de Schnorr sont une œuvre puissante, qui n'est ni naïve, ni allemande.

Catholique et d'un génie plus souple, l'Autriche produisit les deux grands conteurs de légendes, Steinle et Schwind.

Steinle (1810-86) est mystique. Historien, on lui doit les fresques du Musée de Cologne ; catholique fervent, il décora les cathédrales de Strasbourg et de Mayence. Romantique, Steinle illustra les *Légendes du Rhin* de son ami Brentano et peignit la première *Lorelei* (Galerie Schack). Brentano avait trouvé le sujet que le génie de Heine a rendu populaire.

Le talent de Schwind (1804-71) est plus complexe. Élève de Cornelius, il conserva toujours le goût de la composition solennelle et du dessin emphatique ; l'on retrouve les tons pâles de l'École et dans ses fresques, et dans ses tableaux. Mais, Allemand du Sud, Schwind avait l'imagination vive et se plaisait aux récits fantastiques, sans pourtant chercher l'horrible, comme les peintres du Nord ; Viennois, il était spirituel et gai, ami de la bonne chère et de la vie facile. Et son visage fait bien comprendre son caractère : un romantique aux yeux sombres dans le portrait qu'il a peint de lui-même à dix-huit ans ; un élégant à la taille mince, dans la lithographie qui le représente à vingt-cinq ans ; un bon vivant, au corps, au visage trop forts dans l'esquisse que Lenbach a faite de l'homme mûr.

Schwind est un conteur charmant, avec juste ce qu'il faut d'emphase pour nous faire peur, juste ce qu'il faut d'esprit pour nous empêcher d'avoir trop peur ; il sait bien parler du ton qu'aiment les enfants et les hommes aussi, qui restent toujours de grands enfants.

Empereurs à la barbe fleurie, chevaliers sans peur et belles dames sans reproche tels qu'on en voit dans les vieux contes, les fées, les ondines, les gnomes, nous retrouvons dans l'œuvre de Schwind tout ce monde fantastique et charmant, que la vieille Allemagne a rêvé, que Bürger a fait sombre comme l'enfer, Heine triste comme la passion, que Gœthe a voulu rendre éternellement heureux et beau de la beauté antique.

Voici, dans les fresques de la Wartburg, la vie de Sainte-Élisabeth de Hongrie. D'abord l'enfant amenée en Thuringe par les Magnats aux longues moustaches, aux costumes fantastiques. Puis la jeune femme qui aime son mari mais aime mieux

SCHWIND

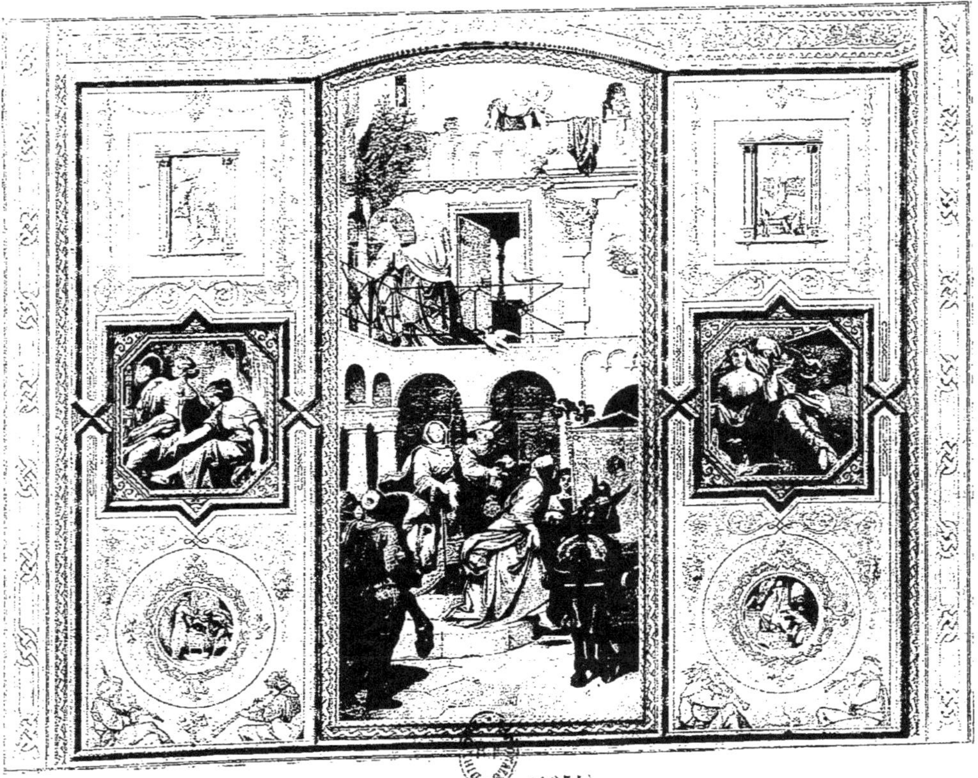

CENDRILLON (1854)

(Première aquarelle.)

Réduction de la gravure de MM. Piloty et Læhle, à Munich.

SCHWIND

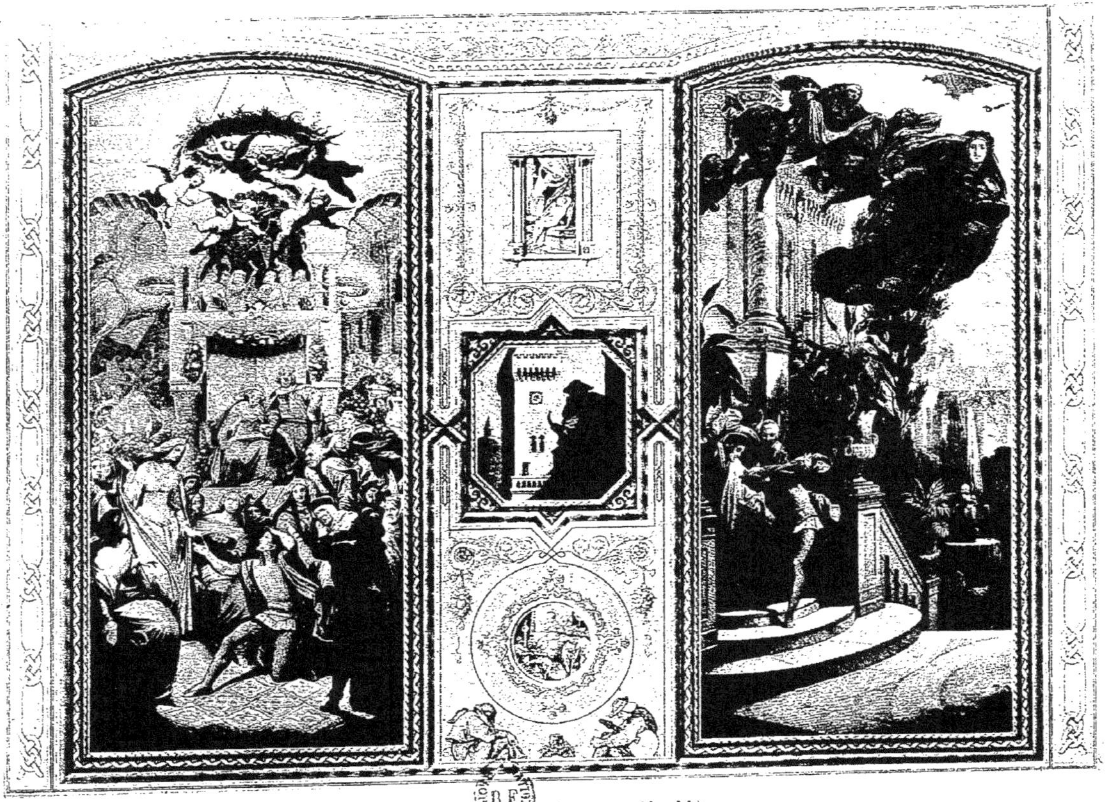

CENDRILLON (Aquarelle II)

Avec la permission de MM. Piloty et Lœhle.

SCHWIND

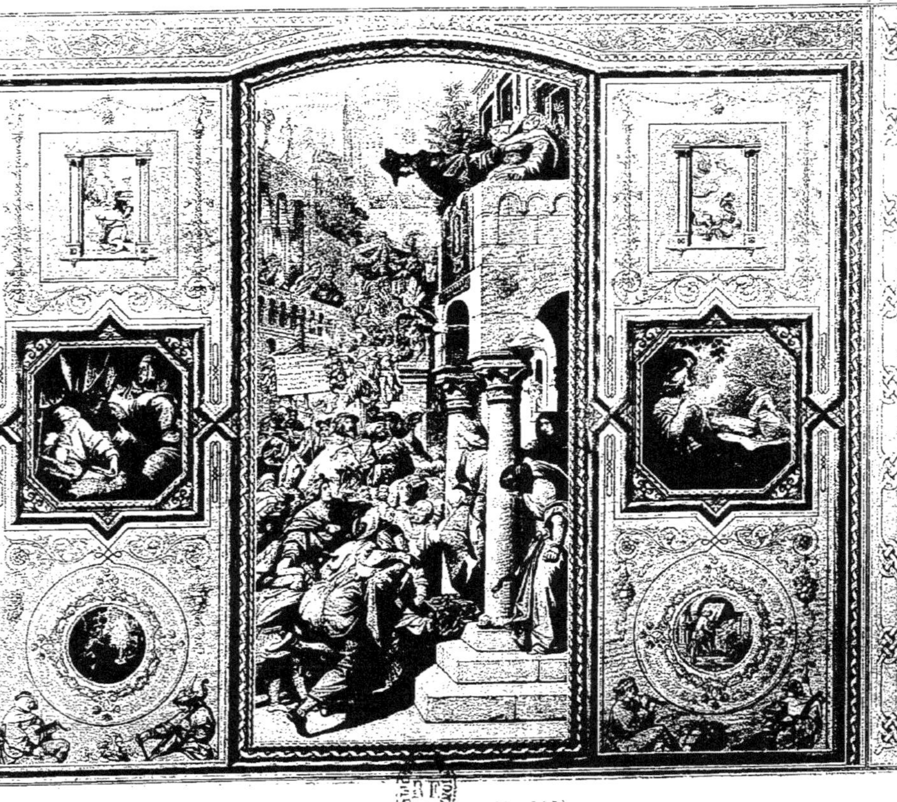

CENDRILLON (Aquarelle III)

Avec la permission de MM. Piloty et Loehle.

les pauvres ; jaloux, le Comte lui fait un jour ouvrir son tablier, tous les présents des humbles se changent en roses. Mais le Comte part pour les Croisade, et le Régent persécute la Sainte, elle doit fuir sous la neige avec ses enfants. Plus tard elle se retire dans un couvent pour soigner les infirmes et secourir les pauvres.

Voilà des tableaux : les ballades de Gœthe, les légendes du Rhin, des contes plaisants ou sévères, enfin trois cycles d'aquarelles : *Cendrillon* (1854), *Les Sept Corbeaux* (1857), la *Fée Mélusine* (1870).

Dans ce dernier cycle, les aquarelles se suivent sans interruption : le cadre même d'un sujet (rocher, colonne, arbres ou muraille) le réunit au sujet suivant.

Fontes Melusinæ. Une gorge, des chênes noueux, une source : la belle Mélusine sommeille au bruit de ses eaux. Lusignan la surprend, tombe amoureux d'elle, l'implore, touche le cœur de l'insensible et l'emmène dans son palais ; la fée lui donne deux enfants, sa gloire et son bonheur ne sont pas d'un mortel. Mais chaque jour Mélusine se retire pour quelques heures dans un pavillon mystérieux, nul ne doit en franchir le seuil ; Lusignan lui-même a juré de ne pas surprendre le secret de Mélusine. Lusignan a juré, mais il a compté sans les mauvaises langues. Au milieu de ces tableaux romantiques, nous voyons une scène triviale : les fortes têtes de la ville réunies pour narguer la simplicité du mari trompé.

Des pas ébranlent le pavillon où Mélusine joue et se baigne avec ses nymphes. Un sacrilège ! C'est Lusignan. Mélusine le maudit et s'enfuit pour toujours. Cependant un souvenir de sa vie humaine hante l'esprit de la fée : elle revient la nuit voltiger devant les fenêtres de ses enfants.

Le chevalier part à la recherche de celle qu'il aime toujours. Après bien des voyages et des fatigues, il la trouve enfin. L'impassible ne peut rien pour lui que le tuer d'un dernier baiser. De nouveau nous voyons : *Fontes Melusinæ* ; dans le site sauvage, la nymphe sommeille au bruit de ses eaux. Et nous pensons aux vers de Victor Hugo :

Nature au front serein, comme vous oubliez.
Et comme vous brisez dans vos métamorphoses
Les fils mystérieux où nos cœurs sont liés.

* * *

Catholiques et Viennois, Steinle et Schwind se plaisaient aux légendes héroïques. L'élève aussi des Nazaréens mais protestant et Saxon, Richter, le paysagiste, voulut donner aux vieux contes un tour moderne et populaire. Dans ses illustrations, il confondit le présent et le passé, la légende et la réalité. Au peuple, aux bourgeois des petites villes, l'œuvre du maître montrait la vie de tous les jours, et leur vie leur semblait douce et belle comme un rêve (1).

Noël. La nuit ; une clarté mystérieuse. Du ciel où le peintre nous fait planer, nous apercevons une ville moyen âge : des pignons pointus, un clocher élancé, sur la plateforme des sonneurs de trompettes. Les nuages illuminés, qui descendent des cieux, portent un arbre de Noël ; entre ses branches l'Enfant divin repose dans une corbeille soutenue par des anges ; d'autres anges répandent sur la terre des fruits et des guirlandes.

Maintenant Richter nous transporte sur le clocher. A la lueur de lanternes sourdes, nous voyons de comiques sonneurs de trompettes, des enfants aux grosses joues, aux yeux lourds de sommeil : sous la direction d'un maître d'école grotesque, ils chantent, les uns minaudant, les autres la bouche grande ouverte. Au premier plan, le veilleur, sa lanterne à la main, s'apprête à descendre l'escalier de la tour. Un chat regarde dans la rue dont les toits seuls apparaissent.

Comme dans les *Maîtres-Chanteurs* de Wagner, la vie des vieilles villes allemandes, est restituée tout entière : travail et plaisirs, corporations, prières, enfants qui jouent, se battent,

(1) Son meilleur recueil est *Pour la Maison* (1858-61). En outre : *Pour instruire et pour amuser* (Beschauliches und Erbauliches) (1851), le *Pater* (1855), *Dimanche* (1861), *Nouveau bouquet pour la maison* (1866), *Notre pain quotidien* (1866), *Collection d'images et de vignettes* (1874).

RICHTER (LUDWIG)

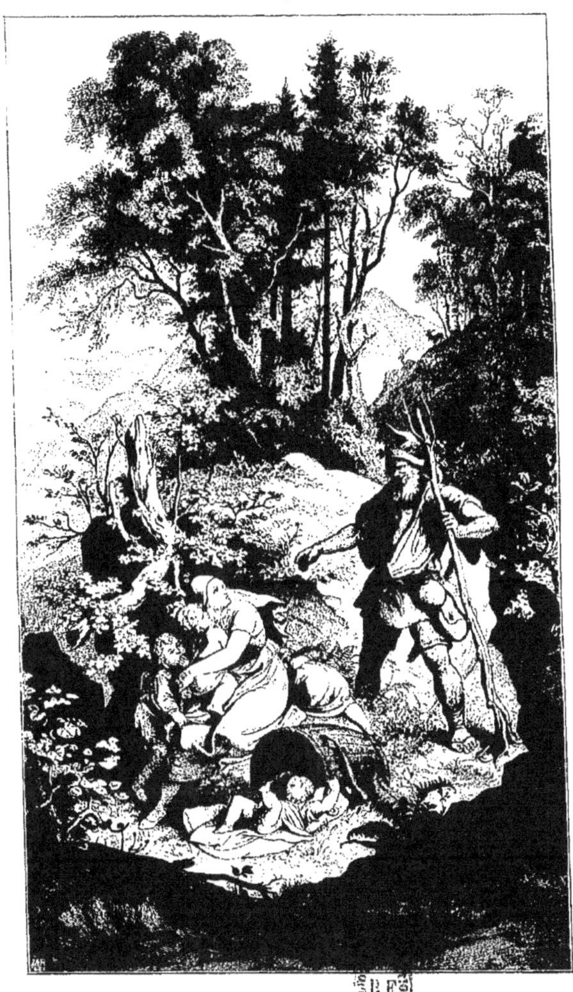

RUBEZAHL

D'après la gravure originale : A. Dürr, Éditeur, Leipzig.

RICHTER (LUDWIG)

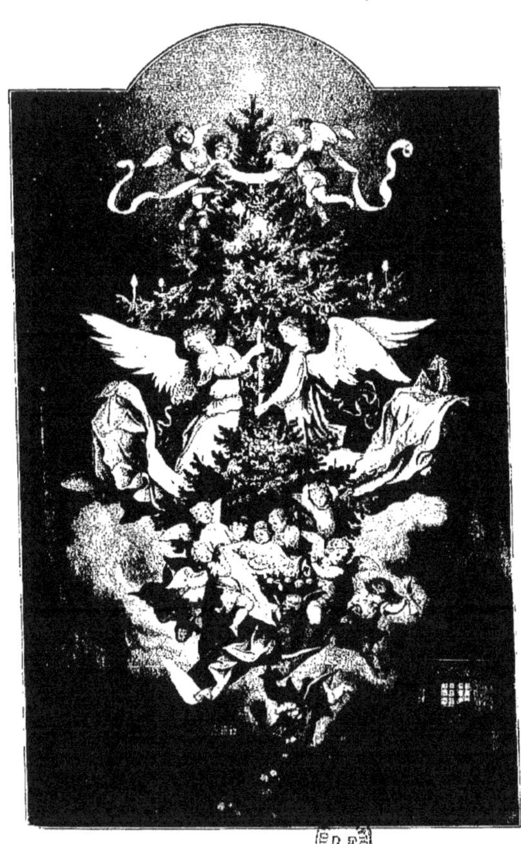

NOËL

D'après la gravure originale : A. Dürr. Éditeur. Leipzig.

rient et pleurent, pères sévères et mères trop bonnes ; les amoureux, surtout à l'aurore, à midi, au coucher du soleil, au clair de lune, sous la lueur de la lampe, au seuil d'une maison gothique, dans un paysage romantique, et toujours avec des visages idéalisés, qui rappellent l'art classique, des costumes de convention, qui rappellent le moyen âge. L'amour est le sujet préféré du second romantisme, non plus l'amour mystique de Schiller, l'amour passionné de Kleist, mais ce que la vie bourgeoise peut permettre de rêves, l'*Oiseau bleu* de Novalis mis en cage sur le balcon d'une maison gothique et moderne.

II

Aucune école de peinture ne nous montre mieux l'évolution de la société que la peinture de genre : n'est-elle pas destinée au peuple ? ne cherche-t-elle pas à représenter ses mœurs, à rendre ses idées et ses sentiments ?

Steinle, Schwind et Richter étaient encore des conteurs. Mais deux écoles contemporaines abandonnaient déjà les contes pour des récits de la vie quotidienne.

Vienne avait Waldmüller (1793-1865). Après de longues années de vie errante et d'essais dans tous les genres, il réussit à se faire un genre à lui, le genre populaire. Il peignait les paysans, qui étaient encore des serfs, les enfants gais malgré leurs haillons, les mendiants, qui se pressent dans la cuisine des couvents. Et, comme ses sujets étaient nouveaux, sa manière était nouvelle : dans ses premières œuvres, on trouve, avec un dessin ferme, un coloris trop rouge ; mais, ses derniers tableaux, Waldmüller, au grand étonnement des artistes d'alors, les peignit au grand soleil. Et, bien que sa facture soit gauche encore et son art hésitant, on peut l'appeler le premier des plein-airistes.

Danhauser (1805-45) imita Waldmüller. Mais, si Waldmüller a l'esprit d'un Autrichien, Danhauser a celui d'un Viennois ; ses couleurs sont vives, son dessin est souple : il peint les bourgeois à l'humeur gaie, à la vie facile, les jeunes élégants, les belles dames aux formes amples, à la taille fine et ronde, au teint clair, aux yeux provocants. L'école viennoise ne sut pas se transformer ; cependant son influence produisit l'un des premiers maîtres de la peinture naturaliste moderne, l'aquarelliste Passini (1).

La seconde école de genre était celle de Dusseldorf. Schadow la fonda. Comme il changeait la manière des Nazaréens en genre religieux, il créait le genre proprement dit en peignant sa *Mignon*. De ses élèves, les uns s'efforcèrent de charmer les personnes sentimentales ; ainsi Karl Sohn (1805-67), l'auteur des *Deux Léonores* (Berlin). D'autres cherchaient l'humour ; ainsi Schrödter (1805-75) qui peint les héros comiques de la littérature : Falstaff, Eulenspiegel, Münchausen, don Quichotte ; Hasenclever (1810-53) qui crée le type populaire de Jobs, l'étudiant malgré lui. Tous travaillèrent bientôt pour les sociétés d'amateurs (*Kuntsvereine*) ; on mettait en loterie les tableaux achetés ; et les bourgeois de Dusseldorf ou de Cologne n'admiraient un tableau, que si, de couleurs vives, bien glacé, bien verni, le tableau lui montrait une scène d'amour au clair de lune ou quelque triviale plaisanterie.

Cependant l'influence des Belges renouvelait le genre comme la grande peinture. Hildebrandt (1804-74) donna le *Roi Lear* ; les sujets de ses autres tableaux sont empruntés à la légende ou à l'histoire. Après lui, les peintres du genre historique représentèrent surtout l'Allemagne du seizième et du dix-septième siècles, le plus connu est Karl Hoff (1838-90) ; sa

(1) Les autres peintres connus de cette école sont Fendi (1796-1842) et Gauermann (1807-62). Passini (1832).

WALDMÜLLER

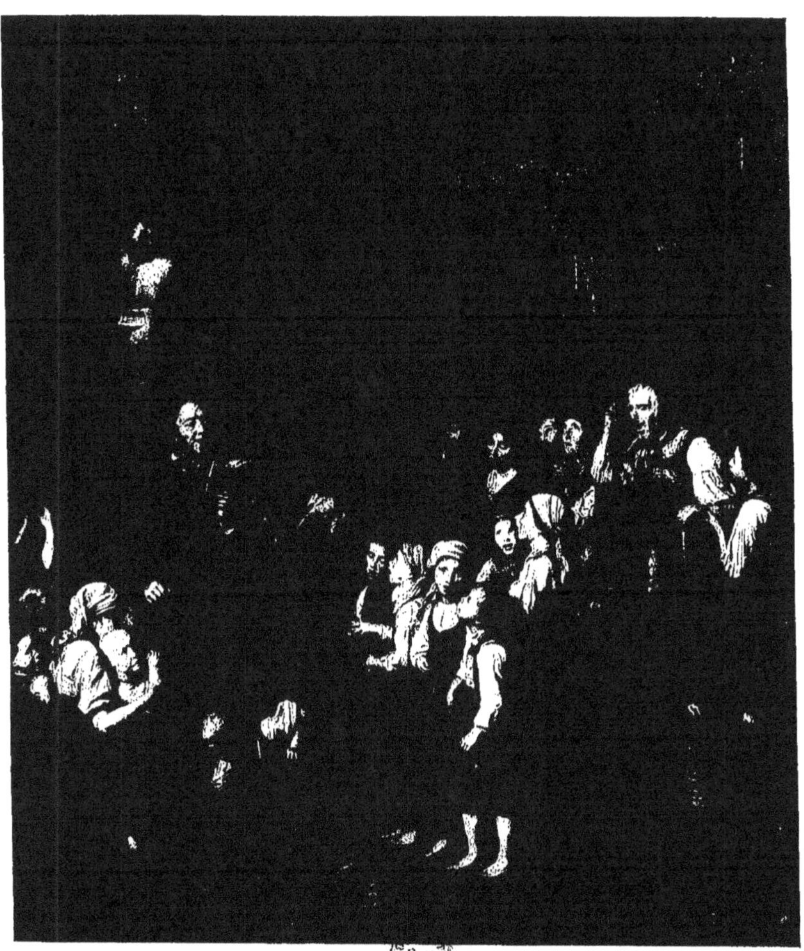

LA SAINT-JEAN

DANHAUSER

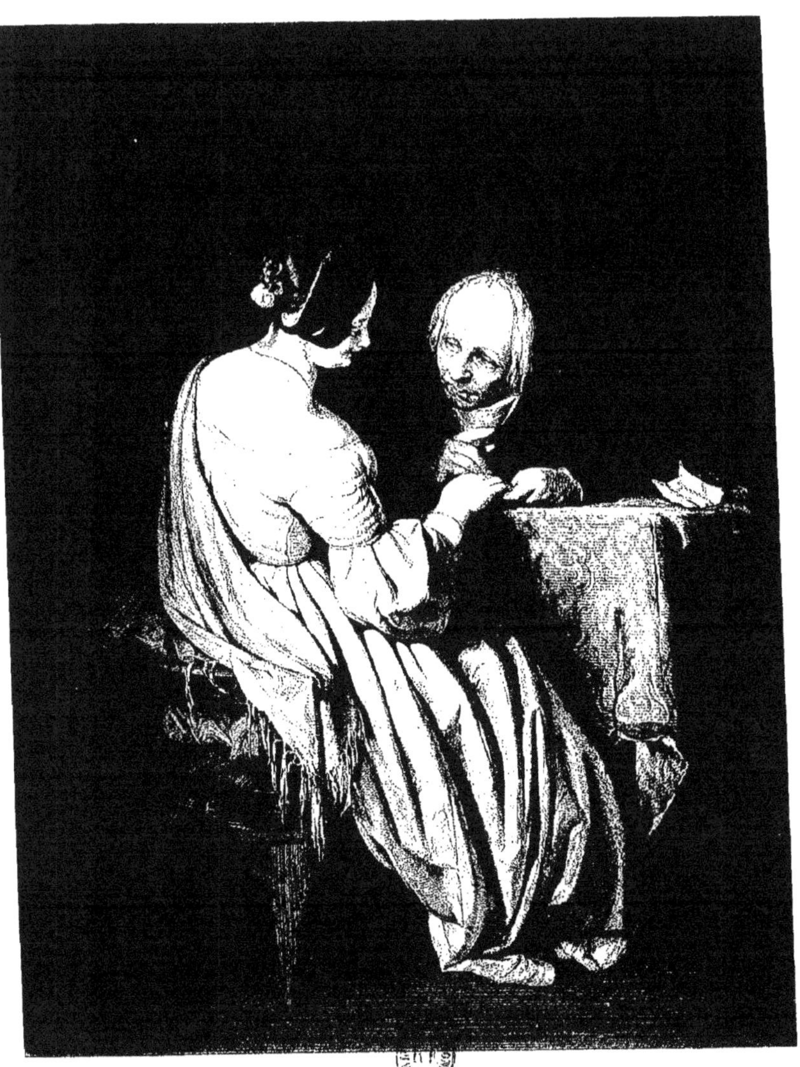

LA DEMANDE EN MARIAGE

DANHAUSER

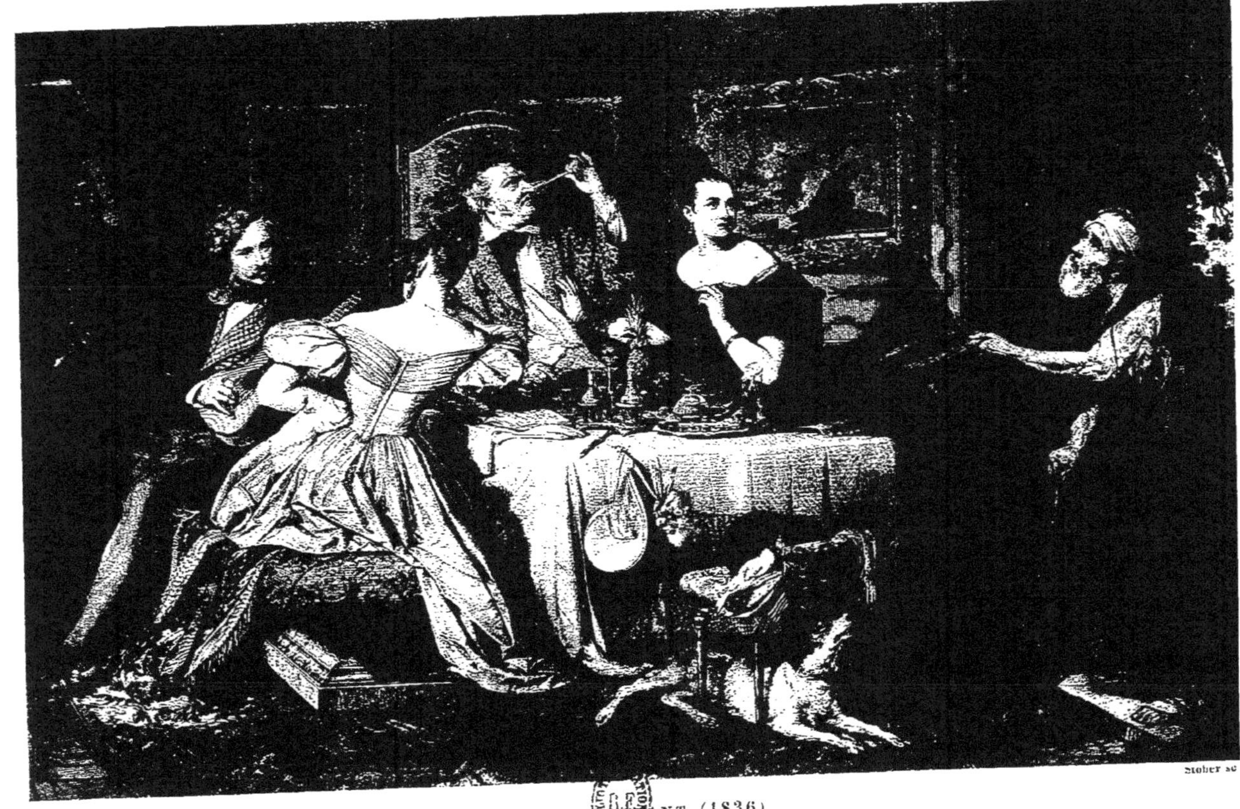

Stober sc

LE BON VI[illegible]ANT (1836)

H. 0^{m},8[illegible] — L. 1^{m},34.

(Musée de Vienne.)

couleur noire, son dessin froid conviennent aux scènes dramatiques, qu'il traite le plus volontiers, comme l'*Enfant posthume* (1875. — Berlin) (1).

L'art de Schadow relève encore du romantisme; celui de Hildebrandt et de Hoff rappelle les récits de Wilibald Alexis et les poèmes de Scheffel. Dusseldorf eut aussi son genre populaire: les costumes des paysans faisaient de ce genre comme une manière de peinture d'histoire, et les sentiments qu'on leur prêtait, étaient ceux-là mêmes où se plaisait l'idéalisme. Meyer de Brême, surnommé le *Meyer des Enfants* (1813-86), donna des scènes naïves ou sentimentales. M. Knaus et Vautier sont déjà et de bons peintres, et des observateurs pleins de conscience, dont l'œuvre n'appartient plus aux anciennes écoles. Après eux, les peintres de genre suivirent deux tendances. Les uns, comme M. G. Hertel (1837) inventèrent des scènes aimables ou plaisantes; beaucoup tombèrent dans la banalité. Les autres, suivant la voie ouverte par Knaus et Vautier, aboutirent au naturalisme. L'élève de Knaus, Munkaczy eut lui-même pour élèves MM. Liebermann et de Uhde.

Si Munich n'avait pas une école populaire, plusieurs artistes de talent y cultivaient le genre: Peter Hess (1792-1871), aussi connu pour ses peintures militaires, Karl Enhuber (1811-67), Bürkel (1802-69). Le plus estimé est Spitzweg (1808-85). Humoriste, il se souvenait de Brower et des Téniers, ou collaborait aux journaux de caricature. Sentimental, il aimait le clair de lune, les rues étroites bordées de vieilles maisons à pignons, les tours gothiques aux toits pointus, aux galeries de pierre dentelée. La *Galerie Schak* possède l'une de ses bonnes œuvres : la *Sérénade du Barbier de Séville*.

Dans le même temps, Hugo Kauffmann (1808-83) et Martin Gensler (1808-45) de Hambourg, Meyerheim (1808-79) et

(1) A cette école se rattache Ritter (1816-55) d'origine canadienne, qui peignit des scènes de la vie américaine.

Jacob Becker (1810-72) (des provinces Rhénanes) traitaient les nombreuses variétés du genre, tel qu'on le comprenait alors, et, tout en s'inspirant de l'idéal, assuraient le succès du réalisme.

III

Depuis 1870, le second romantisme a disparu. Quelques artistes cependant s'inspirent de ses traditions et le public éprouve du plaisir à regarder leurs œuvres. Les uns traitent la légende ou le genre fantastique, les autres les scènes de la vie de famille et les épisodes sentimentaux.

Parmi les premiers, deux méritent d'être cités pour leur imagination et leur bonne technique apprise en France : Henneberg (1826-76) et Spangenberg (1820-97).

Le tableau le plus populaire d'Henneberg est *La Course à la Fortune* (1868 Berlin). Ciel sombre, décor fantastique. Le sommet d'une montagne : l'on aperçoit un château sur un rocher, dans le fond une lointaine vallée. Sur un précipice, un pont de bois, qui se termine par une poutre au bout aminci. Le long de cette poutre la fortune changeante et nue roule sur une boule de verre aux reflets de prisme. Et voilà que, renversant son amie, qui veut l'arrêter, un jeune seigneur lance sur le pont son cheval emporté. Près de lui galope la mort, dont le manteau rouge, tendu par le vent, semble l'aile d'une chauve-souris gigantesque.

Spangenberg a peint le *Cortège de la Mort* (1876, Berlin). Une plaine à peine ondulée, un ciel bas où les corbeaux s'assemblent. Précédée d'enfants, la mort en linceul blanc avec la cagoule noire, s'avance, sonnant sa cloche. Derrière elle, un paralytique enfin heureux, une femme avec son chapelet, un homme indifférent, un cavalier bardé de fer, un évêque, une femme, qui se lamente, puis une longue procession dont les lacets se perdent dans la brume de l'horizon. Vainement, une

HASENCLEVER

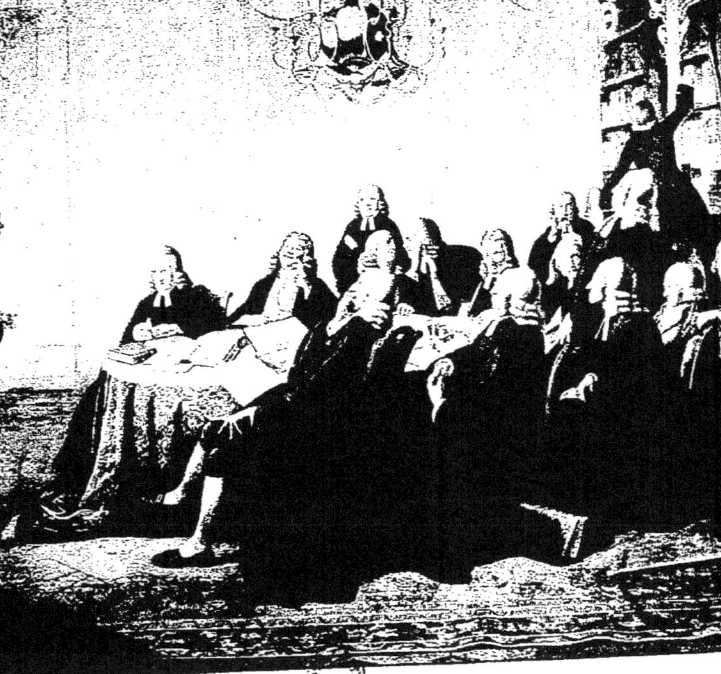

L'EXAMEN DE JOBS (Galerie Ravenée)

(Sujet tiré de la *Jobsiade* de Kortum, 1784.)

Phot. Schauer, à Berlin.

HASENCLEVER

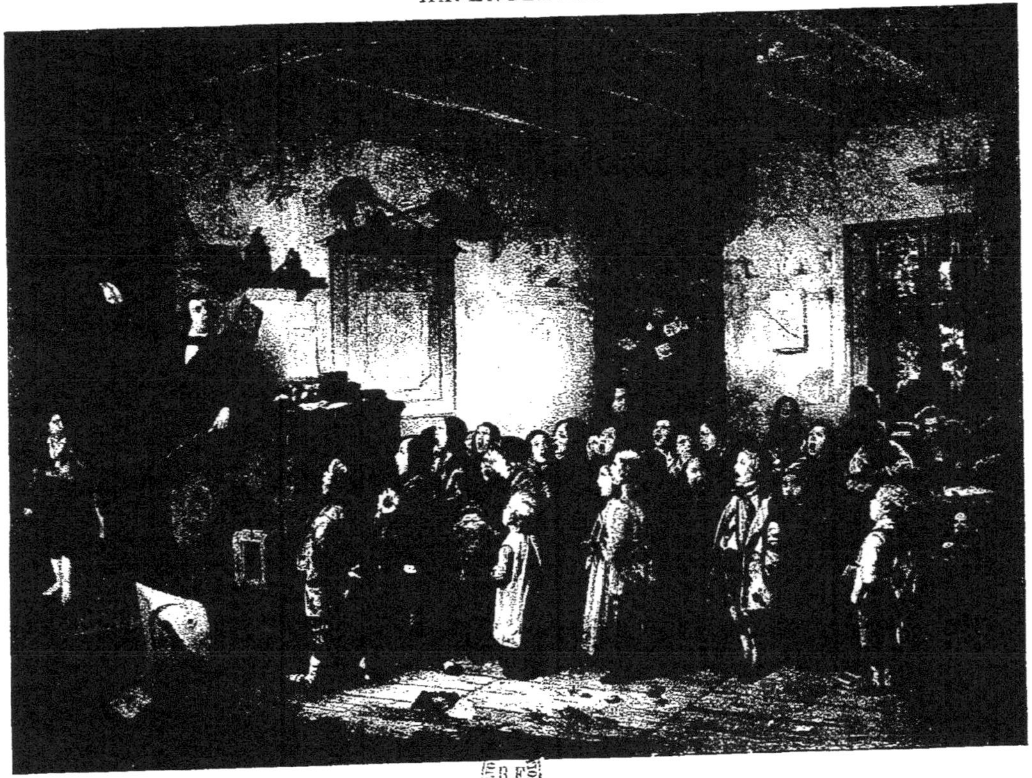

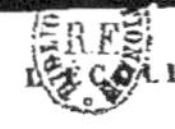

vieille oubliée supplie qu'on l'emmène; une première communiante, le teint terreux, les yeux fixes, vient rejoindre le cortège; au carrefour de deux chemins, un lansquenet quitte sa fiancée en larmes pour suivre la mort, qui l'appelle.

Après Schwind, Henneberg et Spangenberg, nombre de peintres traitèrent des sujets fantastiques; la photographie a rendu leurs tableaux populaires. MM. Pyxis et Kray nous montrent, au clair de lune, les nymphes des mers du Nord ou des fleuves de l'Allemagne. M. Dielitz a figuré les quatre principaux épisodes des *Nibelungen* de Wagner. D'autres représentent la fée des Alpes, le feu-follet, les filles-fleurs. Un homme de génie, Böcklin transforma un genre devenu banal en trouvant aux vieilles légendes un sens nouveau, en donnant des formes nouvelles aux mythes de la Grèce et de l'Allemagne. Après lui, MM. Hans Thoma, Klinger, Steinhausen, L. de Hoffmann, Stuck, Schneider ont restauré l'art symbolique de Dürer, de Holbein, de Cornelius et de Rethel. Leurs œuvres doivent être comptées parmi les plus originales et les plus fortes de la jeune école allemande.

*
* *

De même que la peinture de légende est devenue la peinture symbolique, la peinture sentimentale de Richter et de ses mitateurs s'est changée en peinture de mœurs, puis en peinure naturaliste.

Beaucoup cependant n'ont pas voulu suivre cette évolution et plusieurs des chefs de l'école moderne se distraient en peignant comme l'on peignait autrefois.

Les scènes du genre historique abondent. Elles ont inspiré nombre de peintres populaires : MM. Beyschlag, Rauber, Lœwe, Nitczky, Probst, etc., quelques maîtres même, MM. Diez, Claus Meyer.

Nombreux sont aussi les peintres, qui suivent la voie ouverte par Guillaume de Kaulbach et composent sur les opéras, les pièces ou les romans des séries de cartons, que la photographie reproduit. M. Thumann (1834), connu surtout pour ses tableaux du genre antique, a donné des illustrations pour les œuvres de Heine et de Freytag. MM. F. de Keller, Simm, Gehrts, ont fourni des compositions pour les poèmes de Schiller et de Gœthe.

Enfin, un genre tout allemand est celui des figures sentimentales. MM. Bodenhausen, Seifert et Sichel (1844) le cultivent spécialement. Mais, les maîtres eux-mêmes ne craignent pas de s'y essayer. M. Defregger peint les paysannes du Tyrol, M. Lossow les jolies filles de Munich en costume Louis XV, M. F. A. de Kaulbach des profils rêveurs, M. Gabriel Max des visages passionnés et morbides. Souvent les étrangers reprochent aux peintres allemands de chercher une facile popularité. Mais, n'est-ce pas le caractère propre de l'art allemand de savoir se rendre populaire? Le désir de plaire et d'enseigner a parfois mal servi ses maîtres, mais c'est à ce désir qu'ils doivent l'inspiration de leurs meilleures œuvres.

Comme les idées philosophiques de Kaulbach, l'art de Schwind, de Richter et de leurs successeurs devint longtemps avant leur mort un art du passé.

Depuis 1840 la société se transformait. Dans la littérature, c'était le grand effort qui précéda la Révolution de 1848. On demandait l'unité de l'Allemagne, mais on la voulait républicaine et libre. « Place pour la liberté », s'écriait Herwegh en 1841. « Arrachez les croix de terre, que toutes les croix soient des épées ! » Et les autres poètes de l'époque, Freiligrath et Hoffmann les premiers, répétaient ces paroles.

Les conditions économiques étaient changées : partout on construisait des usines à vapeur, des banques, des télégraphes, des chemins de fer. Et les pauvres, les inquiets, les audacieux se précipitaient vers les villes ; tous à tout prix voulaient gagner de l'argent. La spéculation à la Bourse était effrénée.

SPITZWEG

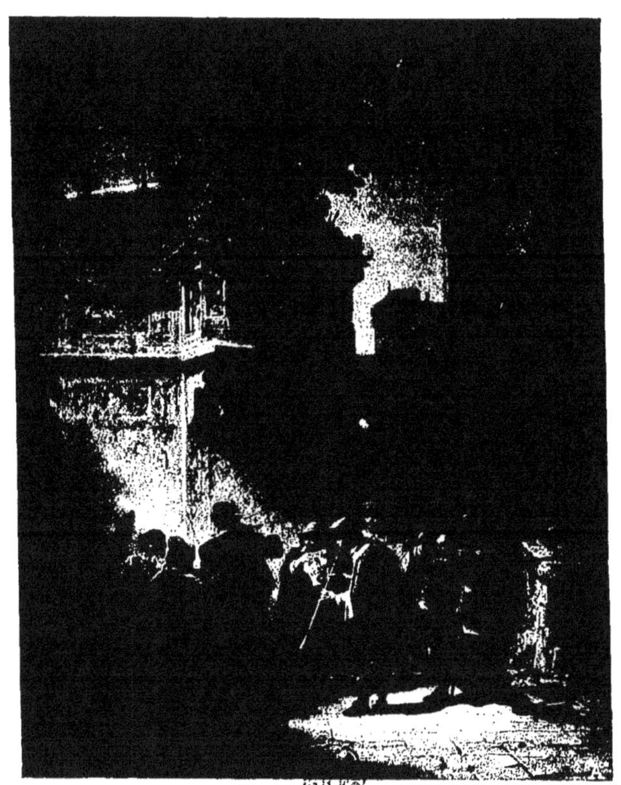

LA SÉRÉNADE DU BARBIER DE SÉVILLE

H. 0m,67 — L. 0m,52.

(Munich, galerie Schack.)

Cliché réduit, d'après l'édition de luxe : Galerie du comte Schack (Dr Albert, Munich).

Une grave crise se produisit, la misère devint affreuse. Dans plusieurs provinces éclatèrent des insurrections ; la Silésie connut les troubles que M. Hauptmann peint dans les *Tisserands*.

Dans les classes riches, apparut cette fièvre, ce mépris des anciennes lois, ce désir du nouveau, que Spielhagen décrit dans les *Natures problématiques*. Les liens de la famille se relâchaient ; plus que jamais on parlait de l'émancipation de la femme ; tous avaient cette ivresse du plaisir, qui présage les catastrophes prochaines. « Jamais les modes, dit M. de Treitschke, n'avaient été plus charmantes. La taille était où elle doit être ; la jupe à plis bouffait mais pas trop : le buste s'en dégageait, élégant et mince ; les cheveux partagés par une raie étroite, les bras nus, le sein décolleté sans hardiesse laissaient la beauté naturelle paraître vraiment belle ».

L'Europe semblait dans l'attente d'un grand événement. La chute de la monarchie de Juillet et la proclamation de la République en France causèrent partout des troubles et des soulèvements. En Allemagne, c'est la Révolution victorieuse à Vienne, à Berlin, à Dresde, à Stuttgard, à Hanovre, à Munich ; l'abandon de la Hongrie, de la Lombardie et de la Vénétie par les troupes autrichiennes. Puis le Parlement de Francfort, l'unité allemande proclamée, toutes les utopies, toutes les querelles, toutes les désillusions. Enfin les gouvernements revenant sur les concessions accordées, la Révolution partout vaincue, la réaction partout victorieuse, Berlin soumis, Vienne repris, la Hongrie et l'Italie reconquises, l'ancien régime rétabli, l'idée de l'unité allemande abandonnée.

A cette effervescence succéda un profond découragement : les poètes les plus connus s'enfuirent à l'étranger ; chaque année l'émigration augmenta ; en 1854, 250,000 Allemands s'embarquèrent pour l'Amérique. Tandis que le pessimisme de Schopenhauer se répandait dans les hautes classes, Lassalle et Karl Max fondaient le socialisme.

Mais, lorsque la paix fut rétablie, lorsqu'en 1851, le *Zollve-*

rein fut étendu à toute l'Allemagne, excepté l'Autriche, le commerce et l'industrie commencèrent à se développer. En même temps, la Prusse rendait l'instruction obligatoire (1854), partout se fondaient des écoles techniques et les jeunes gens abandonnaient les études spéculatives pour les études pratiques.

Le bien-être se répandit dans toutes les classes ; la bourgeoisie acquit de grosses fortunes. De 1770 à 1815 l'Allemagne avait pris conscience d'elle-même dans sa littérature ; elle prit alors conscience d'elle-même dans la richesse enfin trouvée. Et la richesse changeait l'esprit : au rêve du progrès par la liberté succédait le rêve du progrès par le bien-être. L'aspect des villes se modifiait ; les arts, les mœurs, le costume, annonçaient une époque nouvelle : c'étaient bientôt les crinolines, les rubans, les modes brillantes de la France sous Napoléon III.

Alors se forma la littérature contemporaine. Le roman conquit la première place avec les *Chevaliers de l'esprit* (1850) de Gutzkow, *Doit et avoir* (1855) de GustaveFreytag, *Les natures problématiques* (1860) de M. Spielhagen, l'un des premiers romans psychologiques, enfin les nouvelles de M. Paul Heyse, et du Suisse Gottfried Keller. Au théâtre, Gutskow et Laube traitaient la comédie moderne, Hebbel et M. de Gottschall la tragédie et le drame. Et ceux-là même qui, avant 1848, demandaient une réforme complète de l'État et de la société, s'efforçaient de peindre les mœurs présentes sans plus songer à convertir personne. La défaite des révolutionnaires de 1848 marquait dans toute l'Europe la fin d'une certaine manière de penser, et cette manière de penser était l'idéalisme (1).

(1) Les poètes et les littérateurs, qui préparent le mouvement de 1848, sont, avec Heine (toujours en France) : Herwegh (1817-75) : *Chants d'un vivant* (1841). Dingelstedt (1814-81) *Chants d'un veilleur de nuit cosmopolite* (1840) ; Freiligrath (1810-76) *Premières poésies* (1838), *Profession de foi* (1844), *Nouvelles poésies politiques et sociales* (1849). Hoffmann von Fallersleben (1798-1874) : *Horae belgicae* (1830-62), *Fundgruben* (1830-37), *Altdeutsche Blätter* (1835-40). — Les principaux auteurs allemands de 1840 à 1870 : Gutzkow. Théâtre : *Uriel Acosta* (1847), *Urbild des Tartufe* (1847), *Königs lieutenant* (1852) ; Romans : *Les chevaliers de l'esprit*, *Le magicien de Rome* (1859-61), *Hohenschwangau*

RETHEL

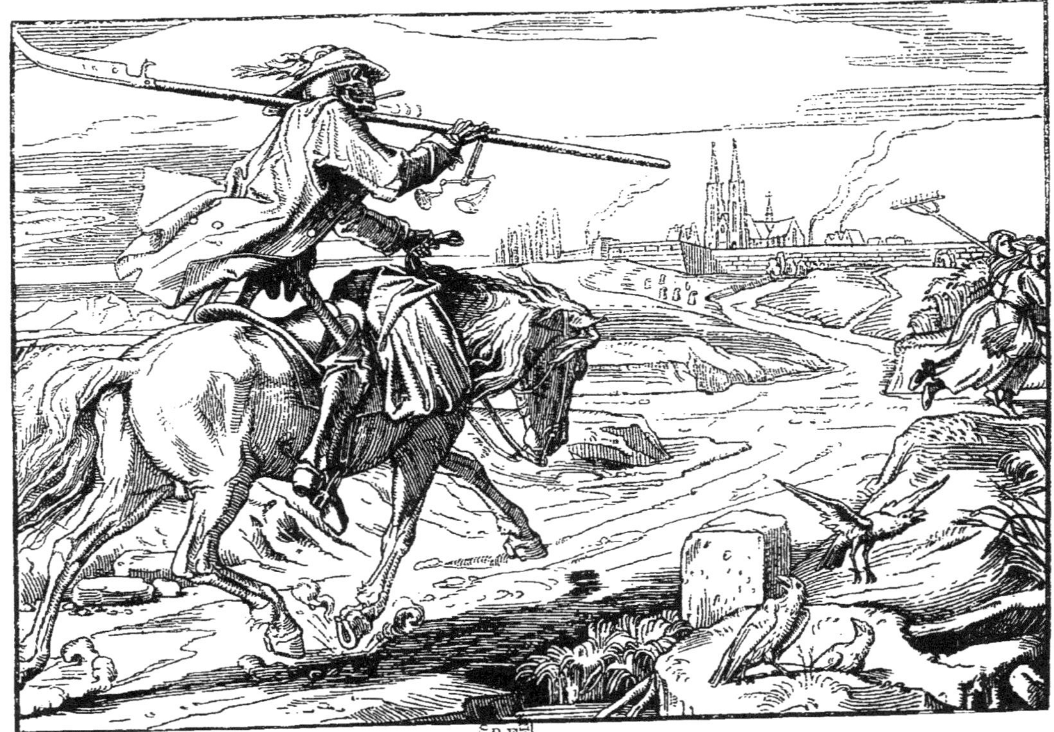

LA DANSE MACABRE RÉVOLUTIONNAIRE (Pl. II).
(1848.)

B. Elischer, éditeur,
à Leipzig.

RETHEL

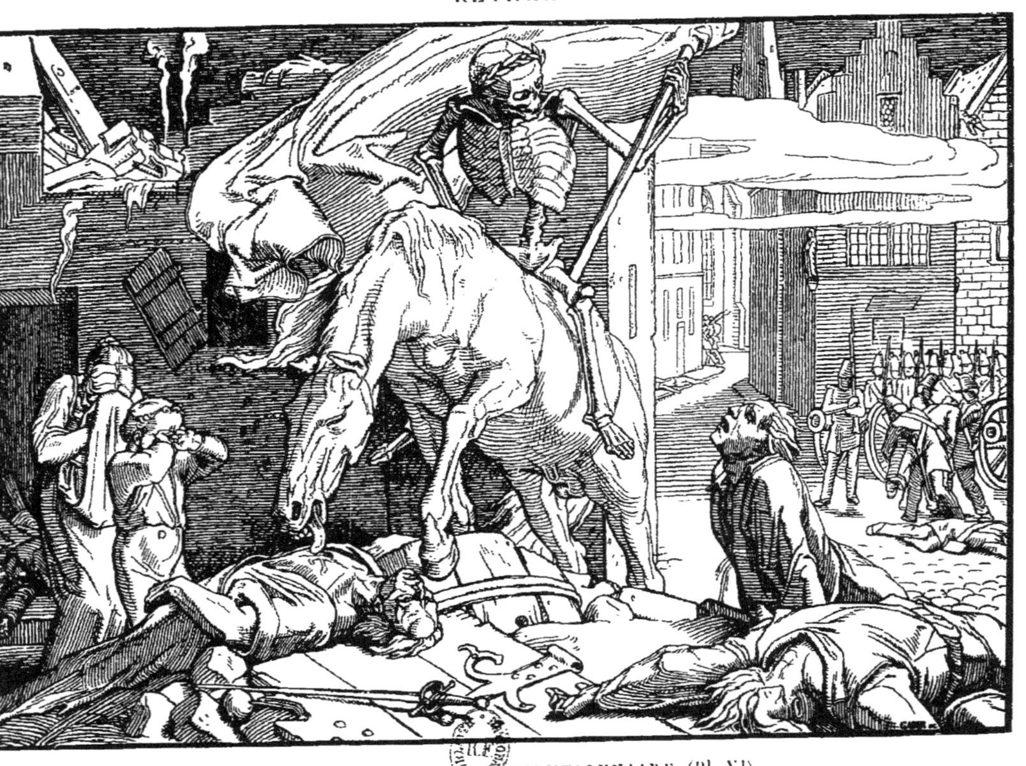

LA DANSE MACABRE RÉVOLUTIONNAIRE (Pl. VI).
(1848.)

B. Elischer, éditeur,
à Leipzig.

(1867), *Les fils de Pestalozzi* (1870). — Laube : Théâtre : *Monaldeschi* (1845), *Struensee* (1847), *Die Karlsschuler* (1847), *Le comte d'Essex* (1856). — Freytag (1816-95) : *Doit et avoir, Le manuscrit perdu* (1864), *Les aïeux* (1872-80). Théâtre: *Valentine* (1846), *Comte Waldemar* (1847), *Les Journalistes* (1853). — Paul Heyse (1830), *Nouvelles en prose* (1855 et 1858), *En vers* (1864). Théâtre. Romans depuis 1873. — Gottfried Keller (1819-90) : *Der grüne Heinrich* (1854). — Hebbel (1813-68) : Théâtre : *Judith* (1841), *Maria Magdalena* (1844), *Les Nibelungen* (1862). — Gottschall (1823) : *Poésies* (1849 et 1858) ; Poèmes épiques. *La Déesse* (1852), *Carlo Zeno* (1863). Tragédies : *Mazeppa*, *Catherine Howard*. Comédie : *Pitt et Fox*. — Spielhagen (1829) : *Problematische Naturen* (1860). *In Reih' und Glied* (1866), *Hammer und Ambos* (1869), etc. — Comtesse Hahn-Hahn (1805-80), catholique depuis 1851. Fanny Lewald (1811-89).

LIVRE III

LES COLORISTES

I

Ainsi transformée, la société ne supporte plus l'ancienne philosophie (1). Suivant le mot de Treitschke, « l'Allemagne s'est tellement grisée du breuvage enflammé de l'idéalisme hégélien, que, lasse, elle en garde le dégoût de la spéculation ». Mais, habitués aux discussions métaphysiques, les écrivains et les étudiants ne peuvent les rejeter tout d'un coup. Leur maître sera l'adversaire de Hegel, Schopenhauer. Sans doute, Schopenhauer nie la réalité du monde extérieur. Il n'y voit qu'un rêve de notre intelligence, et de plus un rêve hideux ; le monde lui apparaît comme un champ de carnage où les élé-

(1) Une seule école de philosophie spéculative conservait alors quelque influence mais dans un petit cercle de littérateurs et de savants ; c'est l'école de Herbart (1776-1841), qui, niant l'existence d'un principe unique, revient d'une part aux monades de Leibnitz, et d'autre part restaure l'étude de la psychologie. Les doctrines de Herbart ne se répandirent qu'après sa mort. — Les grandes œuvres de Schopenhauer (1788-1860), furent à peine remarquées à leur apparition. *Traité de la quadruple racine du principe de la raison suffisante* (1813). — *Le monde comme vouloir et perception* (1819). — *Les deux problèmes fondamentaux de l'éthique* (1841), et la seconde édition augmentée de son grand ouvrage (1844) commencèrent à le faire connaitre. Mais sa popularité ne date que de la publication de son livre populaire *Parerga et Paralipomena* (1851) et des œuvres de vulgarisation de son disciple Fràuenstädt (1813-79). — Büchner (1824) publia en 1855 son œuvre capitale ; *Force et matière*, puis *Nature et Esprit*, *L'Homme et son rang dans la nature*, (etc.). — Zimmermann (1824-98), le meilleur esthéticien de l'école de Herbart : *Essai sur la tragédie* (1856), *Esthétique* (1858-65). Parmi les esthéticiens de cette époque, il faut encore citer : Fechner (1801-87) : *École préliminaire de l'Esthétique* (1876) ; Lotze, qui confond le Pictural et le Pittoresque (*Histoire de l'Esthétique en Allemagne*. — 1868) ; Schasler qui donne l'abstraction comme le but même du paysage ; Siebeck (1842), etc.

ments, les plantes, les bêtes et les hommes se détruisent sans raison. Mais par contre, Schopenhauer reconnaît dans l'*Objet en Soi* de Kant, la force qui, inconsciente dans les éléments, commence à se deviner dans la plante, devient instinct chez l'animal plus conscient et volonté chez l'homme pleinement conscient. Schopenhauer considère donc l'intelligence comme une faculté accessoire : ce qui fait l'homme, c'est la volonté. L'Allemagne, dégoûtée de la spéculation, trouve chez ce disciple de Kant une philosophie proprement réaliste. D'ailleurs l'on se sent las de tout, et de la métaphysique, qui a failli, et de la science, qui étonne, et de la révolution économique, qui trouble. Le pessimisme se répand rapidement ; longtemps inconnu, Schopenhauer devient en quelques années populaire.

Tandis que les penseurs inquiets professent le pessimisme, les hommes d'action n'admettent qu'un but de la volonté humaine, la vie pratique : leur doctrine philosophique est le matérialisme. Dans leur horreur de l'idéalisme, qui voyait dans le monde un simple jeu de l'esprit, c'est une joie pour eux de penser avec Büchner, qu'il ne peut exister de force sans matière, ni de matière sans force. Hegel tenait la raison pour la loi même du monde ; et la raison ne serait qu'un produit du cerveau. Aucun peuple de l'Europe n'avait, comme l'Allemagne, exalté l'idéalisme, aucun ne devait professer aussi franchement le matérialisme.

II

Et l'art change avec la société, la littérature et la philosophie. L'école de Herbart prétend fonder une esthétique nouvelle. Comme la polémique d'Overbeck et de Vischer avait marqué la fin du romantisme, celle de Vischer et de Zimmermann marque la fin de la période où, s'inspirant de la philosophie et de l'histoire, la peinture traite des questions religieuses ou politiques. Zimmermann oppose à l'*Esthétique du Fond* de l'école hégélienne l'*Esthétique de la Forme* de l'école de Herbart. L'œuvre d'art n'est ni une vision de l'idéal immuable, comme le pensaient les *Kantiens*, ni une création de l'idéal, sans cesse transformé, comme Hegel l'enseignait. L'œuvre d'art est une synthèse : pour comprendre les innombrables phénomènes de la nature, l'esprit humain doit les classer ; à la formation de chaque groupe préside une idée ; il faut rendre cette idée sensible, par suite lui chercher une forme artistique. La beauté n'est pas la fin de l'art, elle est seulement la forme artistique de nobles idées.

L'histoire reste le but de la peinture. Mais deux principes dirigeront le peintre dans le choix de son sujet et de sa technique. La forme seule appartenant à l'art, point le fond, chaque art aura son domaine propre : par suite, il est certains sujets que la peinture ne saurait rendre ; et la nouvelle esthétique met dans ce nombre la plupart des sujets traités par Cornelius ou par Kaulbach.

Ensuite, l'œuvre d'art n'étant que la forme d'une idée ou d'un sentiment, pour la comprendre, il faut connaître l'esprit et le caractère de l'artiste, l'expliquer par la théorie du *milieu*. C'est la méthode même de Winckelmann, qu'en France Taine développera. Les Allemands en ont tiré des conséquences pratiques. Pour peindre un événement, on emploiera la technique usitée à l'époque de cet événement. Les artistes de la nouvelle école étudient les anciens maîtres, avec chaque tableau ils changent leur facture. Dans ses premières œuvres, le maître portraitiste Lenbach s'inspire, selon le type de son modèle, de Rubens, de Titien, ou de Rembrandt. Voilà presque le principe de Mengs.

*
* *

Tous les arts se transforment sous l'influence de l'esthétique nouvelle.

L'architecture présente trois caractères. Historique, elle imite l'art de tous les temps. Réaliste, elle sait emprunter les formes qui conviennent le mieux à l'usage d'un bâtiment, comme aux lieux où le bâtiment s'élèvera. Enfin l'architecture est pompeuse; l'ancienne simplicité l'ennuie, qui cherchait seulement les lois de la dynamique et la pureté des lignes. Le style nouveau veut la couleur, des effets variés d'ombre et de lumière, une décoration qui prouve la richesse et l'art maintenant sûr de ses moyens jusqu'à devenir emphatique et précieux.

Les fortifications de Vienne tombent en 1859 pour faire place au Ring, et Vienne devient le centre des écoles allemandes.

D'abord, l'école de la Renaissance italienne, créée par Gottfried Semper (1803-79), l'architecte du théâtre et du Musée de Dresde (1839-1846). Lui-même vient à Vienne en 1871, donne les plans des Musées, du Burgthéatre et de la *Hofburg*. Ferstel (1828-83) continuera l'œuvre de Semper.

L'école éclectique de Van der Null (1812-68) et de Siccard von Siccardsburg (1813-68) qui s'inspirent des édifices de la première Renaissance française; ce sont les architectes de l'Opéra (1861-69).

L'école gothique de Schmidt (1825), qui bâtit l'hôtel de ville (1873-83).

Enfin l'école grecque classique du Danois Hansen (1813-91) l'auteur du Parlement.

Cependant, Stuttgard ramène le goût de la Renaissance allemande; Hanovre, encore sous l'influence de l'Angleterre, copie le gothique anglais ou s'essaie avec Hase (1818) dans la construction en briques et Munich prétend inventer un nouveau style pour la rue Maximilien (1851-60) (1).

Mais le goût d'un temps se marque moins dans les monuments que dans les maisons des particuliers. Après 1850, la manière simple et classique de Schinkel ne se maintient plus qu'à Berlin, où la cour la conserve comme le véritable style prussien : les premières villas du Thiergarten semblent encore de ces retraites qu'Horace conseillait à la médiocrité dorée. A

(1) Les architectes du nouveau style munichois sont Bürklein (1813-1872) et Riedel (1813-1885).

Vienne, au contraire, ce sont déjà les hautes maisons que Hansen construit sur le Ring en face de l'Opéra, les palais des princes et des banquiers. Dresde l'imite et Francfort et Hanovre et Stuttgard, bientôt même Berlin. Partout la Renaissance triomphe; les charpentes, les poutres en fer, permettent toutes les fantaisies : voûtes, colonnes, pilastres, vérandas et balcons.

A l'intérieur, un luxe lourd et prétentieux. La nouvelle bourgeoisie se rappelle la grande époque de la bourgeoisie allemande, le temps où le banquier Fugger, recevant Charles-Quint, jetait au feu les titres attestant les dettes de l'empereur. Papes et princes italiens n'ont rien construit de si riche que les bains du palais d'Augsbourg ou la salle de la guerre à Lubeck. Et dans ces pièces, sur les buffets de noyer, s'entassaient les aiguières, les vases, les hanaps d'or et d'argent, les statuettes, les coffrets.

Voilà le style que décrivent alors les poètes et les romanciers, que représentent les peintres, que les architectes et les dessinateurs de meubles s'efforcent d'imiter.

Comme l'architecture, la sculpture relève de l'école historique et suit presque la même évolution.

D'abord, l'école classique de Rauch, l'élève de Thorwaldsen. Mais chez lui le réalisme prussien se joint à la tradition. Si la composition du monument de Frédéric en fait une œuvre classique, l'on trouve dans les statues de bon et franc naturalisme (1840-51). Rietschel de Dresde (1804-61) se montre plus hardi que son maître Rauch dans le monument de Goethe et Schiller à Francfort et la statue de Lessing à Brunswick.

Avec l'école de la simplicité classique, l'école décorative de la Renaissance. Hähnel (1811-91) sculpte les statues des dramaturges célèbres pour le théâtre de Dresde, celles des grands peintres pour le Musée, les groupes de Pégase et les figures symboliques de l'Opéra de Vienne, les monuments de Beethoven à Bonn, de Charles IV à Prague (style moyen-âge) de Frédéric-Auguste II à Dresde, etc. Ses meilleurs élèves seront Haertel

(1831) et Schilling (1828), qui donnera les statues de la terrasse de Dresde et le monument du Niederwald.

***

Tandis que l'architecture et la sculpture se transforment progressivement, le style de la peinture change tout d'un coup : dans les deux premiers arts, les règles plus fixes empêchent les réformes brusques; et, comme ils ne produisent pas de simples images mais les objets eux-mêmes, ils ne peuvent jamais s'écarter beaucoup de la réalité.

Pour la peinture qui a connu l'art maussade de Cornelius et de Kaulbach, c'est comme une faim de réalité. Optimiste, ou pessimiste, l'art a l'ivresse du monde retrouvé. La philosophie ne veut plus de l'idéalisme et la peinture ne veut plus des cartons pâles de Cornelius et de son école, des compositions solennelles de Kaulbach. Elle ne saurait avoir assez de personnages, de têtes peintes comme des portraits, de mouvement, de scènes dramatiques, de monuments et de costumes. Jamais assez de couleurs, et les plus chaudes, et les plus éclatantes; de formes modelées en clair-obscur; d'effets d'ombre et de lumière; d'étoffes riches, de meubles précieux reproduits de manière à donner l'illusion de la réalité. Jamais une pâte assez épaisse, une fois jetée et pas retouchée, jamais assez d'habileté, de savoir-faire, de tout ce qui montre la matière au lieu de l'idée, l'art remplacé par le métier odieux à Cornelius et aux Nazaréens.

Ces maîtres vivent encore et déjà ceux qui deviendront les maîtres de la génération nouvelle, ne cherchent plus que des effets de couleurs. Pour les figures formées au hasard, ils trouveront des noms mythologiques ou religieux.

La première ardeur passée, deux tendances d'esprit se marquent chez les réformateurs.

Les uns peignent ce qu'ils voient. Leur chef est un Prussien, le peintre d'histoire A. Menzel, qui bientôt abandonnera l'histoire pour représenter la vie contemporaine : l'école de Dusseldorf produit M. M. Knaus et Vautier, les peintres de paysans. Ces maîtres sont les précurseurs de l'école naturaliste : il faut les compter parmi les membres des nouvelles écoles.

D'autres artistes, plus nombreux, restent fidèles aux principes de la peinture historique; mais ils étudient fidèlement l'archéologie ; mais, plus encore que Lessing, ils s'inspirent des Français et des Belges ; mais surtout ils s'efforcent d'imiter la technique apprise des vieux maîtres, italiens, espagnols ou flamands. En 1850 comme en 1815, l'école allemande recourt à l'art ancien pour en apprendre une technique qui lui permette d'exprimer ses idées et ses sentiments personnels (1).

(1) Une école munichoise contribua au développement de l'art nouveau en conservant les anciennes traditions; c'est l'école des Langer, Pierre (1756-1824) et Robert (1783-1846). C'étaient aussi des graveurs, qui, en reproduisant les œuvres des vieux maîtres, apprirent leur technique.

CHAPITRE PREMIER

PILOTY ET L'ÉCOLE DE MUNICH.

I

Le fondateur de l'art nouveau fut Karl de Piloty (1826-86). Les trois noms de Cornelius, Kaulbach et Piloty marquent bien les trois grandes étapes de la peinture allemande de 1815 à 1880. Italien d'origine, brun, maigre, nerveux, phtisique et ne résistant à son mal qu'à force d'énergie, Piloty nous apparait comme un homme de volonté. Et son œuvre porte l'empreinte de son caractère. Dans l'histoire de l'humanité, il cherche avant tout des événements dramatiques, des personnages volontaires ou passionnés. Pour les représenter, il s'inspire de Paul Delaroche et de Gallait : c'est la même manière conventionnelle de disposer les personnages; le même souci de rendre fidèlement les costumes et le mobilier de chaque époque; le même goût pour les scènes violentes, les gestes emphatiques, les poses théâtrales. Mais Piloty n'oublie pas la manière de composer de son maître Kaulbach; mais, Italien et formé par l'étude des maîtres italiens, Piloty a le don de la couleur; son dessin est chaud, son coloris est franc, il manie la brosse, connait tous les secrets du clair-obscur, et du premier coup étale une pâte grasse qu'il ne retouchera plus. Pour lui un tableau est un tableau, pas une œuvre de philosophe ou d'historien. Il ne pense pas son sujet, il le voit comme un effet de couleurs à produire par l'harmonie des tons ou par leur contraste.

La première grande œuvre de Piloty (1854) est la *Fondation de la ligue catholique* de 1609 (Maximilianeum). La seconde

PILOTY

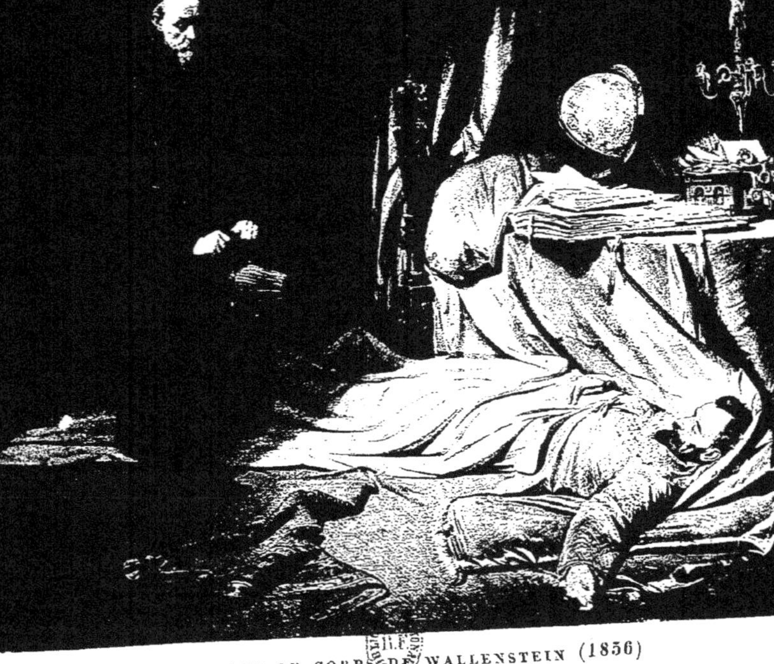

SENI DEVANT LE CORPS DE WALLENSTEIN (1856)

(Musée de Munich.)

Avec la permission de MM. Piloty et Lœhle (réduction).

représente *Seni devant le cadavre de Wallenstein* (1856 Munich)

Une chambre, la lumière blafarde du matin. Devant un lit défait que cachent en partie des rideaux, un édredon bleus, nous voyons, sur une table encombrée de livres, un candélabre aux chandelles éteintes, une sphère céleste. Une étoffe de soie d'or couvre la table. Tirant de sa tête le pan traînant de l'étoffe, Wallenstein, vêtu de blanc, est étendu roide sur le tapis rouge de la pièce, le bras gauche écarté, la main droite contre sa blessure. La lumière éclaire le pâle visage ovale, que la barbe taillée en pointe fait plus ovale encore. Debout dans sa longue robe violette, son chapeau pointu entre les mains, Seni regarde le mort et pense : C'était écrit.

Ces œuvres nous font connaître les deux formes du talent de Piloty. D'une part, la grande composition, inspirée de Kaulbach ou de Lessing : ainsi *Thusnelda dans le triomphe de Germanicus* (Munich), *Néron sur les ruines de Rome* (Pest) et *La Mort d'Alexandre* (Berlin); d'autre part, le genre historique : *Wallenstein traversant un cimetière en se rendant à Eger, Christophe Colomb découvrant l'Amérique* (Galerie Schack) (1).

Plus qu'à ses œuvres Piloty doit sa renommée à son enseignement : il savait découvrir le talent propre de chacun de ses élèves et le développer.

Son école a traité tous les genres.

D'abord ceux qu'il a lui-même cultivés. Portraitiste excellent, il a conseillé ou inspiré plusieurs des meilleurs portraitistes de l'Allemagne : un idéaliste, M. de Lenbach ; des peintres de cour, MM. Benczur, d'Angeli, F. A. de Kaulbach; des impressionnistes, MM. de Habermann et de Keller.

Dans la peinture d'histoire, l'école de Piloty forma deux

(1) Parmi les autres tableaux connus de Piloty, l'on peut citer : *Galilée en prison* (1864), *Mort de César* (Hanovre), *Louis XVII et le cordonnier Simon* (Hambourg), *Marie Stuart, les Girondins* etc. Son œuvre la plus considérable est la *Munichia* de l'Hôtel de Ville.

lignées. La première et la plus importante comprend les maîtres des jeunes nations, qui s'efforcent d'obtenir leur indépendance et ceux des nations vaincues qui semblent oublier le présent dans les souvenirs d'un passé glorieux. J'étudierai spécialement les peintres de cette lignée, dont plusieurs sont aujourd'hui connus de tous : Matejko, Munkacsy et Brozik.

Dans la lignée allemande, les maîtres sont plus rares. L'époque de Piloty est celle même de la fondation de l'Empire; au lieu du passé, les peintres célèbrent le présent, et, toute peinture qui s'inspire du présent, devient réaliste.

L'on peut distinguer trois périodes dans l'évolution de la nouvelle école historique de Munich. Comme Piloty, ses contemporains s'inspirèrent des maîtres Vénitiens ou Flamands. Lindenschmit (1829-95, à Munich depuis 1864), cultivait et le genre historique (Vie de Luther et vie d'Ulrich de Hutten) (1) ; et l'histoire (*L'Assemblée de Marburg* (1867), *la Fondation de l'ordre des Jésuites* (1869) ; et la philosophie de l'histoire : son *Entrée d'Alaric à Rome* représente le triomphe de la civilisation germanique sur la civilisation latine. Avec Lindenschmit, il faut citer M. Max Adamo (1837); la *Galerie Nationale* de Berlin possède le meilleur tableau de cet artiste : *la Chute de Robespierre*.

Des élèves de Piloty, deux surtout sont connus comme peintres d'histoire : MM. Löfftz (1845) et Hermann Kaulbach (1846). Le premier a peint des scènes de la Bible et du Nouveau Testament. M. Hermann Kaulbach est le fils du célèbre peintre Guillaume de Kaulbach. Sa technique rappelle Piloty, son maître, mais son inspiration est plus moderne. Il figure les civilisations du passé non par de grands événements mais par des épisodes de la vie quotidienne. Ainsi, *Une jeune Romaine baisant l'urne d'un ami dans le Columbarium* (Munich), *Lucrèce Borgia dansant devant le pape Alexandre VI, l'empereur Frédéric II couronnant le cadavre de Sainte Élisabeth dans l'église*

(1) Ulrich de Hutten (1488-1523) est un écrivain et partisan allemand du XVIe siècle, qu'un livre de Strauss a rendu populaire.

PILOTY

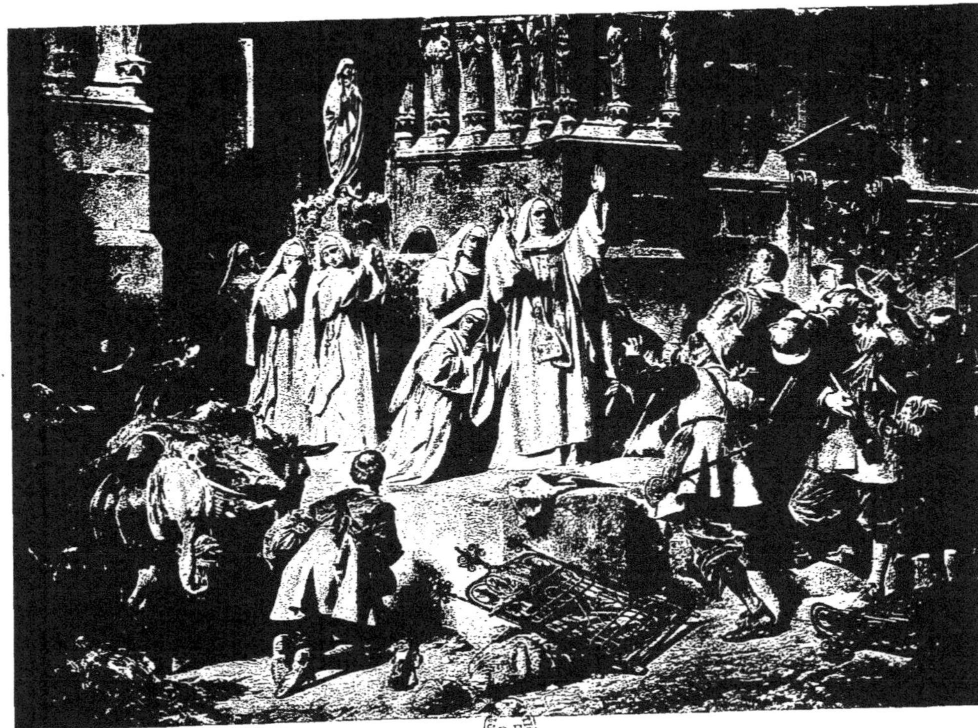

L'ABBESSE D'HERRENCHIEMSEE ARRÊTANT LES PROTESTANTS

Avec la permission de l'Union photographique, à Munich.

de Marburg, *la mort de Mozart*. Ces deux dernières œuvres sont les meilleures de M. Kaulbach. Ses tableaux de genre représentent surtout la vie des anciens bouffons de cour.

Aujourd'hui, ceux-là même qui restent fidèles aux principes du maître, connaissent les découvertes du naturalisme, surtout celles de l'impressionnisme, et l'école espagnole les inspire, j'entends celle de MM. Pradilla, Carbonero, Checa ou même de M. Luna. Voici *les Flagellants* de M. Marr (1889). Sur la place d'une ville italienne du XIIIe siècle, débouche une procession de pénitents, le torse nu avec la tunique blanche attachée à la taille, et, sous les bannières que le vent gonfle, les disciplines se lèvent et retombent, déchirant les dos sanglants, tandis que les bouches hurlent des cantiques et que les bras amaigris, tordus, se tendent furieusement vers le ciel, un ciel gris comme fermé à l'espérance.

II

L'école de Munich est par excellence l'école de la couleur. Sous ce rapport trois peintres marquent les étapes de son évolution : Makart, M. F. A. de Kaulbach et M. Marr, l'auteur des *Flagellants*.

Petit, pâle, avec les traits réguliers, le nez aquilin, les cheveux bouclés, une barbe noire bientôt grisonnante, riche par ses œuvres, fanatique de la Renaissance, des beaux costumes, du riche mobilier et de l'architecture chargée, passionné pour la couleur, passionné pour les femmes, Hans Makart (1840-84), toujours brûlé par la fièvre, voit le monde comme dans un songe fantastique. Il transforme Vienne, les monuments, le mobilier, les toilettes. Dans son atelier de la rue *Gusshaus*, toute jolie femme est la bienvenue, et les plus grandes dames ne craignent pas de s'y montrer; ses fêtes Renaissance rappellent Venise; le cortège qu'il conduit aux noces d'argent du couple impérial est le plus riche que l'Europe ait vu depuis le XVIe siècle.

L'art de Makart est une fête perpétuelle de la couleur. Des tons fondus comme ceux d'Andrea del Sarto; la plus riche palette, surtout le rouge et le brun doré. Toutes les couleurs modernes, surtout les couleurs d'asphalte, qui malheureusement perdent ses tableaux. Wagner traite les voix humaines comme des parties d'orchestre ; de même Makart ne cherche dans ses personnages que des effets de coloris. Plus que les fleurs, le feuillage, les fruits, le marbre, le poil fauve des bêtes ou les écailles polychromes des poissons, plus même que le satin rose, les soies bleu clair, le brocart d'or, le velours de pourpre, il aime la peau dorée des Italiennes, la chaire blanche et rose des Flamandes, les teintes ivoirées des membres qui jamais n'ont connu les rudesses de l'air.

La carrière de Makart est rapide. D'abord quelques tableaux de genres divers: *Léda et le cygne*, un *Chevalier embrassé par des fées* (1869), les *Amours* (galerie du Comte Palfy), les *Cinq Sens*, qui rendent le nom de Makart célèbre.

Puis, un premier séjour en Italie, (1869) la couleur des Vénitiens retrouvée avec des ombres plus dorées, des chairs plus éclatantes et des teintes plus chaudes. Comme premier essai dans cette nouvelle manière, la *Juliette* du musée de Vienne. (1869).

Alors paraissent les grandes œuvres. Les deux tableaux de l'*Abondance* (1871, à Munich)

La Terre. — Un bas-relief en couleurs. A gauche, dans les hautes herbes, une petite moissonneuse, habillée de vert, qu'un garçon vêtu de brun tient par la main; une fillette en blanc vue de dos, la tête retournée; une enfant coiffée d'un turban d'or, et drapée dans une étoffe de velours rouge: elle porte les grappes de la terre promise. Puis un agneau, un chevreau, des monceaux de fruits. A droite, une jeune fille au corsage marron, à la robe bleu clair; trois gamins nus, qui font la vendange; des melons, un lapin qui broute de grandes feuilles. Au milieu, l'Abondance dans une robe d'un brun chaud; à ses

MAKART

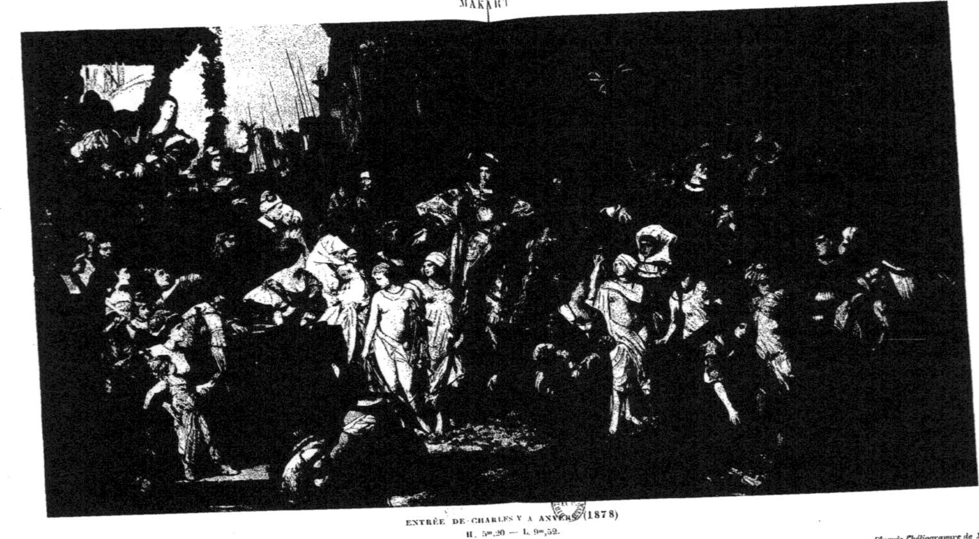

ENTRÉE DE CHARLES V A ANVERS (1878)

H. $5^m,20$ — L. $9^m,52$.

(Musée de Hambourg.)

D'après l'héliogravure de M. Miethke, à Vienne.

côtés deux enfants qui jouent. Et le ciel, la verdure, les fleurs, les blés, les fruits de toutes sortes, les riches étoffes, la chair tendre des enfants, les éclatantes couleurs jetées comme au hasard rendent ce bas-relief plus vivant que ceux de Donatello et de Lucca della Robbia sur l'orgue de Florence.

Comme pendant, *la Mer*, un bas-relief plus touffu. Pas de milieu. En partant de la gauche : le ciel d'or, la mer bleue, la statue dorée d'une femme comme poupe d'une barque aux voiles vertes ; dans cette barque une fillette brune qu'enveloppe un tapis d'Orient, un jeune garçon au corps cuivré. Au premier plan, une belle femme blanche, qui pèche dans l'écume, sa robe rose relevée au-dessus des genoux ; une autre femme nue et vue de dos, la peau éclatante. Près d'elle un monceau de coquilles polychromes, d'algues rousses et vertes. Puis un enfant, une femme avec des filets pleins de poissons grouillants, des poissons aux écailles d'or, d'argent et d'arc-en-ciel. Une femme brune assise : son vêtement est de velours pourpre, sa jupe de soie rouge. Elle tient un enfant dans ses bras ; autour d'elle un autre enfant nu, trois petites filles en vert, en bleu, en rose. Et sur ces riches, ces épaisses couleurs, les chevelures de henné, les fleurs, les chairs des femmes, le ciel d'or vu entre les branches font autant de taches de lumière.

Catherine Cornaro (1872, à Berlin) est le *Souper chez Lévi* de Makart. A droite, une estrade aux tapis rouges. Sur les côtés des femme décolletées en robes de brocart, de satin bleu, de velours rouge, une petite fille avec un chien, des dames et des enfants agenouillés. Sur un trône, Catherine, reine de Chypre, en robe de brocart blanc avec la tiare de dogaresse. Debout près d'elle, son père en costume rouge de sénateur. A gauche, des vieillards, des guerriers, des femmes à la peau blanche ou bronzée, des joueurs de guitare ; ils apportent leurs présents. Dans le fond le décor magique de Venise, les voiles pendantes des navires déchargés.

Un voyage en Égypte donne de nouvelles couleurs à la palette de Makart : il en rapporte la *Chasse sur le Nil* et la *Cléopâtre* du Musée de Stuttgard.

En 1878, L'*Entrée de Charles-Quint à Anvers* (Hambourg). Une large rue, les belles maisons de la Renaissance flamande. L'éclat des fêtes d'alors : estrades, étoffes tendues, drapeaux, bannières. La foule pressée. Tous les costumes de l'époque : bourgeois des Pays-Bas, nobles allemands, italiens, espagnols ; les dames décolletées, lourdes robes de brocart et de velours, larges coiffes, corsages aux manches brodées ; les gentilshommes en justaucorps et manteau bigarrés ; les soldats couverts d'armures éclatantes. Au milieu de la foule, l'empereur à cheval, un enfant pâle que son grand chapeau fait plus pâle encore. Autour de lui, se détachant sur le fond sombre des robes de velours, des bannières, des vêtements de brocart, une jeune fille demi-nue, trois jeunes filles nues, Italiennes au teint sombre, à la peau dorée, Flamandes à la chair éclatante, aux cheveux d'or.

Suivent l'*Ariadne* du Musée de Vienne, la *Chasse de Diane* (1880, à New York), l'*Été* (1880-81, à Dresde).

Une villa de la renaissance italienne. A droite, devant une draperie bleu sombre, un paravent brodé où perche un paon, cinq dames se tiennent assises ou debout près d'une table d'échecs : quatre sont vêtues de robes de brocart et de soie, la cinquième porte un blanc peignoir transparent. A gauche, un parc, un étang : sur les degrés de marbre se repose une enfant nue ; embarrassée dans sa robe tombante, une jeune fille emmène un bébé qui se débat. Contre le piédestal d'une colonne, où se posent des pigeons, une belle dame vue de dos enlève le seul linge qui la couvrait : déjà les plis blancs tombent sur le bras gauche, à peine retenus par la main droite contre le chignon aux tresses blondes. Au fond, l'alcôve aux boiseries d'or, que surmontent des amours, et, sous des draperies de soie rouge, un lit aux moelleux coussins. Sur ce lit, nue, coiffée d'un turban, une femme aux yeux noirs, au fin profil, aux attaches délicates, à la chair éclatante ; languissamment, elle s'appuie sur son bras droit qu'entourent des papillons

Puis Makart décore le nouveau Musée de Vienne. Dans les

MAKART

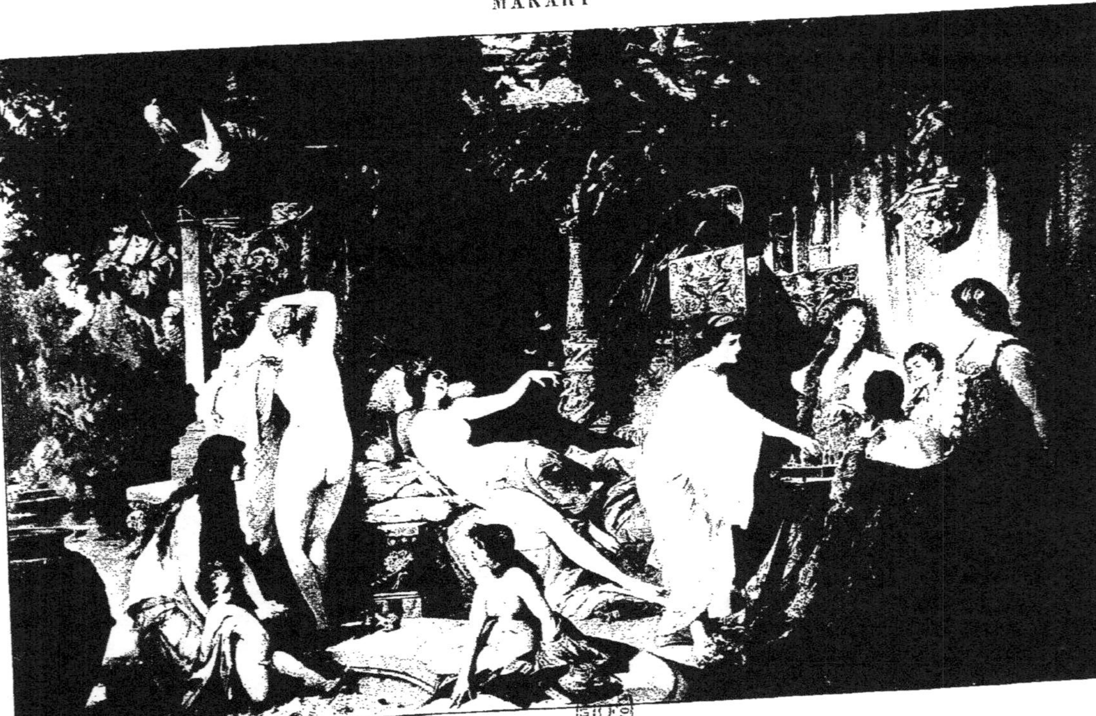

L'ÉTÉ (1880-81)
H. 3m,71 — L., 6m,31.
(Musée de Dresde.)

Avec la permission de M. Angerer, à Vienne.

lunettes du grand escalier, il représente l'histoire de la peinture. Voici Léonard dessinant une femme dévêtue, mystérieusement belle comme la *Joconde*; Rubens avec Hélène Fourment presque dépouillée de ses vêtements; Titien peignant la duchesse de Ferrare toute nue; Michel-Ange près de son Adam qui s'éveille. Voilà le portrait de Rembrandt tenu par deux génies rêveurs; Dürer et la *Mélancolie*; Raphaël en extase devant la Vierge et l'Enfant Divin. Et ces lunettes nous disent l'art de Makart: riches étoffes et belles chairs de femme, tout ce qui séduit les yeux, émeut les sens. Son œuvre n'est pas, comme celle de Cornelius, une dissertation philosophique : c'est un hymne à la couleur composé en couleurs par l'un des plus grands coloristes (1).

Le fils et le neveu de peintres célèbres, directeur à trente-six ans de l'Académie de Munich, M. de Kaulbach (1850), travaille dans un palais, construit sur ses plans et décoré par lui. C'est un aristocrate : tandis que la plupart des artistes allemands veulent rendre les êtres et les choses de leur temps, les maîtres de cette école qu'on appela *réaliste* se détournent d'un monde qui leur semble trivial et laid pour se créer un monde propre, où se reflète leur goût des belles formes et des séduisantes couleurs.

Tel est le caractère de M. de Kaulbach et tel est son art.

Ses portraits ont fait sa réputation. Mais, plus encore que ses portraits, ses tableaux permettent de connaître l'artiste.

Dans ses premières œuvres, il se rattache à la Renaissance allemande. Rubens et Van Dyck, le dernier surtout, sont ses modèles. Ainsi *Un jour de mai* (1879, Dresde). Un grand

(1) Parmi les meilleurs peintres de l'école coloriste de Vienne, il faut citer M. Schram, un élève de Makart, dont l'exposition à Berlin a été remarquée (1899); M. Hynais (1854) un élève de Feuerbach. On lui doit surtout des composition allégoriques, comme le rideau du théâtre de Prague, et la décoration du *Burgtheater* de Vienne. M. de PAYER (1842) : *Jamais revenir!* en souvenir de l'expédition polaire de 1872-74.

paysage composé comme ceux des classiques. Entre deux masses d'arbres, une échappée, au fond des montagnes, et sous les branches étendues, un ciel haut et pur, la lumière dorée du soir. A droite, autour d'une table, un vieillard, un jeune homme, des femmes, dans les riches costumes de la Renaissance finissante. A gauche, une fillette en blanc danse avec un gamin vêtu de noir. Au milieu, dans la partie éclairée, cinq enfants habillés de couleurs sombres reçoivent leur goûter des mains d'une jeune femme en blanc gracieusement penchée.

Depuis ce tableau, la manière de M. de Kaulbach s'est constamment accusée ; les principes en sembleraient difficiles à concilier. Dans sa facture, il prend Franz Hals pour modèle, non pas sans doute celui de la Vieille Femme au bibou et des derniers tableaux de Harlem, mais le Franz Hals des *Musiciens* de Cassel ou même celui des *Rieurs* de Schwerin. L'influence des Préraphaélites se fait sentir dans le dessin des figures : quelques-unes rappellent directement Botticelli. Enfin le coloris procède aujourd'hui moins des Flamands et plus des Vénitiens; l'on y trouve cependant des teintes sombres et pleines que les Vénitiens n'ont pas cherchées.

Avec ses portraits, M. Kaulbach a donné des scènes gracieuses dans des paysages idéaux comme *Danses de Printemps ;* et des scènes plaisantes tel le *Rendez-vous troublé*, le *Carnaval d'enfants ;* et des figures symboliques : *Sainte-Cécile*, *Pomone* ; et des fantaisies satiriques. M. de Kaulbach a l'humour amer de son oncle mais, d'un tour d'esprit presque Parisien, il s'occupe moins de la politique et plus de l'amour.

Comme exemple de la troisième manière de l'école coloriste, je citerai *La Madone* de M. Marr (1898).

Un cercle d'ombre, ouvert en face de nous : à droite, des rochers le ferment; à gauche, ce sont les grandes ailes bleues aux reflets tricolores d'anges vêtus de blanc, qui se tiennent

KAULBACH (F. A. VON)

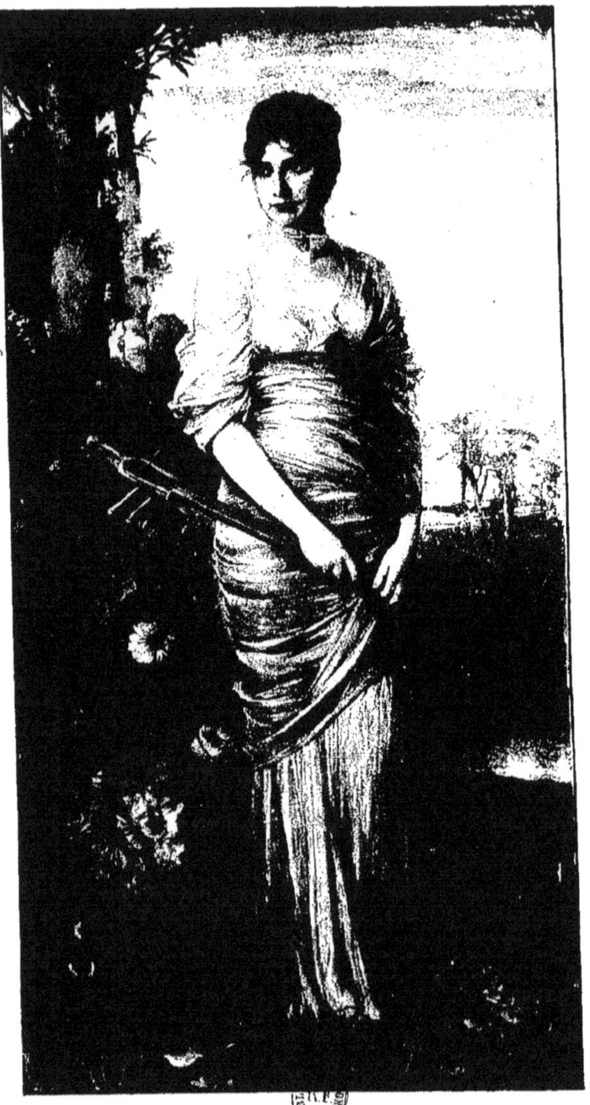

LA JOUEUSE DE LUTH (1882)

H. 2^{m},02 — L. 0^{m},99.

(Musée de Vienne.)

Avec la permission de M. Lebel, à Vienne.

debout. Dans le milieu du tableau, une échappée, le ciel bleu de la nuit; au-dessous, de petits anges à genoux. Contre les rochers, Saint Joseph debout dans sa robe brune, la Vierge assise avec un manteau rouge attaché sur la tête. Mais l'enfant-Dieu, qu'elle tient sur ses genoux, répand une lumière éblouissante : cette lumière fait briller le doux profil, la robe blanche de la Vierge, la main de Saint Joseph cachant ses yeux éblouis, les visages, les cheveux blonds, les blanches tuniques des anges, le sol qui paraît de feu. Au milieu du cercle, trois anges agenouillés et comme transfigurés dans la lumière, derrière eux, leurs ombres bleutées entre des traînées ardentes.

III

Avec M. Gabriel Max de Prague (1840) l'école de Munich devint impressionniste. Déjà ses premiers tableaux représentent des scènes étranges, mais leur composition est encore celle de Piloty. Ainsi :

La Fiancée du Lion. La cage du fauve. Puissant et calme, il a posé ses griffes sur la jeune fille vêtue de blanc dont le sang rougit les dalles. Au dehors, son rival le vise avec un fusil. Qu'importe! personne n'aura la fiancée du lion.

Un Salut (1874). Dans le cirque, contre le mur, qui soutient les gradins à peine aperçus. Deux lions, un tigre miaulant. Les caressant d'une main, de l'autre appuyée au mur, une jeune chrétienne, vêtue de blanc, lève la tête et cherche du regard celui qui jeta la rose blanche tombée devant ses pieds.

Puis M. Max a traité des sujets d'une inspiration plus morbide, comme une *Vision* de Heine. Voici le poème :

Chaque nuit, je te vois en rêve, je te vois gentiment sourire, et j'éclate en sanglots, et je tombe à tes pieds chéris..... Tu me regardes passionnément, tu secoues ta petite tête blonde; de tes yeux glissent les perles de tes larmes... Secrètement, tu me dis un mot à voix basse, puis tu me donnes ton bouquet de cyprès. Je m'éveille; le bouquet disparu, le mot oublié ! (Intermezzo — 56)

Voici maintenant le tableau :

Comme fond, un paysage de rêve. Deux grandes masses d'arbres noyés dans l'ombre; au milieu, la lueur pâle du couchant presque disparu. A droite, Heine, à genoux, les mains jointes, pâle, déjà malade, le regard fixe, suppliant, presque maniaque. Sa bien-aimée, sa Muse de songe et de douleur, debout dans des vêtements sombres, la taille trop forte, un voile de crêpe sur sa blanche poitrine, autour de son pâle visage. Les joues bouffies, le nez fin, la bouche muette, les yeux tristes d'une inguérissable tristesse. Et les mains, de longues mains fines et pâles aux doigts fuselés, tiennent l'une le manteau de deuil, l'autre le bouquet de cyprès.

Catherine Emmerich. Une *symphonie en blanc,* mais la blancheur de la souffrance et de la mort. A la lueur d'une bougie posée sur une table à gauche, nous voyons contre le mur blanc un lit blanc, la stigmatisée vêtue de blanc, deux linges croisés sur la tête; entre ses pâles mains aux trous sanglants appuyées au front, les joues décolorées, le nez tiré, la bouche au sourire douloureux, les yeux noirs fixés sur le crucifix posé sur les genoux (Munich).

Astarté (d'après Byron). Sur le sommet de la Jungfrau, le fantôme d'Astarté apparaît à Manfred.

MANFRED. — Ce que je vois peut-il être la mort? il y a de la rougeur sur ses joues, non, je le vois maintenant ce n'est pas la couleur des vivants, mais une teinte étrange, l'on dirait ce rouge contre nature que l'automne met aux feuilles mortes.....

LE FANTOME D'ASTARTÉ. — Manfred.

MANFRED. — Parle, parle, je ne vis que pour un son, et ce son est ta voix,

FANTOME. — Manfred ! Demain finiront tes maux terrestres. Adieu !

MANFRED. — Un mot encore — Suis-je pardonné?

FANTOME. — Adieu.

MANFRED. Réponds, nous verrons-nous encore ?

FANTOME. — Adieu.

MANFRED. — Un mot par pitié. Dis que tu m'aimes.

FANTOME. — Manfred ! (*Le fantôme disparaît.*)

MARR (CARL)

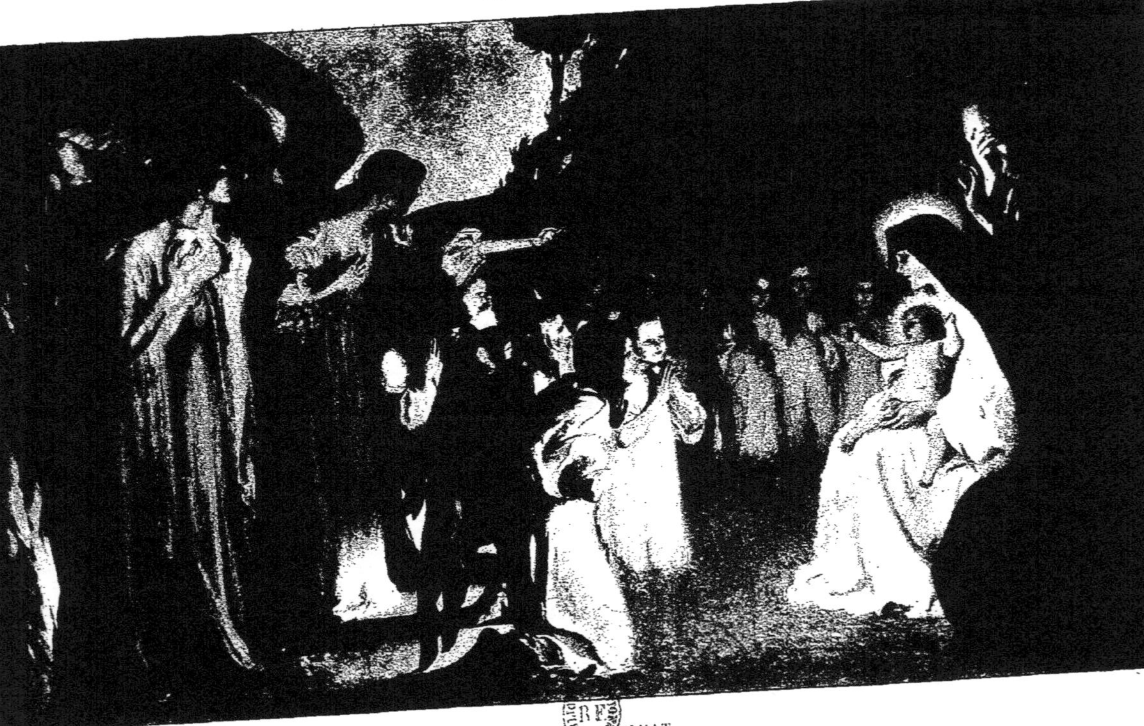

LA SAINTE NUIT

(Médaille d'honneur à l'Exposition de Dresde 1899.)

M. Max rend ainsi la pensée de Byron. Comme fond, les ténèbres, qui s'épaississent dans un ciel que le couchant fait encore rose. Vêtue d'une robe blanche, d'un voile de crêpe noir que les reflets rougissent, des fleurs blanches dans ses cheveux noirs qui pendent, renversée en arrière, raide, les pieds invisibles, dans l'attitude de ces fantômes de nous-mêmes, que les spirites appellent notre corps astral, les bras croisés, les mains à plat sur la poitrine, la pâle Astarté s'élève, la tête penchée à gauche, le teint pareil à l'ivoire, le visage bouffi, la bouche sensuelle; dans les grands yeux, dont la pupille noire cache presque le blanc, une mystérieuse tendresse, faite de souffrance et de pitié (1).

M. Albert de Keller (1845), formé à Munich et à Paris, n'a pas conservé le coloris éclatant de l'école de Piloty. Il rappelle parfois Couture et parfois les impressionnistes.

Son œuvre la plus forte est *La Fille de Jaïre* (1885, Munich.) Le fond violet donne le ton du tableau. Dans une vallée plantée de cyprès, un portique formé d'une double rangée de colonnes corinthiennes. Des gens se pressent étonnés, effrayés, ravis de joie. Tous ont le type Juif : hommes avec le turban et la longue barbe, femmes et jeunes filles au fin profil, vieilles à la tête branlante. Sous le portique, le sarcophage orné de bas-reliefs du style grec. La mère de la petite morte s'est jetée sur la pierre et cache sa tête dans ses mains, une femme voilée la console. Derrière, une jeune femme, pressant sa fille tremblante, étend la main gauche pour faire signe que le miracle s'accomplit.

Debout près du sarcophage, l'Homme-Dieu, vêtu d'une longue tunique rouge, soutient de ses deux mains l'enfant, qu'il a ressuscitée. Vu de profil, une légère auréole autour de la tête,

(1) Parmi les œuvres connues de M. Max, je citerai encore *le Christ guérissant un enfant* (1884, Berlin), *La Nonne* de Hambourg (1868), *La voyante de Prevorst* (Prague), *Conte de printemps* (Vienne). Voir *Peinture religieuse*.

pâle, avec la barbe courte et de longs cheveux roux, il a l'air sérieux et doux d'un médecin compatissant qui commanderait à la mort. Assise sur le sarcophage, les jambes allongées, la poitrine et les bras nus, le corps ligoté dans les bandelettes, l'enfant de sa main gauche presse la main du Sauveur, comme pour se rassurer; de sa main droite, elle appuie son menton, le coude serré au corps par la terreur. Sous la coiffe blanche, que débordent les cheveux noirs, la blême figure étonnée, la bouche pincée, le nez tiré, les yeux rêveurs semblent encore pleins des songes qui faisaient reculer Hamlet devant le mystère du tombeau.

Dans le *Sommeil de la Sorcière*, qui représente une exécution au moyen âge, la manière de M. A. de Keller se fait plus hardie encore. Mais l'œuvre qui étonna le plus la foule et les critiques, est *La Martyre*. — Un fond violet pâle, le milieu d'une croix. Sur cette croix une jeune femme nue, la tête appuyée contre le bras droit tendu, la main clouée. La main gauche, échappée au clou, tombe sanglante en avant du coude qu'une corde retient. Mal attaché, le corps glisse, les genoux ployés pendent aussi bas que les chevilles liées au gibet. Le flanc droit est dans l'ombre, comme les jambes violettes et gonflées, les pieds exsangues; mais la lumière de la lune éclaire la hanche et le bras droit, le côté gauche de la tête et du corps. Sur le jeune visage aux traits tirés par l'agonie, accusés par les ombres et les reflets, plus rien qu'un sommeil lourd, le sommeil de la mort enfin venue.

IV

Makart, MM. de Kaulbach, Gabriel Max et de Keller traitent ce qu'autrefois on appelait la grande peinture. L'école de Piloty cultive aussi le genre historique.

D'abord le genre précieux avec Lossow (1843-97), qui représente le XVIIIe siècle : dans les prairies en fleurs, d'élé-

KELLER (ALBERT VON)

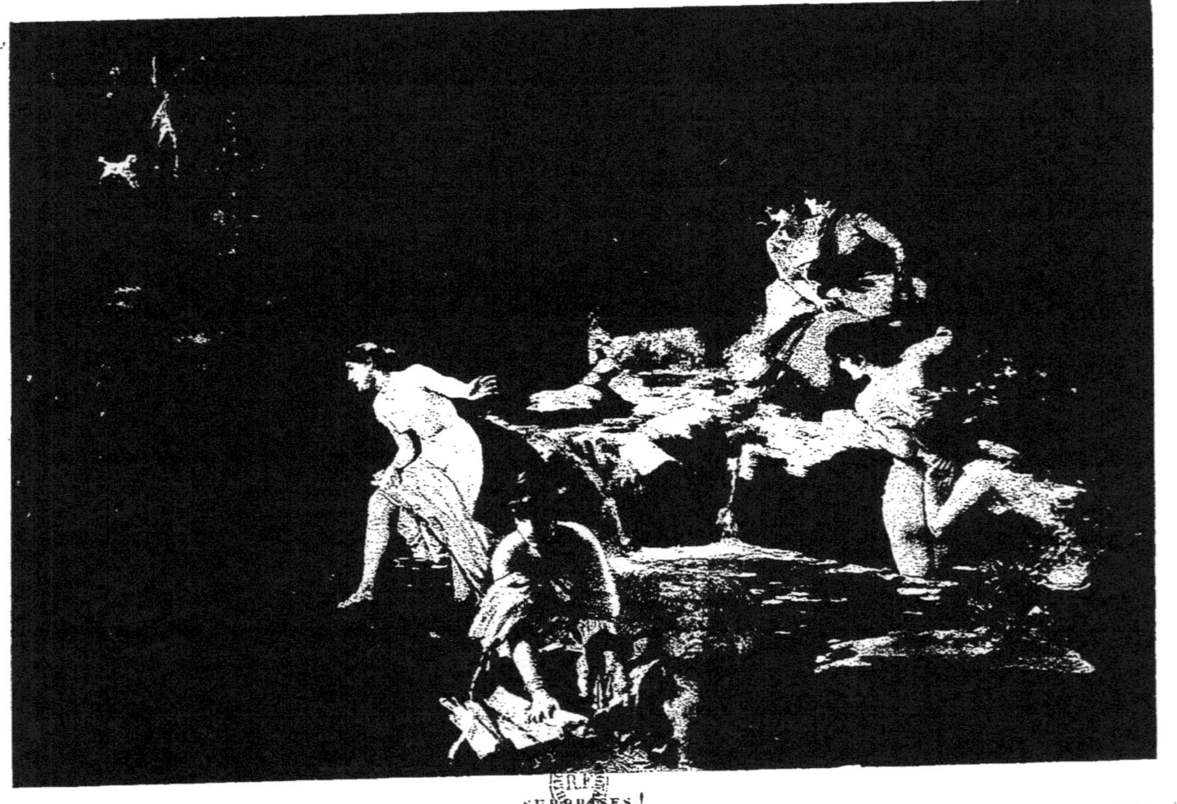

SURPRISES !

Avec la permission de l'Union photographique, à Munich.

gantes bergères Watteau surprises par de galants bergers, des nymphes plus libres que les bergères ; dans les alcôves, de jolies femmes plus libres encore que les nymphes.

MM. Franz Simm (1853) et Gampenrieder (1860) représentent l'Allemagne au commencement de notre siècle : jeunes officiers aux uniformes flamboyants, diplomates en tenue de cour, belles dames aux robes collantes attachées sous les seins, parfois même vêtues d'un simple voile : en 1807 un couturier de Leipzig annonçait des robes-chemises, qui tenaient lieu de tout vêtement (1).

Après la douceur affectée, une rudesse voulue. Hardi et jovial, longtemps l'habitué curieux des brasseries et des baraques de foire, l'élève de Browers et de Téniers, M. Diez (1839) donna d'abord sa *Chanson des Gueux*. Sur les tableaux de sa première manière nous ne voyons que reîtres, lansquenets, ribauds et ribaudes : ce ne sont que beuveries, lippées, coups de poing, embrassades, le tout de la couleur éclatante qui convient aux vieux costumes allemands, d'une pâte grasse comme les sujets, franche comme les propos, rude comme les gens représentés. Puis, l'âge venant, le talent s'affermissant, M. Diez, professeur à Munich, laissa les rustres pour la société polie; il a peint l'histoire anecdotique des trois derniers siècles : les chevaliers du temps de Götz, puis les aventuriers de la guerre de *Trente Ans*, puis les grands seigneurs et les belles dames du XVIIIe siècle, non sans revenir quelquefois aux paysans ivrognes, aux soudards et aux brigands. (2).

A cette peinture un peu lâchée, qui s'inspire de Franz Hals succéda une manière plus tenue imitée de Pieter de Hoogh et

(1) Cf. le livre de M. Gurlitt.

(2) Après la mort de Piloty, l'atelier de M. Diez fut le plus fréquenté; de bons peintres s'y formèrent dans tous les genres : M.M. F. A. de Kaulbach, Claus Meyer; Weishaupt (1848) un animalier; Weiser (1847), qui imite la manière du maître; Ernst Zimermann; Rauber (1849); dont la Pinacothèque possède un beau *Saint-Hubert*.

de Jean Vermeer van Delft, les premiers plein-airistes Hollandais. Son meilleur représentant est M. Claus Meyer (1856). Dans les *Politiques* (1884) et les *Joueurs de Dés* (1886 à Berlin), sa pâte fine et serrée, son coup de pinceau régulier, son beau coloris, son observation patiente sont celles des maîtres hollandais; il affectionne les mêmes intérieurs sévères, les mêmes fenêtres à petits carreaux, qui laissent voir des maisons de briques aux pignons élancés, les mêmes personnages coiffés du grand chapeau de feutre, vêtus de la blouse noire sur laquelle retombe le col blanc, de la culotte, de bas noirs et de gros souliers.

V

Une autre école de genre est celle des peintres de l'Europe orientale. M. Gysis (1842), d'origine grecque, nous peint sa patrie, les costumes et les mœurs pittoresques, les hommes grands et forts, les femmes au profil classique.

M. Brandt (1831) et M. Wierucz-Kowalcki (1849) sont Polonais, ils nous racontent leur pays, sa vie d'autrefois et sa vie d'aujourd'hui; leurs tableaux représentent la steppe couverte de neige ou le printemps, que décrit Gogol, « ces herbes si hautes, qu'elles cachent les chevaux comme des arbres; cet océan de verdure aux mille fleurs blanches, jaunes, rouges et bleues. »

Voici un cortège de noces. Des cosaques de l'Ukraine à cheval, les hommes avec le bonnet de fourrure, les hautes bottes et la robe rouge ou bleue aux larges manches; les femmes vêtues de jaune et de rouge, coiffées d'une sorte de kakochnik plus lourd. En avant du cortège, entre un tambourinier et un joueur de guitare, le marié sur un cheval bai, culotte bleue et veste blanche, le grand sabre au côté; la mariée à califourchon sur un cheval blanc, robe rouge, manteau blanc. Du bonnet vert, qui semble une couronne, pend un long voile blanc.

Jeune, fraîche, le type kalmouck, elle sourit, heureuse du soleil et du bruit (Brandt).

M. Roubaud (1856) et M. Rosen sont Russes; le premier peint surtout les campagnes de Skobeleff dans le Caucase, le second les guerres de Napoléon. Avec MM. Brandt et Kowalcki, et le peintre Hongrois M. Wagner, (1838), ils forment la meilleure école de peintres de chevaux, que l'on trouve en Allemagne. Et ce sont aussi des fervents du coloris, des artistes soucieux de peindre gras et ferme, en même temps que des plein-airistes curieux de tous les effets de la lumière (1).

VI

Avec M. Defregger (1835) l'école de Munich aborde la peinture de paysans. Tyrolien, M. Defregger a consacré sa vie à célébrer le Tyrol. Il en dit d'abord l'histoire glorieuse, surtout les guerres d'Andréas Hofer (*Dernière Levée*, 1869, à Vienne — *Le Retour des Vainqueurs*, 1876, à Berlin, etc.) Puis il montre la vie d'aujourd'hui : les hommes grands et forts, taille fine, nez aquilin, yeux gris moqueurs, la moustache rude, le visage hâlé, les traits accusés par le vent des montagnes; chapeau de feutre gris bosselé avec la plume, gilet aux bretelles brodées, veste grise aux bords verts, bas épais découvrant le genou et la cheville, ou bien la guêtre blanche retombant sur le soulier. Les femmes bien découplées, jupe courte, bas blanc, souliers, le corsage laissant voir les manches bouffantes de la chemise et les bras nus. Le large chapeau de feutre ou le haut-de-forme fait paraître plus fines, plus jeunes encore les jolies figures aux joues rondes et fraîches, aux lèvres rouges souriantes, aux dents blanches, aux grands yeux bleus espiègles et rêveurs. Et voici le baptême, le mariage, la danse, les chasses,

(1) A cette école des Polonais de Munich il faut encore rattacher Gierymski (1846-74) excellent coloriste et l'un des meilleurs élèves de Piloty (*Chasse à courre*, à Berlin) et M. Chelminski (1851), un vigoureux peintre de chevaux.

le simple intérieur des vieux, la visite désirée mais coûteuse du fils en uniforme autrichien, la visite moins désirée mais plus fructueuse du *Tyrolien de Salon*.

A l'exemple de M. Defregger, d'autres élèves de Piloty cultivèrent la peinture de mœurs, Ainsi M. Kurzbauer (1840-79), bon surtout dans son illustration de *Roméo et Juliette au Village* ; M. Oberländer (1845), le caricaturiste célèbre des *Fliegende Blätter ;* M. Grützner (1846) dont les sujets font penser à M. José Frappa. Des sujets empruntés à la vie des couvents bavarois. Ici le prieur dans sa bibliothèque, là des religieuses parant la Madone. Plus volontiers encore la cuisine, les frères lais, qui boivent de la bière, le sommelier qui déguste le nouveau vin, le cuisinier mettant un brochet au feu : à midi des chasseurs et des paysans prennent place dans le réfectoire des étrangers ; quelque Tartarin bavarois raconte ses exploits cynégétiques, il les entrecoupe de citations dans cette langue particulière, que nous appelons *Latin de Cuisine* et que les Allemands appellent *Latin de Chasseur*.

Parmi les peintres de paysans, il faut encore citer M. Dieffenbach (1831), MM. Raupp (1837) et Epp, qui cherchent surtout la popularité; M. Hoecker (1854) et M. Echtler (1843) qui ont voulu concilier les découvertes du plein-airisme avec les traditions coloristes de l'école de Munich. *Tombée* de M. Echtler est l'un des bons tableaux de la Nouvelle Pinacothèque. Enfin c'est encore dans l'atelier de Piloty que se sont formés M. Gebler, l'aimable animalier; M. Dill, le vigoureux paysagiste et M. Leibl (1), le fondateur de la peinture naturaliste en Allemagne. Ainsi, comme Dusseldorf, Munich vint progressivement de la peinture d'histoire à la peinture de mœurs et du colorisme au naturalisme et à l'impressionnisme.

(1) M. Leibl fut aussi l'élève de Ramberg (1819-75).

CHAPITRE II

LES COLORISTES DE L'ALLEMAGNE DU NORD ET DE L'AUTRICHE

D'auters maîtres que Piloty et les peintres de Munich tentaient les mêmes réformes.

L'on peut diviser ces maîtres en trois groupes : les indépendants; puis les peintres qui, dans le Nord et surtout à Berlin, s'inspirèrent de l'école française; enfin les peintres non allemands de l'Autriche, qui développèrent suivant leur génie propre les préceptes de l'école de Munich.

I

Des peintres indépendants, quatre surtout sont connus : A. Böcklin, Müller, Feuerbach et Marées. A. Böcklin est un précurseur ; c'est en parlant de l'école impressionniste et symboliste d'aujourd'hui qu'il convient d'étudier son œuvre.

Victor Müller (1829-71) est un maître de la couleur. Élève des anciens Italiens, disciple des Français, il procède par tons francs, sans hésitation ni surcharge. Dans *Herodiade*, dans *Roméo et Juliette* (Munich) sa couleur pleine, sa pâte grasse font penser à Van Dyck peignant à Gênes sous l'influence des Vénitiens. Mais dans l'*Hamlet* de Francfort nous trouvons les teintes argentées de Véronèse avec un premier essai de plein-airisme. Le ciel gris, la mer grise, les tours d'Elseneur. Assis près d'un bouleau, Hamlet parle au fossoyeur enfoncé jusqu'au buste dans la tombe; il voit venir au loin le cortège d'Ophélie, Horatio le soutient. Vêtu du costume allemand de la Renaissance, Hamlet est mince et gras comme un enfant; son fin profil semblerait d'une jeune fille; son regard annonce la folie.

*
* *

Artiste personnel entre tous, Feuerbach (1829-80) idéalise dans ses tableaux les événements de sa propre vie. D'une famille illustre dans la science, beau d'une beauté classique, spirituel, amoureux, aimé, mais nerveux et mélancolique, il se plaît à représenter le génie malheureux, que consolent les larmes, la tendresse et l'adoration des femmes.

Dans les tons violets de son maître Couture, Feuerbach peint d'abord le poète persan Hafis versifiant près de la fontaine : par l'escalier creusé dans le rocher, montent, leur cruche sur l'épaule, les belles Persanes aux bras nus (1852). Après un séjour à Rome, voici Dante appuyé sur les bras des *Dames de Ravenne* (1857) puis les tableaux de la Galerie Schack : les *Jardins de l'Arioste* (1863), la belle *Pieta* de 1864, *Francesca de Rimini*, et *Laure dans l'église d'Avignon* (1865). Enfin, avec une facture plus classique, une couleur plus chaude, quoique dure encore, le *Banquet de Platon* (1873, Berlin).

Une salle richement décorée. Au fond un jardin entouré d'un portique. A droite, les convives étendus : après avoir longtemps discuté de l'amour, silencieux, ils réfléchissent sur les paroles profondes qu'a prononcées Socrate, sa tête barbue appuyée dans sa main.

En ce moment, Alcibiade arrive, il est ivre; son manteau rouge, qui tombe, laisse voir sa poitrine. Comme lui demi-nues, des peaux de panthère jetées sur leurs robes aux teintes bleues, de jeunes femmes lascives le soutiennent. Vêtu d'une tunique blanche brodée d'or, la couronne d'or sur la tête, Agathon debout présente à son hôte la coupe de la bienvenue. Jeune et beau mais grave et doux, le poète Agathon servira d'interprète entre ces vieillards qui discutent de l'amour mort pour

MÜLLER (VICTOR)

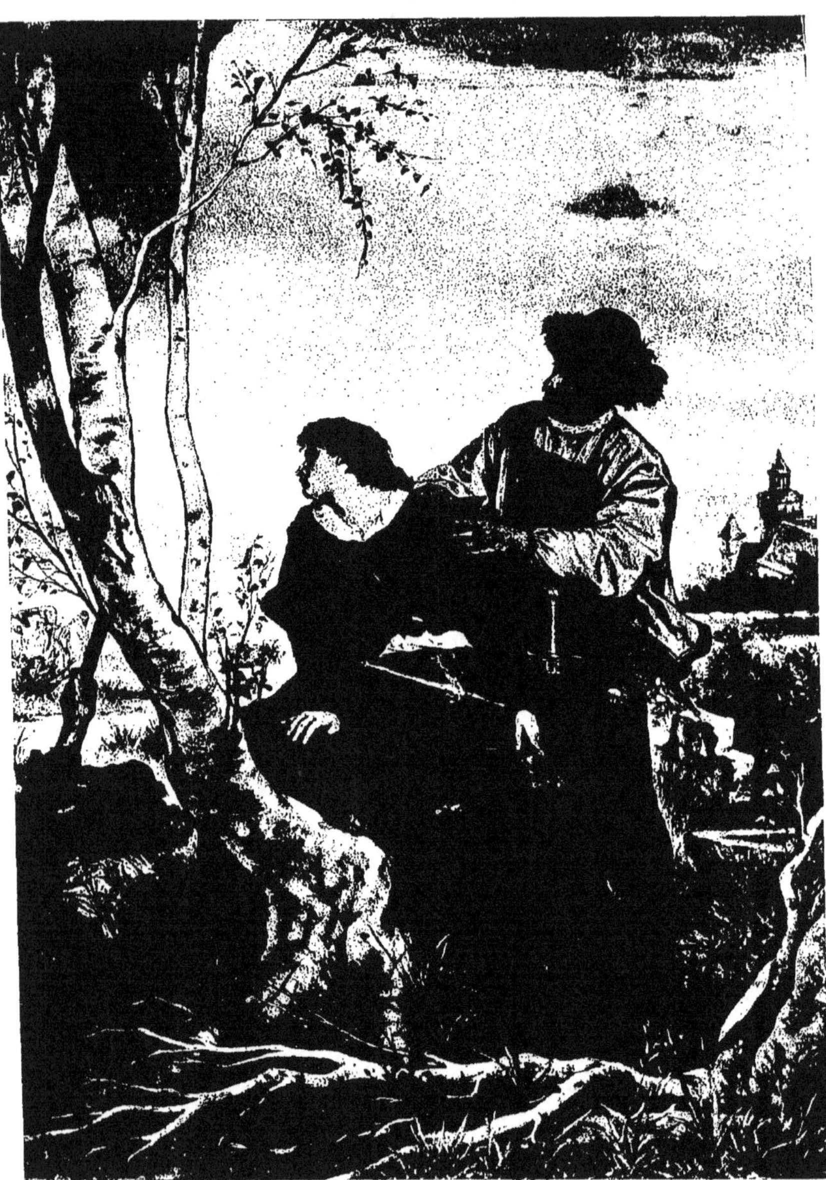

HAMLET (1871)

(Institut Städel, à Francfort)

Avec la permission de M. F. Bruckmann, à Munich.

eux, et ces enfants qui s'en grisent sans savoir ce qu'il est. L'art réconcilie la sagesse et le plaisir ; de petits Cupidons apportent au chanteur une guirlande de roses.

Deux grandes œuvres marquent l'apogée du talent de Feuerbach : le *Jugement de Pâris* (Hambourg) et la *Médée* (Munich). Il veut y concilier le style classique et le naturalisme. Ce que Böcklin a pu, Feuerbach l'a cherché. Son art est cependant l'opposé même de l'art de Böcklin. Celui-ci rend la beauté classique naturelle, Feuerbach impose à la nature la beauté classique.

Voici la *Médée*. Le ciel gris avec une trouée de feu : l'un de ces soirs lourds qui finissent les chaudes journées de sirocco. A gauche, des rochers. A droite, la mer d'un bleu noir à l'horizon, près de nous d'un bleu clair avec des plaques pourpres. Poussant des épaules ou des reins, éclaboussés par la vague, des bateliers demi-nus lancent dans l'eau verte la barque aux voiles pliées. Sur la rive, une servante pleure, le visage caché dans un manteau sombre. Au premier plan, Médée impassible. Assise, le pied gauche en avant, de profil, robe grise, manteau rouge ; d'un geste tragique elle étreint ses enfants encore insouciants : le plus jeune, pressé contre son cœur, le plus âgé debout sous sa main distraitement caressante.

Professeur à Vienne, Feuerbach y compose deux œuvres puissantes mais tourmentées : *Le Combat des Amazones* et *La Chute des Titans* (au plafond de la grande salle de l'Académie).

Chassé de Vienne par ses ennemis, il se réfugie en Italie. A Venise, il peint *Le Concert* du Musée de Berlin. Sous une arcade de la Renaissance deux jeunes filles en longues robes ; les yeux levés au ciel, l'une appuie son archet sur son violon, l'autre touche sa guitare, le front penché vers la terre. Derrière elles, deux têtes : le fin profil d'une enfant qui tient un violon ; le visage plus sombre de sa compagne qui, les yeux fermés, joue de l'alto. Sur les marches, une fleur.

A peine le tableau achevé, les jeunes Vénitiennes périssent en mer ; et, comme leur fin, le peintre a pressenti sa fin prochaine : quelques mois après l'on trouve Feuerbach mort dans son lit, mort de découragement pour n'avoir pas su créer l'art qu'il a rêvé.

Plus hésitant, plus inégal encore que Feuerbach, Hans de Marées (1837-87) tenta beaucoup sans jamais rendre ce qu'il imaginait. Sa première manière le rapproche des Hollandais modernes; avec une couleur plus chaude, c'est la même pâte épaisse et la même franchise de facture. Ainsi son *Paysage* de la galerie Schack (1864). Un étang sous les arbres : une femme, une jeune fille regardant des hommes et des enfants, qui font baigner des chevaux. Les corps sont peints avec une grande énergie et le temps a donné à l'œuvre une patine dorée, qui la fait sembler d'un vieux maître.

Une théorie de Marées a beaucoup influé sur l'école allemande. Le premier but de la peinture serait de donner l'idée de l'air, de l'espace : dans un tableau, le ciel devrait couper la terre à angle droit, chaque corps être indépendant de tous les autres et perpendiculaire au sol. Raphaël aurait perdu l'art avec sa manière conventionnelle de peindre l'horizon incliné et tous les corps groupés en pyramide.

Les dernières œuvres de Marées sembleraient des esquisses trop souvent retouchées : les unes représentent des sujets religieux (*Saint Hubert*, *Saint Georges*, *Saint Martin*), les autres des sujets mythologiques (*les Hespérides*, *l'Age d'Or*, *Ganymède*, *l'Enlèvement d'Hélène*).

II

Les peintres de Berlin cherchaient aussi la couleur. Mais le propre du génie prussien est d'être naturaliste et le temps du naturalisme n'était pas venu. Menzel lui-même s'occupait encore de peinture d'histoire; son souci de la vérité lui valait des admirateurs mais point d'élèves.

FEUERBACH

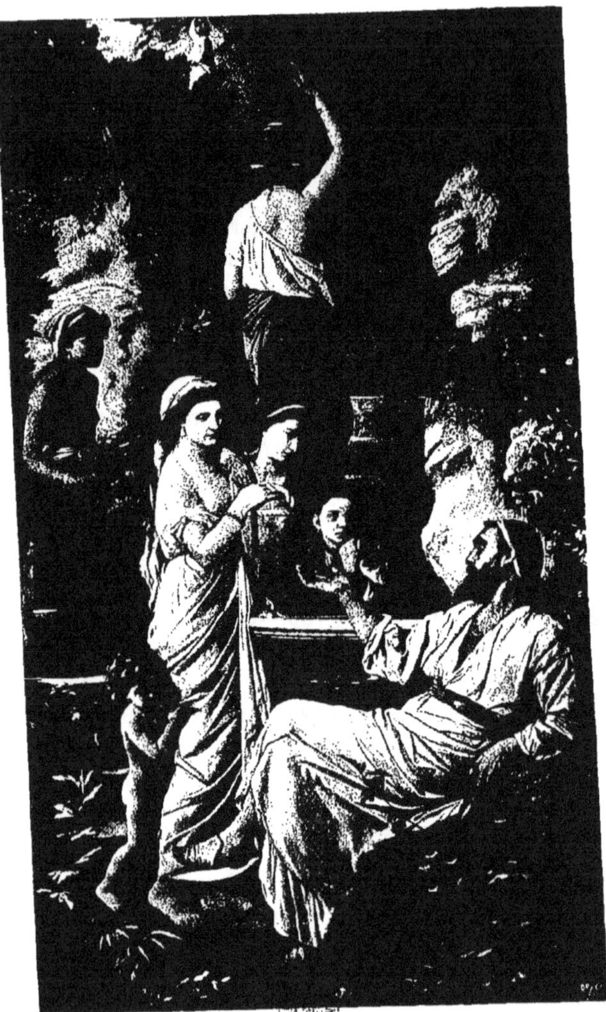

HAFIS AU PUITS (1866)

H. 2m,37 — L. 1m,36.

(Munich, Galerie Schack.)

Cliché réduit d'après l'édition de luxe : Galerie du comte Schack (Dr Albert, Munich)

De 1860 à 1870, les artistes de Berlin se formèrent à Paris, surtout dans l'atelier de Couture. Les plus connus sont Henneberg, Spangenberg et Gustave Richter (1823-84) que son portrait de la reine Louise de Prusse a rendu populaire. On lui doit des œuvres historiques d'une pâte grasse et d'un coloris vigoureux comme la *Construction des Pyramides* au *Maximilianeum* et le *Christ Miséricordieux* de la *Galerie Nationale*.

M. Karl Becker (1820) est le peintre de Venise. Avec un coloris qui voudrait imiter le Tiepolo, mais une facture moins franche, un coup de pinceau moins large, une pâte plus épaisse, il cherche à nous rendre églises, palais et canaux ; et tantôt c'est le siècle dernier, les costumes Louis XV, le carnaval, les vendettas, qui se cachent sous les masques, et tantôt c'est le moyen âge ou la Renaissance, le doge au manteau d'or, les sénateurs vêtus de rouge, les belles dames aux cheveux couleur de henné, Othello racontant ses aventures à la blanche Desdémone ou se défendant devant le Sénat.

M. Knille (1832-98) s'essaya dans des œuvres romantiques, dont la facture rappelle Dusseldorf. Mais dans le *Tannhaeuser* de 1873 (Berlin) son art est l'art de Munich.

La grotte de cristal du Venusberg. Contre un fond d'un bleu transparent, un lit de nacre, où des Amours se jouent au milieu des fleurs et des fruits. Appuyé sur sa lyre, Tannhaeuser (en justaucorps rouge brodé d'or) veut s'échapper de l'étreinte de la déesse. Mais elle lui prend l'épaule. Et le beau corps nu, vu de profil, le beau corps à la peau blanche, aux fines attaches, se détache sur le vêtement de pourpre du chevalier, sur le manteau de satin doré, d'où, lentement, les flancs se dégagent voluptueux.

M. de Deutsch (1835) s'inspirait au contraire de Feuerbach dans l'*Enlèvement d'Hélène* (1879, *Galerie Nationale*). Avec lui l'école classique de Berlin abordait le naturalisme, que les succès de Menzel commençaient à rendre populaire (1).

(1) A cette école appartient M. Schrader (1815).

*
* *

Dans toutes les villes de l'Allemagne, des artistes suivaient la même voie que les coloristes de Berlin.

Vers 1870, le meilleur était un Viennois, Canon (1829-85) qui professa d'abord à Stuttgard puis à Vienne. Il se fit surtout connaître comme peintre de portraits. Mais, dans la manière des Vénitiens et de Rubens, il peignit aussi des mythologies, le *Saint-Ildefonse* du Musée de Vienne.

Dix ans plus tard, M. Ferdinant Keller de Karlsruhe (1842) se révéla comme un peintre vigoureux et emphatique, le plus hardi coloriste de l'Allemagne après Makart. Son art marque l'apogée du style décoratif : avec lui la Renaissance se transforme en Baroque. Il se plaît au clair-obscur, aux couleurs épaisses, au mobilier riche et lourd, aux poses déclamatoires, aux victoires imitées de Tiepolo, qui volent dans les airs, leurs jambes nues sortant de robes retroussées avec des plis emphatiques. C'est le peintre des apothéoses de la maison de Hohenzollern. Lui aussi dit à sa manière l'Allemagne moderne, celle des pompes officielles, de l'architecture et du mobilier lourdement décorés, l'Allemagne enivrée de la puissance et de la richesse, conquises tout à coup.

III

La manière dont Piloty comprenait l'histoire, son goût des armures, des costumes, des monuments de style emphatique, ses sujets dramatiques et solennels, tout, dans son art, était fait pour séduire ces nations non allemandes de l'Autriche où les races de l'Orient et de l'Occident confondent leur sang, leurs croyances et leurs mœurs. Et ces nations s'éveillaient alors à la civilisation européenne, fières encore de leur rudesse, et cependant plus qu'aucun peuple de l'Occident orgueilleuses de

KELLER (Fd)

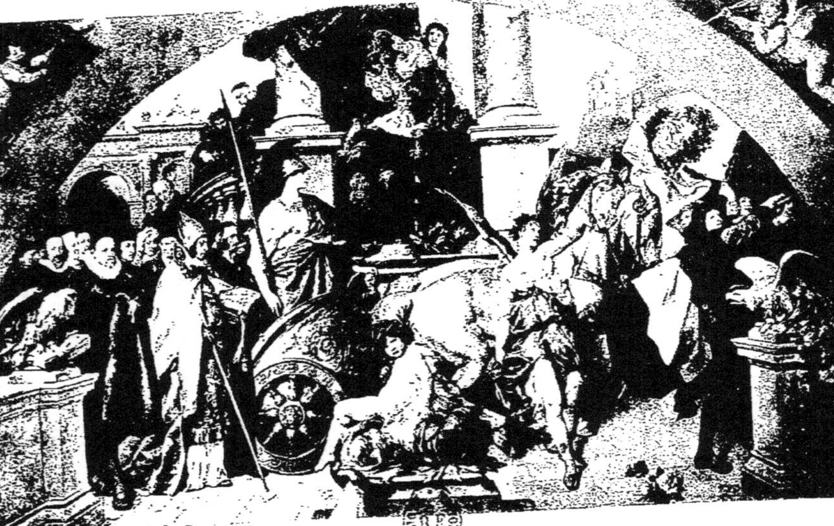

L'UNIVERSITÉ DE HEIDELBERG (1886)

(Fresque à l'Université.)

Avec la permission de l'Union photographique, à Munich.

la richesse et de la liberté enfin conquises. Rappeler leur passé, le défendre, tel fut leur premier effort. Elles le rappelèrent, le défendirent par leur peinture.

Les peintres de l'Autriche non allemande se divisent en deux écoles, les Slaves et les Hongrois.

Dans l'école Slave, deux peintres surtout sont connus, tous deux élèves de Piloty, un Polonais, Matejko (1838-93) et un Tchèque, M. Brozik (1852).

Patriote enthousiaste, Matejko a consacré son talent à glorifier son pays. Aussi bien, dans les dernières années de sa vie, son visage ridé aux yeux hagards, sa grande barbe blanche, ses longs cheveux le faisaient-ils sembler un prophète. Guerres, assemblées tumultueuses, fêtes éclatantes, jours d'enthousiasme et de découragement, souvenirs de gloire et de deuil, Matejko a rendu toute l'histoire de la Pologne avec la violence, la fougue, la passion nerveuse, qu'avaient autrefois et les seigneurs polis, et les boyards aux longues moustaches, et les paysans encore sauvages, habillés comme les Turcs, ou couverts de peaux de bêtes comme les Cosaques, leurs alliés (1).

M. Brozik (1851) dit l'histoiré de la Bohême. Il n'a pas la fougue de Matejko, mais plus de composition et de coloris. Ses meilleures œuvres sont : *L'Ambassade bohémienne demandant à Charles VII de France la main de sa fille pour le Roi Ladislas* (Berlin); *la Condamnation de Jean Huss* à l'Hôtel de Ville de Prague; le *Felix Austria Nube* du Musée de Vienne. (2)

Dans l'école Hongroise, il faut citer M. Liezen Mayer, M. d'Angeli (1840) le portraitiste de la cour, M. Benczur (1844) Son meilleur tableau d'histoire est le *Baptême de Saint-Étienne* (Pest).

(1) *L'Assemblée de Varsovie en* 1773 (1867, à Vienne). Œuvres à Cracovie, au Vatican, etc.

(2) Pour avoir une idée complète du mouvement artistique chez les Slaves il ne faut pas oublier l'école polonaise de Munich.

Mais un nom domine toute l'école Hongroise, celui de Munkacsy (1846) (1). Un vrai Hongrois avec ses yeux perçants, ses cheveux plantés dru sur un front dur, son menton carré dont la coupe de la barbe exagère la forme. Un vrai Hongrois aussi par le choix des sujets comme par la manière de les traiter; et cependant l'élève de Piloty et de M. Knaus, il rappelle l'école de Munich dans ses grandes œuvres et l'école de Düsseldorf dans ses tableaux de genre.

D'abord il peint les mœurs de la Hongrie. Ainsi le *Dernier jour d'un condamné* (Pest). Un grand caveau voûté dans une prison. Contre une arche, un soldat appuyé sur son fusil. Des curieux : enfants étonnés, presque moqueurs, et paysans au costume pittoresque; une femme qui presse son nourrisson contre son épaule. Sur une table, un crucifix entre deux bougies allumées. Assis près de la table, un homme au costume magyare avec des fers sur ses grandes bottes, l'air sombre, les poings crispés. Contre le mur, sa femme appuyée sanglote. Son petit enfant aux pieds nus mange sans se douter de rien.

Cette toile nous fait connaître Munkacsy tout entier : pâte épaisse, coup de pinceau large et pesant, tons noirs, manque de reliefs, le don de peindre des visages expressifs malgré l'absence de mouvement. Dans le même genre, il faut citer les *Faiseuses de charpie*, *L'Arrestation*, le *Héros de village* (Cologne), *Le Mont de Piété*. Puis les scènes de la vie élégante. Toilettes chargées de volants, salons de style Renaissance, serres aux plantes tropicales, M. de Munkacsy excelle à rendre le luxe lourd, où se plaisait l'Autriche au temps de Makart. De cette époque datent aussi d'excellents paysages, dont deux au musée de Pest.

Suit la période des tableaux célèbres : *Milton dictant son poème à ses filles*, *Le Christ devant Pilate*, *Le Crucifiement*, *La mort de Mozart*, *la Renaissance* (dans la coupole de l'escalier du musée d'*Histoire de l'art* à Vienne), *Arpad recevant les hom-*

(1) Cependant la famille de Munckasy est sûrement d'origine Allemande. Son vrai nom est Michael Lieb; il prit celui sous lequel on le connait aujourd'hui de sa ville natale Munkacs.

MUNKACSY (M. DE)

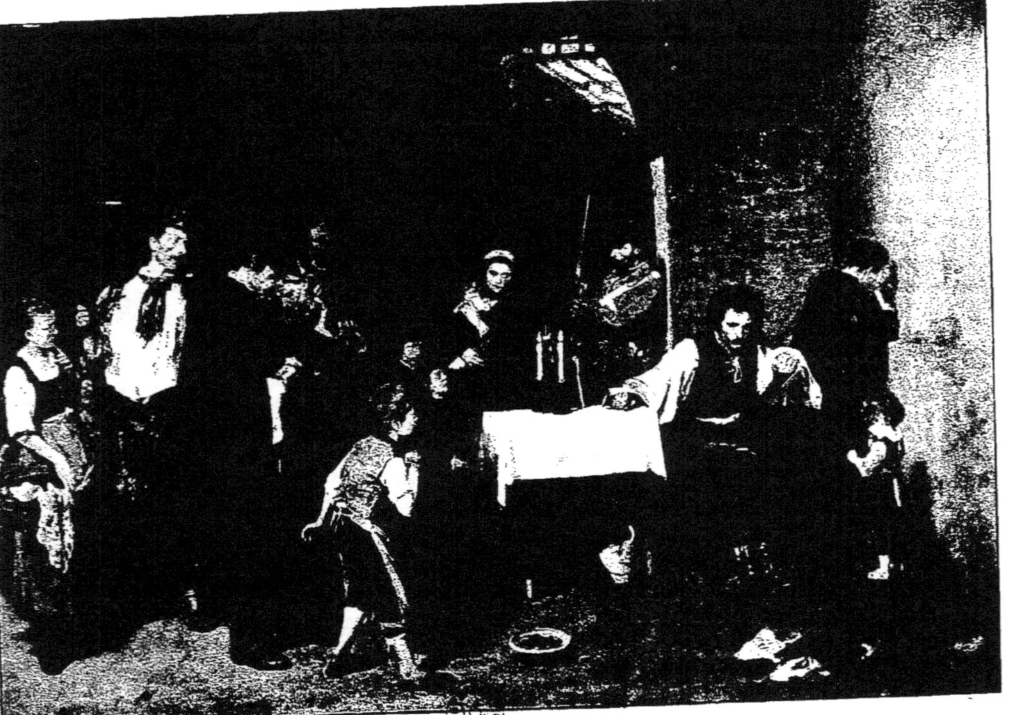

LE DERNIER JOUR D'UN CONDAMNÉ (1870)

(Collection de M. Wilstach, à Philadelphie, et Musée de Pest.)

Avec la permission de M. Sedelmeyer, à Paris.

mages des nations vaincues (Chambre des Magnats, à Pest) — L'*Ecce Homo*, que le peintre tenait pour sa meilleure production.

Mais l'œuvre de Munkacsy nous apparaît hésitante comme l'époque, trouble comme son caractère. Il n'a pas conservé le rang où la faveur du public l'avait porté; sans doute ses tableaux de genre feront plus pour sa mémoire que ses grandes compositions (1).

Ainsi, tout en croyant rester fidèles aux principes de l'art ancien, Piloty, ses élèves et ses imitateurs préparaient le triomphe de l'art nouveau. Malgré leur réalisme et leur goût de la couleur, leurs principales œuvres relevaient encore de l'esthétique Kantienne. Après eux, l'idéalisme disparut. Comme la peinture d'histoire avait succédé à l'art idéal, et qu'elle-même était devenue le genre historique, la grande peinture céda la place au genre proprement dit : portrait, paysage, tableaux de mœurs. Moins solide chez Kaulbach que chez Cornelius, la composition se relâcha encore chez Piloty, chez Makart, chez MM. Keller, Max et Defregger, puis elle disparut complètement. Enfin, comme de Cornelius à Piloty, le dessin était devenu moins ferme et la couleur plus intense, les peintres abandonnèrent la couleur pour la pâte, puis la pâte elle-même pour une technique plus souple, dont les moyens variés pussent rendre tous les effets.

Cette transformation de la peinture eut son origine dans la transformation même du pays. L'école de Piloty fut contemporaine des grands événements, qui produisirent l'Allemagne moderne : les guerres victorieuses de la Prusse, l'Autriche séparée de l'Allemagne, la fondation de l'Empire, le développement du commerce et de l'industrie, l'instruction rendue

(1) Parmi les peintres du Nord, que leur manière rattache à l'école de Munich, il faut citer le peintre russe M. Makovski, le peintre danois M. Hellqvist, qui s'inspire aussi de Menzel et de l'école de Dusseldorf.

obligatoire, la diffusion de l'enseignement technique, le mouvement vers les colonies.

Bientôt les doctrines de Piloty parurent elles-mêmes surannées. La fondation de l'empire marque le commencement de la quatrième période de l'art allemand du dix-neuvième siècle. A l'idéalisme, à la peinture d'histoire, au réalisme coloriste, succède le réalisme proprement dit, dont les deux formes extrêmes sont le naturalisme et l'impressionnisme.

En même temps, l'ancienne discipline disparut. L'école de Piloty est la dernière des grandes écoles allemandes. Tous les artistes d'aujourd'hui sont, de fait, des indépendants; comme eux, critiques et philosophes condamnent l'esthétique. Au commencement du dix-neuvième siècle, l'Allemagne admettait que le but de l'art est la beauté : la beauté est absolue, par suite l'art aura des principes et une méthode; découvrir ces principes, fixer cette méthode, voilà le but de l'esthétique. Aujourd'hui l'Allemagne reconnaît que le but de l'art est la vérité, il n'y a point de beauté absolue, donc l'art n'a ni principes, ni méthode. Tous, artistes et critiques, s'accordent à dire que l'esthétique perdit l'art; pour eux l'art allemand n'est devenu fort, original et souple, qu'en s'affranchissant de l'esthétique.

Avec l'histoire des peintres qui cherchaient la beauté, finit celle des *anciennes écoles*; avec l'histoire des peintres qui cherchent la vérité, commence celle des *nouvelles écoles*. Mais désormais le mot *écoles* ne saurait plus avoir le même sens, puisque l'art allemand repousse la tradition. Par *école* il ne faut plus entendre que des groupes d'artistes professant des idées communes et cherchant à représenter ces idées par des moyens techniques analogues.

DEUXIÈME PARTIE

LES NOUVELLES ÉCOLES

INTRODUCTION

L'ALLEMAGNE CONTEMPORAINE — L'ART ALLEMAND CONTEMPORAIN

I

L'histoire de l'Allemagne depuis la fondation de l'Empire pourrait se diviser en deux périodes ; et c'est entre 1885 et 1890 qu'il faudrait placer le commencement de la seconde.

Pendant la première période, l'autorité du prince de Bismarck est presque absolue. A l'extérieur, il veut pour l'Allemagne la suprématie en Europe : l'alliance des trois Empires, le Congrès de Berlin, la triple alliance sont les principaux résultats de sa politique. A l'intérieur, il force le Parlement à voter des lois contre les catholiques et contre les socialistes et le Septennat militaire.

La fondation de l'Empire amène l'époque de fièvre, que M. Nordau décrit dans son roman : *la Maladie du siècle*. Il nous montre Berlin envahi par des milliers de paysans, les ouvriers campés dans le *Thiergarten* et dans les nouvelles rues, des quartiers entiers bâtis en quelques mois, des maçons traversant la ville en fiacre avec des tonneaux de bière, les pauvres d'autrefois dépensant l'argent sans compter, persuadés que la misère est pour jamais finie.

Mais une crise grave succède à cette effervescence. Dans les campagnes, c'est l'agriculture arrêtée par le départ en masse des paysans pour les villes sans cesse accrues. Dans les villes, c'est le commerce embarrassé, la spéculation à la Bourse, puis le mécontentement des ouvriers, qui trouvent la misère au lieu de la richesse espérée : les grèves se multiplient et l'émigration atteint les mêmes chiffres qu'après 1848.

Aussi la philosophie professe-t-elle le pessimisme. Voici comment M. de Hartmann explique le progrès en confondant les systèmes de Hegel et de Schopenhauer ; les hommes d'autrefois ont d'abord cherché le bonheur dans la vie présente, puis ils se sont flattés de le trouver dans une autre vie. Les hommes d'aujourd'hui ne rêvent plus le bonheur que pour l'humanité future. Enfin le temps viendra où tous comprendront que parler du bonheur, c'est parler d'une chimère. La continence générale amènera la fin de la race humaine; avec elle disparaîtra le monde, qui est le produit de notre cerveau : ainsi le Conscient toujours souffrant disparaîtra dans l'Inconscient, seul exempt de souffrance. Wagner rend le pessimisme populaire dans le *Tristan*, le *Nibelungen* et *Parsifal*. Au pessimisme s'oppose le matérialisme avec MM. Büchner, Virchow, Haeckel, Du Bois-Reymond; Stauss lui-même s'y rallie dans son dernier livre : *La Foi ancienne et la Foi nouvelle* (1).

Ni l'une ni l'autre doctrine n'exerce une heureuse influence sur la littérature. C'est seulement dans l'histoire que nous trouvons des écrivains du premier ordre; tous ceux d'abord qui ont publié avant 1870, puis M. de Treitschke, l'auteur de l'*Histoire de l'Allemagne au dix-neuvième siècle*. Sans doute Geibel et Freiligrath composent encore des œuvres lyriques; et M. Julius Wolff publie un poème bientôt populaire : *le Chasseur sauvage*. Sans doute le théâtre connaît tous les genres, depuis les tragédies de MM. Greif et de Wildenbruch jusqu'aux drames imités du Français de M. Paul Lindau; tous les genres de la fiction sont aussi traités : M. Ebers peint l'Égypte des Pharaons, M. Dahn Rome antique. Tandis que Freytag, Scheffel, MM. de Gottschall

(1) Virchow (1821), Haeckel (1834), Du Bois-Reymond (1818-96). Strauss (1808-1874).

et Fontane décrivent les mœurs de la vieille Allemagne, Auerbach continue ses contes de paysans; MM. Spielhagen, Heyse, Lindau et Hopfen écrivent des romans psychologiques ou des romans de mœurs. Mais aucune de ces œuvres ne semble de celles qui doivent intéresser les hommes de tous les temps; car aucune n'a montré dans les sentiments de l'époque un caractère particulier mais permanent du cœur ou de l'esprit humain (1).

*
* *

L'art aussi semble hésiter. Dans l'architecture, la Renaissance italienne de Semper se confond avec la Renaissance allemande des maitres de Stuttgard et de Hanovre.

Dans la sculpture, Dresde a l'école de Rietschel et de Haehnel; Berlin, celle des derniers classiques. L'une et l'autre sont occupées à l'exécution des commandes officielles.

Dans la peinture, nous retrouvons les deux écoles formées après 1848. L'école réaliste produit les grands coloristes de Munich : Piloty, Makart, Matejko, Gabriel Max, Lenbach. Moins originaux, les peintres de Berlin, MM. Becker, Knille et de Deutsch ne cherchent, comme ceux de Munich, que les tons chauds et la bonne technique. A Dusseldorf, MM. Baur, Janssen et Gehrts traitent la peinture d'histoire, MM. Bleibtreu et Camphausen, la peinture militaire.

L'école naturaliste est représentée, à Berlin, par MM. Menzel, Knaus, Vautier et Gussow; à Munich, par MM. Defregger, Kurzbauer et Grützner. Dans la peinture militaire, M. de Werner abandonne les grandes compositions de l'école de Dusseldorf pour les tableaux de genre : il montre plus de souci de la vérité, et suit quelques préceptes des plein-airistes français. Cependant, de plus jeunes artistes, encore peu connus, se forment au vrai naturalisme sous l'influence des Français et des Hollandais : ce sont MM. Leibl, Kuehl, de Uhde, Lieber-

(1) Wolff (1834), Wildenbrùch (1845), Greif (Fey), (1839), Lindau (1839), Fontane (1819), Hopfen (1835).

man, Brütt et Skarbina. M. de Gebhardt crée à Dusseldorf un genre particulier de peinture religieuse.

II

Vers 1885, l'Allemagne commence à se transformer. Politiquement d'abord ; le *Kultur-Kampf* cesse, le prince de Bismarck doit quitter le pouvoir, et le gouvernenent rapporte les lois contre les socialistes. Économiquement ensuite : les efforts faits depuis vingt ans, la bonne organisation des écoles techniques, les leçons reçues des Allemands d'Amérique, les grands travaux publics permettent au commerce et à l'industrie de se développer. D'où, l'augmentation de la population industrielle, le dépeuplement des campagnes, surtout dans le Nord, la diminution du prestige de la noblesse, dont la fortune est territoriale ; la formation d'une bourgeoisie riche, libérale et instruite ; la diffusion des doctrines socialistes devenues sans doute moins intransigeantes (dix-huit cent mille voix socialistes aux élections de 1898).

Dans toutes les classes le bien-être s'accroit. L'aspect des villes n'est plus le même. Dans les quartiers populeux, l'on trouve des rues larges, des maisons bien bâties, des brasseries et des théâtres à la façade monumentale. Dans les villages, les toits de chaume disparaissent comme les huttes de bois et de plâtras. Partout s'élèvent des manufactures; dans les montagnes de la Thuringe et de la Saxe l'on ne voit que mines et hauts fourneaux.

Les vieux costumes sont abandonnés ; même dans les districts les plus pauvres de la Bavière, de la Silésie et de la Pologne, il est rare de rencontrer des femmes ou des enfants qui marchent pieds nus. L'ouvrier se vêt bien ; les femmes du peuple se parent le dimanche. En même temps que le goût du luxe répandu, les modes montrent une plus grande simplicité due à l'influence anglaise.

Tout ainsi en Allemagne annonce le travail, l'activité, la richesse, la volonté de s'enrichir. Mais, « nulle part aussi, écrit un auteur allemand, l'on ne retrouve au même degré certains caractères particuliers de la civilisation moderne : prépondérance de l'effort utilitaire sur toute conception idéale ; poussée féroce de l'individu sans aucun souci du prochain ; la force brutale, les intérêts d'une classe ou d'un individu soutenus au détriment de la collectivité ; le besoin de nuire et de diffamer ; la tendance générale à rejeter tous les compromis et à n'admettre que les extrêmes (1) ».

Avec la société, la philosophie et la littérature se transforment M. de Hartmann appartient encore à l'ancienne Allemagne idéaliste ; Nietzsche est l'homme de l'Allemagne nouvelle : il condamne l'idéal et prêche le culte de la force.

Le mépris de Nietzsche pour l'amour, la sensibilité, le rêve, comme pour les plaisirs de la vie simple et bourgeoise ; l'influence des écrivains scandinaves et russes, d'Ibsen surtout, font disparaître de la littérature allemande ce qui, depuis cinquante ans, constituait son caractère propre. A la poésie fugitive, au conte en vers, au roman d'amour succèdent les œuvres réalistes de M. Sudermann et Louis Fulda, les livres amers de M. Voss, les pièces naturalistes de MM. Halbe et Gerhart-Hauptmann (2).

Sous des formes différentes, ce sont encore le réalisme, l'individualisme, le culte de la force, qui triomphent dans l'art.

L'architecture se plait à la décoration abondante et lourde, mais elle divise mieux ses masses, mais surtout elle veut l'élan, presque la violence, autant de qualités qui semblaient contraires au génie allemand.

(1) HELLWALD : *Histoire de la civilisation humaine.*

(2) A ces noms, il faut ajouter ceux de MM. Stephan Georg et Kurt Martens, Sudermann (1857), Fulda (1862), Halbe (1865), Voss (1841), Hauptmann (1862).

Si l'art religieux conserve les anciens styles, on raccourcit les nefs, on construit plus de tours et des tours plus élevées ; le monument ne s'étend plus, il est tout en hauteur. Ainsi les nouvelles églises de Berlin : Saint-George de M. Otzen, la Grâce de M. Spitta, l'église votive de l'empereur Guillaume Ier de M. Schwechten (1).

L'architecture civile joint le Baroque à la Renaissance ; il lui faut de grandes masses, des formes vigoureuses, la profusion des ornements. Tels sont le Reichstag de M. Wallot, la Chambre des députés prussienne de M. Schulze, le Palais de justice à Munich par M. Thiersch. Et le style des monuments civils devient celui des monuments religieux. La nouvelle cathédrale de Berlin, par MM. Raschdorff, est Renaissance ou même Baroque : l'une de ses façades rappelle Saint-Pierre, l'autre Sainte-Marie-Majeure, ses tours ouvragées relèvent de l'art qui a construit les églises de la place Navone, celle des Théatins à Munich, Saint-Nicolas de Prague ; une colonnade soulève un dôme puissant malgré le toit trop lourd.

Nous retrouvons la Renaissance et le Baroque dans la plupart des maisons de Berlin, de Francfort, de Cologne, de Hambourg ; et pendant trente années, de 1860 à 1890, le mobilier tout entier ne connait que ces deux styles : lourdes draperies, dorures, bois sculptés, amours volants ; on les surcharge encore d'ornements rocaille : coquilles, cartouches et guirlandes. Le modèle du genre est le lit du roi Louis au *Musée national* de Munich.

Depuis quelques années, on peut remarquer dans l'architecture et dans le mobilier des maisons les efforts d'un nouveau style. M. Wallot et ceux de son école fondent l'art de la décoration sur un principe particulier. Dans la façade d'un monument, l'artiste cherchera le point où se portent d'eux-mémes les regards ; c'est autour de ce point que la décoration

(1) M. Otzen (1839) est le plus connu des architectes du style gothique. Il s'inspire de Viollet-le-Duc mais en suivant aussi les formes de la brique, telles qu'on les trouve dans les monuments du Nord de l'Allemagne. Schwechten (1841), Wallot (1841), Thiersch (1852), Raschdorff (1823).

devra converger. Dans une chambre, il faut trouver le centre, que lui font sa forme, l'éclairage et le style adopté, pour y placer le centre de la décoration et du mobilier.

L'idée première du nouveau style allemand est celle même du gothique anglais, faire d'abord un intérieur confortable et qui s'accorde avec les goûts du propriétaire, puis donner à la maison ainsi construite en fer le revêtement de pierre qui lui convienne le mieux. Les fenêtres ne sont ni sur la même ligne, ni d'égale grandeur, ici s'élève un grand hall, là, c'est un corridor bas de plafond ; il y a partout des escaliers, des monte-charges, des ascenseurs, qu'importe ! Des toits de formes diverses, des tours, des galeries, des balcons cacheront les défauts. L'on trouve de bons modèles du genre à Hanovre, d'où le mouvement est parti, à Vienne et surtout à Berlin, près du Waldensee et dans la colonie de Grünwald à l'entrée de la forêt de Spandau. Dans le mobilier, les artistes de l'Allemagne, comme ceux de la France et de l'Angleterre, se flattent de faire neuf, simple et personnel. Mais comment faire neuf? Aujourd'hui le plus ignorant a trop de souvenirs. Nous souhaitons d'être simples, et notre esprit complexe veut un style complexe : dans une civilisation avancée, la simplicité n'est jamais qu'un raffinement. Enfin, si tout meuble nous intéresse, qui nous révèle un talent personnel, que penser d'une décoration dont chaque partie trahit une inspiration différente? d'une pièce qui paraît un musée d'objets d'art et pas un salon de famille?

Comme l'architecture et le mobilier, la sculpture contemporaine a deux styles : la Renaissance et le Baroque d'une part, et d'autre part ce qu'on pourrait appeler le nouveau style.

M. Reinhold Begas (1831) est le maitre sculpteur de Berlin : grâce à la faveur de l'empereur et du public, il peut exécuter toutes les œuvres monumentales, qu'il conçoit ; architectes et sculpteurs l'imitent ; il y aura le Berlin de Wallot et de Begas comme il y a le Berlin de Schinckel et le Berlin de Schlüter.

M. Begas donne d'abord deux œuvres Renaissance : le fronton de la Bourse et le monument de Schiller. Puis le Baroque devient son style propre. Il sculpte les statues et les bas-reliefs de l'Arsenal; pour le Musée : *Mercure et Psyché*, les bustes de Moltke et de Menzel. Des monuments : Humboldt, les souverains du Brandebourg dans l'*Allée de la Victoire*, l'empereur Guillaume Ier.

Mais dans l'étude du XVIIIe siècle, M. Begas trouve et le naturalisme de Houdon et le culte des dieux antiques. Son œuvre la plus originale est sa *Fontaine* : une vasque, gardée par les nymphes des quatre grands fleuves; au milieu des rochers et, sur une conque portée par des centaures marins dignes de Böcklin, Neptune, impassible, entouré d'enfants qui jouent avec des crabes et des serpents ou hurlent de peur d'être blessés.

M. Diez (1844) à Dresde et Tilgner (1844-96) à Vienne, imitent Begas, l'un dans son monument de Mozart, l'autre dans ses belles fontaines de la *Mer calme* et de la *Mer agitée*.

Comme M. Begas est le maître du Baroque, M. Hildebrand (1847) est le maître du nouveau style, qu'on pourrait appeler l'impressionnisme de la sculpture; il cherche surtout ce qu'il appelle la silhouette plane d'une statue, c'est-à-dire l'effet que cette statue produirait dessinée. Il traite volontiers le nu comme dans son *Jeune homme* du musée de Berlin, l'*Enfant dormant* et la *Lune* exposée à Dresde en 1899. Il réussit surtout dans le bas-relief.

Avec M. Hildebrand, les sculpteurs de la nouvelle école sont les peintres impressionnistes : MM. Stauffer-Bern (1), Max Klinger et Stuck, qui abandonnent volontiers le pinceau pour le burin ou le ciseau.

(1) Stauffer-Bern, peintre, graveur et sculpteur (1857-92). Parmi les sculpteurs classiques, je citerai encore M. M. Schaper (1841) : *Monument de Gœthe* au Thiergarten — Drake (1805-82) Encke (1843) etc.

III

C'est dans la peinture que se marquent le mieux et l'esprit de la génération qui finit, et l'esprit de celle qui commence. Chaque année, l'on voit s'affaiblir l'autorité des anciennes écoles. Deux conceptions différentes de l'art prédominent aujourd'hui : le naturalisme et l'impressionnisme. Ces conceptions ont fatalement succédé à la peinture d'histoire et à la peinture idéaliste, comme le roman de mœurs et le roman psychologique ont fatalement succédé au roman historique, à l'élégie, à la poésie épique. Nous y trouvons les formes artistiques naturelles, les formes artistiques nécessaires de la société moderne, individualiste et démocratique, comme la peinture de Watteau et les contes philosophiques de Voltaire étaient les formes artistiques naturelles et nécessaires du XVIIIe siècle, élégant et raisonneur; comme la peinture de Lebrun, l'architecture de Perrault et de Mansard, la tragédie et l'oraison funèbre étaient les formes artistiques naturelles et nécessaires du XVIIe siècle despotique et solennel.

Le naturalisme est la technique d'un art purement objectif, qui représente indistinctement tout ce qui s'offre aux regards. Comme les arts anciens prétendaient choisir et changer, la technique de l'art nouveau empruntera peu de chose à l'ancienne technique.

L'on reproche aux artistes modernes de négliger la couleur, mais la nature ne connaît pas les tons éclatants et les effets de clair-obscur que donnent les riches étoffes placées dans le jour spécial d'un atelier. On les blâme de ne pas composer, de manquer de précision dans leur dessin. Mais, pour représenter une grève, faut-il donc diviser la toile en compartiments comme le faisaient les peintres d'histoire? Au milieu et au second plan, le patron en clair obscur contre la lumière du ciel; de part et d'autre, des masses sombres, les ouvriers; dans le fond, des groupes plus petits et moins distincts. Mais le dessin d'un Michel-Ange, d'un Dürer ou d'un David; les lignes simplifiées qui figurent les muscles des dieux et des héros, conviendraient-elles pour peindre un ouvrier ou un paysan ?

L'art moderne est ce qu'il doit être : il a répudié la technique de l'art ancien, faute de pouvoir l'utiliser. Mais il possède sa propre technique, aussi difficile que l'ancienne. Ainsi notre littérature connut, après la composition de Bossuet, le dessin précis de Voltaire, et la couleur de Chateaubriand; puis Flaubert se plut aux descriptions, aux phrases sonores à l'épithète précise, comme les peintres réalistes à la belle facture, à la pâte fermement étalée. M. Zola tient à la fois de Manet et de M. Roll, comme Maupassant rappelle Bastien Lepage et Pierre Loti fait penser à M. Monet.

Le plein-airisme restera sans doute comme la découverte la plus originale ds la peinture naturaliste. Les Allemands, qui se plaisent à classifier, reconnaissent dans le pleinairisme trois formes distinctes : peinture dans l'air (*Luft-Malerei*), peinture blanche (*Hell-Malerei*), peinture dans lumière (*Licht-Malerei*).

Ils considèrent la peinture dans l'air comme une conscience plus nette et plus fine de ce qu'on appelait autrefois la perspective aérienne. Pour rendre l'éloignement des objets, il ne suffit plus d'en dégrader les couleurs, il faut les peindre avec les teintes particulières que leur donne l'atmosphère. Ces teintes varient suivant les lieux; elles varient aussi avec l'heure. Le matin couvre la nature d'une buée de pourpre, tandis que le soir humide fait monter de la terre des vapeurs d'un bleu toujours plus foncé, qui se posent comme un voile sur les collines et sur les arbres. Ce sont là des effets, que les profanes eux-mêmes peuvent remarquer, mais les yeux de l'artiste exercé par l'étude finissent par découvrir la nuance propre de chaque repli de vallée, de chaque moment du jour; et le peintre d'une ville connaît la couleur des maisons et des rues comme le paysagiste celle de la mer et des montagnes (1).

(1) L'on a beaucoup discuté sur les origines du plein-airisme. Ne pourrait-on pas trouver un pressentiment de cette manière de peindre chez plusieurs pri-

Pour rendre ces effets de l'atmosphère, la peinture blanche mêlera du blanc à toutes les couleurs. Les vieux maîtres n'employaient le blanc que pour la lumière même : d'après eux, le blanc vaudrait seulement par son contraste avec l'ombre ; sans ombre, le blanc ne serait que du blanc et point de la lumière. Les expériences de Helmholtz ont prouvé la fausseté de cette théorie. Il étudie la peinture d'abord d'après les lois de la physique, puis d'après celles de la physiologie, car la constitution organique de notre œil modifie les lois de la physique. Helmholtz reconnaît que les moyens du peintre sont limités ; tandis que la nature a la nuit complète et la lumière intense, la peinture rend avec des tons à peine différents le soleil, la lune et même l'ombre. En peinture, tout effet n'est donc qu'un effet de valeur. Mais l'art ancien n'admettait d'autre valeur que l'opposition de l'ombre à la lumière. La physique, au contraire, prouve qu'avec ses moyens limités, le peintre peut rendre tous les effets de la nature : il lui suffit de calculer les gradations de chaque ton et de les conserver sur sa toile. Peu importe que la lumière de sa pâte blanche soit incomparablement moins brillante que celle d'un étang où se réfléchit le soleil ; il nous donnera l'impression du soleil réfléchi, si, comme dans la nature, il peint cet étang dix, vingt, cent fois plus brillant que les objets environnants. Bien plus, Helmholtz a prouvé que, cette loi valant pour les tons moyens, l'on pouvait, dans les tons extrêmes, rendre les effets intenses de la

mitifs, Carpaccio par exemple dans ses tableaux de Sainte-Ursule (1490-95) à Venise? Comme les précurseurs de l'impressionnisme, l'on donne Velasquez et Goya ; comme ceux du plein-airisme les Hollandais Pieter de Hooghe (1629-77) et Jan Vermeer Van Delft (1631-75). En Angleterre, les premiers plein-airistes furent Turner et Madox Brown ; en Allemagne, Waldmüller et Menzel ouvrirent la voie, le dernier avec sa *Table Ronde de Sans-Souci*, surtout avec ses esquisses. Mais c'est à l'école française que revient l'honneur d'avoir développé et précisé le genre nouveau. Corot s'y essaie ; Manet, plus hardi, semble au premier abord le créer de toutes pièces ; Bastien-Lepage et M. Monet en sont les maîtres. M. Jules Breton définit la peinture du plein air « celle qui a pour but d'exprimer les objets tels qu'ils se présentent sous une large surface de ciel, enveloppés, par grands plans, de demi-teintes et de lumière errante et diffuse. Les ombres véritables ne s'y rencontrent que dans les trous. Encore faut-il tenir compte du voile plus ou moins transparent de la couche d'éther. »

nature avec des gradations ou des dégradations presque insensibles. Dans un tableau sombre, les objets les plus sombres nous paraissent tout à fait sombres; dans un tableau clair, les objets les plus clairs nous paraissent tout à fait clairs. Ainsi, pour peindre la lumière du jour, il faudra donner à tous les objets une lumière presque égale, le plus éclatant nous produira la même impression que l'objet le plus éclatant dans la nature.

Ces principes, que la science apprit à Helmholtz, les peintres du plein-air les découvrirent par l'expérience. M. Lieberman trempe toujours son pinceau dans le blanc avant de prendre une couleur, tous ses tons sont recouverts d'une couche blanchâtre, qui donne l'impression de la clarté (1).

Mais la peinture blanche ne suffirait pas à rendre la nature sans l'art des reflets, la peinture dans la lumière. Autrefois les artistes travaillaient dans un atelier, le plus souvent orienté vers le Nord et ne peignaient que dans la lumière jaune; ils évitaient tous les reflets, la lumière blanche du plein jour et même la clarté froide du ciel bleu. Aujourd'hui le peintre se place en plein air et peint les objets tels qu'il les voit. Le reflet d'un arbre jette-t-il une teinte verte sur un mouton ou sur un bœuf, le mouton ou le bœuf sera peint avec une teinte verte; n'en est-il pas ainsi dans la nature?

Mais, pour figurer les objets comme nous les voyons, pour indiquer la distance, et surtout le mouvement, l'art ne peut se contenter de procédés; à chaque tableau il faut sa technique propre. Et c'est là qu'apparaissent l'originalité, l'imagination, la finesse de perception, la souplesse de pinceau de l'artiste moderne.

Ainsi le tableau de M. Liebermann : *Les Raccommodeuses de filets* (2).

Dans les lagunes, par un jour gris. Au loin, la voile d'un bateau, une charrette; les toits effacés d'un village; dans la plaine des femmes qui réparent des filets : jupes sombres, ta-

(1) La technique de M. Liebermann est très bien étudiée dans le livre de M. Gurlitt.

(2) Hambourg, médaille d'honneur à l'Exposition Universelle de 1889.

bliers bleus, bonnets blancs. Au premier plan, une vieille assise. Debout et nous tournant le dos, une jeune femme en sabots étend son filet. Le vent souffle furieusement, pousse vers la gauche la pèlerine et la jupe de cette femme — cette jupe peinte en quelques grands coups de pinceau qui vont de la taille au bout de la jupe. Et les autres femmes debout, penchées, assises, accroupies, de dos, de face, de profil, tournées à droite, tournées à gauche, toutes de même indiquées en quelques traits, mais dans chaque trait toujours la synthèse du mouvement. Enfin, à l'horizon, des taches d'un centimètre à peine, d'autres femmes, dont nous n'apercevons rien que les jupes soulevées.

De M. Liebermann encore. Des garçons, qui se baignent dans la mer en plein soleil. Sur la plage, deux mettent leur chemise. Approchez-vous : des plaques de toutes les couleurs. Éloignez-vous : un linge blanc, qui brille au soleil. Regardez ces deux taches de la grosseur de l'ongle du petit doigt : l'une bleutée, l'autre jaunâtre. Vous reculez de quelques pas : la première tache est une vague, la seconde un enfant qui nage, et vous distinguez nettement le mouvement de l'épaule gauche, qui, en s'élançant, s'élève hors de l'eau.

Voici maintenant le *Champ d'hyacinthes* de M. Courtens. Sur les plaques bleues, rouges, vertes des fleurs peintes à pleine pâte, se détachent des plaques d'un brun rouge : des hommes aux visages sculptés en creux.

Et combien de trouvailles du même genre chez M. Monet, M. Roll, M. Israëls, M. Hitchcock !

Ainsi le premier caractère de l'art moderne est de ne plus tenter d'exprimer la beauté : ni la beauté surnaturelle de l'idéalisme, ni cette sorte de beauté synthétique, que les peintres d'histoire espéraient produire en nous montrant les plus grands hommes et les plus grands événements et en nous les montrant idéalisés ; ni même la beauté telle qu'on la trouve dans la nature et que les paysagistes, les portraitistes, les peintres de scènes populaires l'ont pendant longtemps cherchée. Ne représenter rien que la nature, la représenter tout entière, tel est le but de l'art moderne, et tel est plus spécialement encore le but de la peinture moderne.

*
* *

Mais, à copier servilement la réalité, les peintres comprirent qu'il n'est pas de vérité absolue, comme il n'est pas de beauté absolue. Réalistes et naturalistes s'accusent mutuellement de peindre des tableaux qui sembleraient des photographies, et le public, habitué à la convention, accuse l'art moderne de défigurer la nature : il reconnaît l'apparence de la chair dans les *glacis*, les modelés, les carnations des écoles classiques et ne trouve que taches informes dans les œuvres où les naturalistes peignent la chair comme ils la voient.

Une pareille discussion ne saurait donner de résultat. Dans les images que nous formons des objets, la part de nos yeux est la moindre. La fonction de l'œil est celle d'une lentille; des traits marqués sur cette lentille, les nerfs du cerveau font une image. Mais dans cette image il entre d'autres données, que celles fournies par la vision. Sans le toucher, nous ne connaîtrions ni la distance, ni l'épaisseur. Les corps nous semblent modelés parce que nous calculons la valeur de leurs ombres; tous les hommes ne peuvent la calculer de même. Un peintre découvre des ombres où le paysan n'en découvre pas; il attribue aux ombres une valeur, que le paysan ne leur attribue pas; il voit donc en relief certains corps, que le paysan voit plans.

Bien plus, instruits par l'habitude, connaissant les contours qu'ont les êtres et les objets, nous les trouvons ronds, ovales ou carrés, alors même qu'aucune ombre ne permet de deviner leurs contours. Deux hommes à plusieurs kilomètres d'un village, aperçoivent une tache à l'horizon : l'un d'eux, étranger au pays, ne perçoit rien qu'une tache; l'autre, un habitant du lieu, distingue nettement que cette tache est une tour ronde. Il s'imagine que l'habitude a formé son œil. Point du tout.

Seule son imagination a produit l'image d'une tour : à cette distance, le regard le plus perçant ne pourrait percevoir aucune ombre, qui permette au cerveau, guidé par le toucher, d'affirmer que l'objet est rond.

Certains artistes peindront noir un vêtement qu'ils savent noir, encore qu'ils n'aient vu sur ce vêtement que des reflets blancs. Parce que tout corps est épais, ils modèlent un corps vu en plein soleil ; or, un corps, ainsi vu, n'a point d'ombres. Au cheval qui galope ou qui saute ils donnent une certaine position convenue ; mais la photographie instantanée prouve qu'un cheval ne prend jamais cette position.

Chacun a sa vision propre, que l'habitude lui fait et l'exercice journalier d'une faculté de l'esprit. Un sculpteur percevra comme modelé un corps que le plein-airiste voit plat ; un coloriste reconnaîtra une couleur franche là où l'impressionniste ne trouve que vibrations et reflets multicolores. L'idée du mouvement suppose la synthèse des attitudes que prend successivement l'être ou l'objet qui se déplace ; de ces attitudes combien en percevons-nous et combien en percevons-nous consciemment ?

Chaque peintre a donc sa vérité propre. Quand il comprend que sa vérité artistique diffère des vérités des autres, il ne cherche plus à rendre la nature telle qu'elle est, mais à devenir pleinement conscient de sa propre manière d'exprimer la nature. Il ne s'efforce plus d'être volontairement banal, il s'efforce d'être volontairement original. Mais dès que son originalité n'est plus inconsciente, l'artiste se détourne insensiblement de son but premier : représenter tous les êtres, toutes les choses, comme il croit qu'elles sont réellement. Il tient les êtres et les choses pour des images, des symboles de ses propres sentiments et de ses propres pensées. Cette seconde forme de l'art moderne est l'impressionnisme, qu'on pourrait appeler la psychologie de la peinture.

Pour rendre la nature complexe de l'homme d'aujourd'hui, pour exprimer ces nuances de la pensée et du sentiment, où se plaisent les délicats, les écrivains ont dû se faire une langue nouvelle; ainsi pour nous les rendre sensibles, les peintres se font chaque jour une nouvelle technique. Et l'impressionnisme doit sans cesse varier ses moyens. Toute impression est fugitive, nulle impression n'a sa pareille : de suite l'artiste imaginera donc un procédé nouveau pour l'impression nouvelle, un procédé unique pour l'impression unique.

S'inspirant de Velasquez et de Goya, Manet peint d'abord par larges plaques; aucune ombre, aucune dégradation ne réunit ses tons, francs jusqu'à la brutalité. Tel fut le procédé de M. Cézanne dans ses premières œuvres; tel est encore celui de quelques impressionnistes allemands, surtout de M. Slevogt et de M. Exter, dont l'art rappelle parfois celui de M. Besnard.

Dans ses portraits, M. Exter n'est pas toujours heureux; mais sa technique convient aux scènes fantastiques. Voici son Tryptique du *Bois enchanté*. A gauche, un laboureur, qui, le soir tombé, suspend son travail pour répondre aux voix de la forêt. A droite, les fées, les sorcières nues, qui l'appellent. Dans le panneau du milieu, le bois enchanté : tâtonnant, le paysan cherche son chemin dans les ténèbres. A la clarté de la lune, à la lueur d'une branche enflammée, nous apercevons les sorcières ; au premier plan, une femme nue couchée dans le gazon, près d'elle un serpent. Les trois sujets traités par grandes plaques, sans transition entre les tons, sans modelés, sans même d'ombres. Mais, cet art étrange ne convient-il pas au sujet étrange? Mais ces masses grises ne figurent-elles pas bien la forêt qu'enveloppent et le brouillard et la nuit toujours plus épaisse, l'effet que produisent au paysan égaré les arbres indistincts? Mais ces plaques rouges, blanches, bleues ne donnent-elles pas l'impression des feux follets, de la lune glissant entre les branches, éclairant les feuilles ou se reflétant dans les eaux? et tous ces corps nus de sorcières indiqués par de grandes taches violettes, roses, jaunes, livides, ne semblent-ils proprement fantastiques?

Un autre procédé cher à l'impressionnisme consiste à juxtaposer les couleurs : s'éloigne-t-on, les couleurs sautent l'une sur l'autre, et produisent des nuances qu'aucun mélange ne donnerait. Segantini peint avec des tons secs, qu'aucune transition ne relie; et son art rend bien l'Engadine, la glace et la neige aveuglantes, les verts crus des prairies, les tons vifs des fleurs, les effets d'une atmosphère sans humidité, où les teintes ne peuvent se fondre. M. Pissarro, les Belges, une partie de la jeune école française substituent des points colorés aux lignes colorées; leurs tons ne se mêlent plus, ils se pénètrent. Nul n'a représenté comme eux les rayons du soleil reflétés dans l'eau, les prairies au printemps ou les moissons de l'été, que le soleil semble darder de ses rayons perpendiculaires.

Les peintres de la lumière se divisent en deux écoles. Ceux-ci la concentrent sur un objet pour nous aveugler : ainsi M. Montenard et les jeunes maîtres espagnols. Ceux-là décomposent les rayons et cherchent à rendre tous les jeux des prismes : ainsi Turner, ainsi les Scandinaves, surtout M. Kröyer et M. Johansen.

Enfin voici le tableau composé pour une couleur en particulier : tous les êtres, toutes les choses, toutes les formes d'un être ou d'une chose n'étant là que pour réfléchir la lumière d'une manière particulière et donner des nuances encore inconnues de la couleur choisie. Définir cet art, c'est définir l'art même de M. Whistler.

Telle est la peinture moderne, libre de toute idée esthétique, libre même de toute loi. A la recherche des formes éternelles, immuables, elle a substitué la recherche de l'impression passagère, de ce qui auparavant n'a jamais existé, de ce qui passera dans un instant pour ne revenir jamais.

Et si, pour l'Europe en général, pour l'Allemagne en particulier, l'on cherche de quelle société cet art nouveau peut être l'image, on découvre que c'est d'une société à la fois démocratique et individualiste. L'art des coloristes montre une classe en particulier trop rapidement enrichie et comme enivrée de sa richesse. L'art d'aujourd'hui dit l'effort de tous, la lutte pour la vie, l'étonnement, l'effroi que cause à la plupart un état social où, toutes les unions anciennes étant dissoutes, chacun ne doit plus rien espérer que de sa propre intelligence et de sa propre volonté.

LIVRE PREMIER

LES PEINTRES D'HISTOIRE

Dans l'évolution qui a conduit l'art allemand de l'idéalisme des romantiques jusqu'au réalisme d'aujourd'hui, tous les genres se sont progressivement dégagés de la *grande peinture*, qui depuis 1840 était devenue la peinture d'histoire. Après que Piloty eut rendu les visages des héros avec exactitude, aucun artiste ne pensa plus s'abaisser en faisant des portraits. Du genre historique sortit la peinture officielle, puis quelques œuvres plus faciles représentèrent les plaisirs des classes élégantes, enfin parut la peinture des mœurs. Quand les maîtres eurent reproduit les anciens monuments, les élèves reproduisirent les monuments modernes, les villes, les ports, les manufactures. De même, les tableaux de la Réforme ou des guerres du Tyrol ou les tableaux humoristiques montrèrent des paysans, puis l'on eut des scènes sentimentales ou tragiques de la vie des paysans d'autrefois et d'aujourd'hui, puis encore des scènes de la vie paysanne sans prétention au sentiment ou à l'humour, et ce fut le naturalisme.

Avant de traiter des genres, je parlerai de la peinture historique, telle que l'ont faite les idées nouvelles et la nouvelle technique.

Bien qu'attaquée depuis trente ans, la peinture d'histoire subsiste encore, et elle subsistera toujours, car toujours les hommes voudront connaître les origines de leur patrie et leurs propres origines. Sans doute la peinture d'histoire ne tient plus la première place. Dans une société démocratique, la littérature et l'art s'intéressent surtout au présent comme les sciences physiques abandonnent les systèmes pour les découvertes pratiques, et que les sciences économiques et sociales l'emportent sur celles qui se consacrent à l'étude du passé.

Sans doute aussi, la peinture historique est de tous les genres le plus conventionnel. Il y a toujours de la convention dans la manière dont nous représentons le passé. Si nous n'ajoutons rien à ce que l'archéologie nous en apprend, notre image reste froide; si nous cherchons à faire revivre le passé en lui prêtant nos propres passions, l'image que nous en donnons est surtout l'image de notre temps.

Mais, parce que la peinture d'histoire est l'art propre du XIXe siècle, et qu'elle a ses traditions, et que ses traditions nous rappellent l'art d'autrefois, mieux qu'aucun autre genre elle nous fera comprendre l'évolution des croyances et des mœurs. Après avoir cherché les types éternels, la grande peinture a traité la philosophie de l'histoire; plus tard elle a représenté les événements, puis la vie extérieure des différentes époques, enfin les peintres s'efforcent aujourd'hui d'exprimer leurs propres idées sur une époque ou sur un événement.

Il semblerait qu'une pareille conception de l'art aurait dû aboutir au culte des héros, tel que Carlyle et Nietzsche l'ont compris. Non, le contraire s'est produit. Le peuple n'aime que sa propre histoire, et point celle des grands hommes dont il ne descend pas. Puis, ceux qui ne veulent pas comprendre le passé mais l'évoquer, le sentir, s'intéressent davantage à la foule impersonnelle qu'aux grands hommes trop personnels, pour la même raison que les femmes, les jeunes gens, les hommes sans éducation préfèrent les beautés naturelles aux œuvres du génie humain.

Ainsi la peinture d'histoire est devenue un genre réaliste comme tous les autres, et, réaliste, elle s'est faite populaire.

Plusieurs causes contribuèrent à lui donner ce caractère.

D'abord son évolution même. Les coloristes n'avaient que deux soucis : l'archéologie et la bonne facture. Tandis que le public regrettait les scènes dramatiques, la critique accusait les artistes de se préoccuper seulement de montrer leur science des monuments et des costumes, leur virtuosité à rendre les étoffes. Mais ainsi l'intérêt se reportait des personnages principaux sur la foule même, on la voyait revivre, on comprenait ses mœurs, ses instincts, ses passions.

Et la peinture historique suivait aussi la science. Augustin Thierry, Michelet, Treitschke et Greene se sont efforcés d'écrire l'histoire du peuple. Plus que les victoires des généraux ou les négociations des diplomates, plus même que l'influence des écrivains et des hommes politiques, il nous importe de connaître à chaque époque les mœurs du peuple, ses croyances, ses aspirations, les relations du mari et de la femme, du père et des enfants, du maître et des domestiques, du propriétaire et du paysan ou de l'ouvrier; comment on s'habillait; comment on se nourrissait, comment on cultivait la terre, on fabriquait les objets d'un usage quotidien. En restituant les monuments et les costumes, la peinture d'histoire a fait œuvre véritable de science historique.

D'ailleurs, dans tous les pays mais surtout en Allemagne où les monuments sont décorés de fresques, la peinture d'histoire moderne est destinée au peuple et, par suite, d'esprit populaire. Dans leurs fresques, les peintres Allemands ne parlent jamais que du peuple. Pour éviter de mettre au premier plan des souverains ou des grands hommes, ils choisissent le plus souvent des scènes où le premier rôle appartient aux mandataires d'une collectivité. Ainsi M. Vogel : *Le Sénat de Berlin recevant la communion sous les deux espèces*. M. Prell : *Le bourgmestre et les échevins d'Hildesheim établissant le rite protestant dans l'église de Saint-André.*

Mais, dans les fresques mêmes où se trouvent des princes, la foule tient encore le premier rang. Ainsi M. Janssen : *La comtesse de Hesse montrant son jeune fils aux habitants de Marburg et leur demandant leur appui* (1247). Ainsi M. Vogel : *Frédéric-Guillaume s'adressant au peuple prussien en 1812.* De même, la peinture de batailles ne célèbre plus comme autrefois le triomphe d'un souverain ou la victoire d'un général; elle doit exalter la bravoure des soldats, faire comprendre au peuple que l'armée est nationale et que sa gloire est la gloire de tous.

Comme les Allemands n'ont pas eu de révolution, ils ne veulent pas seulement connaître les événements du dernier siècle mais tous les événements de leur passé. Aucun livre ne révèle mieux leur esprit que *Les Aïeux* de Gustave Freytag. Ces romans étudient les transformations d'une famille allemande à travers les âges : son premier auteur connu est Ingo, un chef Germain du IVe siècle. A chaque période décisive de l'histoire de l'Allemagne, Freytag nous montre le rôle que jouent les descendants d'Ingo : l'un est souverain dans la Saxe au temps de Saint-Boniface, l'autre chevalier de l'Ordre Teutonique au XIIe siècle. A l'époque de Luther, le chef de la famille est un noble qui embrasse la Réforme ; nous la voyons représentée sous Frédéric II par deux frères, un officier et un pasteur protestant, au temps des guerres de Napoléon par un médecin, en 1850 par un journaliste.

L'idée de l'ouvrage est celle même qui inspire les œuvres de M. Prell et de M. Janssen. Pourquoi le peuple maudirait-il les princes et les nobles du passé? Ces hommes, qui préparèrent la grandeur de l'Allemagne d'aujourd'hui, sont physiquement les ancêtres de bien des humbles et moralement les ancêtres de la nation tout entière.

Aussi la fresque est-elle devenue pour les Allemands une manière d'enseignement démocratique : en visitant l'hôtel de ville, les enfants apprennent l'histoire de leur ville ; en visitant le palais de justice et la préfecture, ils apprennent celle de leur province ; tous les monuments leur racontent l'histoire de leur pays.

Quand un esprit nouveau l'inspira, la peinture d'histoire dut changer son art et sa technique.

En Allemagne, la plupart des jeunes peintres d'histoire sont des naturalistes. Dans leurs fresques et leurs tableaux ils admettent le plein-airisme, la peinture blanche, les reflets multicolores; ils méprisent l'ancienne composition et, si leurs personnages se trouvent dans une pièce, ceux du premier plan seront deux, trois fois plus grands que ceux du second, comme sur un cliché photographique.

Un pareil art est démocratique; on le vit bien à la manière dont il fut accueilli; la plupart toléraient que M. de Menzel et M. Janssen figurassent les rois et les grands hommes du passé dans des poses naturelles, avec les gestes les plus communs, mais tous se récrièrent quand M. Vogel et M. Kampf les peignirent en plein air ou dans le jour d'une fenêtre avec des reflets sur leurs visages ou sur leurs vêtements. Aux peintres classiques ces reflets jaunes, verts, bleus sur le visage du grand Frédéric semblaient comme une insulte au génie et à la majesté royale. Et de fait aucun artiste n'a peint en plein air Alexandre, César ou Charlemagne. C'est ainsi que la technique même des écoles modernes impose à la peinture d'histoire de s'occuper du peuple et de se faire démocratique(1).

D'ailleurs, notre manière de figurer les choses, si objective que nous la voudrions, nous demeure toujours personnelle. Moins formés que nous-mêmes par une éducation artistique spéciale, Louis XIV ou Frédéric II ne discernaient pas les reflets et les nuances que nous discernons. Les peindre avec ces nuances et dans ces reflets, c'est leur attribuer notre sensibilité nerveuse et raffinée, qui leur eût paru folle ou morbide. L'on peut se demander si pour la peinture d'histoire le meilleur procédé n'était pas celui de Piloty : employer dans chaque sujet le style et la technique qu'employaient les maîtres de l'époque à laquelle on emprunte son sujet.

Maintenant les peintres d'histoire s'inspirent de l'impressionnisme. Ils essaient de nous intéresser aux événements en n'y voyant que des symboles ; ils prêtent au passé nos propres

(1) Et cependant la foule a été la première à s'insurger contre les procédés des naturalistes, qu'elle ne comprenait pas et contre leur manière de représenter les grands hommes et les souverains. En art comme en histoire le peuple est conservateur.

sentiments : écartant ce qui rappelle directement ses croyances et ses mœurs, ils lui donnent des costumes conventionnels ou parfois même les costumes d'aujourd'hui.

M. de Uhde, M. de Gebhardt et leurs imitateurs ont traité de la sorte l'*Ancien* et le *Nouveau Testament*. M. Böcklin, M. Klinger, M. Stuck attribuent aux dieux antiques nos sentiments et nos mœurs. Pour Puvis de Chavannes, la vie de Ste-Geneviève est comme une *légende dorée* qu'aurait inventée un poète d'aujourd'hui. Les récits de l'antiquité et les traditions bretonnes deviennent chez M. Burne Jones des allégories. Pour beaucoup de poètes et de peintres Tyr ou Alexandrie, l'Athènes de Phidias ou la Rome de Néron n'est qu'un état d'âme. Dans l'histoire comme dans le paysage, l'art moderne cherche des impressions.

Déjà quelques personnages historiques ne semblent plus que des symboles populaires. Les Allemands identifient Sainte-Élisabeth de Thuringe avec la pitié, Charlemagne et Barberousse avec l'empire Allemand, glorieux jadis, puis endormi, puis réveillé enfin du sommeil du tombeau. Chez nous, Jeanne d'Arc est devenue l'image de la Patrie ; la statue d'Étienne Marcel se dresse devant l'Hôtel-de-Ville pour réclamer les droits de Paris comme les Rolands des anciennes villes allemandes rappelaient leurs chartes municipales ; et dans la foule, il commence à se créer une légende de Napoléon. L'on ne distingue plus Dante des personnages de son poème, et dans le tableau de Gabriel Max, nous voyons Heine à genoux devant sa Vision.

Pour l'artiste, qui fait de l'histoire du passé un symbole de tous les temps, la difficulté est de fondre les disparates. M. de Uhde, qui représente le Christ au milieu des paysans, y réussit mieux que M. Béraud, dont le Christ s'adresse aux riches. Le costume des pauvres aux formes indistinctes semble n'être d'aucune époque. Mais les vêtements des riches, dont la coupe précise la mode de quelques années, ne conviennent pas dans un tableau qui veut figurer ce qui ne passe pas.

Tel est le genre nouveau qui tente la peinture historique ;

s'il devait se généraliser, c'est en Allemagne qu'il produirait ses meilleures œuvres. Aucun autre pays ne conserve assez la tradition du passé pour qu'on y puisse figurer certains personnages du passé comme encore vivants ; et, bien que d'esprit réaliste aujourd'hui, l'Allemagne a gardé le souvenir de l'idéalisme d'autrefois. Or, un pareil genre semblerait un effort pour sauver l'ancien idéalisme en lui donnant les apparences de la réalité. De l'histoire, qui est la science de la mort, il fait une science de vie en montrant comment le passé se continue dans ses effets.

CHAPITRE PREMIER

LE NATURALISME DANS LA PEINTURE D'HISTOIRE

En Allemagne la peinture historique traite à la fois la fresque et le tableau, si bien que les tableaux rappellent la fresque par leur composition, et que les fresques rappellent le tableau par le naturalisme, l'éclat de la couleur et le souci des lois du plein-air.

Deux écoles surtout méritent d'être étudiées : Dusseldorf et Dresde. L'une et l'autre procèdent directement de Lessing et de Rethel, mais surtout de Rethel, le fondateur de l'art moderne de la fresque, comme Cornélius fut le fondateur d'un art différent de la fresque au commencement du XIXe siècle.

I

Longtemps, l'école de Dusseldorf parut hésiter. Tandis que Wislicenus (1) et Gehrts imitaient les coloristes de Munich,

(1) Wislicenus (1825-99) a peint les *Quatre Saisons* (1876-77), dans la *Galerie nationale* à Berlin, l'histoire des empereurs Saxons et Hohenstaufen et la *Restauration de l'Empire* dans le vieux palais de Goslar. — M. Baur (1835) a donné des tableaux dont les sujets sont empruntés à l'histoire des persécutions, et des fresques : les meilleures à Crefeld représentent l'histoire de l'industrie de la soie. — Gehrts († 1899) est surtout connu comme illustrateur; il a continué Richter. Il a décoré l'escalier du musée de Dusseldorf de fresques représentant *L'histoire de l'art*. — M. Janssen (1844), a peint pour la Bourse de Brême *La Colonisation des provinces de la mer Baltique*; pour l'hôtel-de-ville d'Erfurt, l'histoire de cette ville; pour le *Musée militaire* de Berlin, les batailles de *Fehrbellin*, de *Torgau* et de *Hohenfriedberg*; dans le musée de Berlin, la première salle de Cornelius (1875); enfin dans la grande salle de l'Académie de Dusseldorf, une frise représentant *L'Histoire de l'humanité*.

KAMPF (ARTHUR)

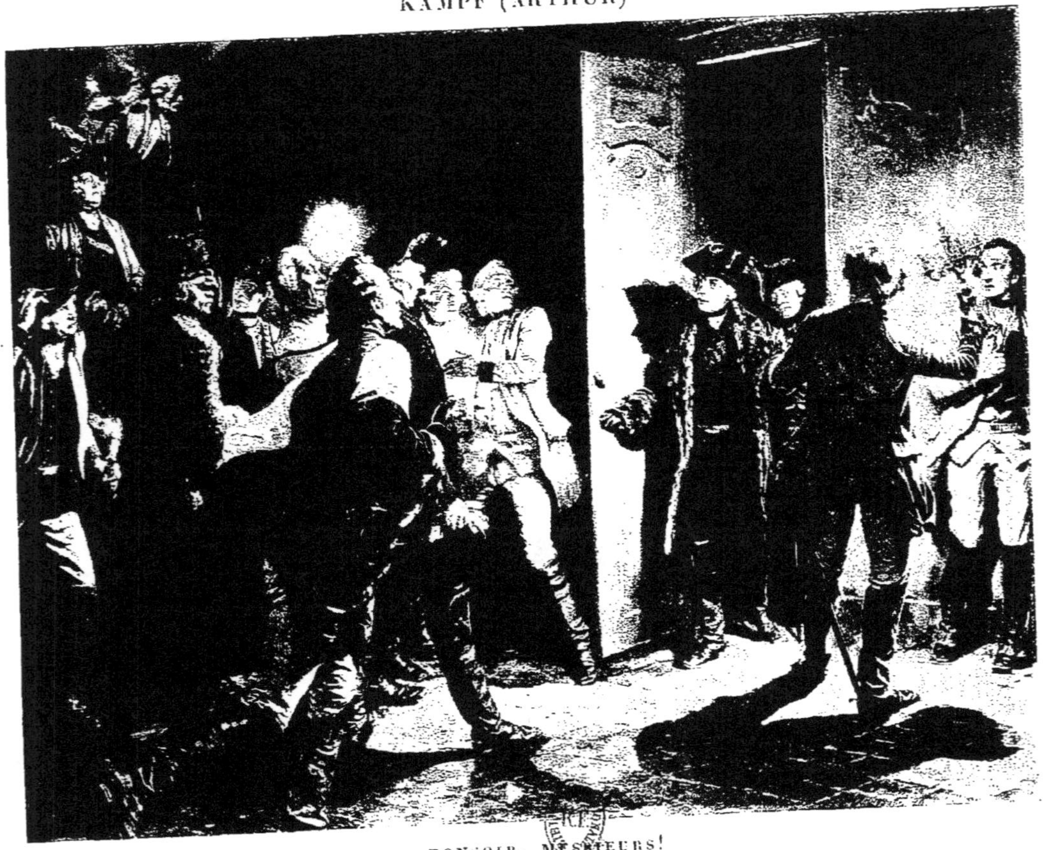

BONSOIR, MESSIEURS!

Avec la permission de la Société photographique (Berlin et Paris).

M. Baur s'inspirait des Français ; puis M. Janssen s'efforça de concilier l'art monumental de Rethel avec la bonne technique de Piloty et le naturalisme de Menzel. Entre autres édifices, il a décoré l'Université de Marburg (1894-96). Sa meilleure fresque représente Ste-Élisabeth de Hongrie. Une salle de l'hôpital. Sous un grand Christ de style byzantin, les lits, où les malades se débattent, fiévreux. Ste-Élisabeth, pieds nus, lave les carreaux ; elle est vêtue comme une religieuse, et la blanche coiffe pâlit encore son visage amaigri. Suivi de la cour indignée, Konrad de Marburg, le confesseur de la sainte, la frappe brutalement de sa discipline.

M. Janssen s'est fait comme maître une grande réputation. Le plus hardi de ses élèves, M. Kampf (1864), peint des scènes empruntées à l'époque de 1812-15, ou bien à la vie du Grand Frédéric. Le musée de Dusseldorf possède l'œuvre la plus connue de M. Kampf :

Frédérick à Köben (1) Une chambre modeste. A droite, dans la clarté d'une fenêtre invisible, les généraux en uniformes sombres, tous vieux, avec le visage dur, les traits accusés, mais tous comme effrayés ou même abrutis par la défaite. Dans le fond, une seconde pièce et d'autres généraux dont nous n'apercevons que les visages las. A gauche, le lit : en contraste avec les uniformes sombres, les draps blancs, les rideaux blancs aux fleurs bleues attirent les regards. Près du lit, une chaise de paille, au dossier, aux pieds de bois rouge ; sur cette chaise, des papiers, un livre, un verre. Dans le lit, en pleine lumière, Frédéric assis, en chemise, son grand manteau jeté sur ses pieds, un bandeau noué autour de la tête, pâle, malade, les traits tirés, les yeux perçants brûlés de fièvre, mais seul calme et seul énergique.

L'œuvre est franchement traitée dans la manière des pleinairistes. Les reflets de la lumière sur les visages, les perruques

(1) En 1759, après la défaite de Kunersdorf (12 août), Frédéric II tomba malade à Köben sur l'Oder. Il réunit ses généraux pour les prier de dire aux troupes que sa maladie n'était pas feinte ; qu'après tant de défaites, il ne se reposerait pas avant d'avoir tout rétabli et que la mort seule pourrait le séparer de son armée.

poudrées, les uniformes gris et bleus, les bottes marquées aux plis de plaques violettes, comme le visage pâle du roi, qui se détache bien sur l'oreiller blanc au-dessous des rideaux blancs, tout montre un artiste sûr de son art, et scrupuleux dans l'exécution (1).

M. Hugo Vogel concilie comme M. Kampf les découvertes du plein-airisme et les exigences de la facture moderne avec les traditions de l'école historique. Une connaissance approfondie des vieux maîtres allemands, de fortes études d'après nature donnent à son œuvre une rare vigueur.

Le tableau qui fonda sa réputation, est le *Luther prêchant à la Wartburg* du musée de Hambourg.

La chapelle romane. A droite, sous les vitraux des fenêtres basses, qui jettent une clarté trouble et colorée, le landgrave, gros et lourd dans son ample surtout, les yeux bleus, la barbe et les cheveux roux. Près de lui, sa femme, ses enfants, des serviteurs, au premier plan un soldat avec le casque et la cuirasse, toutes fortes figures, soigneusement dessinées d'après le modèle vivant mais inspirées des maîtres du seizième siècle. A gauche, dans le jour franc de la seule fenêtre ouverte, Luther debout, une main sur le pupitre, l'autre sur sa poitrine. La soutane, le collet aux larges plis, les cheveux longs, le front chauve, l'éclat des yeux donnent à ce visage puissant et commun un air d'enthousiasme et de noblesse (2).

(1) *Bonsoir, Messieurs,* rappelle l'épisode suivant de la vie de Frédéric II. Ses troupes sont entrées de nuit dans Lissa, les Autrichiens tirent par les fenêtres. Frédéric va droit au château et, surprenant les officiers autrichiens à dîner, leur dit : « Bonsoir, messieurs ; vous ne m'attendiez pas ici ».

(2) Depuis, M. Vogel (1855) a peint d'autres œuvres historiques, des portraits et des tableaux de genre. Il a décoré de fresques la galerie extérieure de l'Hôtel-de-Ville à Berlin ; parmi ces fresques, je citerai : *Les Échevins recevant la communion sous les deux espèces, le Grand Électeur recevant les réfugiés français et Frédéric Ier bâtissant Berlin.* Dans toutes ses œuvres, les sujets historiques sont traités comme le seraient des sujets de la vie d'aujourd'hui : les personnages sont peints en plein air avec des contours effacés et dans les reflets des objets environnants. M. Vogel a traité la peinture murale dans sa grande composition : *L'Industrie sous la protection de la couronne.* (Galerie Ravenée.) Comme fond une ville industrielle, une rivière que remonte un bateau à vapeur, des entrepôts, des usines, la fumée des hautes cheminées fondue dans la brume, qu'éclaire vaguement la lumière grise du matin. Au premier plan, à droite, un groupe d'ouvriers

PRELL (HERMANN)

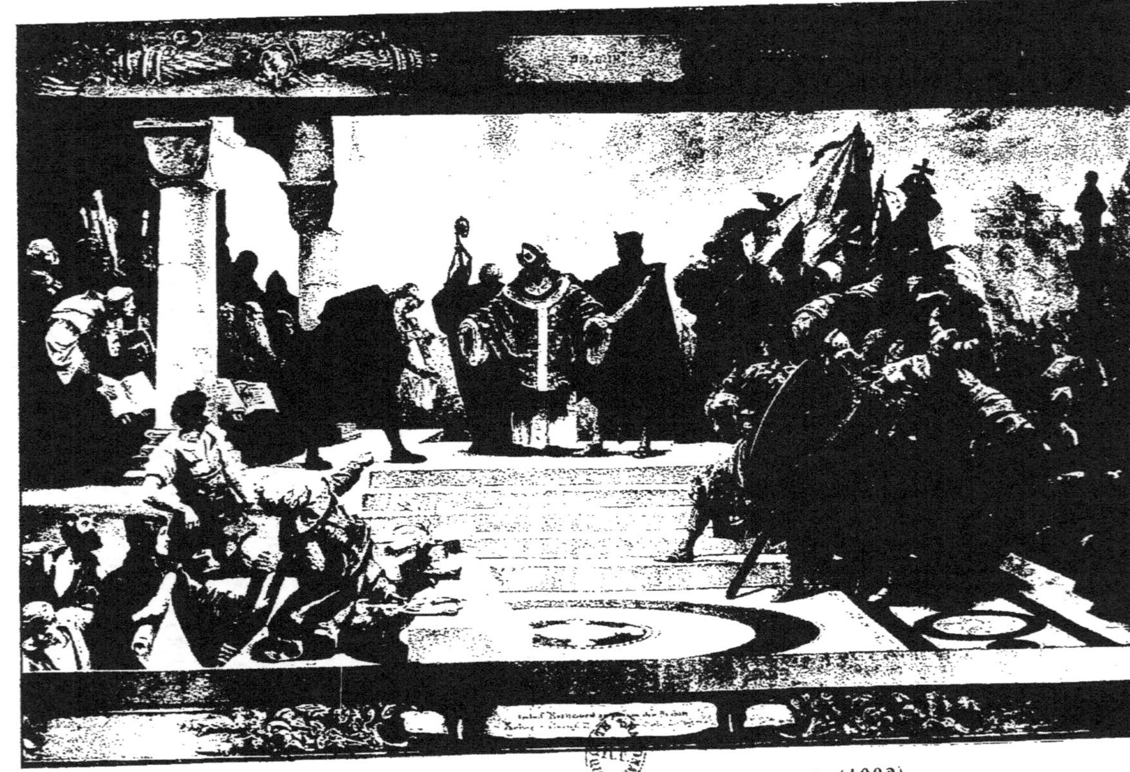

L'ÉVÊQUE BERNWARD ET L'EMPEREUR HENRI II (1002)

(Fresque à l'hôtel de ville de Hildesheim 1889.)

Phot. Tamme, succ. de Brockmann, à Dresde.

Avec la permission de M. H. Prell.

II

L'art de l'école de Dresde procède de l'art de Dusseldorf, puisque ses fondateurs Bendemann, de Hubner et de Hoffmann sortaient de l'Académie de Dusseldorf. Le chef de cette école, M. Hermann Prell a le don de figurer tout une époque par un épisode décisif; il en restitue fidèlement les monuments, les costumes, les mœurs, et même les types; surtout il fait vivant; nous retrouvons dans son art le don d'évocation de Michelet; lui aussi semble partager les passions des hommes du moyen âge et de la Réforme.

Les fresques qui retracent l'histoire d'Hildesheim, resteront peut-être comme l'œuvre la plus complète de M. Prell. Hildesheim est une des jolies villes de la riche plaine du Hanovre : tout autour un cercle d'usines, puis de larges rues modernes; au centre, la cité aux ruelles étroites et tortueuses, aux maisons à pignon, aux belles églises romanes et gothiques. Sur la place, une fontaine monumentale avec des bustes de héros, la maison des *Templiers,* celle de *Wedekind*, la maison des *Travailleurs d'os,* la plus belle de la Renaissance allemande; au fond, l'hôtel de ville en gothique fleuri. La grande salle est oblongue; une galerie l'entoure, le plafond très riche repose sur des arceaux. A l'une des extrémités, une grande fenêtre d'où vient le jour; à l'autre, une peinture de la Vierge. Sur chacun des côtés, que décorent des boiseries, quatre fresques dans des cadres d'or : la couleur sobre; aucun effet de lumière, les ciels légèrement esquissés, à peine quelques indications de plein-airisme. Mais le dessin, toujours correct et ferme rappelle le style monumental de Rethel.

d'une belle facture, à gauche des figures symboliques : l'Industrie vêtue de blanc, sur un trône et le rameau d'olivier à la main; un homme nu, élevant en l'air la couronne impériale. Le buste découvert, une robe rouge à parements roses attachée aux hanches, l'Architecture est assise et dessine. Près d'elle, un dieu barbu, symbole de la navigation.

La meilleure fresque est celle de l'*Établissement du culte réformé dans l'église de Saint-André.* A droite, contre l'église, des femmes à genoux, les unes priant, les autres terrifiées par le sacrilège, des hommes curieux, un reître avec un grand chapeau à plumes, les poings sur les hanches et l'air bravache ; au premier plan, des enfants espiègles. A gauche, la grande place aux maisons gothiques et Renaissance ; la procession : enfants, qui chantent et femmes aux coiffes blanches. Devant les femmes, les échevins conduits par le bourgmestre pieux et solennel. Au milieu de la fresque, sous le porche de Saint-André, un bedeau incliné tient le ciboire. Sur le haut du perron, le pasteur, la tête rejetée en arrière, de ses deux bras tendus, élève la Bible.

A l'exemple des maîtres de Dresde et de Dusseldorf, nombreux sont les peintres qui exposent des tableaux d'histoire ou décorent de fresques les monuments de l'Allemagne. Et ces peintres traitent tous les genres ; les uns rappellent les Nazaréens, les autres Lessing ou Rethel, d'autres encore Piloty ; la plupart s'inspirent de MM. Jansen, Vogel et Kampf ; les plus jeunes s'essaient dans le symbolisme impressionniste. Mais nulle part, nous ne trouvons un art franc comme l'était celui de Kaulbach ou celui de Piloty ; partout nous apparaît l'hésitation, l'effort, le désir de concilier les traditions de l'ancien idéalisme avec le réalisme aujourd'hui prépondérant (1).

(1) L'on a de M. Prell (1854) quelques tableaux religieux, mais il a surtout peint des fresques historiques. Voici les principales étapes de sa carrière : Maison des Architectes à Berlin (1878-85), Hôtel de Ville de Worms (1885), Hôtel de Ville d'Hildesheim (1887-92), Musée de Breslau (1892-94), Hôtel de Ville de Dantzig (1894), Palais Caffarelli à Rome. Au Musée de Breslau, M. Prell a, comme Puvis de Chavannes, figuré l'art païen et l'art chrétien. Voici l'art païen. Au milieu, Apollon entouré des Grâces, de poètes à la barbe blanche, de jeunes femmes nues et d'enfants, qui jouent avec des roses. A gauche, Pâris tendant la pomme à la déesse Aphrodite A droite, un éphèbe saisissant Pégase, qui veut s'élancer vers les Muses planant dans l'empyrée. Les deux premières fresques nous apprennent ainsi comment les dieux venaient à l'homme ; la troisième nous apprend comme l'homme allait aux dieux. Pour l'art chrétien : à gauche, Saint-Georges terrassant le dragon ; à droite, Béatrix conduisant Dante au ciel ; dans le milieu, le Christ transfiguré sur une nuée lumineuse, au-dessous la fontaine de vie,

PRELL (HERMANN)

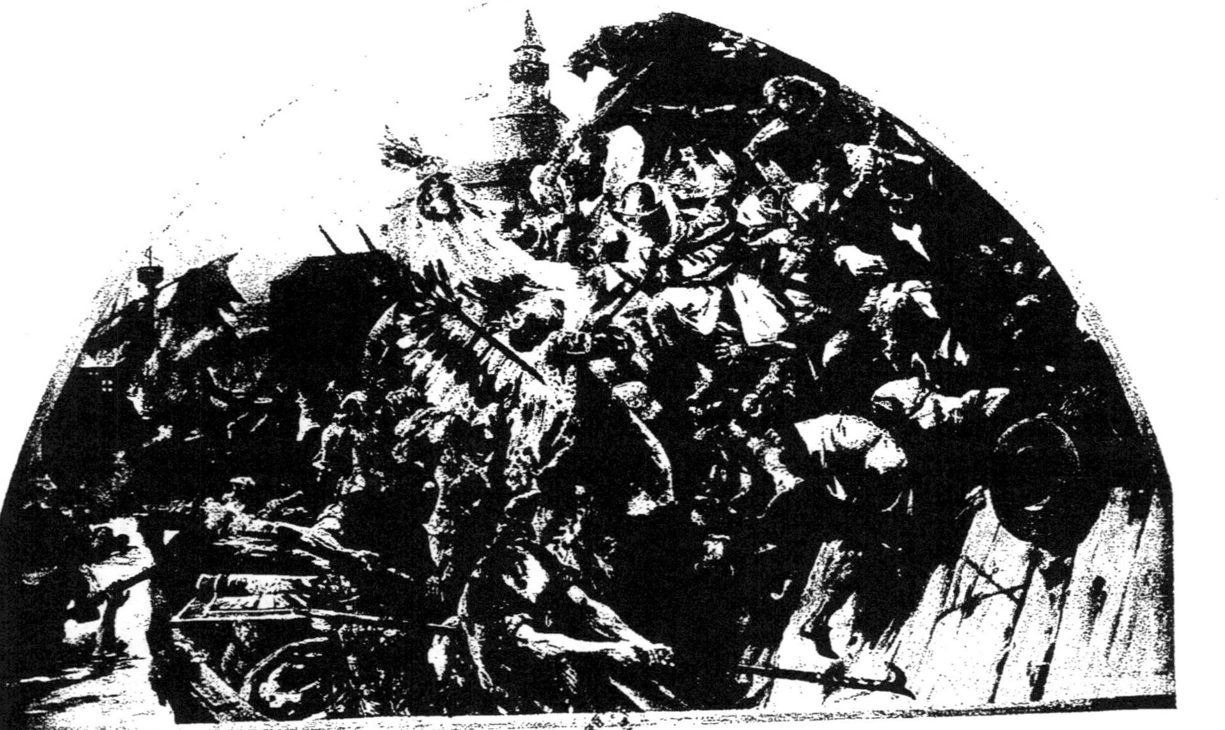

LES DANTZIGOIS REPOUSSANT LES POLONAIS DE WEICHSELMUNDE, EN 1541

(Fresque peinte en 1897 à l'Hôtel de ville de Dantzig.)

Avec la permission de M. Hermann Prell.

Ph. Tamme, succ. de Brockmann, à Dresde.

où les anges de douceur étanchent la soif des misérables, d'où les anges de colère repoussent les superbes. Ainsi le ciel et la terre ne sont pas irrémédiablement séparés, mais les jours d'autrefois sont passés, où l'on ne distinguait pas les hommes des dieux. C'est par l'effort et la souffrance et les larmes que l'homme peut maintenant se rapprocher du ciel.

Parmi les grandes œuvres décoratives achevées dans ces dernières années, il faut signaler : l'Hôtel de ville de Hambourg par M. Arthur Fitger (1840), peintre et poète. Du même, aussi : les caves de Brême et de Hambourg, le château d'Oldenbourg, etc. M. Fitger traite l'art religieux, la légende et l'histoire. Comme Gehrts et Wislicenus, c'est un éclectique et un coloriste.

CHAPITRE II

LES PEINTRES DE BATAILLES ET LES PEINTRES DE CÉRÉMONIES OFFICIELLES.

I

La *Grande Peinture* d'autrefois, qui était idéaliste, cherchait la synthèse d'une bataille, ce qu'on pourrait appeler son moment plastique : ainsi Alexandre à la bataille d'Issos ; Constantin jetant Maxence dans le Tibre. Plus tard, l'on eut Bonaparte passant le pont d'Arcole ; la garde à cheval défilant devant Napoléon à Waterloo.

Avec ce genre il en existait d'autres, que leur infériorité même affranchissait des lois de la critique. Ainsi Van der Meulen et ses imitateurs donnaient des manières de plans, tandis que Salvator Rosa et les Hollandais représentaient des épisodes dans des paysages traités avec soin.

Les progrès du réalisme ont fait abandonner l'art idéal de Raphaël. D'ailleurs les batailles d'aujourd'hui fournissent rarement au peintre un moment plastique. Comment montrer Napoléon III faisant passer le Mincio à ses troupes devant Solférino ou la droite des Prussiens rejoignant leur gauche sur les derrières des Autrichiens le soir de Sadowa ?

Les genres secondaires ont également disparu. Dans les guerres actuelles, le front des troupes s'est tellement étendu, qu'aucun tableau-plan ne pourrait le figurer. La manière de

Salvator Rosa et de Wowermann ne s'accorde plus avec notre goût de l'exactitude dans tout ce qui touche l'histoire.

Devenue réaliste, la peinture militaire a voulu fondre les trois genres traités séparément autrefois ; puis, devenue proprement naturaliste, elle les a de fait abandonnés tous pour représenter des épisodes dramatiques ou même des scènes quelconques de la vie militaire ; ni l'un ni l'autre effort ne lui a réussi.

Telle qu'on la pratique aujourd'hui, la peinture militaire présente en effet de grandes difficulté. D'abord des difficultés techniques ; l'artiste devra connaitre les règles du paysage en plein air, celles aussi de la peinture de chevaux, renouvelée par la photographie instantanée ; il devra peindre les équipements, les uniformes, figurer des hommes dans toutes les positions et de grandes masses d'hommes.

Du point de vue de l'art, les difficultés sont plus grandes encore. Comment nous faire comprendre une bataille ? Des hommes râlent, d'autres expriment dans leurs regards la peur ou la férocité, et nous n'apercevons ni l'ennemi, ni même ses projectiles. Peint-on une charge, ce sont des lignes de cavaliers, sabre au clair, des chevaux qui galopent, ou se cabrent, ou se renversent sanglants, ou se tordent sur la terre, perdant leurs entrailles. Mais le peintre ne nous montre pas la ligne d'infanterie contre laquelle des cavaliers prétendent s'élancer. Pour nous la charge est sans but.

Puis quelle expression donner aux visages ? Les maîtres d'autrefois ne représentaient que les chefs victorieux ; quand l'on commença de peindre les soldats, on les figura toujours comme ravis par l'enthousiasme. Le premier, A. Menzel, dans sa *Bataille de Hochkirch* (1856) s'efforça de nous montrer les soldats, tels qu'ils sont.

La nuit ; à travers la fumée de la fusillade, les flammes du village embrasé. La première ligne de l'armée prussienne est presque enfoncée. Brusquement réveillés dans leur premier sommeil, les grenadiers accourent à leur poste. Lourdement ils escaladent le tertre où tiraillent les dernières troupes d'avant-garde ; de la plupart nous ne voyons que le buste ou même la tête ; la lueur de l'incendie rougit les grosses figures engourdies, les unes grognonnes, les autres apathiques. La simple vérité : rien de ces visages enthousiastes, de ces gestes emphatiques, qu'aiment à figurer les peintres de batailles. A droite, l'état-major arrive au galop, Frédéric II sur un cheval blanc, sa canne à la main. Il vient droit sur nous : le cheval est peint en raccourci ; la figure nous apparait de face, mais le côté gauche est dans l'ombre, le côté droit dans la lueur de l'incendie. Les yeux brillants, les traits tirés, de sa bouche contractée il semble crier : « Courage, mes enfants. »

Avec les progrès de l'individualisme, le naturalisme se transforme en impressionnisme. Depuis les romans de Tolstoï, les peintres de bataille sont devenus des psychologues. Mais un art peut-il se donner pour but de n'exprimer que la crainte, la souffrance, la fatigue et l'horreur ? Dans les siècles qui aimaient la guerre, tous ne s'intéressaient qu'au résultat ; nul ne prenait garde au sort de l'individu. Il n'en est plus de même aujourd'hui. Les votes des citoyens décident de la paix et de la guerre ; et le citoyen, qui vote, a le droit et le devoir de tenir compte de ses souffrances personnelles. Voilà pourquoi les guerres sont devenues plus rares. De même dans l'art. La foule ne veut plus qu'un tableau de bataille lui présente le symbole d'une grande cause, chacun y cherche l'image des souffrances qu'il aurait endurées. La prépondérance du réalisme doit amener ainsi la fin d'un art qui ne peut se comprendre sans l'idéalisme et même sans l'idéalisme du désintéressement, comme l'enseignait l'école de Kant (1).

(1) En Allemagne la peinture de batailles ne manque pas de modèles du dix-septième et du dix-huitième siècles. Dans le genre de Bourguignon l'on a Lembke (1631-1713) et Rugendas (1666-1742), ce dernier excellent. Ainsi les deux batailles de Vienne. Dans l'une, la mêlée, des paysans qui supplient un cavalier. Dans l'autre, une voiture qui se fraie un chemin hors de la foule ; des femmes qui soignent un blessé. Avec cela, un fond transparent, les personnages en clair-obscur, la pâte et la facture des Hollandais, de la couleur, du dessin, de

*
* *

Au dix-septième et au dix-huitième siècles, l'Allemagne avait eu de bons peintres de batailles comme Roos et Rugendas ; leur manière est celle même de Wowermann. Les grandes guerres du commencement du dix-neuvième siècle amenèrent plusieurs des maîtres allemands à renouveler un genre tombé dans la banalité. Mais il leur manquait ce qu'avaient Gros et Gérard, la tradition des coloristes et l'enseignement de David.

De ces maîtres, deux seulement méritent d'être cités : les Bavarois Albrecht Adam (1786-1862) et Peter Hess (1792-1871). Ce dernier a traité tous les genres mais il vaut surtout comme paysagiste, même dans ses tableaux militaires. Adam au contraire était presque un soldat. Il suivit l'État-Major français dans les guerres de 1809 et de 1812, l'État-Major autrichien dans les expéditions d'Italie (1848) et de Hongrie (1849-50). Travaillant avec les officiers, il peignait des tableaux, qui paraissent des plans : on peut y voir l'ordre et la marche des divisions. Mais, vivant au milieu des soldats, témoin de leurs besoins, de leurs souffrances, de leurs habitudes, Adam savait rendre leur manière de se tenir, leurs gestes habituels, l'expression de leur visage ; c'est pour l'observation souvent brutale, souvent humoristique, que les Allemands goûtent encore ses tableaux. Après 1815, seule l'armée autrichienne conserva des peintres officiels. Ce furent, outre Adam et son

la verve et de la composition. — Dans le même genre, Querfurt (1697-1761), Weyer (1690), Scheits (1640-1700). Rooz (1651-1705) est surtout un animalier, mais il a un beau combat de cavalerie au musée de Vienne ; une sortie à cheval d'une garnison assiégée ; des chevaux peints d'après nature, l'art de Wowermann en plus noir, mais un mouvement endiablé. Avec eux il y a lés peintres qui représentent les batailles de leur temps. Ainsi Kien (né en 1700), dont le Musée de Vienne a deux combats de cuirassiers Autrichiens contre la cavalerie turque ; Brand le jeune (1723-95), *Bataillè de Hochkirch* (1758) d'après le lieutenant-colonel baron de Beaulieu (comme porte l'inscription du tableau).

fils Franz (1815-86), Charles de Blaas (1815-94), Fritz l'Allemand (1812-66) dont le neveu Siegmund (1840) a donné au Musée de Vienne un beau portrait du maréchal Landon.

Dans les autres écoles, la peinture de batailles ne se distinguait plus de la peinture d'histoire.

Les grandes guerres de la Prusse rendirent sa popularité à la peinture militaire ; ce fut à Dusseldorf que se fonda la nouvelle école. Ses membres les plus connus sont Sell (1831-83), Camphausen (1818-85), et Bleibtreu (1828-92). Ce dernier, qui fit toutes les campagnes de l'armée prussienne, prenait de bonnes esquisses des hommes et des lieux ; mais, dans ses tableaux, il croyait devoir employer et les couleurs, et la composition, et les poses théâtrales de l'école historique.

En même temps, M. Antoine de Werner (1843) cherchait à renouveler la peinture militaire, d'abord en la faisant peinture de genre, puis en admettant quelques-uns des principes de l'école naturaliste française. Il saisit bien la ressemblance des personnages. Nul n'a mieux que lui rendu le profil et la silhouette du maréchal de Moltke. Mais M. de Werner abandonna bientôt la peinture militaire pour la peinture officielle : loin de progresser dans la voie du naturalisme, il se rangea aux conventions des anciennes écoles (1).

Aussi le genre militaire ne devint vraiment naturaliste qu'avec les jeunes maîtres de Dusseldorf : MM. Rocholl (1854), Ungewitter et Schreuer. M. Schreuer est un humoriste, surtout connu pour ses dessins, M. Ungewitter un bon peintre de chevaux : ses charges de cavalerie peuvent compter parmi les modèles du genre. M. Rocholl joint à la connaissance des principes du plein-airisme une pâte épaisse, un coloris puissant et sombre, qu'il doit à son maître Piloty. Mais plus l'art est grand et mieux nous comprenons que le naturalisme ne convient pas à la pein-

(1) Parmi les peintres du genre militaire, M. Fritz Werner (1827) et M. Schuch (1843) l'un des peintres favoris de l'empereur Guillaume II, dont il a fait le portrait en uniforme de hussard rouge. Son *Ziethen* et son *Seidlitz* (Berlin) sont des œuvres intéressantes de beaucoup de vie et de couleur.

ture de batailles. Voici un tableau du Musée de Dusseldorf (1895). Un matin d'hiver, à la lumière trouble. Au premier plan un fossé rempli de cadavres, couchés dans la neige. Peint de grandeur naturelle, un sous-officier sans casque, la tête fendue d'un coup de sabre, enfonce ses éperons dans le ventre de son cheval blessé, qui se refuse à sauter. A ses côtés, un soldat franchit l'obstacle, un autre tombe frappé mortellement. Plus loin, un cheval sans cavalier; un cuirassier, qui, mettant la main sur ses yeux, s'abandonne à la conduite de sa monture; un homme, qui se débat sous son cheval mort. Tous les visages hideux de souffrance, de fatigue, d'angoisse. Sur les cuirasses et les uniformes blancs, le sang caillé peint en relief.

Chez aucun des peintres militaires allemands, nous ne trouvons l'éloquence et la couleur de Gros, l'esprit de Raffet, la verve d'Horace Vernet, l'émotion de Neuville ou l'amour de l'armée de M. Detaille. En France, seuls les peintres militaires ont été populaires; en Allemagne, où la foule même s'intéresse aux œuvres d'art, aucun peintre militaire n'est devenu populaire. Faut-il en chercher la raison dans l'humeur pacifique de la nation allemande ou dans la discipline de l'armée prussienne, dans son esprit de méthode, qui arrêtent l'initiative du soldat et même de l'officier? La cause en serait-elle dans cette opposition que les Allemands voient toujours entre l'idéal et le réel? Pour eux, quand la peinture militaire idéalise, elle représente des sujets de convention mais point de batailles; fait-elle vrai, le sujet devient trop horrible pour que personne veuille s'y arrêter (1).

(1) Ce jugement ne saurait, bien entendu, s'appliquer à Menzel, dont les illustrations de la vie de Frédéric II sont des chefs-d'œuvre. Mais lui-même est un dessinateur du premier ordre, un observateur excellent, un humoriste; ce n'est pas un enthousiaste. Parmi les peintres militaires allemands, il convient encore de citer : M. Hünten (1827), de l'Académie de Berlin; M. Kolitz (1845), directeur de l'Académie de Cassel; MM. Faber du Faur (1828) et Eugène Adam (1817-80), à Munich.

II

Comme la peinture militaire, la peinture officielle s'est transformée au dix-neuvième siècle jusqu'à devenir un art nouveau : idéaliste autrefois, elle prétend maintenant au réalisme.

C'est d'abord que, dans tous les pays, les mœurs et les costumes disent aujourd'hui la simplicité de gens plus occupés de travail que de fêtes et de plaisirs. Autrefois les beaux cortèges se formaient naturellement et sans que nul se déguisât. Pour composer la frise du Parthénon, Phidias n'eut qu'à copier la procession des Panathénées; pour décorer l'hôtel de ville de Nuremberg, Dürer n'eut qu'à peindre la suite de l'empereur Maximilien.

Mais, plus encore que la vie, l'art autrefois voulait l'idéalisme. Grecs et Romains figuraient des Victoires au milieu de leurs scènes de triomphe. Dans les fresques décoratives de l'école italienne nous trouvons soit des figures symboliques, soit des visions de la Vierge et des Saints. Les peintures du Versailles de Louis XIV ont toutes des allégories; et, dans la *Distribution des Aigles*, David avait mis une Victoire que Napoléon fit effacer.

C'est David pourtant qui, dans le *Couronnement*, trouva la nouvelle forme de la peinture officielle. En art comme en politique, Napoléon ne comprenait que le réalisme.

Mais la figure de Napoléon, le génie de David faisaient toute réalité classique. Après eux, l'art nouveau devint hésitant et banal. En Allemagne surtout, où les maîtres méprisaient le genre, où l'étiquette minutieuse ne laissait aucune liberté aux arts, la peinture officielle a produit peu d'œuvres intéressantes.

L'époque romantique n'en a laissé qu'une : *Le Roi Othon à l'Acropole d'Athènes*. Sous la chaude lumière, Peter Hess nous peint les ruines aux tons fauves, les Grecs aux costumes pittoresque ; et sa bonne humeur, les visages joyeux de la foule, les couleurs, la technique elle-même, tout nous rappelle l'enthousiasme naïf de ces romantiques, qui s'imaginaient restaurer et l'ancienne Athènes, et l'empire d'Orient (Munich).

Dans un autre genre, Menzel nous a donné l'un des chefs-d'œuvre de la peinture officielle : *Le Sacre du Roi Guillaume Ier* (1851-57, *Château* de Berlin).

La chapelle du château à Kœnigsberg : un édifice du seizième siècle, deux nefs, de hauts piliers minces supportant des voûtes à nervures de ce style particulier au nord de l'Allemagne, que nous retrouvons à Dantzig et à Marienburg, et qui rappelle la chapelle d'Henri VII à Westminster ; l'autel, la loge royale et la décoration du commencement du dix-huitième siècle. Nous voyons dans toute sa longueur, la nef où se trouve l'autel, entre les piliers une partie de la seconde nef. En face de l'autel, qui se trouve à gauche du tableau, des trônes placés contre les piliers. De part et d'autre de l'autel et des trônes, les grands dignitaires ; sur les estrades du fond et dans les galeries, les spectateurs. Tous se tiennent debout.

Sur le devant du tableau, Menzel a séparé les rangs des dignitaires pour nous laisser voir l'église. Devant le trône le plus éloigné, la reine entourée de ses dames. Le trône du roi est vide. Guillaume Ier se tient debout, le dos tourné à l'autel. Vêtu du manteau bordé d'hermine et la couronne sur la tête, il élève de la main droite l'épée, de la gauche le sceptre. Devant lui, un pasteur lit la formule du serment.

Sans se départir de la vérité, Menzel a su faire une œuvre remarquable pour l'éclairage et pour le coloris. Trois masses sombres de draperies, d'uniformes rouges, noirs ou bleu foncé, l'une dans le fond, les deux autres sur les côtés. Au milieu, une masse claire, la reine et ses femmes ; et la lumière, que répandent les fenêtres invisibles du côté gauche, éclaire en plein les visages, la poitrine et les bras nus, les diamants, les robes de dentelle et d'hermine. Et la lumière éclaire aussi les joues pâles du roi, les favoris blancs, les yeux brillants et mouillés de larmes.

Mais, dans la peinture officielle comme dans tous les genres, le naturalisme paraît banal et superficiel, s'il ne s'aide pas de la psychologie. Or jadis tous ceux qui assistaient à des cérémonies, éprouvaient ou feignaient d'éprouver les mêmes sentiments : rares étaient les étrangers dans les fêtes patriotiques, plus rares encore les sceptiques dans les fêtes religieuses. Aujourd'hui l'on ne saurait trouver deux personnes qui professent les mêmes opinions. Puis, notre sens de l'observation s'est affiné ; les yeux, les rides, le sourire nous trahissent les secrets des visages les plus froids, et nos sarcasmes n'épargnent ni la cérémonie, ni les personnages.

Aussi, quoiqu'il cherche à se montrer indifférent, Menzel ne réussit pas à cacher son ironie. Observe-t-il la foule, son œuvre devient presque humoristique : les visages pressés des fonctionnaires et des diplomates disent tous la moquerie, la morgue, la méfiance, la curiosité, l'ennui, les infirmités de l'âge, la fatigue d'une cérémonie trop longue. Dans les yeux, sur la bouche des dames de la cour, nous lisons l'affectation, la coquetterie, la vanité. Tout au contraire, le regard du pasteur paraît d'un mystique, celui du roi d'un inspiré. Sans doute l'expression des visages fut telle que Menzel la représente, mais le contraste nous paraît trop grand entre tant de foi et tant d'indifférence. De plus la couronne et le manteau de cour ne conviennent pas à la figure militaire du roi ; nous pensons à l'impératrice Marie-Thérèse souriant quand elle voit l'empereur François Ier revêtu des ornements de Charlemagne.

C'est la grande qualité du *Centenaire* de M. Roll, que tous les assistants y sont emportés d'un même enthousiasme. Mais seule, une démocratie connaît de ces élans qui rompent la discipline et l'étiquette, et, de fait, le tableau de M. Roll n'est plus un tableau officiel.

Aussi bien la peinture de cérémonie n'a produit au dix-neuvième siècle aucune œuvre qui rappelle même de loin Véronèse, Rubens ou Tiepolo. Autrefois la vie et l'art s'inspiraient de l'idéal. Aujourd'hui la vie ne connaît que le réalisme. Dans les cérémonies, qui veulent rappeler l'idéalisme oublié, tout est convention et l'on croirait des mascarades. Nos costumes d'apparat sont les copies défigurées de costumes empruntés aux temps, aux pays les plus divers ; si l'édifice qui les rassemble est moderne, il jure avec tous ; s'il est ancien, il jure avec la plupart et fait ressortir combien les costumes de la même époque se gâtant avec le temps sont devenus ridicules.

Notre siècle aussi a sa beauté, mais cette beauté est dans l'effort de la vie quotidienne, dans les ports où se pressent les bateaux, dans les usines voilées de fumée, dans la lueur des hauts fourneaux; elle est dans la foule des femmes aux toilettes claires, que dore un rayon de soleil, dans les rues des villes, qui, la nuit tombée, s'éclairent de milliers de lumières aux reflets multicolores.

Depuis trente ans, M. de Werner est à Berlin le maître de peinture officielle. Ses principales œuvres sont : *La Proclamation de l'Empire*, *Le Congrès de Berlin* et *L'Inauguration des nouveaux bâtiments du Reichstag*. M. de Werner ne cherche pas, comme les portraitistes psychologues, à nous révéler les secrets d'un sourire ou d'une ride. Mais nul mieux que lui ne saisit un profil, une silhouette, nul ne représente mieux les gens comme ils veulent qu'on les représente et c'est là le talent propre d'un peintre officiel.

Le *Congrès de Berlin* restera comme document historique. Au premier plan, l'*Alliance des trois empires* : le prince de Bismarck, hautain et rude, tend la main au comte Schouvaloff, souple, adroit et empressé. Près du prince, le comte Andrassy fin et comme inquiet. A gauche le prince Gortschakoff vieux et sûr de lui ; assis dans un fauteuil, il saisit le bras de Lord Beaconsfield appuyé sur sa canne. Derrière eux M. Waddington fier et recueilli. Autour de la table les autres membres de l'assemblée. Vingt-trois ans ont passé depuis le Congrès de Berlin ; tous les hommes d'État sont morts, qui l'ont dirigé.

Qu'est devenue l'alliance des trois empires? Qu'est-il resté de la politique du prince de Bismarck?

Déjà, dix ans après, le tableau de l'*Inauguration du Reichstag* nous fait connaître des temps nouveaux. La cérémonie a lieu dans la grande salle. A droite (au milieu du tableau), sous un baldaquin, l'empereur Guillaume II, le casque à plumet sur la tête et le manteau sur les épaules. Au pied de l'estrade, en uniforme, le prince de Bismarck vieilli et comme humilié. De part et d'autre du trône, la cour; en face, les chefs des groupes parlementaires. Et nous retrouvons là des visages connus : le maréchal de Blumenthal; le chef du parti catholique, le fameux Windthorst; les anciens qui ont créé la puissance politique de l'Allemagne et les hommes plus jeunes qui créeront sa puissance industrielle.

L'on comprend que les temps nouveaux veulent une autre manière de gouverner ; une pareille leçon d'histoire suffit à montrer l'intérêt que présente la peinture officielle, quand l'artiste reproduit fidèlement ce qu'il voit sans chercher à rien expliquer. Ni l'étude psychologique des hommes, ni la philosophie de l'événement ne relève de son art. L'étude des hommes sera l'œuvre de l'historien. Quant à la philosophie de l'événement, seul le temps permettra de la dégager (1).

Pour terminer cette étude sur la peinture d'histoire, il convient de décrire brièvement l'arsenal de Berlin. L'arsenal fut construit sous Frédéric 1er par Nehring, un Hollandais formé en France. C'est un bâtiment carré de quatre-vingt-dix mètres de

(1) Plusieurs des tableaux officiels de M. de Werner sont à proprement parler des tableaux d'histoire : Ainsi *La Fondation de l'ordre de l'Aigle noir* et *le Sacre de Frédéric Ier à Koenigsberg*. — Parmi les tableaux intéressants qu'a produits depuis trente ans la peinture officielle, on peut encore citer : Gentz (1822-90), *Le Prince royal Frédéric entrant, en 1869, à Jérusalem* (1876) ; Fritz Werner : *Inauguration du monument de la reine Louise au Thiergarten* (1890) ; Bohrdt : *Inauguration du canal « empereur Guillaume II »* (1895).

côté ; la hauteur est de près de dix-neuf. Chaque façade a deux étages : le rez-de-chaussée en style rustique, le premier avec des pilastres et des fenêtres sobrement ornées. Au-dessus, un attique surmonté de lourds trophées qui masquent le toit. Dans le milieu, un fronton, que supportent quatre colonnes. A l'intérieur, une cour carrée ; Schlüter en a décoré les murailles de cartouches renfermant des masques de guerriers mourants ; c'est l'œuvre la plus remarquable de la sculpture prussienne ; l'art vigoureux de Schlüter rappelle celui de Puget.

De 1875 à 1881 la cour fut transformée en hall vitré, murs et masques furent badigeonnés de brun clair, dans le fond l'on construisit un double escalier extérieur, qui monte au premier étage. M. Bégas a décoré cet escalier de statues et de bas-reliefs.

Le premier étage forme une galerie divisée en trois salles. Sur les côtés, les *salles des chefs militaires* avec les bustes des maréchaux et des fresques représentant les principales victoires de l'armée brandebourgeoise, puis de l'armée prussienne. Nous retrouvons là tous les peintres d'histoire, entre autres MM. Bleibtreu, Camphausen, Janssen, Röber et Schuch. Dans le milieu, une salle carrée que surmonte une coupole : *La salle des Souverains*. Les fresques représentent *le Couronnement du premier roi de Prusse Frédéric Ier*, par M. de Werner ; *Frédéric II prenant possession de la Silésie* par Camphausen ; *Frédéric-Guillaume lançant la proclamation de Breslau* par Bleibtreu, et *la Fondation du nouvel empire d'Allemagne* par M. de Werner.

Geselschap (1835-98) a décoré la coupole d'une frise symbolique et les quatre arceaux qui la supportent, de grandes compositions : *la Guerre*, *la Paix*, *l'Empire d'Allemagne* et la *Walhalla*.

La plus remarquable de ces compositions est *la Guerre*. D'un portique s'élance un char entraîné par quatre Furies volant dans l'espace. Sur ce char, la colère Divine, qui brandit le glaive de feu. A ses côtés, la Justice avec l'épée, le Droit qui tient la balance. De part et d'autre du char, deux des cavaliers de l'Apocalypse. A gauche, des hommes, des femmes renversés sur un monstre qui brandit ses têtes aux langues sifflantes. A droite, des hommes nus, debout sur des ruines, tentent encore de résister.

Cette salle nous montre un dernier effort pour ressusciter tout l'art de l'Allemagne au dix-neuvième siècle. Cornelius, Kaulbach, Piloty et Menzel. Mais les aspirations du temps présent diffèrent de celles d'autrefois. Les peintres de l'Arsenal ont échoué dans leur tentative de concilier l'art ancien et l'art moderne. Et, si leurs œuvres nous intéressent, elles ne sauraient nous émouvoir. Aussi la critique allemande ne veut-elle plus admettre le genre historique. Dans son livre devenu classique sur la peinture au dix-neuvième siècle, M. Muther ne mentionne même pas les derniers peintres militaires et M. Gurlitt écrit en parlant de la peinture naturaliste d'histoire : « Un pareil art ne me dit rien, je ne le comprends pas et ne puis le trouver ni grand, ni beau. » Le culte du passé est encore une forme de l'idéalisme, une forme du désintéressement. Démocratique, individualiste et réaliste, l'art moderne, comme la société moderne, ne comprend rien que le présent.

LIVRE II

LES PORTRAITISTES

Le premier genre que la peinture d'histoire ait produit en Allemagne, est le portrait.

L'art ancien connaissait trois formes du portrait.

A de certaines époques troublées, l'anarchie, les luttes quotidiennes, l'indépendance de l'esprit, l'énergie du caractère faisaient aux hommes des visages si forts et si fiers, que les lignes s'en imprimaient naturellement dans la mémoire. Et le peintre accentuait encore les traits de ses personnages. Chez Dürer et chez Ghirlandajo les foules semblent des collections de portraits.

A d'autres époques, le despotisme du gouvernement, des mœurs et des croyances imposait à tous les hommes une seule manière de penser, de croire et de sentir. De plus, à ces époques, tous les membres d'une famille suivaient de père en fils la même carrière, ils en portaient le costume ; si bien que les aïeux et les enfants, peints d'ordinaire au même âge, semblaient avoir le même visage. Tels nous apparaissent les personnages du siècle de Louis XIV et du siècle de Louis XV. Dans les œuvres de Rigaud, de Nanteuil, de Boucher, nous ne cherchons pas l'homme mais le type du noble de cour, du magistrat, de l'officier, du prêtre, de l'échevin, et voilà justement la seconde forme du portrait.

La troisième est le portrait idéal. Suivant l'expression de Schopenhauer, le peintre veut donner l'idée platonique du Chaste, du Violent ou du Sage. Dans ces temps mêmes où l'art semble à son apogée, seuls les plus grands ont tenté cette forme du portrait. Raphaël et Léonard y ont réussi, Titien et Rubens les ont parfois approchés.

De notre temps M. de Lenbach s'est efforcé d'imiter ces maîtres; la seconde manière du portrait est devenue celle des coloristes et des peintres de cour; mais la première a maintenant triomphé comme la plus conforme aux tendances réalistes de l'art contemporain.

Cependant si l'on compare les portraits d'aujourd'hui à ceux d'autrefois, il semblerait qu'on découvre un art nouveau.

L'homme moderne est, de sa nature, complexe : dans son intelligence, car il prétend étudier tout; dans sa sensibilité, car ses nerfs affinés le rendent susceptible des émotions les plus diverses ; dans son caractère, car le mélange des races empêche qu'il puisse avoir, comme les hommes d'autrefois, une faculté proprement dominante. De plus l'indépendance, que trop souvent la société lui refuse, l'homme moderne la trouve dans sa vie intérieure ; il tend aujourd'hui à ne chercher le principe de ses résolutions que dans ses pensées, à n'admettre pour juge de ses actes que sa conscience.

L'homme moderne différant de l'homme d'autrefois, il faut un art nouveau pour le représenter. Le portraitiste ne sera pas seulement un peintre mais un psychologue. Comme un romancier, il analysera le caractère de son modèle ; puis, comme un auteur dramatique, il composera son personnage. Inconsciemment il fera sienne cette pensée de Nietzsche : « Supposons que dans un portrait, un grand peintre ait découvert et rendu l'expression la plus complète dont un homme soit capable, ce que nous pourrions appeler l'instant-type de cet homme. Si plus tard ce peintre retrouve son modèle, presque toujours il pensera voir une caricature. »

Avec l'art, la technique a changé. Les coloristes imitaient Rubens et les Vénitiens; puis les premiers naturalistes, s'inspirant des maîtres allemands et hollandais, peignirent fidèlement chaque ride, chaque pli de la peau, chaque poil de la barbe ou des cheveux. Mais à cette manière froide et précise les naturalistes de la seconde génération préférèrent le faire heurté, le plein-air, les taches sans modelés. Et le naturalisme devint ainsi l'impressionnisme.

Les artistes d'aujourd'hui ne peignent plus un modèle, ils peignent ce qu'il sentent devant un modèle. Quelques-uns s'intéressent surtout aux couleurs comme M. Whistler, aux reflets comme M. Zorn ou M. Sargent, aux effets de la lumière comme M. Kröyer. D'autres, sans se préoccuper de définir le caractère ou même de figurer exactement les traits du visage, cherchent à rendre l'impression qu'ils éprouvent près d'une personne. Font-ils le portrait d'une femme, ce n'est pas même son regard qu'ils voudront peindre ou sa tournure mais la sensation d'élégance que sa marche donne, la nervosité que produit le froufrou de sa jupe.

A propos d'un modèle, quelques-uns diront leur manière de comprendre la vie. Dans son beau portrait, M. Besnard a moins cherché à nous montrer Madame Réjane que l'actrice parisienne toujours en mouvement et toujours dans le feu de la rampe; tandis que le décor de verdure rappelle les grands rôles d'amoureuse, les passions communes à tous les temps, les reflets roses et jaunes symbolisent la vie mondaine d'aujourd'hui et les toilettes, et les plaisirs plus fatigants que le travail, et le masque de gaîté que les plus tristes ne doivent pas quitter.

Ainsi se forme un art particulier. Il s'applique difficilement aux portraits d'homme, bien que le *Carlyle* de M. Whistler soit un chef-d'œuvre; dans les portraits de femme, il semblerait l'art moderne par excellence mais, pour s'appeler *suggestif* et *symbolique*, cet art n'en est pas moins réaliste. On le compare à la musique : M. Whistler intitule ses tableaux des *harmonies*. Or combien n'ont pas cru la musique le moins matériel de tous les arts parce qu'elle ignorait les formes! mais aucune perception n'exige au même degré que la forme le concours de la raison. Le toucher ne fournit que la notion de résistance et la vue que celle d'étendue : seule, la raison crée les formes, et ces formes nous révèlent des êtres indépendants de nous, les arts plastiques nous apprennent à nous désintéresser de nous-mêmes pour étudier les autres êtres. La musique n'exprime que nos propres sentiments ; le plus souvent elle excite les nerfs sans demander aucun effort à la raison : c'est donc le plus matériel de tous les arts. Comme la musique, la peinture impressionniste ne veut qu'émouvoir nos sens. Depuis les écoles classiques qui, dans l'image d'une femme belle, voulaient figurer la beauté absolue, jusqu'aux écoles modernes, qui rendent l'impression produite par une femme, l'art du portrait a connu tous les genres de l'idéalisme et du réalisme (1).

(1) Au dix-septième et au dix-huitième siècles, l'Allemagne a de bons peintres de portraits. Dans l'Allemagne du Sud, je citerai Strauch (1554-1630) (portraits d'homme au *Musée Germanique* de Nuremberg); Jacob von Schuppen d'origine hollandaise, directeur de l'Académie de Vienne (1670-1751) (portrait équestre du prince Eugène de Savoie, Turin); Kupetzky (1667-1740), depuis 1709 le peintre favori des Viennois. Dans l'Allemagne du Nord : Michel Willmann de Koenigsberg (1629-1706) (un beau portrait d'enfant, à Dresde.); Denner de Hambourg (1685-1749) un véritable maître et un maître bien allemand. Le soin avec lequel il peint les yeux, la barbe, les cheveux, rappellent Dürer; *La Vieille Femme* de la galerie de Vienne et *Le Vieillard* de Munich sont presque des chefs-d'œuvre

Viennent ensuite deux peintres, qui sont aussi deux maîtres, Chodowiecki et Graff. Chodowiecki (1726-1801) de Dantzig a peint et dessiné d'excellents portraits. La facture n'en est pas originale : dans les premiers, il s'inspire de Greuze et de Chardin, dans les derniers de David. Mais ce qui est bien à lui, c'est l'observation, le besoin tout prussien de faire vrai. Les musées de Berlin ont les portraits du docteur Solander, de Joseph Banks, du marchand Levin. Et l'on peut citer aussi toute une série de portraits de femme au crayon rouge et à la craie. Graff de Winterthur (1736-1813) (à Dresde depuis 1766) a peint douze cent quarante portraits. Quelques-uns sont excellents, comme son propre portrait (Dresde) et ceux du peintre Chodowiecki et de madame Chodowiecka (Académie de Berlin) qui sont d'une rare puissance. J'aime surtout celui qu'il a peint de lui-même, assis devant une table et tenant à deux mains ses lunettes. Tourné vers le public, il sourit de sa bonne grosse figure déjà ridée sous les longs cheveux blanchissants. Des yeux de myope, habitués à tout regarder de près; le nez long, lourd et crochu, la lèvre épaisse et cynique du matérialiste et de l'ironiste, mais un air de bonne humeur, et même de bonté. — Raphaël Mengs, s'il tente de réformer la peinture d'histoire, reste d'une simplicité tout allemande, dans ses portraits, bien que sa technique se rapproche de celle des Italiens. Ainsi son portrait, celui de son père Ismael et ses douze pastels (Dresde). — A ces noms, il convient d'ajouter ceux de Tischbein (1751-1829) dont l'on connaît surtout le portrait de Gœthe (Francfort), et d'Angelica Kauffmann (1741-1807).

CHAPITRE PREMIER

LE PORTRAIT AU XIXe SIÈCLE

I

Au XVIIIe siècle, l'Allemagne avait produit d'excellents peintres de portraits : Denner, Chodowiecki, Graff, Angelica Kauffmann ; tenu pour un genre inférieur, le portrait échappait aux lois de l'esthétique ; et ces maîtres furent tous des réalistes, scrupuleux du détail, habiles à saisir la ressemblance de leurs modèles. Mengs lui-même ne tenta point pour le portrait la même réforme que pour la peinture d'histoire ; et nous goûtons plus aujourd'hui ses douze pastels du Musée de Dresde que ses fresques et ses tableaux mythologiques.

Mais les idéalistes ne profitèrent point de cet enseignement : pour eux, l'art ne pouvait avoir qu'un but, la beauté absolue. Si Schadow et Rauch n'osèrent pas changer les types trop connus de Frédéric II, de Ziethen et de Blücher, Thorwaldsen donnait le même visage classique à tous les personnages dont il faisait la statue. De même, les peintres. Nous avons un dessin, qui représente en buste les deux chefs de l'école de Rome : le portrait de Cornelius est d'Overbeck ; celui d'Overbeck de Cornelius. L'une et l'autre figure ont du caractère mais ce sont des types idéalisés. (1)

Quand le peinture d'histoire remplaça la peinture idéaliste,

(1) Il existe plusieurs portraits peints par Cornelius, dont deux au Musée de Dusseldorf, mais il les peignit jeune, alors qu'il imitait Dürer et pas Michel-Ange.

Kaulbach créa le portrait décoratif; son art exagère la manière du siècle dernier : dans de somptueux appartements aux riches draperies il peint les souverains vêtus d'un uniforme ou du manteau de cour. Ainsi les portraits du roi Louis Ier et du roi Maximilien à la Nouvelle Pinacothèque.

Gustave Richter surpassa Kaulbach dans ce genre particulier. L'une de ses œuvres est devenue populaire. Elle représente la reine Louise de Prusse, mère de l'empereur Guillaume Ier. Un coloris un peu terne, une pâte un peu molle. Sous le ciel sombre, un parc, des bustes d'empereurs romains; à droite la dernière colonne d'un portique, où l'on accède par un perron. Calme, la reine descend ce perron, vêtue d'une robe blanche qu'une ceinture rose attache sous le sein à peine découvert. Ses bras sont nus, la main gauche retient la traîne du manteau de velours bleu bordé d'hermine, qui pend du bras droit replié sur la taille. La broderie de la robe et des souliers est d'or. De longues boucles blondes que couronne un diadème d'or; un voile qui, entourant la tête et le cou, flotte sur l'épaule gauche. Le beau visage nous apparaît de face : l'ovale régulier, les joues pleines, la bouche petite, aux lèvres rouges bien dessinées, le nez droit et, sous les fins sourcils espacés, de grands yeux bleus rêveurs.

M. Ferdinand Keller est aujourd'hui le seul maître de ce genre. Son talent vigoureux, son coloris chaud ne craignent pas l'emphase. Il a peint un beau portrait de l'empereur Guillaume II. D'épaisses draperies aux lourdes franges; sur une estrade couverte d'un tapis, le trône du style baroque le plus riche : pour bras, des têtes de lions; sur le dossier, les médaillons de Guillaume Ier et de Frédéric II; au-dessus, un ange tenant une couronne de laurier. En avant du trône, l'empereur debout, en uniforme de cuirassier blanc, le manteau d'hermine traînant par terre. Tête nue, les deux mains appuyées sur la poignée du sabre, il semble regarder dans l'avenir.

RICHTER (GUSTAV)

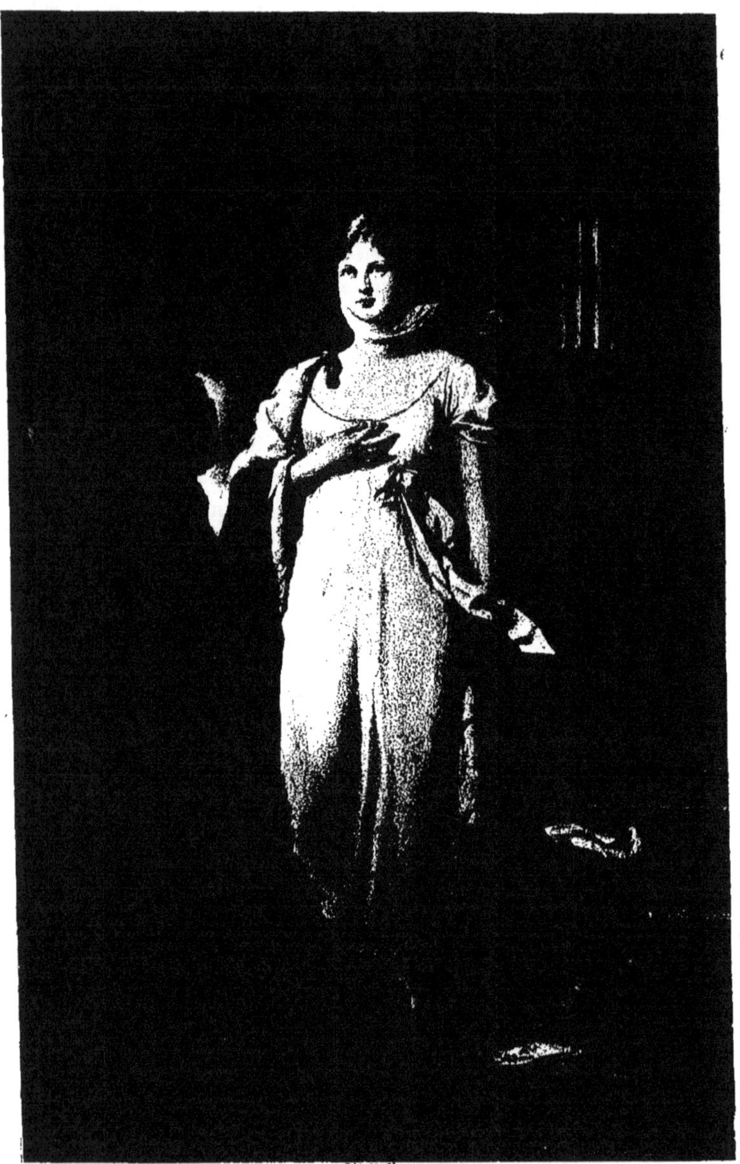

LA REINE LOUISE DE PRUSSE (1879)

H. 2m,41 — L. 1m,49.

(Musée de Cologne.)

Avec la permission de la Société photographique (Berlin et Paris). Copyright.

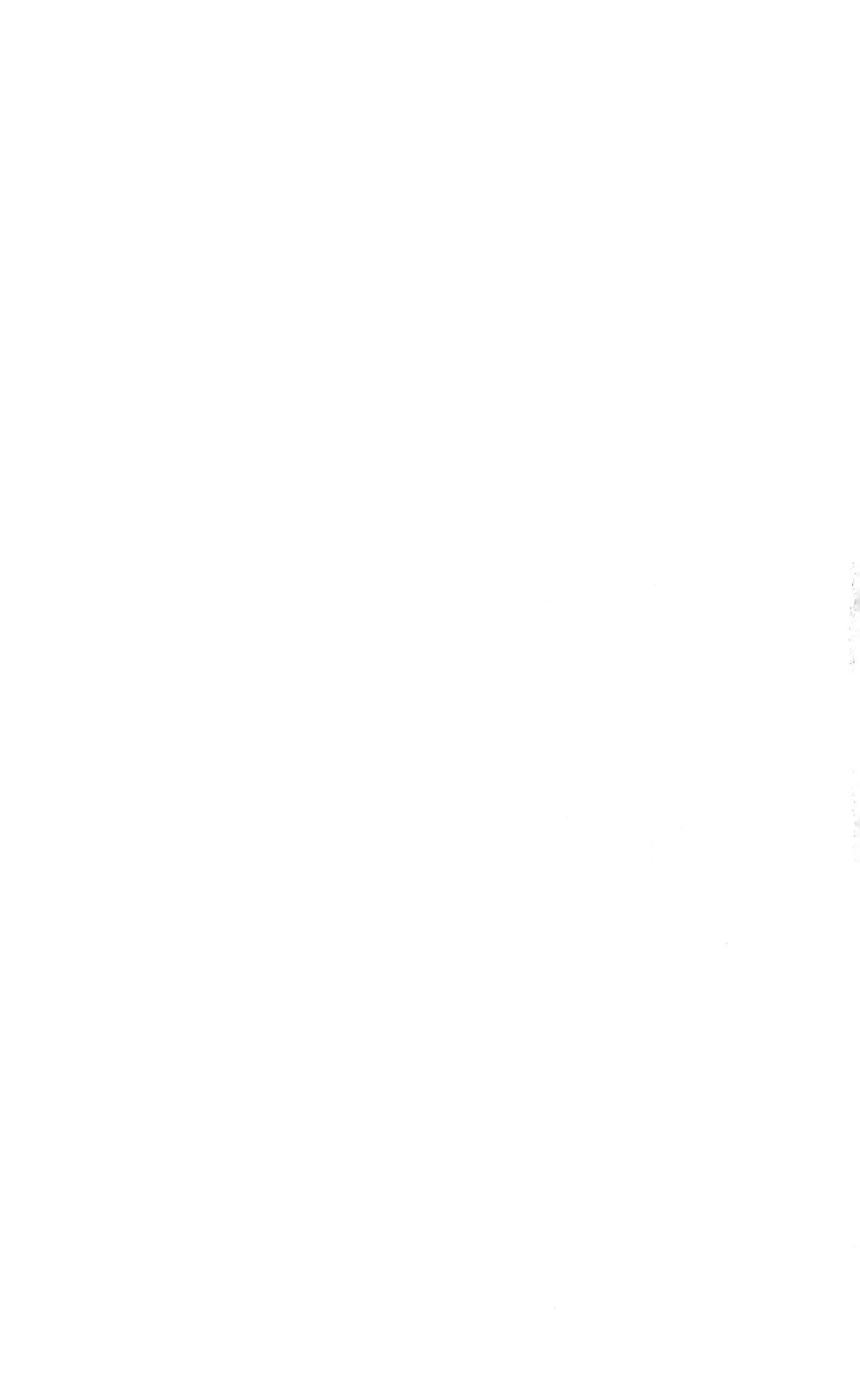

II

L'art de l'école de Munich marque le premier effort du portrait vers le réalisme.

Piloty suivit d'abord la tradition de Kaulbach, comme dans son portrait équestre de l'impératrice Élisabeth d'Autriche. Mais ses qualités propres l'emportèrent sur l'enseignement de son maître : dans sa grande fresque de *Munich, entouré des Bavarois illustres,* comme dans les portraits de ses enfants, il se montre grand coloriste et fin psychologue. Les qualités de Piloty restèrent celles de l'École; nous les retrouvons chez MM. de Lenbach, Benczur, Habermann, Defregger, Gabriel Max, F.-A. de Kaulbach, et chez ceux dont l'art relève de celui de Munich, MM. d'Angeli et de Munkacsy (1).

De ces peintres, deux surtout sont connus comme portraitistes : MM. de Lenbach et F.-A. de Kaulbach. Comme je consacre au premier un chapitre spécial, je ne parlerai ici que du second.

Chez M. de Kaulbach, des formes qui rappellent parfois Botticelli, des couleurs empruntées aux Vénitiens corrigent ce qu'une facture imitée de Franz Hals pourrait avoir de rude. Le tempérament du maître est d'un aristocrate nerveux et raffiné. S'il a donné de beaux portraits de femmes âgées, et de charmants portraits de jeunes filles, c'est la femme de trente ans qu'il peint de préférence. Comme amoureusement il fait à son modèle le décor qui lui convient, lui cherchant, avec de beaux meubles, des tapis moelleux, de nobles tapisseries, d'épais velours, des peluches chatoyantes. Comme amoureusement il compose pour son modèle une toilette qui

(1) Parmi les peintres allemands de cette époque, l'on est obligé de citer Winterhalter (1806-73), formé à Carlsruhe et à Munich, 1834 à Paris, 1871 à Carlsruhe.

soit à la fois de la mode d'aujourd'hui et de l'art de toujours : il peint volontiers la poitrine et les bras nus, parfois il détache le visage sur l'ombre d'un grand chapeau. La pose est toujours d'un maître, la facture souple, tantôt caressante et tantôt spirituelle jusqu'à la rudesse, mais toujours l'on y sent l'homme du monde : ses compliments ne sont pas des flatteries et ses plaisanteries n'offenseront jamais (1).

III

L'art éclectique de Munich ne pouvait convenir aux artistes du Nord ; plus sincèrement réalistes, ils s'inspiraient de Denner, de Graff et de Chodowiecki.

Rethel a laissé un beau portrait de sa mère. M. Knaus peignit en 1856 celui de Ravenée, le fondateur de la célèbre galerie de Berlin. Une salle, dont la muraille est tendue d'une tapisserie à grands personnages. Ravenée, dans un fauteuil, regarde le *Liseur* de Meissonier. Presque de profil, les jambes croisées, il essuie ses lunettes. Tout dans son visage exprime l'attention : le front dénudé, la double ride entre les yeux plissés, ternes comme ceux des myopes, le nez fort, les lèvres sèches, le menton un peu lourd.

Parmi les bonnes œuvres de M. Knaus, il faudrait encore citer les portraits de Mommsen et d'Helmholtz (2).

Aujourd'hui les deux maîtres en faveur dans l'Allemagne du Nord sont M. Pohle de Dresde et Koner de Berlin. Ce dernier a peint un bon portrait du professeur du Bois-Reymond,

(1) Parmi les portraits les plus connus de M. de Kaulbach, je citerai : l'empereur Guillaume II, l'impératrice d'Allemagne avec sa fille, la grande-duchesse Victoria de Hesse, la grande-duchesse Serge de Russie, etc.

(2) Rahl de Vienne et Plockhorst de Dusseldorf ont donné de bons portraits. L'œuvre la plus connue de M. Pohle (1841) est le portrait du peintre Louis Richter (1879). M. Koner (1854) est aujourd'hui le peintre préféré de l'empereur et de la société de Berlin. M. Vogel a un bon portrait du bourgmestre Wersmann au musée de Hambourg.

(exposé à Munich en 1898). Le célèbre physiologiste fait son cours à l'Université de Berlin. Debout contre le mur, de face, les mains appuyées sur les bords de la chaire, dont nous ne voyons que la tablette. Vêtu simplement. Cheveux blancs, longue barbe blanche taillée en pointe, à peine de moustache. La bouche un peu dure, le nez fort, une expression décidée dans les yeux, moins pour le regard même que pour la ligne de la paupière un peu lourde et le trait des sourcils. La pose, l'air du visage, tout dit l'homme d'esprit positif, qui dans les propriétés des organismes voit seulement l'application des lois de la physique et de la chimie.

M. Vogel cherche à concilier l'art ancien et l'art moderne. Il place volontiers ses figures en plein air contre un fond d'arbres. Ainsi *Mère et Enfant* du musée de Berlin, et la *Mère italienne*, exposée à Dresde en 1899.

Mais des portraits de cette école, qui admet le naturalisme sans en accepter toutes les conséquences, le plus intéressant est sans doute l'*Ibsen* de M. Frithjof Smith (1890).

La chambre d'Ibsen, quelques tableaux, une petite bibliothèque basse. Dans la fenêtre d'où vient la lumière, une table avec des papiers bien classés. Et, devant cette table, sur laquelle s'est posée sa main droite, Ibsen dans un fauteuil renaissance : retourné vers nous, la redingote déboutonnée dans le haut, la main gauche fortement appuyée sur la cuisse. Le visage de face. Les longs cheveux blancs, droits, ébouriffés, tout à l'arrière de la tête; le grand front doublé de la moitié du crâne lisse, avec les veines des tempes gonflées, un faisceau de petites rides au-dessus des sourcils froncés. Deux plis de part et d'autre du nez long et gros dans le bout. La bouche, le menton rasés. Les lèvres pincées, celle du bas trop forte. L'intérêt du visage est surtout dans les yeux que ne cachent pas les lunettes énormes; deux yeux perçants, sans pitié dans leur moqueuse observation. L'on a dit spirituellement que ce portrait d'Ibsen semblait d'un vieux procureur devenu Jupiter Olympien, et tel est bien son caractère; il apporte à l'étude de la psychologie l'esprit d'un procureur, mais ni son goût de la chicane, ni son pessimisme ne l'empêchent de juger la vie et les hommes avec le calme d'un Goethe. (1)

IV

L'évolution de l'école allemande voulait que l'art du portrait progressât encore dans la voie du réalisme et devint proprement naturaliste.

Des maîtres naturalistes, plusieurs se rattachent à la tradition de Schaffner, de Dürer, d'Holbein et de Denner. Ils font net, accusent chaque trait, peignent chaque poil, chaque détail de la peau; ils excellent à rendre les yeux, la rétine humide, la paupière rougie et fatiguée. De ces maîtres le plus connu est M. Leibl : il a peint et des portraits, et des tableaux de la vie paysanne, mais de fait tous ses tableaux sont des portraits.

Parmi les œuvres qu'il paraît avoir inspirées, je citerai celle d'un jeune peintre de Dresde, M. Richard Müller (1875) (médaille d'honneur à l'*Exposition allemande* de Dresde en 1899). — Peint sur bois. Une fille de la charité. Assise de côté. Sous la cornette, le visage presque de trois quarts, le nez lourd et pointu, comme une moue dans la bouche, les yeux indifférents. Les mains, posées sur les genoux, tiennent un livre. Le pouce recourbé de la main gauche presse sur la reliure, l'index semble tordu par l'angle du livre, qui appuie sur la dernière phalange; la peau molle de la première jointure fait un pli et le doigt semblerait cassé (2).

D'autres peintres naturalistes cherchent avant tous les effets

(1) M. Kiesel (1846) de Berlin est un portraitiste de femmes très en vogue. Son art se rattache à l'ancien art de Dusseldorf.

(2) M. Menzel a donné quelques bons portraits, dont l'un au Musée de Hambourg. Il faut encore citer M. Kiessling (1836) de Dresde, qui a exposé en 1899 un bon portrait du peintre M. Kuehl.

de la lumière, M. Liebermann avoue qu'il ne peut s'imaginer la forme d'un objet sans la couleur. Il ne dessine pas, toutes ses esquisses sont au pinceau. Nul mieux que lui n'a saisi l'instantané, fixé pour jamais une moue, un sourire ou même une grimace. Peu lui importe la beauté ou la laideur de son modèle; son indifférence est l'indifféreuce même de la nature.

Voici le portrait de M. Virchow. Debout, contre un fond brossé, le professeur appuie son bras gauche sur la chaire, il a la main droite contre la hanche. La barbe blanche cache la bouche sans lèvres. Sous les lunettes, on distingue des yeux perçants malgré leur myopie. Le front fuyant aux arcades sourcillières fortement indiquées, les plis des joues, le menton avançant donnent au visage une grande énergie (1).

Toujours sincère, toujours hardi, M. de Uhde aime à changer sa manière. Quelquefois il peint noir et son style rude rappellerait un peu les Espagnols. Ainsi quelques portraits de femmes, l'acteur Wollmuth en Richard III et surtout un *Homme âgé* exposé à la Sécession de Munich en 1898. Debout, une main dans l'échancrure de la grande lévite entrouverte sur la poitrine, l'autre appuyée sur le dossier d'une chaise de paille. Le pantalon relevé laisse voir des bas sales et de gros souliers. Le buste renversé, la tête de côté. De longs cheveux ébouriffés, une ombre de moustache, mal rasé, joues pleines, le nez luisant, de gros plis sous les yeux, qui regardent de coin, un air cynique dans la bouche.

M. de Uhde a peint quelques portraits en plein-air ou même en pleine lumière, ceux de ses filles surprises dans leurs jeux d'enfants ou dans leurs occupations de jeunes filles. Le dernier est un chef-d'œuvre. Sous les arbres, un rayon de soleil frappe en plein les visages, les vêtements sur qui tremblotent les ombres des feuilles. Les poses naturelles. La plus jeune sœur, vue de face, lit, accoudée sur la table; les

(1) Parmi les portraits de M. Liebermann, je citerai celui du bourgmestre Petersen à Hambourg, un portrait et un pastel de M. Gerhart Hauptmann, l'auteur dramatique, puis l'écrivain Théodore Fontane, le critique d'art M. Wilhelm Bode, un excellent portrait de ses enfants.

mains sur le dossier de la chaise, l'aînée se penche pour regarder. La troisième vient de se lever, la main gauche appuyée sur le banc; c'est sans doute pour voir son père, car, au premier plan du tableau, le chien se met en arrêt, la tête haute.

V

Dans le portrait comme dans tous les genres, les peintres qui cherchaient avant tout la vérité, durent reconnaître qu'elle est subjective, et leur art, naturaliste d'abord, se fit impressionniste.

M. A. de Keller a d'excellents portraits de femmes dans les tons violets, qui lui sont chers et d'une pâte si épaisse que pour les bijoux, certains plis du vêtement, elle est proprement en relief. En voici un de 1889. Contre un fond violet, une dame assise sur un grand sofa, que couvrent des coussins, un bouquet, une peau d'ours jetée en travers. En robe blanche à longue traîne, décolletée, un boa de fourrure sombre autour des bras, un collier, un croissant de diamants dans les cheveux châtains; la main gauche touchant le sofa du bout des doigts, la droite appuyée sur la robe et tenant l'éventail. De trois quarts, jeune, jolie, le type allemand, un aimable sourire sur la bouche entr'ouverte, le regard à la fois rêveur et gai. Les fourrures, les étoffes, les bijoux d'une belle facture. Toute la pièce dans la pénombre; la lumière, qui vient du côté gauche, tombant en plein sur la robe blanche et le fin visage aux yeux noirs.

M. de Habermann (1849) donne à beaucoup des femmes qu'il peint cet air particulier qu'ont les personnages de ses tableaux, son *Hérodiade* par exemple. Dans des effets de clair-obscur, avec des couleurs chaudes, il nous montre volontiers des dames en toilette originale, la taille svelte, le cou très long, de grands yeux, le front haut mais étroit aux bosses accusées par des ombres, les narines frémissantes, le menton volontaire, la bouche expressive; ce sont des modernes, nerveuses, coquettes mais involontairement, et pourtant cruellement coquettes, sentimentales à leur manière mais changeantes dans leurs sentiments et conscientes des changements passés comme des changements à venir, sensuelles peut-être mais d'une sensualité raffinée et toute d'imagination, qui se plaît à la musique étrange, à la poésie étrange, à tout ce qu'elles croient comprendre et qui n'est pas fait pour être compris, à tout ce qu'elles croient sentir après l'auteur et que l'auteur n'a jamais senti.

Dans ses premières œuvres, M. Trübner (1851) rappelle Stevens par la qualité de la pâte et la vigueur des tons. Ainsi *Dans l'atelier* (1872). De face, dans un grand fauteuil renaissance, l'éventail à la main, une dame, en toilette brun-clair, tourne son visage, vu de profil, vers le peintre assis près d'elle et vêtu de noir. La main gauche sur le dossier du grand fauteuil, le coude droit sur le bras, le peintre appuie son menton dans sa main. Son grand chapeau nous laisse à peine distinguer ses traits. L'œuvre, volontairement un peu sombre, est toute entière d'une belle facture. Aujourd'hui M. Trübner devient franchement impressionniste. Dans son *Portrait en armure*, il procède par taches, évite les modelés, cherche toujours l'effet et l'atteint quelquefois. (1)

Chaque année, la manière des jeunes impressionnistes s'affirme davantage. M. Erler est le plus vigoureux. Parmi ses dernières œuvres, il faut mentionner un beau portrait de M. Strauss, le compositeur de *Zarathustra* (Exposition de Dresde, 1899), une dame en noir d'une rare vigueur et *La joueuse de guitare espagnole* : culotte et bas noirs, chemise blanche, mantille noire, la main droite sur la hanche, la gauche tenant la poignée de la guitare. Déjà vieillissante, les mem-

(1) Après M. Stuck, coloriste puissant mais volontairement brutal, il faut encore citer M. Schuster-Woldan, qui peint des figures de Botticelli avec des couleurs un peu molles et des effets de lumière empruntés aux Hollandais, M. Samberger un portraitiste énergique et sombre, qui procède de M. Stuck; puis MM. Herterich, et Slevogt, qui décomposent toutes les couleurs, M. Exter, le plus brutal de tous, dont la manière exagère Manet, M. Witzel, M. Ziegler, enfin la jeune école de Munich, MM. Eichler, Münzer, Höfer, Püttner.

bres alourdis, les chairs flasques ; dans le visage fatigué, au menton carré, aux traits durs, seuls les yeux ont conservé l'éclat de la jeunesse (Exposition de Munich, 1899).

Ainsi l'école allemande du portrait s'essaie dans tous les genres et dans tous avec succès. Mais c'est dans le genre de Piloty qu'elle a trouvé son meilleur maître, M. de Lenbach. La manière de ce dernier peut sembler conventionnelle ; cependant, si nous négligeons une convention, qui nous étonne aujourd'hui pour n'être plus la nôtre, nous reconnaîtrons dans son œuvre variée les qualités de tous les genres : quelques-unes sans doute y sont à peine indiquées, mais d'autres ont trouvé dans cette œuvre leur expression la plus complète.

CHAPITRE II

FRANZ VON LENBACH (1)

I

Bavarois, grand, maigre, la barbe et les cheveux longs, la bouche plutôt dure, le visage énergique, sous les lunettes les yeux fixes et perçants malgré leur délicatesse, M. de Lenbach a le type de l'Allemand des Alpes ; d'où sa franchise, sa puissance d'observation, la rudesse volontaire de ses meilleurs ouvrages. Elève de Piloty, formé à cette époque, où l'enrichissement rapide de l'Allemagne lui donna le goût des fêtes, des plaisirs, de l'architecture chargée, de la peinture imitée des vieux maîtres, M. de Lenbach a cherché lui aussi les tons chauds, la pâte grasse et la belle facture.

Et l'union de ces qualités, qui sembleraient d'abord opposées, fait l'intérêt de son art. Chez lui, point de décor. Dans ses portraits d'hommes, le clair-obscur de Rembrandt :

(1) M. de Lenbach est né en 1836 à Schrobenhausen, dans la Haute-Bavière, entre Augsburg et Ingolstadt. Le père de M. de Lenbach, un maître maçon d'origine tyrolienne, destinait son fils à sa profession, mais l'enfant ne s'occupait que de peindre ; quand son père mourut, il avait seize ans ; il abandonna le métier de maçon et se consacra tout entier à son art. Après plusieurs années d'efforts et d'essais, Lenbach s'établit à Munich, où Piloty l'accueillit dans son atelier. En 1857, il peignait ses *Paysans demandant à la Vierge de les préserver de l'orage*, et Piloty l'emmena en Italie. Déjà Lenbach s'intéressait à ceux qu'il appelait « les pauvres grands prisonniers des musées » Titien, Rubens, Rembrandt et Velasquez. Mais le meilleur de son temps se passait aux environs de Rome : il prétendait ne travailler que d'après nature : de son voyage, il rapporta son tableau des *Paysans passant sous l'arc de Titus*. Puis, de retour à Munich, il peignit le *Petit Berger*, de la galerie Schack (1860). Lenbach comprit alors que son art propre était celui du portrait. Il s'y consacra tout entier. Rembrandt devint son maître. L'on n'admirait pas alors l'art de Rembrandt comme on le

c'est pour Lenbach une condition obligée du portrait d'aujourd'hui. Le costume moderne est laid et pour tous les modèles l'on ne peut imaginer un déguisement, comme il l'a fait pour le comte de Mouy.

Aussi, du corps, laissé dans l'ombre, Lenbach ne rend-il que l'aspect, l'attitude fière ou fatiguée, cette idée générale d'un caractère que donnent le port et la tournure. Pour les vêtements, une simple esquisse; à peine reconnaît-on les uniformes. Les mains le plus souvent ébauchées. Seul, le visage intéresse le peintre. Là, chaque trait montre l'effort de trouver l'âme dans les rides des joues et du front, les plis de la bouche, le froncement des sourcils, la couleur des yeux et l'éclat du regard. Et, pour exprimer ce qu'il a trouvé, avec les effets de lumière de Rembrandt, le clair-obscur de Van Dyck, les tons dorés des chairs du Titien, Lenbach emploiera les empâtements des modernes, leur facture tantôt lâche et tantôt minutieuse; souvent même il accusera d'un coup de crayon les plis des tempes et des paupières, la moue des lèvres ou leur sourire.

Volontiers M. de Lenbach peint plusieurs fois les mêmes personnes, il néglige alors l'impression du moment pour découvrir le type même de l'homme. Et, si l'homme a du génie, Lenbach veut imiter Raphaël, Léonard et Titien, nous donner

fait aujourd'hui; et les premiers portraits en clair obscur de Lenbach lui valurent les attaques de tous.

Nommé en 1860, professeur à l'Académie de Weimar, il y connut MM. Böcklin et Begas, qui devinrent et sont restés ses intimes amis. Alors et maintes fois depuis, il a peint leurs portraits. De retour à Munich, Lenbach fit la connaissance du comte Schack, qui lui fit copier pour sa galerie les meilleures œuvres des Vénitiens, des Flamands et des Espagnols. Il acquit bientôt le coloris de ces maîtres : plusieurs de ces copies ont l'éclat des originaux. Ces études eurent une grande influence sur son talent. En 1868 Lenbach se lia d'amitié avec Wagner; cette amitié décida de son succès. Il devint le peintre des Wagnériens puis il s'établit à Vienne, installa son atelier dans la même maison que Makart. Bientôt ce fut un peintre célèbre. Les souverains, les jolies femmes voulurent poser devant lui. En 1873, il exposait les portraits de l'empereur d'Autriche et de l'empereur d'Allemagne. De nouveau établi à Munich, Lenbach s'y est fait bâtir une belle villa près des Propylées. Tous les peintres et les hommes célèbres de l'Allemagne sont venus dans cette villa. Sans l'œuvre du maître, il serait impossible de comprendre l'histoire de l'Allemagne à la fin du dix-neuvième siècle.

dans le portrait de Moltke l'idéal du capitaine, dans celui de Bismarck l'idéal du grand ministre, dans celui de Léon XIII l'idéal du pontife. L'école naturaliste lui reproche de pareilles synthèses, et Moltke disait finement : « Je ne sais pourquoi Lenbach veut faire de moi un héros. » Mais cet art de synthèse présente aussi son intérêt. Dans quelques années, le temps, effaçant les petitesses des grands hommes, les aura fait entrer dans la légende ; sa patine aura simplifié les traits des tableaux ; peut-être alors ces œuvres idéalisées sembleront-elles plus vraies que les esquisses scrupuleusement exactes, qui aujourd'hui nous intéressent davantage.

II

Étudier l'œuvre de Lenbach, c'est revoir toute l'histoire de l'Allemagne contemporaine. Beaucoup lui refusent les dons du peintre de cour ; il hait les décors emphatiques et les attitudes solennelles ; cependant tous les souverains de l'Allemagne ont posé dans son atelier. On lui doit plusieurs portraits de l'empereur Guillaume Ier : un seul de ces portraits est vraiment beau, celui de 1887. Le visage las, le regard désolé trahissent la tristesse du père inquiet pour la santé de son fils, la mélancolie de l'homme de tradition, qui voit l'œuvre de sa vie aboutir à la destruction de tout ce qu'il aimait.

M. de Lenbach a peint aussi les hommes célèbres de l'Allemagne.

Le premier portrait de Moltke porte la date de 1873 et représente le maréchal en petit uniforme, assis, la main appuyée sur une table. La ressemblance physique est déjà parfaite. Voilà bien les lèvres pincées, le nez aquilin, le front haut, le menton fort, le regard perçant, les traits connus de ce visage glabre et ridé, que l'on comparait à celui d'une vieille femme. Mais Lenbach n'a pas encore découvert le secret de ce taciturne qui hait les curieux. Chaque étude nouvelle lui permet de mieux définir le génie de son modèle. Une esquisse de 1886 paraît l'œuvre décisive ; elle nous fait comprendre le caractère du savant, qui traite la guerre comme tout autre science, sans considérer que celle-là demande des milliers de vies humaines.

Pour un portrait de 1888, Moltke consentit à retirer sa perruque. Le buste à peine traité. Un manteau sombre, un col blanc. Penché en avant, le visage de profil. A peine quelques cheveux, la tête ovale, le front bombé, le nez aquilin, la bouche dure, le menton volontaire, l'oreille trop large, une grande fixité dans le regard et dans les traits contractés.

Mieux qu'aucun historien, Lenbach a compris le caractère de Moltke ; et cependant ses portraits ne nous donnent pas du maréchal une idée aussi claire, une image aussi nette, que le fin profil, la longue silhouette des tableaux de M. de Werner. Lenbach fait parler celui qui ne parlait pas, il nous dit le secret d'un homme qui n'a jamais trahi un secret.

En 1879, M. de Lenbach connut le prince de Bismarck, qui l'accueillit bientôt dans son intimité, l'invitant à sa table, le recevant dans sa chambre, dans son cabinet, à l'heure même où il travaillait. Aussi, pendant près de vingt ans, Lenbach ne cessa-t-il de donner de nouveaux portraits du chancelier. L'on en trouve un au moins dans tous les musées, toutes les collections particulières de l'Allemagne. Plusieurs sont des chefs-d'œuvre, beaucoup trahissent une production hâtive ; tous marquent une observation particulière, une découverte nouvelle faite dans le caractère de l'homme d'État.

Aucun visage, si l'on excepte celui du grand Frédéric, n'a changé autant que le visage de Bismarck : quand nous regardons la suite de ses photographies, à peine pouvons-nous croire qu'il s'agisse de la même personne. Mais à l'époque où le prince connut Lenbach, l'âge, les émotions, l'exercice du pouvoir lui avaient déjà fait ce masque particulier, qui pour la postérité restera celui de Bismarck. Les traits distinctifs de ce masque sont le front haut et bombé, la tête petite et chauve,

LENBACH (FRANZ VON)

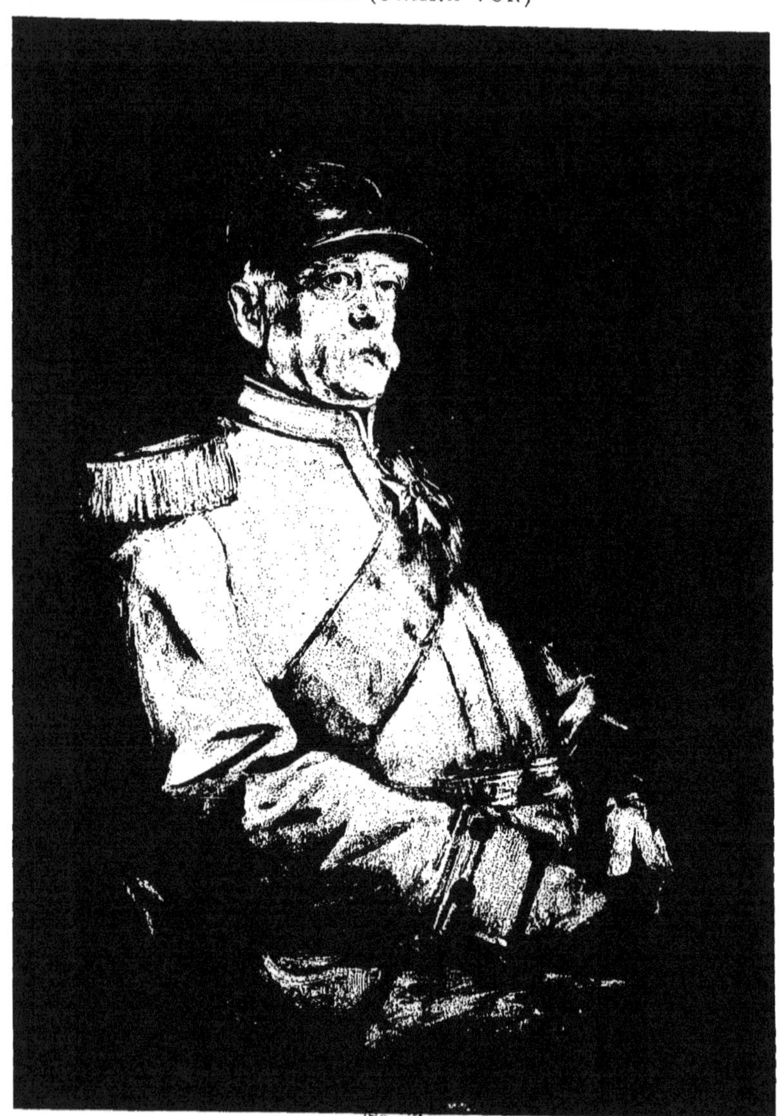

LE PRINCE DE BISMARCK

Avec la permission de la Société photographique (Berlin et Paris).

le nez court aux narines frémissantes, le menton long et lourd, les grands plis de part et d'autre de la bouche, la moustache rude, les sourcils en broussailles, sous les paupières ridées les yeux ronds, saillants, durs et parfois comme pleins d'éclairs.

De 1879 à 1890 les portraits de Lenbach nous montrent tour à tour le ministre tout-puissant, le soldat, le diplomate, le convive à la rude gaieté, le père de famille aux idées patriarcales, l'aïeul indulgent et parfois attendri, comme aussi le lutteur sans pitié, l'homme qui falsifie la dépêche d'Ems et s'en fera une gloire, qui perd Arnim, tous ses ennemis et déclare que l'empire allemand devait se fonder par le fer et par le feu.

D'abord des études, puis le portrait du Musée de Berlin : Bismarck en civil, debout, le grand chapeau entre ses mains posées sur le dossier d'un fauteuil. Vers 1885, la fameuse esquisse du prince en uniforme, les épaules de face, le visage presque de profil : le front puissant, la moustache et les sourcils hérissés, le menton féroce, les yeux durs et colériques.

Puis l'heure de la disgrâce arrive, et l'extrême vieillesse rendue plus pénible par le désœuvrement. Et c'est alors, dans des portraits d'une psychologie plus pénétrante encore le dépit, la haine, la tristesse, la souffrance physique, parfois presque du découragement.

Cependant, en 1892, l'année du voyage de Vienne et de Munich, Bismarck semble retrouver la verdeur et la confiance de la jeunesse. Lenbach le reçoit dans sa maison et fait de lui un beau portrait. Debout, les mains derrière le dos, uniforme et manteau sombres, le casque de cuirassier, presque de profil, cependant on voit les deux yeux. Les rides accusées, comme des trous dans les joues. Le regard dur, la bouche méprisante. Bismarck a dit : « Je suis heureux que le pinceau de Lenbach m'ait immortalisé ici, tel que je souhaitais de passer à la postérité ».

De tous les portraits, le plus curieux est celui de 1896 : Bismarck, en civil, renversé contre le dossier de son fauteuil, une main dans sa poche, l'autre sur sa poitrine, les yeux comme volontairement sans regard, la bouche pleine de mépris : le mépris universel de l'homme qui connaît les causes mesquines des événements glorieux, les tristes secrets du cœur des grands et des vertueux.

III

M. de Lenbach a fait les portraits de tous les hommes connus de l'Allemagne.

Les chefs des partis religieux. Döllinger, plusieurs fois torturé par le doute, aigri par la lutte, puis vieilli et apaisé; Mgr. Strossmayer : la tête relevée, le front dénudé, les cheveux hirsutes, les yeux vifs disent le besoin de contredire et de combattre.

Les savants : Helmholtz grave, solennel, le Goethe de la science; Mommsen : une saisissante esquisse de 1898, le front haut et large, de longs cheveux blancs et, dans le visage bruni, ridé, aux traits accusés, aux plis douloureux, les yeux restés jeunes et brillants, pleins d'entrain et de curiosité.

Les littérateurs : Paul Heyse, Voss etc.; les artistes : le sculpteur Begas, l'architecte Semper, Maurice de Schwind, Böcklin beau comme un de ses dieux, le comte Schack, avec un grand manteau et toutes ses décorations, fin, aristocratique et solennel. Tous les Wagnériens : Liszt, Bulow, M. Levy, etc; Wagner lui même, à plusieurs reprises et d'une manière définitive, dans une belle esquisse : voilà bien l'auteur de cette *Marche funèbre*, que les Wagnériens appellent de la musique monumentale.

*
* *

M. de Lenbach a peint beaucoup d'étrangers célèbres, ceux-là surtout dont l'influence s'est fait sentir en Allemagne.

Gladstone plusieurs fois, avec son visage glabre, la bouche et le menton volontaires, le front carré, des yeux perçants, un visage qui trahit la faiblesse malgré l'entêtement. L'un des portraits avec Döllinger, celui-ci perspicace, scrupuleux, défiant, l'autre presque naïf dans sa confiance de la vérité trouvée. Minghetti, avec la chaleur, la souplesse de talent, le regard perçant de ceux de sa race. En 1898, M. Björnstern Björnson. Du premier coup d'œil, on reconnaît l'agitateur de génie, dont Brandes écrit : « Si je cherche la situation la plus conforme à sa nature, aussitôt m'apparaît une assemblée populaire : des milliers de paysans Norvégiens, sur la tribune les dominant tous, Björnson sûr de lui. Le silence se fait, sa voix s'élève, cette voix au timbre puissant, qui charme par son accent de sincérité. Tous restent fascinés, jusqu'au dernier mot : alors éclatent les applaudissements, les hommages des milliers d'auditeurs. »

En 1884, M. de Lenbach fut présenté au pape Léon XIII. Cette entrevue nous a valu : d'abord une esquisse, puis le portrait de Munich (1885), enfin des variantes, moins intéressantes que les portraits de Bismarck, puisque Lenbach n'eut pas l'occasion de revoir Léon XIII.

Dans le tableau de Munich, le pape est représenté, assis, en rochet et camail, les mains posées sur les bras du fauteuil : Léon XIII semble fatigué, mais calme et sûr de lui-même; les yeux perçants et le fin sourire donnent un air jeune au visage émacié.

Les critiques allemands comparent volontiers ce portrait à ceux de Jules II et de Léon X par Raphaël, à celui d'Innocent X par Velasquez dans la galerie Doria. Sans doute, le dessin de Raphaël est plus net, la couleur de Velasquez plus chaude, sans doute, l'un et l'autre nous font mieux comprendre qu'ils peignent un pontife, mais d'après ces critiques Lenbach serait plus profond, plus pénétrant; il ne peindrait pas seulement le pontife mais l'homme, ses ambitions, ses rêves, la joie du triomphe que l'issue heureuse du *Kulturkampf* devait donner au vainqueur de Bismarck.

IV

Lenbach traite aussi le portrait de femme. C'est dans ce genre qu'on a le plus discuté sa manière.

D'abord, il copia les anciens maîtres (1), puis il se fit un genre à lui surtout pendant son séjour à Rome (1880-85). Les couleurs de Titien et de Rubens, le clair-obscur de Rembrandt sont remplacés par des teintes plus douces et plus pâles; la lumière se joue également sur toutes les parties du tableau, la pâte devient molle et comme transparente; souvent même le maître emploie le crayon ou le pastel.

Dans ce genre, nouveau M. de Lenbach reste puissant psychologue, mais sa psychologie se fait plus fine comme son art. Il observe tout mais sans trahir tout ce qu'il observe; dire tous les caprices d'une femme, n'est-ce pas exagérer, ou même calomnier? La psychologie de Lenbach rappelle M. Anatole France plus qu'Ibsen ou que Tolstoï. Moins flatteur que M. de Kaulbach, il n'a jamais l'amertume de M. de Keller ou la rudesse des jeunes impressionnistes.

Le plus souvent M. de Lenbach peint des femmes célèbres. Des princesses : La reine d'Italie (1886), la reine d'Angleterre, la princesse Clémentine de Saxe-Cobourg. Des actrices : Mme Duse, Mme Sembrich. Des écrivains : lady Blennerhasset. Mais le plus souvent son modèle est une femme simplement jolie; et Lenbach ne professe pas pour la beauté cette sorte d'adoration qu'ont les artistes de l'Italie. Il se demande : Pour-

(1) Parmi les portraits de cette première manière de Lenbach, il faut citer celui de la princesse impériale, aujourd'hui veuve de l'empereur Frédéric III, et le beau portrait de la comtesse Wolkenstein (peints à Berlin 1873-74.)

LENBACH (FRANZ VON)

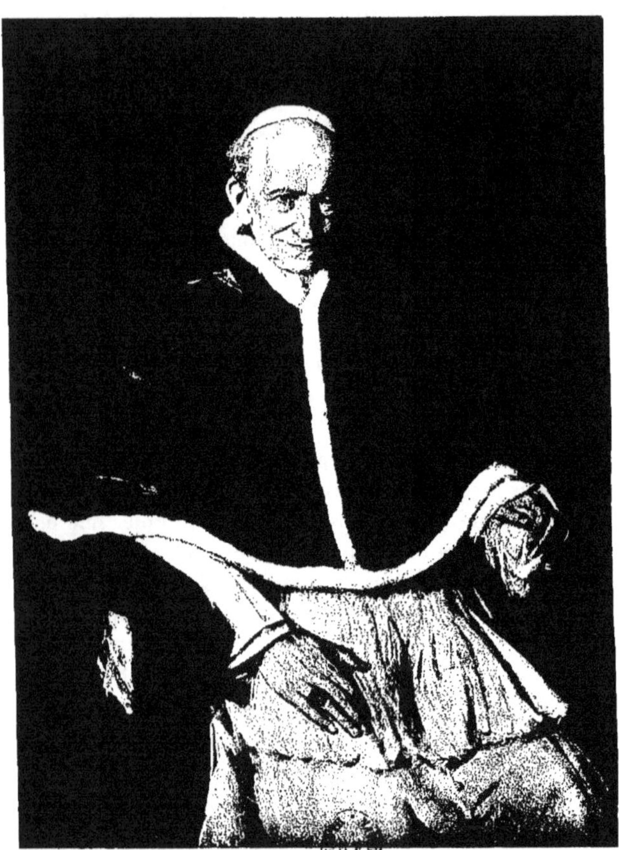

LE PAPE LÉON XIII (1886)

(Musée de Munich.)

Avec la permission de l'Union photographique, à Munich.

quoi cette femme est-elle séduisante ou belle? Et dans le caractère de cette femme il cherche le secret du charme ou de l'harmonie des lignes.

Ses portraits de jeunes filles, les esquisses surtout, la plupart sans nom, mériteraient une étude spéciale. Ce qui nous séduit dans un visage d'enfant, c'est que les joues rondes, la peau fraîche et sans rides, même sur le front, même sous les yeux, la bouche sans plis et les lignes à peines indiquées ne disent encore ni la pensée, ni la passion, ni la douleur; mais, dans un visage, où la vie n'a rien écrit, Lenbach, à défaut du passé, veut trouver l'avenir. Le nez à peine courbé, le menton, qui deviendra fort, lui trahiront la femme despotique; des lèvres, qui rougissent, lui révèlent l'ardeur des passions encore ignorées; le front parait lisse, mais lui sait y découvrir la première trace des rides futures, qui trahiront la réflexion ou le souci. Dans ces traits seulement ébauchés, il lira parfois la santé, l'amour, les joies futures de la maternité; souvent il verra bonheur égoïste, activité sans but, plaisirs factices ou trop réelle douleur.

La critique s'est montrée sévère pour les derniers portraits de M. de Lenbach. Ceux de sa femme et de ses enfants égalent les meilleurs qu'il ait peints. Dans les autres l'on trouve souvent une manière conventionnelle. Mais quelques portraits peints hâtivement ne peuvent rien changer à la valeur de son œuvre. Aucun artiste n'a représenté de plus grands hommes et de plus belles femmes, et, si l'artiste a hésité sur le choix de ses moyens, le psychologue s'est toujours montré réaliste convaincu. C'est pour cet amour de la vérité que Lenbach mérite d'être compté parmi les maîtres des nouvelles écoles.

Examinons maintenant l'œuvre des portraitistes depuis Graff et Chodowiecki jusqu'aux jeunes peintres impressionnistes de Munich; et comparons les types qu'ils nous présentent.

Les hommes d'abord. Ceux du siècle dernier, avec la petite perruque et l'habit à la française, raisonneurs, froids malgré leur affectation de sensibilité mais d'une exquise politesse, ayant besoin du monde et de la société des femmes. Kant lui-même faisait des visites tous les soirs. Puis les romantiques aux cheveux longs, beaucoup encore rasés, d'autres avec la moustache, tous vêtus de costumes étranges, affectant de ne parler, de n'écrire que d'eux-mêmes. Classiques et romantiques sont des idéalistes, mais les premiers sont des idéalistes de la raison, les seconds des idéalistes du sentiment.

Viennent ensuite les libéraux de 1820, roides et solennels, idéalistes dans leurs principes, réalistes dans leur conduite; et ce besoin de justifier par des maximes de désintéressement une morale utilitaire constitue précisément ce qu'on appelle l'esprit doctrinaire. Les radicaux de 1830 ont les yeux perçants, la bouche moqueuse sous la fine moustache; ils parlent de la *Jeune-Allemagne*, du progrès, de la liberté : pour nous ce sont les derniers romantiques. Barbus, les cheveux longs, l'air volontairement farouche, les révolutionnaires de 1848 nous apparaissent comme des lutteurs, mais ils combattent pour une conception de la vie contraire à celle de l'Europe moderne, et leur défaite sera celle de l'idéalisme.

Après 1848, nous trouvons comme un autre type dans les visages; le rêveur a fait place à l'homme d'action. Voici Bismarck, Moltke, Lassalle, Marx, le prince de Hohenlohe, tous les généraux; et la plupart des écrivains et des savants ont les mêmes traits rudes que les hommes d'État et les militaires.

Puis c'est l'Allemagne moderne : des visages résolus à la bouche moqueuse, au regard perçant.

La comparaison des types de femmes est plus intéressante encore : et pour nous guider, nous n'avons pas seulement les portraits, nous avons les têtes idéales et les tableaux de genre.

L'œuvre de Graff et d'Angelica Kauffmann, les gravures de Chodowiecki nous font connaître la grande dame de l'ancien temps, élégante et spirituelle; la bourgeoise rêveuse mais d'intelligence pratique et d'esprit mesuré, telle que Goethe nous dépeint sa mère.

Schadow nous montre les romantiques, qui toujours semblent suivre un vague rêve d'amour désireux de la mort. Danhauser et Schwind représentent la société de 1830, et celle de 1840, les tailles fines, les longues papillottes, les robes bouffantes, Vienne épris d'élégance et de plaisir. Tandis que Richter dessine encore des *Charlotte* et des *Gretchen*, les portraitistes de Berlin peignent les premières femmes de lettres, qui tiennent des salons philosophiques et demandent l'émancipation de la femme.

Depuis quarante ans, surtout depuis trente ans, le type de l'Allemande s'est transformé. Rares deviennent les tableaux où des amoureux se promènent dans le bois, chastement enlacés; où des jeunes filles rêvent au clair de lune en lisant quelques poésie romantique. Comme ceux des hommes, les visages des femmes expriment l'énergie. Les unes ont le goût des sports anglais; d'autres s'inspirent des Scandinaves et prêchent le féminisme. Intelligentes, instruites, la plupart s'occupent de la bonne tenue de leur maison, de la carrière de leur mari, de l'établissement de leurs enfants, oublieuses de l'amour idéal, dont rêvaient leurs grand'mères.

Sans doute, le caractère et la position de la femme ont moins changé en Allemagne que dans les pays anglo-saxons et scandinaves. Cependant l'influence de ces pays se fait sentir en Allemagne. Pour bien comprendre l'évolution des mœurs au dix-neuvième siècle, il faut parcourir la collection des livres et des journaux illustrés depuis Richter et Schwind jusqu'aux publications d'aujourd'hui *Pan, Jugend, Fliegende Blätter*, surtout celles de Berlin, où l'esprit est plus amer. Il faut relire aussi les romans : libertins au dix-huitième siècle, puis passionnés au temps des romantiques. Immermann crée le genre bourgeois : ses héroïnes sont éprises d'idéal, mais de manières simples, rêveuses mais d'esprit pratique; ses récits nous décrivent un amour tendre et sans passion, la sentimentalité ne se comprend plus sans les vertus domestiques. Gutskow, Hebbel et M. de Gottschall défendent au contraire les théories de George Sand. M. Paul Heyse, Fontane et Freytag hésitent entre l'idéalisme et le réalisme ; ils cherchent des excuses pour la passion comme ils en cherchent aussi pour la sentimentalité de la vie bourgeoise qui leur semble banale. M. Paul Lindau s'inspire des naturalistes français pour dépeindre le nouveau Berlin. Puis l'influence d'Ibsen inspire MM. Hauptmann, Halbe et Sudermann, tandis que M. Hansson et sa femme, madame Laura Marholm ramènent le psychologie à la physiologie.

Comme la Norvège, l'Allemagne a ses Nora de *Maison de poupée*, ses Rebecca de *Rosmerholm*, et même ses *Femme de la mer* : ne sont-ce pas les types mêmes que, dans leurs *figures idéales*, leurs gravures, leurs esquisses nous présentent MM. Gabriel Max, Klinger, Greiner, Stuck et Witzel?

Et comme ses *Nora*, l'Allemagne a ses *Hedda Gabler*. Déjà Makart avait peint *Cœurs de marbre*. En 1899, M. A. de Keller a donné le *Trio*.

Le tableau tout en longueur. Les teintes violettes chères à l'artiste. Contre un mur gris, le bas d'une glace, un grand sofa bleu. Sur le dossier une peau de bique rayée de rouge ; des coussins, l'un blanc avec des armoiries, l'autre de satin jaune, une étoffe rouge. A droite, un caniche immobile, un petit terrier qui dort. A gauche, la maîtresse, une jeune fille. Renversée contre le dossier, la tête posée sur le bord, le bras droit étendu, le gauche plié, dans la main une cigarette. Blouse avec des raies verticales, grises, rouges et noires ; le haut du corsage de dentelle blanche transparente. Robe noire, dessous roses ; les jambes croisées ; cheveux blonds ondulés, yeux rêveurs, bouche sensuelle et moqueuse, menton fort, quelque chose de triste et de dur. Et la lumière violette de la fenêtre à gauche jette sur le visage une étrange clarté, des reflets bleus et blancs sur la robe tendue, la rend transparente, montrant les jambes fines et rondes ; un rayon s'arrête sur les dessous roses ; à travers le bas de soie noire, il éclaire la chair pâle, fait une ligne blanche sur le soulier verni qui pose à terre, un point lumineux au bout de l'autre soulier, mis en avant comme par défi.

Ainsi tous ces portraits d'hommes et de femmes nous montrent la transformation de l'Allemagne. Et nous ne voyons pas seulement changer les sentiments, le type physique change aussi. Les têtes larges sont aujourd'hui plus nombreuses que les têtes ovales; les cheveux blonds se font rares. La race germanique, qui a donné à l'Allemagne son art, sa littérature et son organisation, disparaît devant les Celtes, les Slaves, les Finlandais, les Hongrois, les Mongols, qui forment le fond de la population. Avec elle disparaît aussi l'idéalisme; plus que tout autre nation, l'Allemagne devient démocratique; dans aucun pays, ne prévaut au même degré cette conception réaliste de la vie, dont son commerce et son industrie, sa richesse énormément accrue sont les garants, comme aussi les mœurs nouvelles et le nouvel esprit de l'art et de la littérature.

LIVRE III

LES PEINTRES DE LA NATURE

Le paysage est le second genre que la *grande peinture* ait produit en Allemagne.

Héroïque d'abord, le paysage représenta des sites idéaux, puis ce furent les beaux sites de la nature avec des lignes adoucies ou les sites sauvages sous un ciel qui en fit les symboles d'un sentiment particulier. Progressivement les peintres en arrivèrent à reproduire exactement les endroits qu'ils choisissaient, puis ils ne choisirent plus, tous les endroits leur semblaient également pittoresques. L'on eut alors le naturalisme.

Et, comme l'inspiration, l'art devint naturaliste. Jamais Claude Lorrain ni Ruysdael n'a pensé que ses tableaux produiraient une autre impression que celle de tableaux. Mais, si, nous plaçant à quelque distance, nous regardons la toile d'un maître moderne, nous croyons voir la nature même. Les effets de la lumière et de l'ombre, le relief qu'ont les objets du premier plan, les vapeurs où se fondent les plus éloignés, tout est reproduit de manière à tromper les yeux. Quelques artistes, comme M. Vinnen, peignent des paysages de grandeur naturelle.

Dans le parc par exemple. Un taillis bigarré par l'automne. Des mousses vertes, des tas de feuilles mortes; quelques rayons, glissant le long des mousses, à travers les tas, tombant par gouttes ici et là comme en cascades dans le large fossé rempli de pourpre et d'or; au milieu du fossé, une ligne ondulante de feuilles pourries, lilas, violettes, noires, que l'eau croupissante fait sembler de velours entre les feuilles sèches aux reflets métalliques.

L'art nouveau voulait une technique souple et variée : glacis, rehauts, frottis, et la pâte jetée par plaques, et la toile partout visible sous la couleur légèrement étendue, le plain-airisme, la peinture blanche, les reflets multicolores, tantôt des reliefs de panorama et tantôt des taches sans modelés, toute l'échelle des tons; et des nuances surprises aux matins, aux couchers de soleil, aux dessous de bois, aux rivières qui fuient, à l'eau dormante des étangs, aux vagues écumantes qu'effleurent des rayons obliques; ces effets qui, après avoir révolté les profanes, les charment, quand, formés par les maîtres, ils réussissent à les découvrir eux-mêmes dans la nature.

Mais aucun genre n'est aussi propre que le paysage à persuader l'artiste que toute vérité est subjective. Le paysage, moderne évite les montagnes, l'on n'y trouve point de lignes nettes : amateurs et critiques, tous s'accordent sur le fait qu'une académie est bien ou mal dessinée, qu'un portrait est ou n'est pas ressemblant, mais chacun de nous a son idée propre de la forme que présente une colline lointaine comme sa perception propre des couleurs, de la densité de l'atmosphère et de la manière dont s'y fondent les contours et les nuances.

Aussi dans le paysage distingue-t-on difficilement le naturalisme de l'impressionnisme. Tous les peintres de la lumière pourraient s'appeler des impressionnistes. Or, depuis quatre siècles, l'histoire de la peinture est surtout celle des peintres de la lumière. Déjà le Corrège voudrait en rendre les effets dans son tableau de la *Nuit*, mais le maître du clair-obscur ne sait pas en reproduire l'éclat. Les premiers, les Hollandais peignent la réflexion du soleil sur les murailles, les costumes et les visages, les grands rayons obliques entre les nuées. Claude Lorrain suit ces rayons, d'abord à la surface des lacs ou des rivières, qu'ils couvrent d'une nappe d'or; puis, dans l'eau, où les nappes se perdent en spirales d'ondulations toujours diminuées.

Les Italiens, les Hollandais, les Allemands, Claude Vernet lui-même, imitent le Lorrain. Enfin l'Angleterre produit un maître. Turner ne tient pas la lumière pour une manière d'être des objets mais plutôt pour un être en soi. Cet être mystérieux, il le découvre dans les tableaux de Claude Lorrain qu'il prétend égaler. Puis Turner cherche la lumière dans la nature, la surprend à travers les brouillards de l'Angleterre, la trouve en Italie; le premier, il l'étudie en plein air et non plus dans un atelier; le premier il observe les effets de l'atmosphère sur les rayons et les couleurs. Ses efforts, Turner nous les dit dans des paysages faits d'après nature, ou des scènes rêvées, comme *Apollon tuant Python* et la *Fondation de Carthage*. Enfin la lumière est à lui, si bien à lui qu'il ne s'occupe plus de voir le monde. Avec son trésor, le vieillard s'enferme dans la retraite; ses yeux fatigués par l'âge ne peuvent s'en rassasier. Et voici la vision charmante du *Pèlerinage de Childe Harold*, l'apparition fantastique de Venise dans une mer, un ciel faits de prismes; voilà les lueurs rouges du soleil couchant sur le glorieux voilier *Le Téméraire* vaincu enfin et remorqué par un vapeur. Puis, comme Paganini se plaisait aux gammes, aux appogiatures, ce sont des études de reflets et de nuances, des chutes de prismes à travers les nuées, des effets de brouillards, des rayons rouges, verts, bleus, jaunes, dont nous sentons les vibrations sur les nuages, sur les eaux, sur les objets transformés.

Après Turner, tous les paysagistes se plaisent aux effets de la lumière. En France, Diaz fait dans ses nuages noirs des trouées d'or; Rousseau et Daubigny enveloppent les objets d'une atmosphère transparente; Jules Breton peint le disque rouge du soir au bord de la colline, où, lasses, les glaneuses achèvent leur travail. Courbet laisse filtrer les rayons entre les branches de ses forêts. Corot en imprègne les brouillards qui enveloppent ses étangs. Chez M. Montenard, la lumière scintille sur les rochers, sur le sable, sur la mer aveuglante. M. Roll la répand blanche et claire sur les plus humbles objets transfigurés. Sisley voit la lumière violette; M. Renoir la décompose comme Turner; sous sa pâte nacrée, chaque mur, chaque pavé la renvoie en jets de couleurs. Chez M. Monet, bleue derrière les peuples argentés, d'un pâle violet sur les eaux brumeuses, rouge autour des meules, que son auréole rend plus sombres, la lumière traîne en serpents de couleur sur la neige, que les arbres raient d'ombre; elle éclate en prismes dans les champs, couverts de givre, où le matin fait de toutes les herbes des fleurs, de toutes les fleurs des pierres précieuses.

En Angleterre, en Amérique, Moore et M. Harrison la regardent se briser contre les vagues soulevées, mêler ses couleurs à leur écume, ou s'enfoncer en zigzags d'or entre les grands cercles concentriques de l'eau calme et transparente au-dessus des cailloux d'argent.

Dans le Nord, c'est M. Thaulow, qui la suit sur la glace ou dans l'eau comme lourde de reflets multicolores; M. Zorn qui d'une porte entr'ouverte la lance sur un fin visage, aux yeux brillants sous le voile. Le premier, M. Kröyer a compris toute la mélancolie de la lumière. — Ainsi : *Une plage.* Le bord de la mer. La grande lueur oblique du soir disparu, qui, rougissant les vagues, fait sur la plage les traces des pas énormes. Deux femmes vêtues de blanc : l'une porte une ceinture jaune, l'autre une ceinture bleue; la clarté mourante fond leurs reflets sur les robes en les mêlant de rose.

En Allemagne, M. de Uhde, M. Liebermann, M. Vogel font jouer les rayons à travers les branches balancées par le vent; M. de Hofmann connaît les colorations étranges des matins et des soirs du nord; avec sa facture brutale M. Stuck fait éclater les reflets de midi sur le sol blanc, contre les murailles blanches d'un cirque de rochers; M. Böcklin enfin, qui a disposé son atelier comme une chambre obscure, peint avec des couleurs comme imprégnées de soleil, son eau flamboie, l'écume est de feu, la surface de la mer semble un miroir, et les corps paraissent enveloppés de clarté.

Mais avec le temps les peintres ont abandonné ces effets pour d'autres plus délicats. Ils ont voulu rendre la moiteur ou la sécheresse du feuillage; les herbes qui tremblent sous le vent; les gouttes d'eau qui tombent; la légèreté ou la lourdeur de l'atmosphère. Enfin ils ont adopté la peinture noire, qui prévaut aujourd'hui. De même que Ruysdael et les romantiques, ils donnent des paysages de sentiment. Seulement le peintre d'aujourd'hui ne déclare pas son sentiment comme le fait Ruysdael. Il a rêvé, il nous invite à rêver, et souvent nous-mêmes et lui ne savons de quoi nous rêvons. De ses tableaux Ruysdael écarte tout objet capable de troubler l'émotion qu'il veut nous faire partager; bien plus, il tire du paysage vu un paysage idéal; la nature lui inspire-t-elle un sentiment particulier, Ruysdael transforme la nature pour en faire un symbole plus distinct de ce même sentiment. Tout au contraire, les peintres d'aujourd'hui copient fidèlement ce qu'ils voient, arbres, maisons, animaux et gens. Si le paysage est coupé, la vue gâtée, l'état d'âme troublé, tant mieux: la mélancolie que nous en éprouverons, nous fera mieux comprendre la douceur de l'impression ainsi perdue. L'art moderne est pessimiste, et dans notre amour de la nature il reste un peu du panthéisme des romantiques: lorsque, dans ses paysages, un artiste blesse de parti pris ses propres sentiments, n'est-ce pas chez lui cette idée romantique que l'homme, atome du Grand Tout, a seulement un rêve de liberté?

Les maîtres modernes se plaisent dans les endroits désolés. A Dachau comme à Worpswede, les Allemands peignent les marais et les tourbières. Les Anglais et les Américains représentent la mer ou les dunes, les Scandinaves, des fiords entre les rochers. Moins sombre, le paysage français a cependant sa mélancolie, brumeux chez Corot, orageux chez Dupré, d'un gris morne chez M. Cazin, nu et rude dans les plus belles œuvres de M. Cezanne.

Depuis une dizaine d'années, le paysage subit une nouvelle transformation, il devient synthétique. L'un des premiers, Puvis de Chavannes adopta cette manière. Des lignes simples. Point de ces montagnes aux formes puissantes, que cherchaient classiques et romantiques. Souvent la plaine aux ondulations seulement indiquées, des meules, des bouquets d'arbres et la rivière tranquille où se reflètent les ombres. La terre et l'eau comme fondues dans cette brume des pays voisins de la mer, qui donne une apparence de poésie aux plus simples objets, aux contrées les plus riches un air de mélancolie.

Un pareil genre semblerait un retour à l'idéalisme. Mais l'entraînement vers le réalisme est si puissant que ce style simplifié est devenu décoratif. Puvis de Chavannes ne l'employait heureusement que dans ses peintures murales. Sous l'influence des Japonais, les jeunes peintres allemands peignent de haut pour embrasser une grande étendue de terrain; ils se placent en travers d'une route ou d'une rivière pour l'enfiler tout entière. Progressivement ils abandonnent leur coloris varié pour quelques effets plus simples et plus intenses, puis l'huile même pour l'aquarelle, la gouache, le dessin ou la gravure.

Dans tous les pays des maîtres se consacrent aux arts décoratifs. En étudiant fidèlement les sites, les plantes, les fleurs, les reflets de la lumière, en essayant des synthèses simples de formes compliquées, ils veulent créer un style nouveau.

Dans la verrerie, M. Gallé trouve parfois des couleurs éclatantes, et parfois des nuances très douces; il nous montre de pâles fleurs délicates emprisonnées dans un bloc de glace ou comme pétrifiées. Les maîtres de la porcelaine ont la fantaisie des Japonais, William Morris a dessiné des perses et des papiers.

Les Allemands ont surtout réussi dans les genres qui relèvent directement du paysage.

Voici une tapisserie de M. Leistikow. — L'un des étangs de Potsdam, les collines aux forêts d'automne vertes et jaunes. Au premier plan, deux oies qui, le cou tendu, fuient à tire d'ailes.

Voilà des vitraux de M. Christiansen, qui s'inspire de M. Besnard. Les figures, les masses d'ombres, les lignes des montagnes, les rides de l'eau y sont indiquées par un seul trait comme dans les tableaux des nouveaux impressionnistes; ce trait est la bordure de plomb. Comme le fil de métal d'un cloisonné, le plomb d'un vitrail doit être un élément de la décoration. Faire d'un vitrail un tableau, donner comme les Japonais aux cloisonnés l'apparence de champ-levés ou même de miniatures, n'est-ce pas détourner un art de son but?

La meilleure œuvre de M. Christiansen serait sans doute son *Paysage d'hiver*. Comme fond, le ciel rouge et or du soir, une grande masse d'arbres bleu-foncé. Puis la colline et la plaine couvertes de neige, un ruisseau qui serpente entre les saules. Les longues branches dénudées des saules font l'armature du vitrail. Et la neige, bleue dans l'ombre, est au soleil jaune et rose, et le ruisseau, là noir, devient ici d'un vert foncé.

Telle est, dans ses grandes lignes, l'évolution du paysage moderne : à peine doit-il quelques inspirations au paysage classique. Les maîtres du dix-neuvième siècle l'ont créé, développé, poussé jusqu'à ses conséquenses extrêmes, il semblerait même arrivé à son terme. Le premier de tous les genres dans le siècle qui vient de finir, il ne sera au vingtième siècle qu'un genre secondaire et peut-être conventionnel.

CHAPITRE PREMIER

LES PAYSAGISTES

I

Après s'être dégagé de la *grande peinture*, le paysage allemand ne se méla plus avec elle, mais il subit la même évolution de l'idéalisme au réalisme : héroïque et classique puis romantique, le paysage devint progressivement naturaliste, puis impressionniste, puis décoratif.

Deux grandes écoles ont surtout contribué à cette transformation : Dusseldorf et Carlsruhe.

Les fondateurs de l'école du paysage à Dusseldorf furent Schirmer et Lessing : le premier traitait le paysage héroïque; le second s'inspirait des romantiques. Leurs élèves voulurent concilier la tradition idéaliste avec le goût de la réalité.

M. Andréas Achenbach (1815) souhaitait d'être sincère mais il craignait que la vérité ne parût triviale. Ses premiers tableaux représentent la mer du Nord, des rochers à pic sous un ciel d'orage ou de tempête, les lames déferlant avec fureur, des navires brisés, des mouettes volant autour des épaves, tandis que les aigles planent au-dessus des pics enveloppés de nuages. Plus tard, quand le naturalisme prévalut, le genre de M. Achenbach devint plus simple : il peignit les ports et les canaux de la Hollande; beaucoup de jeunes artistes de Dusseldorf lui empruntent encore et sa manière et ses sujets.

Pour se faire pardonner son naturalisme, M. Oswald Achenbach (1827) copia les sites classiques de l'Italie : Naples au

ACHENBACH (ANDREAS)

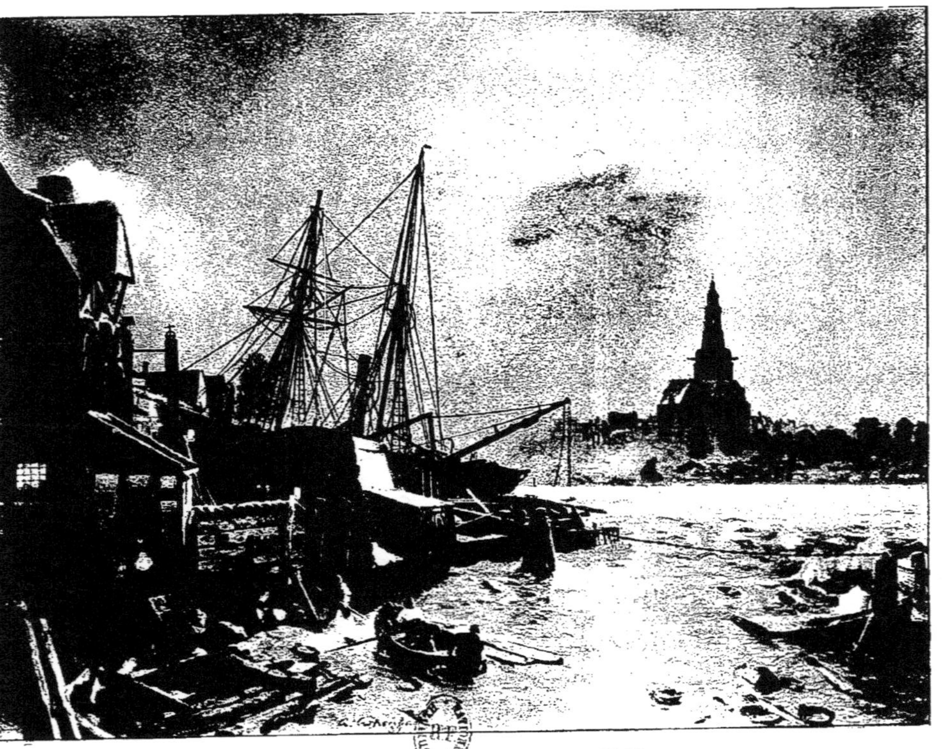

PAYSAGE AU CLAIR DE LUNE (1889)

Avec la permission de la Société photographique (Berlin et Paris)

clair de lune, le Palais des Doges, la Voie Appienne. Puis il abandonna les sites classiques pour les villages perchés sur les collines, les rues bordées de maisons peintes et de huttes sordides, la foule des montagnards de la Sabine ou du pays albain : hommes en culotte courte avec la veste de velours et le grand chapeau, femmes en jupe bariolée, fichu blanc, foulard de couleur sur les cheveux noirs, grandes boucles d'oreille; maisons et foule dans la lumière rouge du matin ou du soir, tandis que, au bas des collines, la plaine ondulée, la mer bleue vue au loin semblent enveloppées d'une poussière d'or. Depuis quinze ans, la manière de M. Oswald Achenbach s'est transformée : ses tons noirs, sa pâte épaisse rappellent Munkacsy; ses effets de lumière trahissent l'influence croissante des jeunes impressionnistes.

Comme M. André Achenbach, M. Gude (1825) et le comte de Kalckreuth (1820-94) voulurent concilier l'idéalisme et le réalisme; l'un peignait les rives romantiques de la mer du Nord; l'autre, s'inspirant du peintre suisse Calame, représentait la haute montagne, les rochers, les glaciers, la neige amoncelée dans les cirques, les forêts sillonnées par l'avalanche.

Tout en progressant dans la voie du naturalisme, la génération suivante n'abandonna pas le paysage romantique. Ses principaux maîtres vécurent dans les fiords : ce sont M. Österley (1839) un Allemand, et les Norvégiens M. Normann (1848) et Munthe (1841-96). Nul comme M. Normann ne nous fait comprendre ce qu'est un fiord : une étroite nappe d'eau entre de hauts rochers à pic; dans ses tableaux de dimensions moyennes nous voyons la montagne tout entière. Cependant ses tableaux ne sont pas des œuvres d'atelier, mais des œuvres faites d'après nature, qui rendent tous les effets du jour et de l'atmosphère. Munthe peint volontiers la glace : le soleil couchant enveloppe les blocs rougis, des réflexions multicolores effleurent la surface, dure et blanche ici, là transparente et là fondante. Patinant ou poussant des traîneaux, les hommes et les femmes emmitouflés s'avancent sur le fiord gelé, de plus en plus perdus dans le brouillard.

Puis le paysage a cherché des sujets plus simples : M. Oeder (1846) et M. Jernberg (1855) peignent l'Allemagne et de préférence l'automne, le ciel gris, la campagne désolée, les routes détrempées entre des buissons aux feuilles roussies ou de grands arbres morts. Ce sont des plein-airistes mais ils se plaisent aux tons noirs. Aussi bien la peinture blanche ne réussit-elle à Dusseldorf que peu d'années et sans y produire aucun ouvrage remarquable. Aujourd'hui les jeunes paysagistes créent un style décoratif (1).

II

L'École de Carlsruhe doit aussi son origine aux maîtres du paysage idéal Lessing et Schirmer; puis deux professeurs de Munich, M. Schönleber et Baisch y tentèrent la même réforme, que, trente ans plus tôt, MM. Achenbach avaient commencée à Dusseldorf.

M. Schönleber (1851), un élève de Lier, aime les beaux sites et compose avec soin. Ses premiers tableaux représentent la Hollande ou l'Allemagne du Nord. Les lignes droites d'une église, d'une jetée ou d'une maison y relèvent les lignes trop molles des contrées marécageuses, qu'il peint volontiers. Ainsi le paysage du Musée de Carlsruhe.

La nuit; de grands nuages couvrent la lune mais laissent s'épandre sa lumière : un fond de collines, au premier plan une

(1) Comme peintres contemporains de M. M. Achenbach, je nommerai Weber (1817-73) et Ruths (1825). Les meilleurs élèves de Kalckreuth sont M. de Kameke (1836) et le comte Harrach (1832) — Dans la génération suivante, il faut citer le peintre de marines M. Dücker (1841) surtout connu comme professeur, M. Lutteroth (1842) et M. Bracht (1842), qui a donné des vues de la mer du Nord, de la Méditerrannée et de l'Orient. Parmi les peintres de marine, M. Petersen-Angeln (1850), qui a peint le Schleswig, sa patrie; parmi ceux qui, l'exemple de M. Achenbach, représentent la Hollande, MM. Hermanns et Eugène Kampf (1861).

M. Fritz Ebel (1835) est un peintre consciencieux — Les jeunes maîtres du paysage décoratif sont MM. Liesegang, Otto, Wendling et Bretz. Les deux premiers traitent surtout la lithographie.

SCHONLEBER (GUSTAV)

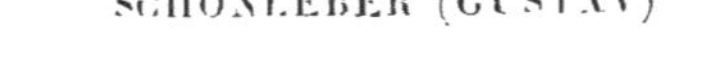

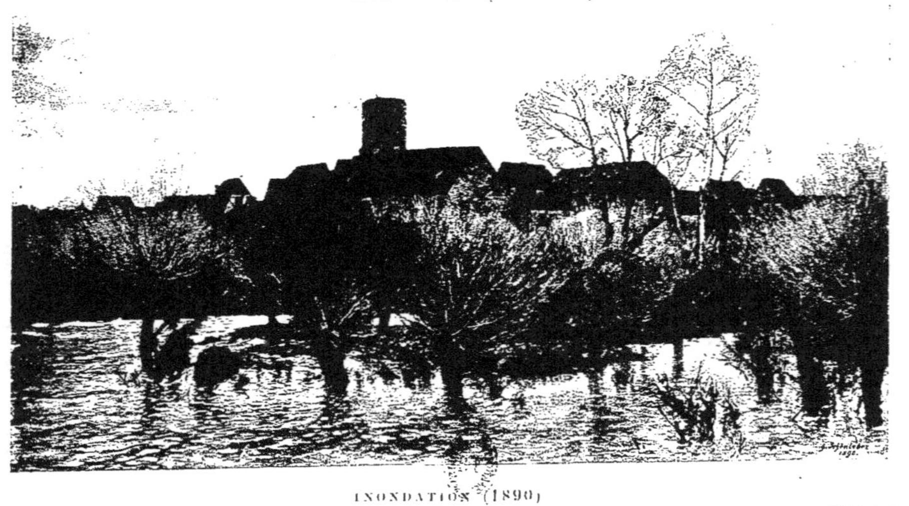

INONDATION (1890)

Cliché du Dr Albert, à Munich.

rivière, une écluse, un pont; à gauche, un moulin; à droite, un bouquet de grands arbres.

Plus tard, M. Schönleber s'établit à Venise; aujourd'hui la Riviera l'inspire. L'un de ses meilleurs tableaux est sans doute *Mer profonde*. On ne voit pas le ciel. Au fond des rochers à pic; au premier plan des écueils à fleur d'eau. La mer d'un bleu lilas devient presque rouge en couvrant les écueils violets sous les stries des vagues blanches.

Connu surtout comme animalier, Baisch (1846-1894) fut aussi un peintre de marines. Il emprunte ses sujets à la Hollande. Ainsi *l'Arrivée du bateau*. — Un ciel nuageux, une mer moutonneuse : sur la plage des femmes causent, des hommes s'avancent pour haler un bateau. L'un des chevaux a comme un frisson en posant ses pieds dans l'eau, tandis que plus loin un autre cheval mieux dressé saute par-dessus les vagues écumantes.

A Carlsruhe comme à Dusseldorf, les paysagistes s'essayèrent dans la peinture blanche puis revinrent aux tons noirs; ils s'efforcent maintenant de figurer par des lignes simples la synthèse d'une plaine ou d'une vallée (1).

III

Dusseldorf et Carlsruhe sont les seules villes qui possèdent des écoles de paysagistes mais à Munich l'on trouve une suite ininterrompue de maîtres influents. Lier et Schleich avaient préparé la transition de l'idéalisme au réalisme. La génération suivante, qui subit l'influence de Piloty, a produit deux artistes remarquables, MM. Wenglein et Dill.

(1) Le meilleur naturaliste de Carlsruhe est M. Kallmorgen (1856), qui a donné des vues des bords de l'Elbe près de Hambourg et des paysages aux sujets dramatiques comme l'*Inondation*. — Les maîtres de la peinture noire sont MM. Poetzelberger (1856) et Haveisen; ceux du genre décoratif MM. de Wolckmann (1860), Hoch (1869), Langheiss (1872) et Weiss (1875).

M. Wenglein (1845), s'inspire de Schleich; avec une pâte grasse et des teintes sombres il peint les bords de l'Isar aux eaux vertes et torrentueuses, les hauts plateaux bavarois, les tourbières, les marais, les grands arbres tordus par le vent, à l'horizon des montagnes enveloppées de brouillards, d'où l'on voit saillir des faîtes blanchis.

M. Dill (1850) donna d'abord des marines et des tableaux de genre inspirés par la vie de Venise : le port, la *Giudeca* aux canaux sordides ou la pleine mer sous le soleil, les voiles rougies, le bateau cahoté, les hommes au visage hâlé, au sourire grossier et bon enfant, les filets, les amorces, les baquets, les cordages, la grande voile rapiécée que l'on amène (1855).

Puis M. Dill délaissa la marine pour le paysage. Il peint aujourd'hui la plaine de Dachau, le Barbizon allemand : des sites vus de haut, des raccourcis, routes et rivières en ligne droite, les masses des bois et les ombres indiquées seulement par leurs contours, les taches sans modelés des impressionnistes, une facture chaque année plus hardie. Volontiers il emploie la gouache, l'aquarelle et le pastel.

Ainsi *Chardons fanés* (1899). Non plus blanc et noir, suivant l'expression anglaise, mais blanc et jaune. Entre des bouleaux au tronc moucheté, une rivière aux eaux rapides, coulant droit vers nous. Au milieu un îlot. Sur l'îlot, sur les rives, de grands chardons fanés, et la lumière du soir dorant l'eau, les plaques blanches des bouleaux, les chardons à la tige jaunie dont les fleurs cotonneuses se désagrègent sous la brise.

Des jeunes paysagistes de Munich, le plus délicat est M. Keller-Reutlingen (1854). Voici un bon paysage de 1899. Au-dessus de la petite rivière, qu'on voit à gauche, Dachau sur la colline couverte de buissons. Des peuples à droite. Les maisons humbles, basses, avec de grands toits noirs. Seule, une vieille chapelle octogonale, qui forme la tour d'une maison, est couverte d'un toit rouge. Le soir, et Dachau est exposé au couchant. Au-dessus des maisons, le ciel gris; entre les peuples une échappée d'un bleu clair. Et les rayons obliques forment des prismes dans l'eau, rougissent le mur des maisons, font les

WENGLEIN (JOSEPH)

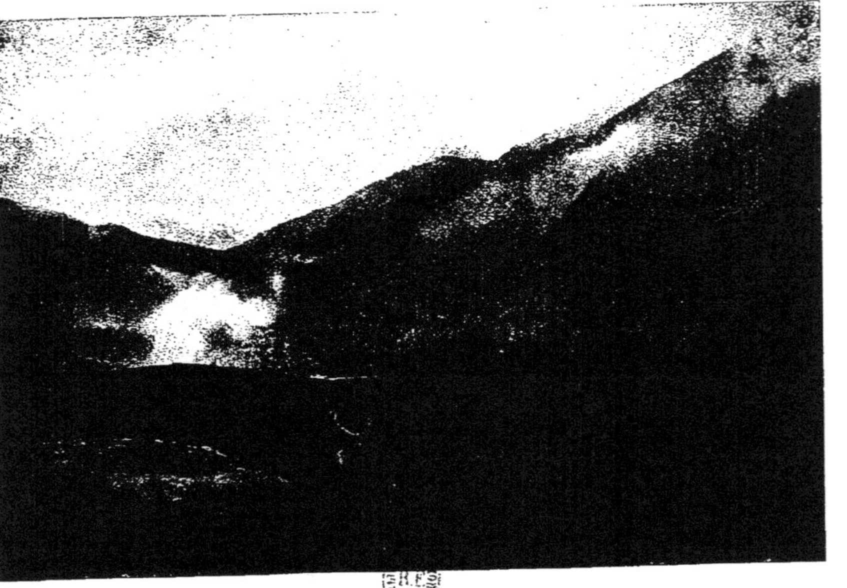

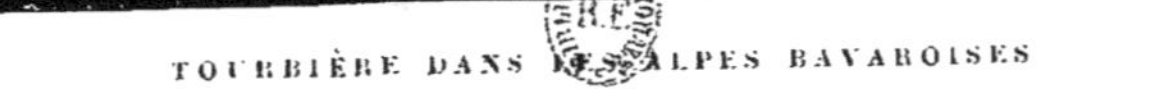

TOURBIÈRE DANS LES ALPES BAVAROISES

Cliché du Dr Albert, à Munich.

vitres de feu, se reflètent crûment sur le toit rouge de la chapelle et raient d'or à gauche le tronc des peupliers.

Le maitre impressionniste le plus hardi est M. Stuck surtout connu comme peintre symboliste.

Le soir près du vivier. Harmonisé rose-violet. Contre l'horizon à peine teinté, trois arbres, un buisson, bleus avec un nimbe rose. Au premier plan, le vivier : sur le fond rose du ciel reflété, les reflets des arbres font un fouillis d'ombres grises.

Le vivier aux truites. Entre les troncs d'une rangée d'arbres, la lumière bleutée du soir, et, dans l'étang, où l'eau fait de grands cercles, des plaques bleues et blanches entre les ombres noires déviées.

Le style de M. Stuck est déjà le style décoratif, que les jeunes peintres de Munich ont adopté (1).

IV

En dehors de Dusseldorf, de Carlsruhe et de Munich, de nombreux artistes traitent le paysage : les uns se sont formés dans ces villes, les autres en France et en Hollande.

Des peintres naturalistes, le plus délicat est M. Franz Skar-

(1) Parmi les peintres de la génération de Lier, il faut citer Morgenstern (1805-67), Lange (1817-78), qui a donné de belles vues des lacs des Alpes. Parmi les premiers peintres naturalistes, M. Willroider (1845), dont la manière rappelle celle de M. Wenglein, et M. Petersen, (1850) un excellent peintre de marines. Ainsi *Haute-mer* (1898), les belles vagues aux plis moirés, comme tigrées, un remorqueur s'avançant vers un voilier, qui arrive droit vers nous à pleines voiles. *La Flotille des pêcheurs;* de grandes houles aux plis d'écume, plus de trente bateaux voguant de conserve, toutes voiles dehors.

Aujourd'hui les Jeunes de Munich cherchent avant tout le style décoratif : ainsi M. Berchtold, M. Püttner et surtout M. Georgi (*Midi—le Soir*). M. de Berlepsch (1852), M. Gradl et M. Bürck (1878) en sont franchement arrivés aux arts décoratifs. Voici une bordure de tapis de M. Gradl. Un motif de lianes tortueuses qui s'élèvent, portant des fruits rouges. Entre elles, ici un village aux fenêtres éclairées, là une église sur un fond de ciel de crépuscule aux teintes effacées. — De M. Bürck, une portière : *l'Automne dans la vallée de l'Isar.* Entre des massifs d'arbres bien indiqués, la rivière sinueuse. Au premier plan, deux troncs gris et de grandes herbes aux fleurs jaunes et rouges.

16

bina de Berlin. En 1899, il exposait à Dresde la *Rivière du moulin.* — Le soir. Un coude de la rivière. La colline, dont l'automne a bigarré le bois, ne laisse voir qu'une trouée de ciel rouge et or. Au-dessous du bois, le moulin; plus en aval une cabane. Sur l'autre bord et contre une palissade, qui suit le coude de la rivière, une femme debout regarde l'eau d'un air rêveur. Et cette eau, verte ou presque noire sous le feuillage, est là d'or, d'argent et de pourpre. Et cette femme, le bois, le moulin sont enveloppés de la buée douce qui, montant de la rivière, fond tous les tons dans la lueur dorée du couchant.

Des poètes du paysage, le plus suggestif est M. Reiniger (1863). Il se plaît aux teintes mélancolique du soir et de l'automne. Ses fonds à peine brossés rendent bien les effets de la pénombre et du brouillard, où des objets nous ne distinguons que leurs vagues contours. Au premier plan, il étale au contraire des plaques épaisses, comme en font les rayons obliques dans la boue et la neige fondante.

Des peintres de la synthèse, le plus hardi est M. Leistikow (1865). D'abord des fiords, des canaux peints en raccourci sous les rayons obliques du soir. Puis des dessous de bois, et la lumière se jouant sur les troncs bruns ou gris, sur la mousse où tremblent au bord des herbes les ombres grouillantes du feuillage. Enfin des synthèses hardies, comme la belle lithographie : *Un pont le soir.* — Indiquée par un frottis, une masse d'arbres aux simples contours se détache nettement sur le ciel rouge imprégné de lumière. Devant, un pont de bois; à gauche, la berge ; au premier plan, un étang, où se reflètent nettement les bois plus rudes et le ciel rouge plus transparent (1).

(1) Parmi les peintres plus âgés, il faut citer M. Douzette (1834); M. de Gleichen-Russwurm (1836), aux couleurs crues (c'est le peintre du printemps); M. Ludwig (1839); MM. A. Hertel (1843) et Körner (1846), de bons peintres de marines aux chaudes couleurs. — Parmi les peintres plus jeunes, M. Hans Herrmann, (1858), un vigoureux naturaliste, et M. Schultze-Naumburg, l'un des maitres du style décoratif. — J'étudierai, en parlant du symbolisme, les meilleurs maitres du paysage impressionniste, MM. Thoma, Lugo et de Hoffmann, auxquels il faut joindre M. Trübner, et je traite l'école de Worpswede à la fin de ce troisième livre.

Vienne, resté sous l'influence de Makart, s'est refusé longtemps à suivre l'Alle-

Dans ses grandes lignes, l'évolution du paysage en Allemagne correspond avec l'évolution de ce même art dans les autres pays : du paysage idéal au paysage observé ; du paysage observé au paysage naturaliste donnant l'illusion de la réalité; du paysage naturaliste au paysage impressionniste; et maintenant il se produit partout un effort pour arriver au paysage synthétique qui aboutit au style décoratif.

Ce qui manque à l'école allemande, c'est d'avoir peint l'Allemagne et de l'avoir peint dans un style allemand. Devant un Corot, un Manet, un Cezanne, tous savent de suite que l'auteur est Français; de même le sujet et la facture d'un Kröyer, d'un Thaulow, d'un Johansen nous font comprendre de suite que le maître est Scandinave. Mais les paysagistes allemands peignent toutes les régions, imitent la manière de toutes les écoles. Depuis quelques années, les jeunes artistes représentent les endroits qu'ils habitent et se créent un style personnel. Leurs œuvres sont remarquables, mais ils cherchent les marais, les tourbières, les endroits désolés. L'Allemagne n'a pas encore une école comme celle de Barbizon, dont les maîtres, se plaisant aux sites les plus ordinaires, s'efforcent d'en comprendre la poésie simple, d'en rendre les effets toujours variés. Si M. Dill et M. Vinnen sont de grands paysagistes, l'art de Dachau est l'art de Dachau, l'art de Worpswede est l'art de Worpswede. Il manque à l'Allemagne l'art du paysage allemand.

magne dans la voie du naturalisme et de l'impressionnisme. Mais, depuis plusieurs années, Vienne a sa *Sécession* où les peintres rivalisent de hardiesse. Le meilleur paysagiste est Mme Tina Blau Lang. Parmi les plein-airistes et les impressionnistes l'on peut citer : M. Engelhardt (*Au soleil*, femmes nues couchées dans une clairière), à la Sécession de 1899.

CHAPITRE II

LES ANIMALIERS

L'étude des animaliers ne saurait se séparer de l'étude des paysagistes. L'art des animaliers n'en a pas moins ses règles et ses variations propres, qu'il importe d'étudier.

Si l'on trouve des animaux dans les tableaux de toutes les époques, c'est seulement au dix-septième siècle que la peinture d'animaux devint un genre particulier : nous y distinguons alors deux manières différentes. La première, celle de Rubens, est idéaliste, quoique le génie réaliste du maître lui donne les apparences du réalisme. Dans l'*Enlèvement des filles de Déjanire*, Rubens a montré des chevaux qui hennissent, impatients du fardeau des beaux corps nus ; dans ses prodigieuses scènes de chasse, des sangliers acculés décousent les chiens furieux et hurlant ; des lions terrassent des Maures et, la bouche hideusement ouverte, enfoncent leurs crocs dans la chair palpitante, qui relève les plis poilus de leurs museaux renfrognés. Ni ces lions, ni ces chevaux n'intéressaient Rubens ; ce qu'il voulait figurer, c'étaient l'élan, la force, des couleurs fauves, une scène dramatique. Peu lui importait ce que nous appelons la psychologie de l'animal.

Tout différent est l'art naturaliste de la Hollande. L'on y peignait des b ufs et des moutons au pâturage, l'on s'efforçait de représenter exactement leurs formes et leur robe, leur regard et leur aspect. Mais le public tenait ce genre pour inférieur : sans de hautes protections, Paul Potter n'aurait pu épouser la jeune fille qu'il aimait ; le père, un architecte, trouvait honteux de recevoir un animalier dans sa famille.

Quant la philosophie rationaliste se répandit, beaucoup regardèrent les animaux comme des manières de machines.

Ceux-là mêmes qui les aimaient, comme La Fontaine, les comprenaient si peu que, pour les faire agir, ils leur prêtaient les sentiments des hommes. Dès lors les Hollandais eux-mêmes ne peignirent plus d'animaux que pour égayer leurs paysages : ainsi faisaient les maîtres qui vivaient en Italie ; on ne pouvait imaginer les ruines de la campagne romaine sans un troupeau de buffles.

Seul le cheval « la plus belle conquête de l'homme » pouvait figurer dans l'art noble ; c'était pour y refléter les sentiments de son maître. David fait se cabrer le coursier de Bonaparte sur le Saint-Bernard. Et, comme un député se plaignait à M. Thiers, que, dans les peintures de Delacroix à la Chambre, le cheval d'Attila ne ressemblât pas à un cheval, M. Thiers s'écriait indigné : Avez-vous vu le cheval d'Attila ?

Mais la morale du Bouddhisme développée par Schopenhauer, puis le Darwinisme ont produit une philosophie nouvelle dont Lombroso est le plus hardi représentant : il veut retrouver chez les animaux l'origine des lois de l'humanité : quoi qu'on pense de ces doctrines, elles ont exercé une heureuse influence sur la manière dont l'homme traite les animaux. Dans tous les pays, des sociétés, des lois les défendent, faiblement sans doute, contre les brutalités.

Inspirée par la science, la poésie voulut décrire les sentiments des bêtes. L'*Ane et le Crapaud* de Victor Hugo est encore une fable. Mais Leconte de Lisle s'essaie à la psychologie des animaux dans le *Rêve du Jaguar* :

Il cligne ses yeux d'or hébétés de sommeil,
Et, dans l'illusion de ses forces inertes,
Faisant mouvoir sa queue et frisonner ses flancs,
Il rêve qu'au milieu des plantations vertes,
Il enfonce d'un bond ses ongles ruisselants
Dans la chair des taureaux effarés et beuglants.

L'influence de la philosophie et de la littérature a transformé l'art. Les premiers, les Anglais tentèrent la psychologie de l'animal dans les portraits qu'ils faisaient de leurs chevaux de course et de leurs chiens de meute. De pareilles études sortit le genre de Landseer et de Briton Riviere. Le talent du premier est inégal : si les œuvres de sa jeunesse sont bien observées, *La Guerre* et *la Paix*, *Alexandre et Diogène* sont des apologues. Nous retrouvons avec plus de finesse le même symbolisme dans le *Daniel* et la *Circé* de M. Briton Riviere.

Le *Daniel* fait penser aux vers de la *Légende des Siècles* où V. Hugo nous montre le prophète entre le lion du désert, le lion des sables, les lions des montagnes et le lion de la mer.

> Quand la nuit eut noirci le grand firmament bleu,
> Le gardien voulut voir la fosse, et cet esclave,
> Collant sa face pâle aux grilles de la cave,
> Dans la profondeur vague aperçut Daniel,
> Qui se tenait debout et regardait le ciel,
> Et songeait, attentif aux étoiles sans nombre,
> Pendant que les lions léchaient ses pieds dans l'ombre.

Dans la *Circé*, M. Briton Riviere nous peint des pourceaux véritables. Cependant, devant la jeune femme séduisante et nue, qui se rit de leur fureur, l'un exprime bien la lubricité sénile, l'autre la violence de la jeunesse, celui-ci la passion, celui-là le vice, d'autres encore toutes les formes du désir. Voici un Rodrigue :

> Paraissez Navarrois, Maures et Castillans,

et voilà un romantique de l'amour idéal.

Moins subtil, l'art français nous apparaît comme plus fort. Les œuvres de Troyon sont d'un Paul Potter à qui la science aurait appris les pensées et les impressions des animaux. Quoi qu'elle peigne, cerf, buffle, cheval, mouton ou taureau, Madame Rosa Bonheur a su se montrer vraiment naturaliste dans tous ses tableaux : elle reproduit justement le corps, le regard, la pose et jusqu'au sentiments de ses bêtes. Toutes sentent profondément, mais elles sentent comme des bêtes.

Dans le genre des animaliers comme dans tous les autres, l'impressionnisme remplace aujourd'hui le naturalisme. L'on se préoccupe moins de la psychologie des bêtes et l'on cherche davantage à rendre l'effet que leur vue produit sur nous. De nouveau elles se trouvent confondues avec le paysage, ici perdues dans sa lumière, là s'en détachant contre un fond sombre comme de beaux morceaux de peinture. D'autres maîtres adoptent le style décoratif : les coqs, les canards, les cigognes fournissent des motifs de tapisseries ou de papiers ; la croupe d'un cheval est d'un bel effet dans un vitrail. Partout triomphe le réalisme sous cette forme particulière qui, dédaignant l'objectif, la science, cherche le subjectif : la sensation plaisante et plus souvent encore la sensation rare et troublante.

I

En Allemagne la peinture d'animaux comprend deux genres différents.

Le premier, qui s'occupe des animaux sauvages, s'inspire du romantisme, de Lenau par exemple dans ses *Chants des Roseaux*.

> La douce lueur de la lune repose sur l'étang immobile, mêle ses roses blêmes à la verte couronne des roseaux.
>
> Sur la colline là-bas les cerfs s'arrêtent, ils lèvent la tête pour regarder la nuit ; et, dans les joncs épais, par moments les poules d'eau s'agitent avec un bruit de rêve.
>
> Mon regard s'abaisse alors, plein de larmes ; et jusqu'au plus profond de mon âme il me passe un doux me-souvenir-de-toi, comme une calme prière du soir.

D'abord cet art se confondit avec celui de Steinle, de Schwind, de l'école de Schadow, puis il devint naturaliste avec M. Thiele de Munich et Kröner (1838) de Dusseldorf. L'un des meilleurs tableaux de genre est celui de M. Richter Lefensdorf. Au clair de lune, la montagne, les tourbières couvertes de neige. Entre des rochers à pic, dont les assises forment des marches, un étang étroit et long. Sur la rive la plus basse un troupeau de biches ; sur l'autre rive un cerf, au-dessus de lui des corbeaux, et dans l'étang, que la lune fait bleu, l'on voit, avec l'ombre du rocher, les bois du cerf dans l'eau livide. (1)

II

C'est à Munich qu'il faut étudier l'évolution de la peinture d'animaux domestiques. Pendant que les maîtres du genre historique exécutaient leurs fresques monumentales, des artistes plus modestes s'efforçaient de représenter ce qu'ils voyaient. Une manière de naturalisme était permise dans les genres, dont l'esthétique ne daignait pas s'occuper (2).

Cependant l'idéalisme ne perdait pas ses droits. De Wagenbauer à Voltz et de Voltz à M. Gebler, tous les animaliers furent des peintres d'idylles. Mais si M. Gebler nous dit encore des contes, c'est déjà un observateur. A travers les champs, par les longues routes poudreuses, sur la montagne, dans l'étable, il suit partout les moutons et connaît aussi bien leur caractère que celui de leurs petits bergers.

(1) Comme animaliers allemands du dix-septième et du dix-huitième siècles, il faut citer la famille des Roos ; Ruthart (fin du dix-septième siècle) (le Musée de Dresde possède de lui un bon tableau représentant un combat entre des chiens et des ours) ; les Hamilton, originaires de Belgique, qui peignent tous les animaux mais surtout les chevaux ; puis Ridinger (1695-1767), enfin la famille des Kobell, dont le dernier représentant connu est mort en 1855. Dans l'école historique, seul Rethel se montre bon animalier, surtout pour les chevaux de l'*Entrée de Charlemagne à Milan* et les bœufs qui fuient de la *Bataille de Cordoue*. Les peintres de bataille, les Adam, Klein (1792-1875) P. Hess à Munich ; les L'Allemand et K. de Blaas à Vienne ; Bleibtreu et Camphausen à Dusseldorf, Steffeck (1818-90) à Berlin, le peintre officiel Krüger (1797-1857) montrèrent plus de soin dans la peinture des chevaux. Mais il faut arriver aux jeunes maîtres comme MM. Rocholl et Ungewitter pour trouver de bons animaliers. La peinture de chasse fut surtout cultivée à Berlin (Schulz (1796-1866) et Preese (1819-71) : à Dusseldorf (Jean Deiker (1822-95), Karl Friedrich Deiker (1836-92), Kroner (1838) et Pfannekuchen). M. Friese (1854) est le meilleur peintre d'animaux féroces. Il y a quelques années un de ses tableaux fut remarqué au Salon de Paris : deux lions guettant une caravane. M. Paul Meyerheim (1842) représente toutes les bêtes des foires dans des tableaux spirituels et d'une bonne facture. M. Räuber (1849) peint des animaux dans des compositions historiques comme *Saint-Hubert* et *Sainte-Geneviève de Brabant*.

(2) Klein (1792-1875), peintre d'aquarelles et graveur, représente des chevaux, des bœufs et des moutons dans le genre Hollandais. Wagenbaur pense aux idylles de Gessner ; Bürkel (1802-69) voudrait être un humoriste. Après eux ce furent Lotze, Eberle (1815-60), Voltz (1817-86) puis M. Gebler (1838).

ZÜGEL (HEINRICH)

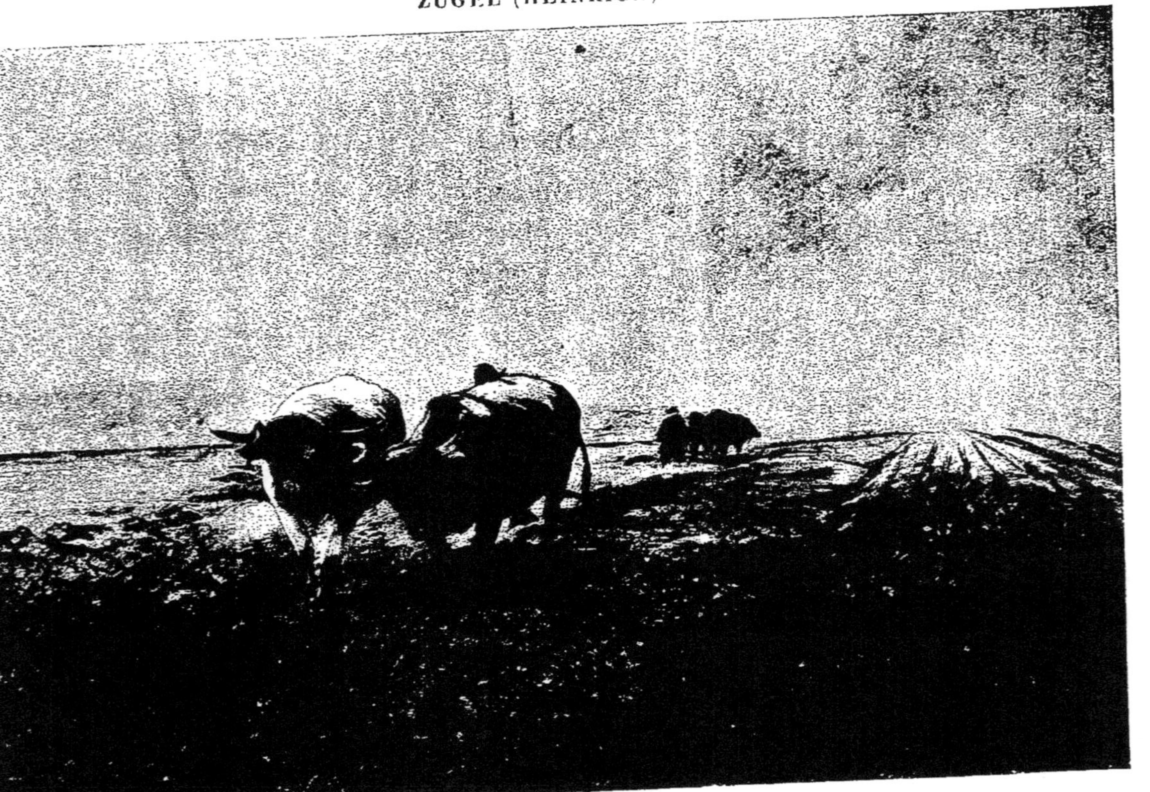

MATIN D'AUTOMNE

Avec la permission de l'Union photographique, à Munich.

Un véritable naturaliste, Baisch représente des troupeaux de bœufs et de vaches, tantôt au bord de la mer, dans les gras pâturages de la Hollande, tantôt sur les hauts plateaux bavarois, battus par le vent et brûlés par le soleil.

M. Braith (1836) est un psychologue. Il excelle à peindre les vaches qui dorment, les veaux gambadant, les génisses altérées, les moutons dévalant les pentes de la montagne : l'orage gronde, les agneaux trébuchent, et, le nez en avant, fixent la roche glissante où leur pied n'ose pas se poser.

Avec M. Zügel (1850), apparaît l'impressionnisme. Sa manière est franche, sa pâte épaisse, son dessin hardi; aucun artiste allemand ne connaît mieux les lois du plein-air. Et ses qualités techniques sont celles mêmes qui conviennent à son art. Toute son œuvre dit la vie et la force et semblerait la meilleure illustration de la *Terre* de M. Zola.

Dur travail (1892). Dans la brume que perce l'aube, la rosée brille sur les mottes retournées par le soc, des vapeurs s'en élèvent et l'on dirait la mer. Traînant la charrue que l'homme enfonce, trois bœufs avancent lentement. Celui de volée renifle bruyamment, un nuage sort de sa bouche baveuse, faisant un brouillard dans le brouillard.

Une chaude journée. Dans l'eau, où le soleil et les ombres des arbres jettent des taches brillantes et sombres, un fouillis de couleurs entrecroisées, deux bœufs blancs dorment appuyés l'un sur l'autre. (Galerie Ravenée.)

M. Zügel peint aussi les moutons pressés derrière le chien haletant, la lumière se joue sur leur toison crépue, d'une pâte si épaisse qu'elle semblerait sculptée.

Ainsi, après s'être dégagé du paysage, l'art des animaliers tend de nouveau à se confondre avec lui. Aux patientes observations des naturalistes ont succédé les effets de lumière et de couleur des impressionnistes; il semblerait que las d'observer, l'homme moderne ne voulut plus que sentir et noter ce qu'il sent (1).

(1) Parmi les animaliers il convient encore de citer M. Adam, le peintre

de chats; M. Von Heyden (1860), le peintre de coqs, qui, pour la virtuosité, la belle pâte et la hardiesse du coup de pinceau ne le cède à aucun artiste de l'Allemagne. Dans les principales écoles d'animaliers il y a des écuries de verre où les peintres peuvent étudier les animaux dans tous les jeux de lumière.

Pour compléter l'histoire des animaliers, j'ajouterai les noms suivants : le peintre Viennois Schmitson (1830-63), que son beau tableau de la *Galerie nationale* fait aujourd'hui classer parmi les maîtres : *Un troupeau de vaches au bord d'un ruisseau*. Dans l'école de Dusseldorf : Burnier, MM. Bergmann, Lins, Sohn-Rethel. Dans le Nord, M. Olde (1855). Comme peintres de *Natures mortes* il faut citer M. Kunz, de Munich, et Charlemont, de Vienne.

CHAPITRE III

LES PEINTRES DE PAYSANS

Un troisième genre, inséparable du paysage et de l'art des animaliers, est celui des peintres de paysans. Les Flamands et les Hollandais l'ont inventé mais pour le traiter d'une manière humoristique. Dans la seconde moitié du XVIIIe siècle, l'influence de Rousseau amena le goût des bergeries, Gessner composa des idylles, les œuvres de Watteau et de Fragonard sont à la fois sentimentales et précieuses. Au début du XIXe siècle, le genre paysan fut, dans l'art comme dans la poésie, un genre idéal : il devait montrer l'homme rendu meilleur par la vie simple et l'amour de la nature.

En Allemagne, Voss écrivit la *Louise*, Gœthe *Hermann et Dorothée*; nombre de poètes les imitèrent, puis vinrent les romanciers, Immermann inaugura le genre qu'Auerbach rendit populaire. L'art eut Schwind, Richter, Waldmüller, Danhauser.

Mais la peinture de paysans ne se répandit en Europe qu'après la Révolution de 1848. Riches et pauvres sont alors comme saisis de crainte devant les découvertes qu'eux-mêmes ont faites et les progrès que leurs pénibles efforts ont réalisés. L'industrie transformée par l'adoption des machines, l'émigration des campagnards vers les villes, l'instruction obligatoire, le suffrage universel, le goût du luxe qui se développe dans toutes les classes, la concurrence, les tendances naturalistes de l'art et de la littérature, l'oubli des anciennes traditions, tout ce qui sera l'Europe moderne fait reculer les hommes les plus hardis. Dix huit cents ans auparavant, une pareille transformation sociale a suscité les *Géorgiques*. Comme Virgile s'est écrié :

O fortunatos nimium sua si bona norint
Agricolas!.....

Le Play tient pour la société parfaite celle des Pasteurs de l'Asie Centrale. George Sand écrit la *Mare au Diable* et *François le Champi*. Les peintres proposent pour modèle la vie du paysan heureusement ignorant des inventions et des systèmes qui ont causé tant de ruines et fait couler tant de sang.

L'art nouveau se développa surtout en France et en Allemagne. Comme la peinture d'histoire, il marque une transition entre l'idéalisme et le réalisme, car son inspiration est idéaliste, mais sa forme déjà réaliste. Cependant les mêmes sentiments n'inspirent pas les peintres des deux pays.

Millet célèbre la grandeur de la fonction du paysan, dont le travail est le seul nécessaire : sans lui, ceux-là mourraient de faim, qui le méprisent.

Dans le *Semeur* il nous montre le paysan faisant acte de vie et continuant l'œuvre de la Création.

L'ombre, où se mêle une rumeur,
Semble élargir jusqu'aux étoiles
Le geste auguste du semeur.

Dans l'*Angelus*, le jeune homme et la jeune fille s'aiment simplement parce que leur cœur est chastement naïf comme la nature et leur esprit saintement naïf comme la foi.

Les peintres allemands ne s'occupent pas du paysan mais des paysans ; ils ne cherchent pas à dire la grandeur de la mission du semeur ou le charme de la vie des champs ; ils font appel au patriotisme local, rappellent la beauté des vieux costumes, la naïveté des mœurs particulières à chaque contrée ; ils protestent contre la civilisation moderne, qui fait disparaître ces costumes et ces mœnrs.

L'œuvre de Meyerheim, de Vautier, de MM. Knaus et Defregger nous donne une image fidèle de l'Allemagne d'il y a trente ans dont bientôt rien ne subsistera. Dans les montagnes de la Bavière, le costume tyrolien. Les femmes de la Forêt-Noire et du Margraviat de Fribourg avec la jupe ronde, le corsage de couleur, la chemise bouffante sur les épaules, les bras nus, le chapeau de paille au pompons rouges, le haut de forme jaune ou noir, ou le grand nœud des Alsaciennes. Les jeunes gens en bas blancs, culotte grise, gilet jaune aux bretelles brodées, veste verte et bonnet de fourrure.

Dans le bassin inférieur de l'Elbe, les couleurs éclatantes. Sur le bord de la mer, les femmes en robe courte et collante, avec un capuchon qui rappelle celui des pêcheuses napolitaines. Le plus joli costume qu'on trouve encore, est celui des femmes Wendes du Sprée-Wald. Entre la Lusace et Berlin, la Sprée forme plusieurs centaines de rivières et de canaux. Au printemps, le pays est inondé. Trois lignes de chemins de fer traversent la région, il n'existe pas de routes. L'on y voyage en bateau, entre les champs bordés de haies, au milieu de taillis ou dans la forêt (Koenigswald) : les canaux s'y croisent sous les hêtres et les chênes séculaires, où s'enlace le houblon; dans l'eau noire les images se reflètent aussi distinctes que les objets mêmes; on glisse comme entre deux voûtes d'arbres dont l'une renversée paraît d'une insondable profondeur, et les rayons qui se jouent sur l'eau, se croisent avec les rayons reflétés. Toutes les femmes, de type Slave, avec les joues roses et de grands yeux bleus, ont le jupon rouge ou gris, qui s'arrête aux genoux, découvrant la jambe nue ou le bas blanc. Corsage noir, collerette, bras nus. Mais il est rare que, le dimanche, on voie encore la fraise tombant sur les épaules et le bonnet jaune, plat sur le front, avec deux grandes pointes droites au-dessus des oreilles.

Et, si la facture de Millet avait l'ampleur de ses conceptions, celle des peintres de paysans de l'Allemagne rappelle Piloty et Makart. Comme eux, ils faisaient consister le réalisme dans les chaudes couleurs, les costumes pompeux, l'habileté à rendre les étoffes; comme eux, ils aimaient à composer, à représenter des scènes sentimentales ou dramatiques, et comme eux ils furent vraiment populaires. Les villageois voyaient avec orgueil l'image flattée qu'on leur présentait de leurs mœurs et les ouvriers, qui avaient fui la campagne, se plaisaient à voir réhabiliter la vie de leurs parents, qu'ils commençaient à mépriser.

Aujourd'hui l'idéalisme et l'amour du passé ont disparu de la peinture de paysans comme du roman paysan. Au lieu de poétiser les douceurs de la vie rustique, les peintres en montrent les misères. Bastien-Lepage, MM. Lhermitte, Israels et Liebermann, tous les peintres de paysans sont des pessimistes. Ce pessimisme provient de plusieurs causes : d'abord le désir qu'ont artistes et littérateurs de faire vrai, leur connaissance plus complète des mœurs de la campagne; puis leur propre désenchantement qu'ils attribuent à leurs personnages; enfin cette mélancolie du paysan moderne que M. Bazin a décrite dans la *Terre qui meurt*.

Sans doute, la terre ne meurt pas : la culture scientifique, l'emploi des machines agricoles, le développement des syndicats lui font rapporter plus qu'elle ne rapportait autrefois. Mais grâce à ces progrès, peu d'hommes aujourd'hui suffisent à cultiver une plaine où s'épuisaient autrefois les efforts de milliers d'hommes. Bientôt, même pour labourer, semer, faucher, il ne faudra plus de paysans mais des ouvriers mécaniciens.

En Allemagne, les agriculteurs formaient, avant 1870, la grosse majorité de la population; ils n'en forment aujourd'hui que les quarante-huit centièmes. Si les plus hardis des jeunes gens se sentent attirés vers les villes, les vieillards, les hommes d'esprit conservateur haïssent les villes, qui enlèvent tant de paysans à la terre; ceux-là même qui restent à la campagne, ne quittent-ils pas les anciens costumes aux couleurs claires pour les vêtements sombres de l'ouvrier? Chaque jour ne voit-on pas disparaître les anciennes mœurs, avec elles le respect des parents et la foi religieuse?

Un écrivain autrichien, M. Rosegger, le fils de paysans de Styrie, exprime éloquemment ces sentiments dans deux romans : *La Lumière éternelle* et *Le dernier Jacob*.

La Lumière éternelle est l'histoire d'un curé de village. Ses

KNAUS (LUDWIG)

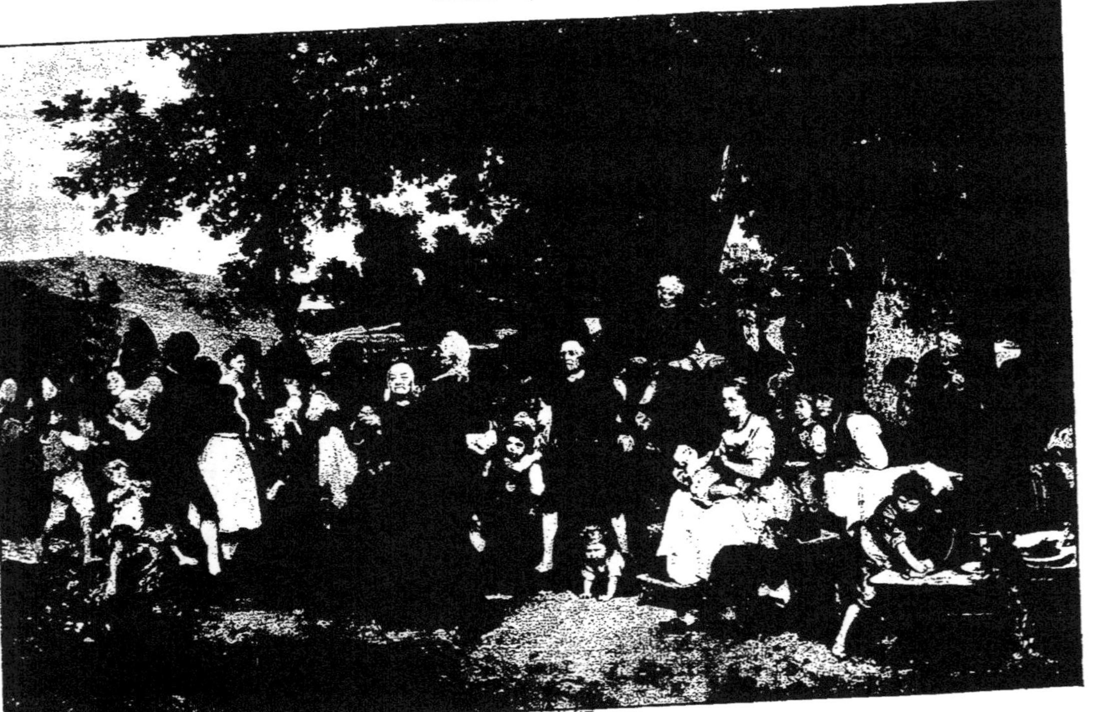

LE CINQUANTENAIRE. NOCES D'OR (1859)

Reproduction autorisée par Goupil et Cie, éditeurs.

paroissiens, des bûcherons et des charbonniers, ont des mœurs douces et morales; la religion inspire tous les actes de leur vie. Mais la découverte d'une mine fait pénétrer dans la vallée oubliée la civilisation des villes, l'incrédulité, le désir de l'argent, la haine. Le prêtre lutte de son mieux, puis vaincu, découragé, meurt du chagrin de voir son église délaissée.

Dans *Le dernier Jacob*, un financier de Vienne achète à prix d'or les maisons et les terres d'une commune pour les transformer en forêt de chasse. Incapables de résister à l'appât de l'or, les montagnards abandonnent leur village, ils émigrent à Vienne, où les plaisirs les grisent; leur argent dépensé, ils deviennent de misérables prolétaires.

Avec l'esprit, l'art s'est transformé : plus de scènes sentimentales ou plaisantes ; plus de maisons pittoresques ni de beaux costumes; plus de vaillants gars, ni de jolies filles aux bras nus ; des visages ridés, des dos voûtés, des guenilles, des huttes sordides. Et l'art nouveau veut une technique nouvelle ; disparus le dessin aimable de Vautier, les belles couleurs de Knaus et de Defregger. Aujourd'hui le plein-air, les tons gris, la pâte rude et rocailleuse, le coup de pinceau violent ou brutal. La facture même s'est faite pessimiste; rien qu'à regarder l'aspect des tableaux, l'on sent la fin d'un état de civilisation : les vieilles croyances, les vieilles coutumes qui se perdent, les rêves de la *Jeanne* de George Sand remplacés par le goût du luxe et du plaisir, la volonté de gagner de l'argent, l'esprit de concurrence sans pitié, qui sont la condition forcée du développement industriel et commercial et de l'expansion coloniale de l'Europe moderne.

I (1)

Les maîtres qui de 1850 à 1870, ont fait de la peinture de paysans, le genre populaire de l'Allemagne, sont MM. Knaus

(1) M. Knaus est né à Wiesbaden en 1829. Il étudia quelque temps dans l'atelier de Schadow, puis il s'établit à Wiesbaden, où il peignit son premier tableau

et Vautier. Pour relever de l'art de Dusseldorf, l'art de M. Knaus n'en est pas moins original : si dans ses œuvres l'on retrouve l'influence des humoristes de l'école de Schadow, celle des coloristes belges, allemands et français, sa facture est bien à lui comme ses qualités d'observation et le choix de ses sujets,

Il peint volontiers les villages de la Hesse, surtout ceux des environs de Wiesbaden, sa patrie. L'un de ses meilleurs tableaux est *l'Enterrement*. — L'hiver, des toits couverts de neige, la cour d'une maison de bois et de platras. Au bas de l'escalier, la civière; à gauche, des enfants, que fait chanter un vieux maître d'école en culotte courte et chapeau haut de forme.

célèbre : les *Joueurs*, se rendit à Dusseldorf en 1851, ensuite à Paris où il obtint des médailles à plusieurs salons, la médaille d'honneur et la rosette d'officier de la légion d'honneur, en 1867. Les meilleurs de ses tableaux de paysans sont : *Le Matin après la kermesse, Le Camp des Bohémiens, Les Noces d'or, Le Baptême. Les Paysans batailleurs qui reçoivent une réprimande du curé* (*Tyrol*), *Son Altesse en voyage*. — Plus tard, Knaus devint le peintre des enfants : petits cordonniers jouant aux cartes ; dans *Mille Transes*, un bébé terrifié par des oies; *Le Prince du village; Le Franc Pillard; La Sorcière*, qui met en fuite des enfants et surtout : *Comme chantaient les vieux, ainsi fredonnent les jeunes*. Knaus a traité les sujets les plus divers : des portraits (voir portrait, chap. premier), des Madones (voir peinture religieuse), des tableaux de genre. Parmi ces derniers, je citerai *Derrière les coulisses*. La place d'une petite ville. Au pied d'un arbre, derrière un rideau, le campement des paillasses : un clown très sérieux, qui fait boire un enfant au biberon; des petites filles, des chiens savants, qui se chauffent devant le brasier, où cuit la soupe. La première danseuse (en maillot, avec un châle de couleur jeté sur les épaules) écoute les propositions d'un vieux monsieur. Son amoureux, une manière de Maure, a soulevé la portière et regarde courroucé; sous la portière, nous voyons la place, la foule, des enfants qui, bouche bée, admirent un danseur de corde (Dresde).

Vautier est né en 1829 à Morges, près de Genève, il s'est formé à Dusseldorf où (professeur à l'Académie depuis 1866), il mourut en 1898. Ses meilleures œuvres sont : *le Mariage civil, l'Enterrement, l'Arrestation, le Catéchisme, le Baptême, le Départ de la nouvelle mariée, les Paysans à l'audience*.

Parmi les peintres de paysans, il faut citer : Meyerheim (1808-79), de Berlin (Paysans de l'Allemagne centrale); Jordan (1810-87), de Dusseldorf (Pècheurs de la mer du Nord); Tidemand, Norvégien (1814-76), à Dusseldorf (Paysans Norvégiens); MM. Raupp (1837), Rau et Epp de Munich; M. Schmitzler de Dusseldorf, qui peint les derniers villages de la Hesse, où les paysans portent encore l'ancien costume.

A ces peintres, il faut rattacher M. Ludwig Passini de Vienne (1832), le célèbre aquarelliste, qui a surtout représenté la vie du peuple à Venise et M. Eugène de Blaas (1843), le fils de Charles, dont les tableaux de jolies filles du peuple à Venise sont devenus populaires en Allemagne.

VAUTIER

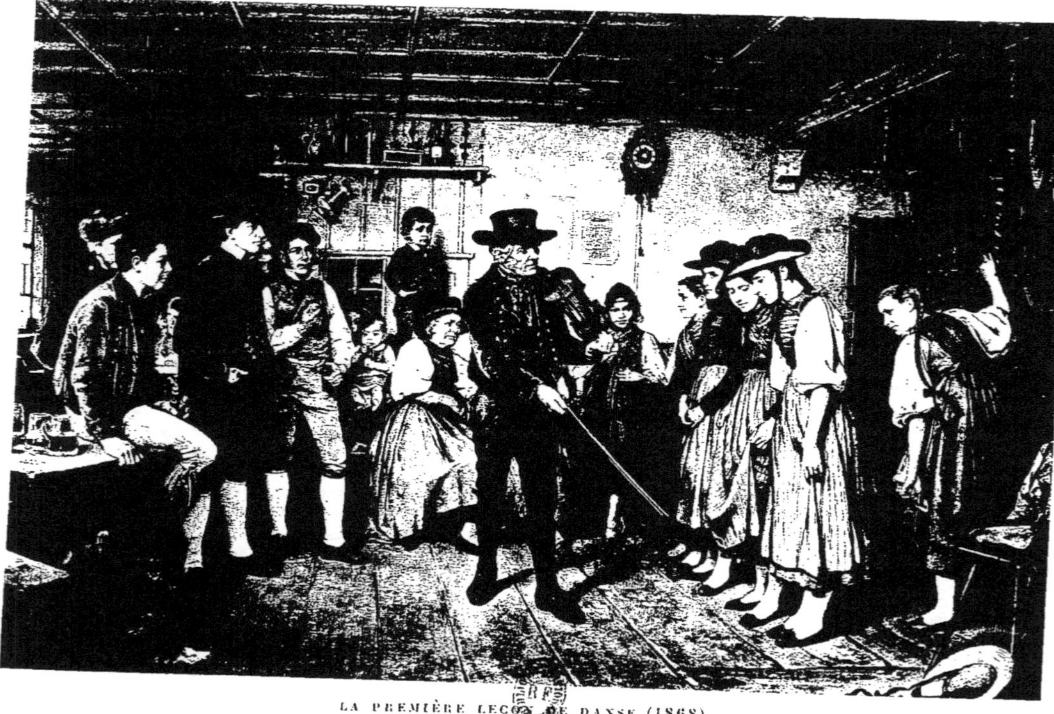

LA PREMIÈRE LEÇON DE DANSE (1868)

H. $0^m,79$ — L. $1^m,16$.

(Galerie nationale à Berlin).

Avec la permission de la Société photographique (Berlin et Paris).

Sur les marches, des hommes (avec de longues redingotes, des bottes et de grands bicornes en bataille) descendent le cercueil.

Inférieur à Knaus et comme peintre, et comme dessinateur, Vautier connaît mieux les paysans et rend distinctement le type du peuple dans chaque région de l'Allemagne. Le plus souvent il emprunte ses sujets au Margraviat de Fribourg, à la Forêt-Noire et au Nord de la Suisse. Son tableau le plus populaire est *la Leçon de danse* du Musée de Berlin. Une salle d'auberge. Le maître, son violon à la main; des jeunes gens avec la culotte de velours, portant la petite veste ou la redingote, l'un en manches de chemise. Les jeunes filles en corsage sombre, chemise aux larges manches laissant voir les bras nus, jupe courte, tablier aux raies de couleur, bas blancs et souliers découverts, le chapeau de paille orné de pompons.

Nombreux sont les artistes qu'inspirèrent ces maîtres : M. Defregger est leur égal. Riefsthal (1827-88) les a surpassés une fois dans un tableau qui représente une touchante coutume des habitants du Passeïer Thal : à genoux, sur le seuil de l'église, un père offre au Seigneur le cercueil qui renferme le corps de son enfant.

Tous ces peintres sont déjà des réalistes par leur souci de rendre seulement ce qu'ils voient et de le rendre comme ils le voient. Mais leur goût pour les vieux usages, les vieilles maisons, les vieux costumes nous paraît une manière d'archéologie. Ces usages qu'ils trouvent poétiques sont pour la plupart des usages imités des classes riches, qui les ont aujourd'hui abandonnés; les costumes qu'ils trouvent pittoresques sont les copies défigurées des modes de la bourgeoisie au dix-huitième siècle ou dans la première moitié du dix-neuvième. Du présent ces peintres connaissent seulement ce qui peut y survivre du passé; la société qu'ils aiment va mourir et moralement est déjà morte. Malgré leurs efforts pour effacer les disparates, les routes, les édifices en partie changés nous trahissent le présent, qui contredit le passé. Voilà pourquoi, malgré la sincérité de ces maîtres, leur genre semble conventionnel. Beaucoup de leurs œuvres sont dignes d'éloges, mais dans l'ensemble, leurs idylles, qui devaient concilier l'idéalisme et le réalisme, semblent aujourd'hui, comme la peinture d'histoire, n'appartenir ni à l'art de la beauté, ni à l'art de la vérité.

II (1)

Le naturalisme apparaît avec M. Leibl (1844), le peintre des Alpes bavaroises. S'il excelle à rendre le regard et l'expression des visages, jamais il ne conte d'histoires; il ne cherche pas, comme M. Knaus, à créer des types : le curé, le maître d'école le fermier, le tailleur. Dans la crainte, qu'on le confonde avec les peintres de genre, M. Leibl évite de rendre aucun sentiment violent : ses personnages ne bougent pas, le plus souvent même ils sont assis. Mais leur regard, leur physionomie, leurs moindres rides scrupuleusement reproduites nous disent leurs pensées et leurs sentiments.

L'art de M. Leibl ne marque pas seulement un progrès dans l'histoire de la peinture paysanne, il marque un progrès dans l'histoire de la peinture allemande. Il y représente le naturalisme et correspond à l'effort de Courbet, comme l'art de M. Liebermann représente l'impressionnisme et correspond à l'effort de Manet.

Enfin l'œuvre de M. Leibl restera comme celle d'un maître de la technique. Aucun peintre allemand ne l'égale pour la hardiesse et la sûreté du coup du pinceau. Chez lui jamais de glacis, ni de retouche: tant de savoir-faire qu'il a

(1) Parmi les bons peintres de paysans, naturalistes ou impressionnistes, je citerai (avec beaucoup de paysagistes et la plupart des peintres de marine), M. de Bochmann (1850), qui, dans de petits tableaux d'une finesse extrême, peint l'Esthonie sa patrie; Bokelmann (1844-94), un peintre de bourgeois et de paysans, d'un humour souvent âpre, qui fait net, accuse fortement les contours et rend tout ce qu'il voit avec un naturalisme sans pitié; M. Frithjof Smith (voir *portrait et peinture religieuse*); M. Kuehl (voir *peintres de mœurs*).

LEIBL (WILHELM)

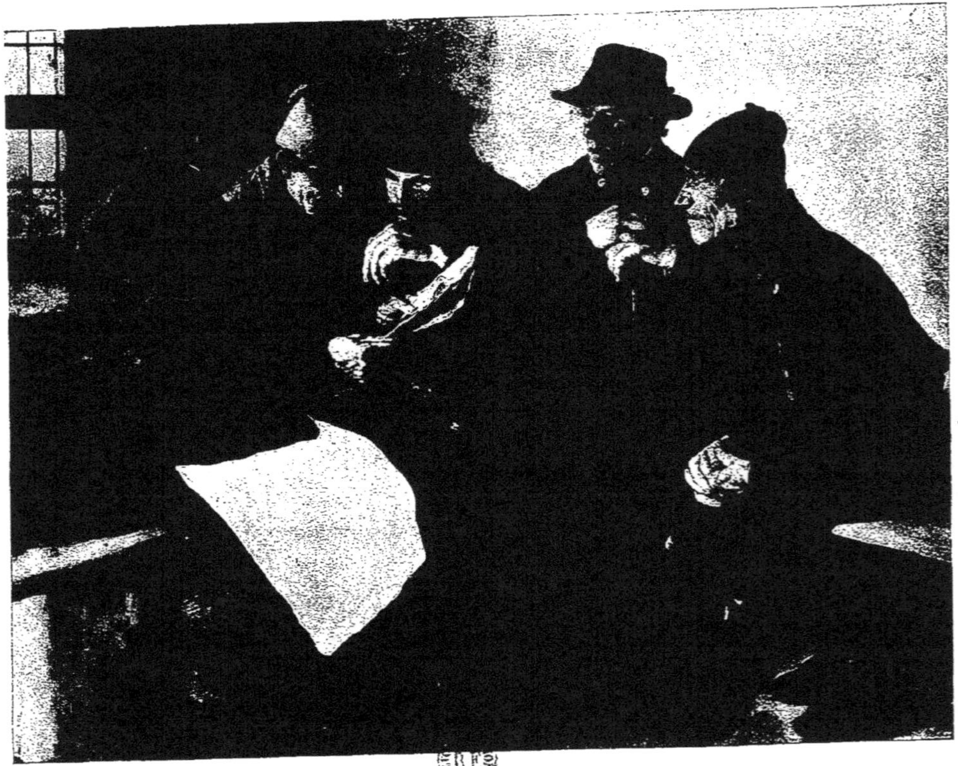

LES POLITICIENS DE VILLAGE (1879)

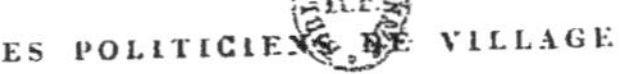

Avec la permission de M. Ernst Seeger, à Berlin.

LEIBL (WILHELM)

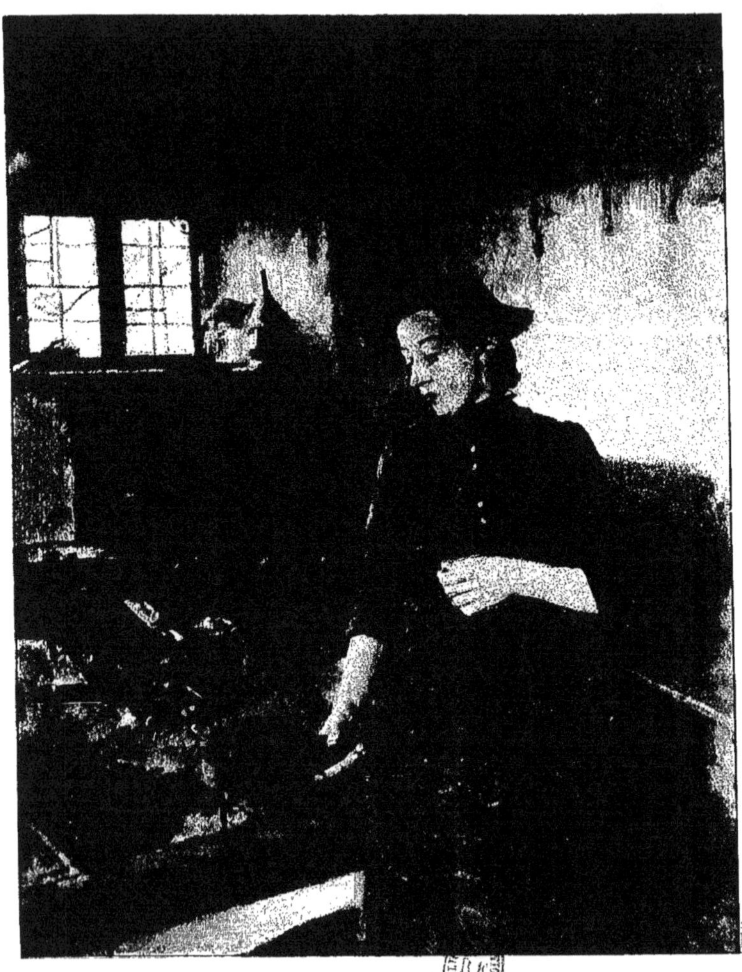

CUISINE (1895)

Avec la permission de M. Ernst Seeger, à Berlin.

commencé son tableau de l'*Église* par l'œil de l'une des femmes.

Dans la carrière de M. Leibl nous pouvons distinguer plusieurs périodes. Après avoir imité Piloty et Ramberg (1819-75), un bon peintre de genre de l'école munichoise, il s'éprit de Courbet, puis des Hollandais. Enfin, tout en s'inspirant des plein-airistes français, il imita la facture des maîtres allemands du seizième siècle, sa peinture eut la minutie de celle de Holbein et la même clarté. Ainsi *Dans l'église.* — Un banc; trois femmes; la première (d'une quarantaine d'années) est à genoux et prie, la tête relevée, modestement et simplement; la seconde, une vieille à genoux, le dos appuyé contre le banc, lit péniblement dans une sorte de missel; la troisième, encore jeune, suit l'office dans son livre de messe.

Plus tard, M. Leibl s'est fait une manière plus libre, comme dans *Les Femmes de Dachau* (Berlin).

Une auberge. Près d'une table, deux paysannes sont assises. Bonnet rouge et noir, voile noir, robe noire avec des garnitures et des nœuds rouges, des ornements de métal sur la poitrine, bas noirs à fleurettes blanches, pantoufles noires à liseré rouge. A droite, se détachant sur le mur badigeonné, la plus jeune a posé son verre de bière pour lire une lettre. De son fiancé sans doute ou de son amant. La lettre l'irrite, son teint hâlé se colore, sa bouche se pince, ses yeux brillent. Contre les persiennes fermées de la fenêtre, l'autre femme plus âgée, au teint d'un brun clair, aux traits marqués, se tourne vers son amie et de vains propos cherche à la consoler.

Dans les dernières œuvres de M. Leibl, nous trouvons, avec la même conscience, un faire hardi, le détail sacrifié, l'intérêt concentré sur la figure principale, la connaissance du plein-air, les restes du genre paysan oubliés, l'art sobre, net, hardi, toujours varié de l'un des premiers maîtres de la peinture moderne.

Aujourd'hui les peintres de paysans sont des impressionnistes. M. Hans de Bartels (Munich, 1856) a la vigueur et les tons rouges des peintres anglais, mais il peint plus franc et plus gras. Sa palette est variée ; quelquefois il rappelle M. Besnard comme dans *La femme qui rêve devant le feu*. Ses sujets sont empruntés à la vie des marins de l'Allemagne ou de la Hollande.

Voici *les Adieux du pêcheur* (1899). Au fond sur la mer jaunâtre et blanche la barque aux voiles déployées. Au premier plan, six personnes debout, deux pêcheurs dans leurs vêtements de toile goudronnée : l'un arrange sa blouse, l'autre allume sa pipe. Des femmes, avec des jupes sombres, des pèlerines jaunes : les vieilles indifférentes, l'une jeune au regard amoureux. Entre elles le sable doré, où l'eau d'argent se joue sur les coquilles polychrômes.

M. Bantzer (1857) est plus hardi encore que M. de Bartels.

Ainsi sa *Danse* exposée à Dresde en 1899. Sur le fond rouge du soir, des couples de paysans, qui dansent. Le cadre dépasse à peine les têtes et coupe le tableau au-dessous des genoux. Les hommes en vêtements bariolés, des bonnets verts à pompons d'or. Les femmes, corsage rouge, jupe bleue, bras nus, les cheveux relevés en houppe. Au premier plan, un couple tourne, les bras tendus en avant. La femme de dos. La jupe bleue très courte et bouffante vue en raccourci, soulevée haut par le vent ; et dessous, contre le cadre, six ou sept volants rouges aux plis raides qui semblent passer devant vous en fouettant l'air bruyamment.

III

Enfin quelques peintres cherchent, comme Millet, à représenter non plus des paysans mais le paysan. Les plus vigoureuses synthèses sont celles de MM. Liebermann, Skarbina, Mackensen et du comte Léopold de Kalckreuth.

Voici un beau tryptique du dernier : *Notre vie dure soixante-dix ans.*

BARTELS (H. VON)

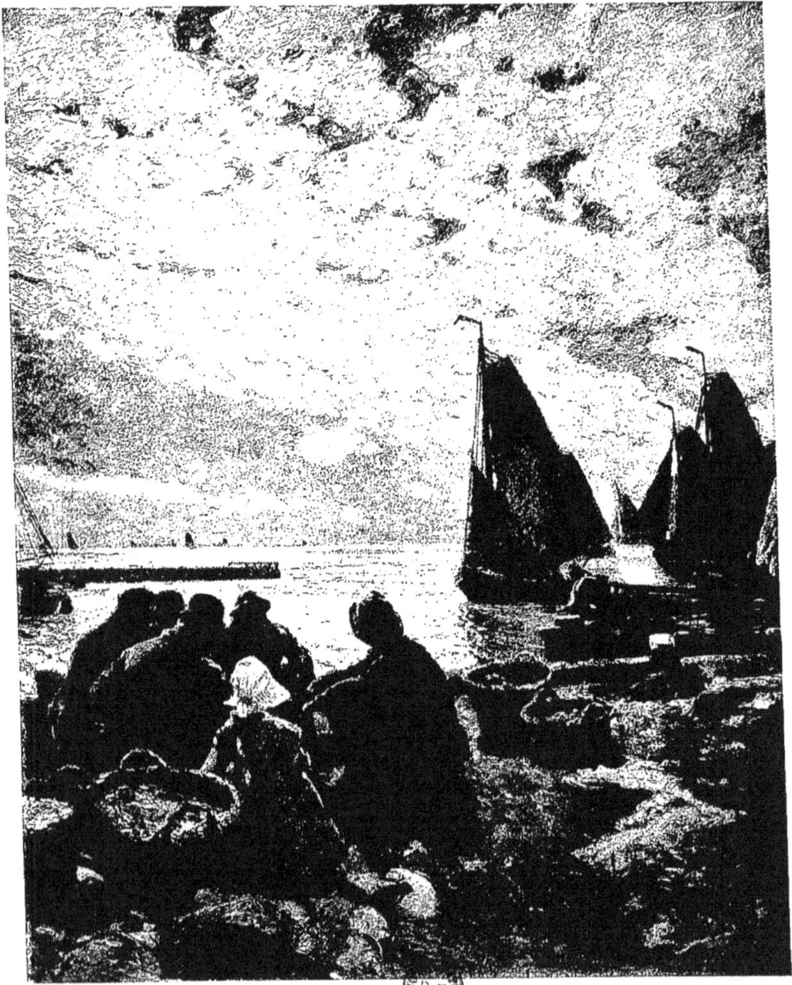

UNE NUIT DE LUNE SUR LES BORDS DU ZUYDERZÉE

KALCKREUTH (GRAF LÉOPOLD VON)

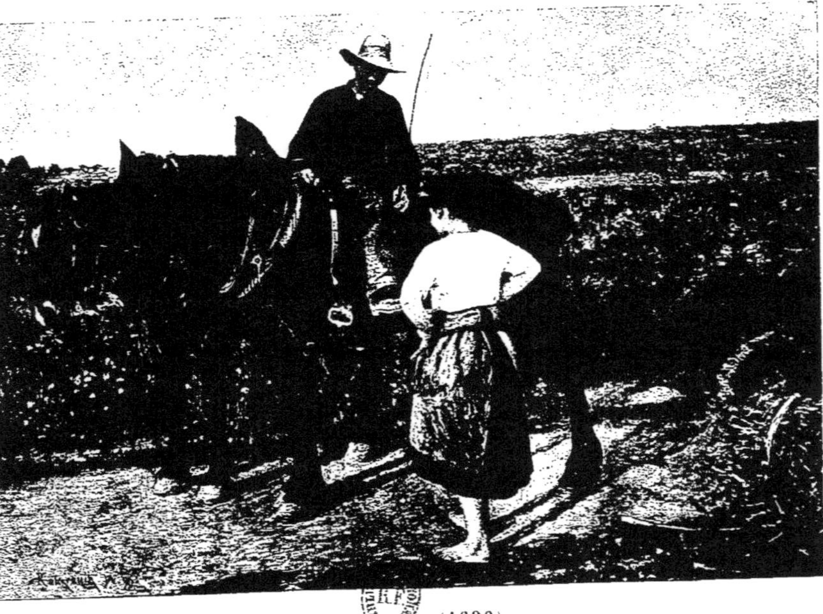

LE RETOUR (1890)

Cliché du Dr Albert et Co, à Munich.

A gauche. — Des arbres à l'horizon, un champ ensoleillé par le matin, sur lequel se projette l'ombre d'une meule, dont nous voyons le bord. Au premier plan, une blonde fillette, corsage noir, jupe bleue, pieds et bras nus, un foulard blanc sur la tête ; elle regarde avec des yeux rêveurs. *A droite.* — La campagne au jour déjà tombant, une robuste femme, même costume, bonnet noir; son dos ploie sous un panier de pommes de terre, retenu à deux mains; son petit garçon marche à côté d'elle. — Dans le compartiment plus grand du *milieu,* une vieille aux vêtements sombres, aux traits rudes sous le capuchon, est assise devant sa maison et s'appuie sur son bâton, accablée. Sous un arbre, on aperçoit la plaine, où s'épaississent déjà les ombres du crépuscule.

Ce n'est pas seulement la mélancolie de la vie du paysan, c'est toute la mélancolie de la vie humaine, que M. de Kalckreuth nous montre dans un des rares tableaux modernes où nous trouvions une belle synthèse d'art avec une puissante synthèse de pensée (1).

Depuis quelques années, l'Allemagne a des colonies d'artistes qui rappellent Barbizon. Établis dans une région, les artistes y peignent tout ce qu'ils voient, les hommes, les bêtes, les maisons et la campagne. Un pareil art semble marquer la dernière transformation du paysage. A l'époque de la peinture classique, l'on en faisait le fond d'une scène religieuse ou mythologique. Puis le goût de la nature se développa et le paysage devint l'objet principal de la composition; la scène n'en était que l'accessoire. Quand le romantisme eût montré dans l'amour de la nature le sentiment le plus noble, on peignit des montagnes, des forêts, des champs sans un homme ou même un animal. Le naturalisme remplaça le romantisme

(1) Le comte de Kalckreuth, le fils du célèbre peintre de paysages, est né en 1855. Il est professeur à Carlsruhe, ses meilleurs tableaux sont : *Arc-en-ciel* (Munich), *Départ pour la vie*, *la Vieillesse*, etc. Pour M. Mackensen (voir p. 265), M. Liebermann (livre IV, chap. II).

et le paysage se peupla de nouveau. Comme au temps de la peinture classique, le paysage, aujourd'hui, n'est le plus souvent qu'un fond, mais, au lieu d'être le fond d'une scène idéale, c'est le fond d'une scène réelle (1).

Des colonies d'artistes allemands, la plus connue est celle de Worpswede. De Bréme à Worspwede, il faut deux heures en voiture; on suit d'abord de belles allées que bordent des villas, puis on passe une large rivière au cours incertain; au delà, c'est la région des forêts et des marécages.

Tout le nord de l'Allemagne forme une grande plaine d'alluvion : partout l'eau est à fleur de sol. L'Oldenbourg et le Mecklembourg ont de grands lacs; entre Brême et Hambourg, on trouve des étangs, des prairies souvent inondées et des marais.

La chaussée qui conduit à Worspwede, traverse des bois de pins, de hêtres, de châtaigniers et de bouleaux; elle est bordée de douves où se déversent des canaux. Dans ces canaux étroits s'avancent péniblement des convois de longs bateaux que des hommes poussent avec des perches. Plus loin, nous voyons des tourbières : la tourbe amoncelée en pyramides; entre ces pyramides « comme des ossements blanchis, les tronçons d'arbres aux racines grotesques, débris de forêts disparues (2) ».

Voici Worpswede. Sur la dune de sable, des maisons aux toits rouges, basses et longues, presque cachées sous les arbres. Au-dessus du village, une autre dune, plus élevée, d'où l'on découvre le pays.

Le vent souffle, de gros nuages couvrent le ciel ; nous avons du mal à nous orienter. De ce côté, l'on dirait *Le Paysage aux trois arbres* de Rembrandt : des teintes d'eau-forte, un premier plan noir avec des arbres, puis, entre les collines basses, que surmontent des moulins à vent, des flaques d'eau, où se reflète une lumière grise, et, tout au loin, dans la brume, les clochers de Bréme.

(1) Les plus fréquentées des colonies allemandes sont : Dachau, près de Munich, Goppeln près de Dresde et Worpswede.

(2) Tiré d'une lettre de M. Overbeck.

Tournons-nous maintenant vers le village ; le vent chasse les nuées ; de grands rayons obliques éclairent les toits de briques, les champs péniblement cultivés. Plus loin, c'est un paysage de Hollande. Dans les hautes herbes d'un vert foncé, paissent des chevaux roux, des vaches blanches et noires : leurs formes, leurs couleurs se détachent nettement sur la nuée sombre. Au delà des prés, le marais : des roseaux, des flaques d'eau, les canaux, où, rapides, poussées par le vent de mer, glissent entre les grands joncs les larges voiles noires des bateaux chargés de tourbe. Une ligne de dunes borde le marais au nord, mais ses canaux se déversent à l'ouest dans l'estuaire de la Weser. Entre les canaux s'élèvent des tertres surmontés de maisons ; souvent la plaine est inondée : l'on ne voit que les maisons au-dessus de l'eau brune.

Pour le peintre, l'attrait de Worpswede vient de la mélancolie du paysage et de la richesse de ses tons. Au printemps, le feuillage sombre des sapins et des bouleaux, le vert tendre du hêtre, les feuilles rousses des chênes, les châtaigniers encore dénudés, les branches grêles des arbres fruitiers aux fleurs blanches et roses ; l'été, les paturages, les reflets d'or sur l'eau sombre ; l'automne, la pourpre des forêts ; l'hiver, la glace et la neige. Et toujours la réflexion nette des eaux du nord, les teintes du ciel, tantôt d'un bleu clair strié de cirrus, tantôt noir entre les troncs gris des bouleaux tremblants. Mais c'est surtout le décor merveilleux que fait le soleil avec les vapeurs des marécages : les soirs d'août, quand une auréole rouge ou verte entoure les gros nuages noirs, qui ont des craquelures d'or ; les journées d'octobre et leurs nuées percées de longs rayons obliques comme sur les tableaux de Claude Lorrain ; janvier, au ras de la plaine couverte de neige, le disque rouge à peine visible dans le brouillard ; avril, les premières brumes que le matin fait roses, tandis que, dans la pénombre, des prismes s'éveillent, d'abord sur l'eau ridée autour des joncs, puis à la pointe humide des herbes et des feuilles.

La colonie de Worpswede, fondée en 1889, se compose de

six peintres, MM. Mackensen, Modersohn, Karl Vinnen, Hans am Ende, Fritz Overbeck et Heinrich Vogeler. Le plus âgé, M. Mackensen, n'a pas quarante ans; le plus jeune, M. Vogeler, n'en a pas trente. Dans leur désir de faire vrai, les jeunes artistes voulurent d'abord abjurer toute personnalité; leurs premières œuvres se confondent. Avec le temps cependant, chacun se fit une manière propre et choisit les sujets qui convenaient à son talent. Pour M. Hans am Ende, ce sont les canaux, les voiles qui fuient dans la brume; pour M. Overbeck, des sites mélancoliques. M. Modersohn est un coloriste. Tantôt il peint la lune caressant la tige lisse des joncs penchés, et tantôt c'est l'orage : des arbres courbés, des herbes fouettées par la tourmente, à droite les grandes raies obliques de la pluie, que le vent chasse vers nous. Sous un ciel livide à l'horizon, violet et rouge sombre au zénith, la rivière à l'eau frissonnante, nettement séparée en deux moitiés, l'une de réflexion violette, l'autre de réflexion livide.

Le maître paysagiste de Worpswede est M. Vinnen. Habilement composées et de grandes dimensions, ses principales œuvres cherchent à donner l'illusion de la réalité.

Calme (Brême). Un canal. Sur la berge, à gauche, un bouleau, de petits sapins d'un vert sombre, au bord de l'eau, un rocher; à droite, les troncs mouchetés de trois grands bouleaux peints de grandeur naturelle. Entre ces arbres, dont nous ne voyons pas le faîte, la plaine, où la lumière fait des taches claires entre les ombres, la ligne d'un taillis de sapins, au-dessus le ciel d'un bleu presque noir. Et, dans le canal, les trois arbres, le rocher aux mousses d'or reflétés si clairement, qu'avec une légère courbe les objets y semblent continués. Mais le soleil se joue sur l'image des mousses d'or; entre les arbres réfléchis, les teintes du ciel sont plus nettes et plus livides; mais, à la surface de l'eau, nous voyons de grands cercles sous lesquels les ombres paraissent trembler.

Mars (Médaille d'honneur à l'exposition de Dresde en 1899). Un ciel d'un bleu dur avec des nuages gris. Partant de la droite du tableau, un lent canal coule d'abord vers la gauche,

VINNEN (CARL)

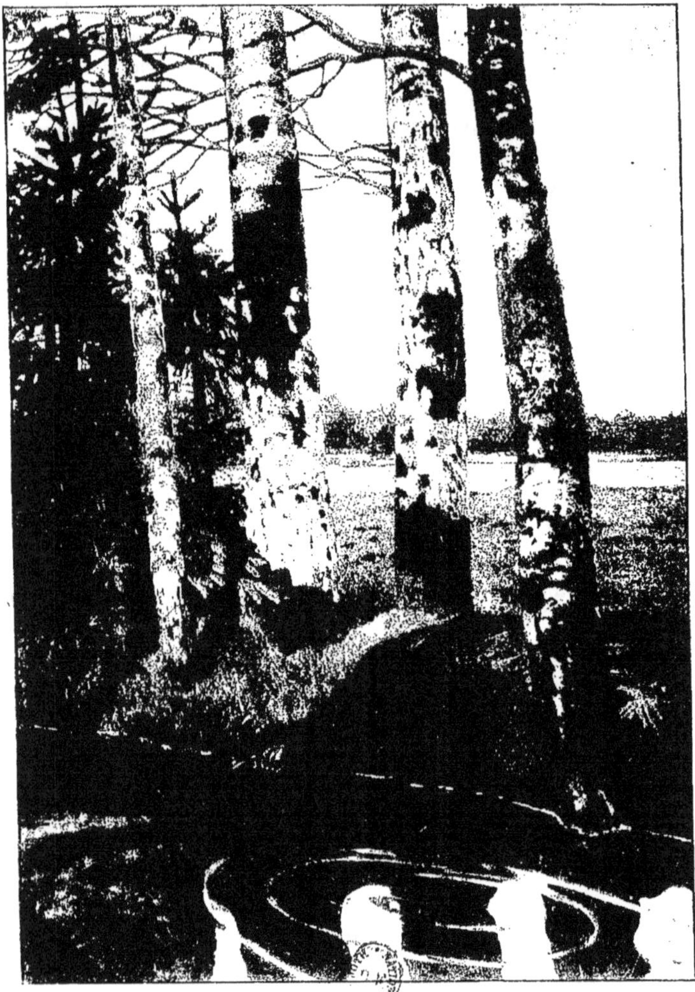

REPOS

H. 3m — L. 2m.

(Musée de Brême.)

Avec la permission de M. Carl Vinnen

puis tourne brusquement pour venir droit sur nous. Dans le fond, des rochers blancs et verts; au sommet, un bouquet de tiges dépouillées ; les lignes s'en profilent nettement sur la roche et sur le ciel. A droite, un bouleau de grandeur naturelle, dont nous voyons le bas, coupe en deux le tableau. A gauche, au premier plan, la berge aux mousses épaisses de toutes les teintes du vert, un fourré de roseaux rouges. Au milieu du canal aux réflexions nettes, aux rides profondes, un écueil de mousses jaunes, oranges, noires et vertes.

Dans un jeune bois (même exposition). Comme fond, un taillis déjà haut, quelques baliveaux, le feuillage vert, rouge et d'or ; au premier plan, un canal, où le taillis se reflète. L'image aussi nette que la réalité ; mais, sous les rides, les troncs ondulés, qui sembleraient des serpents, s'enfoncent comme dans un abîme, tandis que les ombres du feuillage multicolore se mêlent aux feuilles vertes, pourpres, oranges et brunes, qui reposent sur l'eau croupissante.

M. Mackensen peint les paysans de Worpswede, grands et forts, mais courbés par le travail, les bras raidis, les visages hâlés par le vent de mer. Il nous dit leurs joies courtes, leurs angoisses et leurs peines. Ici, une mère allaite son enfant ; là, silencieux et résignés, le père, aux yeux baissés, aux mains jointes, la mère vieillie avant l'âge, les enfants étonnés entourent le berceau d'un bébé qui vient de mourir.

Le Prêche maintenant. Dans le marais. Quelques huttes. Une chaire entre deux arbres ; les gens debout ou assis sur des chaises ; peu d'hommes, pour la plupart des vieillards et des enfants, vêtus simplement, mais comme les ouvriers de la ville. Les femmes avec la jupe ronde, le corsage aux épaulettes brodées de blanc, la coiffe blanche chargée d'un nœud et de brides d'étoffe sombre. Blondes, fraîches malgré le hâle, le nez retroussé, le profil hollandais. Elles écoutent, les yeux baissés, l'air indifférent, le prêche d'un pasteur en robe noire avec le rabat blanc.

La Glèbe (Exposition de Dresde, 1899). Un tableau de grandeur naturelle. Le soir. Dans la clarté du soleil déjà disparu, le ciel d'un bleu sombre, de grandes lignes de nuages horizontaux, au zénith minces et violets, plus bas, larges, épais, noirs, avec des taches rouges. L'horizon de feu. Dans la plaine, quelques arbres, une maison ; la lumière oblique rend le toit plus vert, donne des tons de pourpre et d'or fauve au feuillage de l'automne, couvre les champs de plaques jaunes, rouges et vertes, aux reflets nuancés, et la plaine, sombre ici, s'éclaire plus loin d'une étrange lueur.

Dans ce décor glorieux de la nature, l'homme, esclave de la glèbe, forçat du travail et de la souffrance. Détachant nettement leurs silhouettes sur le fond rouge du ciel, deux jeunes filles attelées à la herse : grandes cornettes blanches, corsage rouge et rose, robes brune et noire, bas bleus, lourds sabots. De profil, le buste penché en avant, elles tirent comme des bêtes : le père chauve, les cheveux des tempes gris, le visage rasé, culotte noire et blouse bleu foncé, enfonce la herse, l'air grave et résigné.

M. Vogeler est le poète des marais de Worpswede. Dans ses tableaux aux couleurs pâles, dont il sculpte lui-même les cadres étranges, dans ses dessins pour des tapis, des étoffes brodées, des meubles, dans ses belles eaux-fortes, il nous dit la légende du peuple et ses propres songes. Au clair de lune, entre les troncs gris des bouleaux aux feuilles frémissantes ou dans la plaine, dont les joncs murmurent, penchés et relevés par le vent, de pâles fées s'élèvent hors des marais, que le printemps a couverts des grandes fleurs blanches du nénuphar ; des fées humbles et douces et charmantes, dans de longues robes de brocart, mais un brocart fait des fleurs souffrantes de Worpswede, des fées de songe et de fièvre aux épaules étroites, au cou long et mince, aux traits accusés, au visage amaigri, aux grands yeux bleus, tristes de l'immense tristesse de ce pays de désolation, et naïvement, enfantinement étonnés que le monde puisse connaître une telle misère.

Ainsi, dans son évolution de l'idéalisme au réalisme, l'art des peintres de la nature s'est inspiré de tous les sentiments, depuis

MACKENSEN (FRITZ)

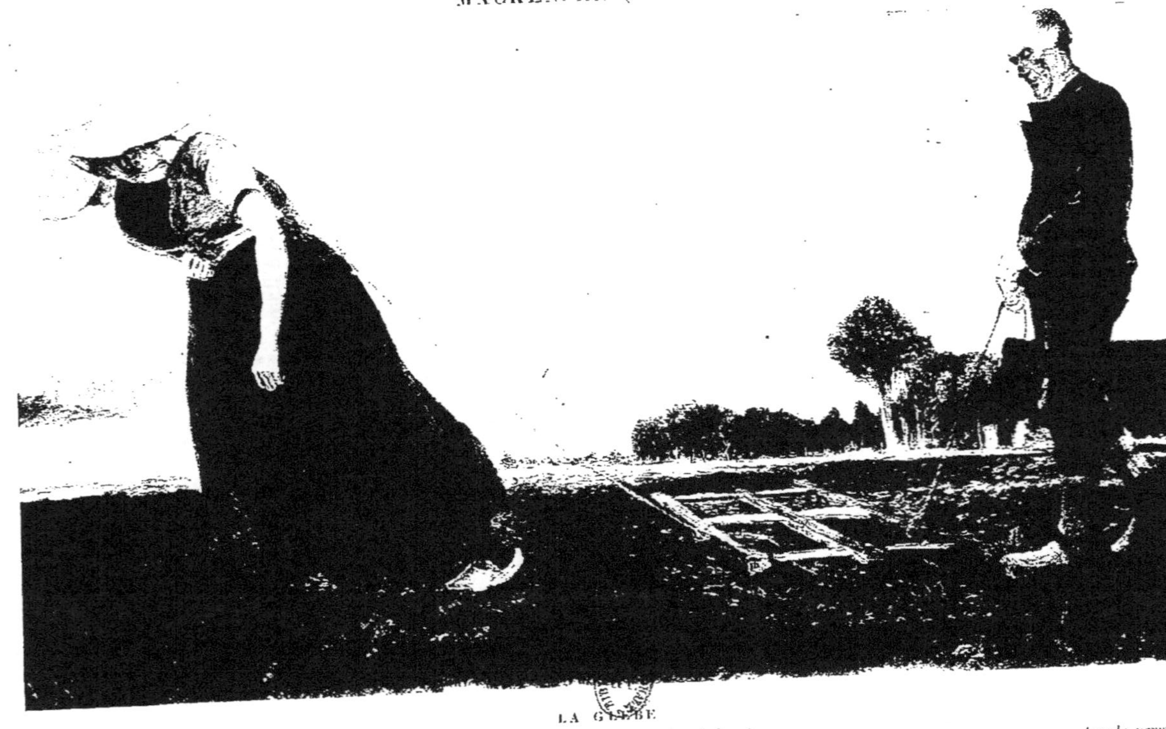

LA GLÈBE

(Exposé à Dresde, 1899. — Membre du jury.)

Avec la permission de
M. F. Mackensen.

l'optimisme jusqu'au pessimisme ; il a connu toutes les techniques, du style classique à l'impressionnisme. Les peintres de paysans, qui représentaient autrefois les bergers d'Arcadie ou les héros des idylles de Gesner, nous montrent maintenant des hommes qui travaillent et qui souffrent. Et le paysage qui figura d'abord des édens, puis les plus beaux sites idéalisés, se plait maintenant dans ces marais et ces landes que décrit Swinburne :

« Des lieues et des lieues de désolation. Un rivage plus solitaire que la ruine, une mer plus étrange que la mort, des étendues où jamais n'a fleuri une rose; pâle désert, où le vent perd le souffle, désert sans fin, sans bornes et sans fleurs... où la terre git épuisée, comme impuissante à lutter avec la mer. »

LIVRE QUATRIÈME

LES PEINTRES DE MŒURS

Avec le portrait et le paysage, un troisième genre s'est dégagé en Allemagne de l'ancien art idéaliste ; c'est la peinture de mœurs. Après la philosophie de l'histoire, l'on eut les grandes scènes de l'histoire, puis l'épisode ou l'anecdote : d'où la représentation des cérémonies officielles, les tableaux de cour et l'étude des classes riches. En même temps, d'autres artistes choisirent pour leurs compositions des sujets où la foule jouait le rôle principal ; d'où le genre populaire. Enfin, de la peinture romantique des villes pittoresques et des monuments célèbres sortit la peinture des villes modernes, des docks et des usines.

Dans tous les pays, à toutes les époques, nous trouvons des tableaux de mœurs et des romans de mœurs. Mais leur esprit est différent de celui qu'ont les œuvres d'aujourd'hui. Comme le romancier d'autrefois racontait une histoire, le peintre d'autrefois représentait un sujet, et, si l'histoire, le sujet leur semblaient bas, ils se croyaient obligés de s'y montrer spirituels ; si le sujet leur semblait triste, ils en changeaient le dénouement ou le rendaient poétiquement tragique. (1)

Et c'était là une revanche de l'esprit humain sur la vie. Le rythme et l'harmonie, qui sont le retour d'un son aimé, nous font oublier le temps où tout passe pour ne jamais revenir, la symétrie nous distrait de l'infini en nous cachant ce qui nous échappe

(1) Dans sa belle étude sur le roman contemporain, M. de Wyzeva attribue la décadence du roman à ce fait que les romanciers ne content plus d'histoires. Mais ils n'en content plus parce qu'eux-mêmes et le public ne prennent plus d'intérêt aux histoires. Les histoires sont un plaisir d'enfants et de peuples jeunes comme les mélodies de l'ancienne musique.

comme en nous donnant dans l'objet proche tous les objets semblables. De même, pourquoi la composition, les intrigues des romans et des pièces de théâtre, sinon pour refaire la vie et l'univers à notre fantaisie ? Même l'implacable fatalité de l'*OEdipe roi* nous effraie moins que le monde dépeint par Schopenhauer et Darwin : tous les êtres luttant sans merci afin de pouvoir subsister et se reproduire ; moins surtout que cette pensée : chacune de nos actions produira ses conséquences, pour chacune de nos imprudences d'aujourd'hui nous supporterons une nouvelle douleur dans l'avenir.

Plus naïve encore dans son optimisme, la foule exige que toutes les histoires finissent et finissent bien. Le vice est puni, la vertu récompensée, le courage triomphe des plus grands obstacles ; les amoureux s'épousent et le roman s'achève, sans qu'il soit parlé de leurs querelles, de leurs trahisons, de leurs malheurs et de leur mort.

Même un sujet triste n'est pas pour déplaire, si l'écrivain ou le peintre sait le rendre sympathique. Qui meurt jeune, disaient les Grecs, est aimé des dieux. Le peuple de Vérone jette des fleurs sur le tombeau de Juliette ; les anges descendent dans la prison de Marguerite, et don Juan, suivant l'Homme de pierre dans les enfers, trouve une fin digne de don Juan. Mais, que Marguerite vieillie devienne Marthe la proxénète, que Faust se change en Méphistophélès, que don Juan meure dans une prison ou dans un hôpital, voilà ce que la plupart demandent au poète et à l'artiste de leur cacher.

Le naturalisme tient à nous présenter un pareil dénouement. Soit, dira-t-on, qu'il en tire une conclusion morale. Mais, comme les sciences physiques, le naturalisme ne connaît que des forces. Une pareille pensée nous cause-t-elle de la douleur, cette douleur lui paraît condamnable : indifférent, l'art devrait représenter la joie et la souffrance, la vertu et le vice, la richesse et la misère, se placer par delà le bien et le mal, comme dit Nietzsche, par delà toute sensibilité.

D'où vient cet esprit, qui est proprement celui du dix-neuvième siècle ?

D'abord de l'influence grandissante des races du Nord ; et c'est un caractère de ces races de représenter la réalité sans chercher à l'idéaliser.

Ensuite, de la transformatien que la société subit depuis cent cinquante ans. Comme Caryle l'a dit justement, les écrivains et les artistes de la première moitié du dix-huitième siècle ne voyaient dans la vie que persiflage et paradoxe, mais le mouvement suscité par Rousseau, les révolutions, les guerres sanglantes du dix-huitième et du dix-neuvième siècles, le développement de l'industrie et du commerce, la concurrence, l'envie, l'incertitude du lendemain pour ceux-là mêmes dont les fortunes sembleraient le mieux assises, tout a contribué à donner à l'homme moderne une conception sérieuse de la vie.

Dès le milieu du dix-huitième siècle, l'esprit nouveau transforme les arts et la littérature : l'Angleterre a Richardson et Hogarth, la France Rousseau, Diderot et Greuze ; l'Allemagne Lessing, Gœthe et Chodowiecki. Mais aux doctrines humanitaires de ces auteurs le romantisme substitue la glorification de l'individualisme. Dès lors, nous trouvons les deux maitresses tendances de la littérature et de l'art modernes : d'une part le naturalisme, d'autre part la psychologie et l'impressionnisme. Et le naturalisme servira surtout à l'étude des paysans, puis des ouvriers, comme la psychologie à l'étude des classes riches.

La littérature et l'art populaires (1) n'apparaissent qu'après 1830, quand la cause du peuple se sépare de celle de la bourgeoisie. En France, Balzac applique à la *Comédie humaine* la méthode scientifique ; Lamennais crée la littérature sociale dans les *Paroles d'un croyant*, Eugène Sue le roman de mœurs populaires dans les *Mystères de Paris* ; et le même esprit apparaît dans l'art avec Leleux, et les peintres belges Tassaert et

(1) Toute cette partie de l'histoire de l'art au dix-neuvième siècle est très bien traitée dans le livre de M. Muther (caricaturistes, peinture d'anecdotes, peinture à tendances sociales).

Wiertz. En Angleterre, le mouvement est plus fort : Wood écrit le *Chant de la chemise*, Carlyle publie *Présent et passé* en 1844 et Dickens fait de ses romans des plaidoyers en faveur de la misère ; mais, comme, seules, les classes riches s'intéressent à l'art, nous ne trouvons de peinture sociale que chez les caricaturistes, Rowlandson et Bunbury. En Allemagne, Börne, Heine, Gutzkow traitent des questions sociales, et l'art devient populaire avec Waldmüller, Danhauser et Richter.

Les événements de 1848, le développement des centres industriels augmentent la tendance qu'ont la littérature et l'art à s'occuper des problèmes qui intéressent l'organisation de la société. En même temps que les écrivains d'histoires paysannes et les peintres des paysans cherchent à restaurer le culte du passé, d'autres écrivains, d'autres peintres s'essayent à l'étude de la société contemporaine, principalement à l'étude des classes ouvrières qui commencent à se former. De leurs tableaux rustiques les premiers écartent tout ce qui rappellerait la misère ; mais les peintres des mœurs populaires estiment qu'il faut connaître la misère pour la soulager, connaître les vices pour les guérir. L'on trouve leur trivialité ridicule comme leur franchise dangereuse. Et ceux-là qui exigent de la littérature et de l'art qu'ils fassent œuvre morale, leur défendent la seule œuvre morale qui soit en leur pouvoir, montrer la réalité.

L'on s'est récrié contre la peinture d'anecdotes, qui affectait de montrer les misères sociales ; mais les premiers peintres d'ouvriers font scandale. Et la manière des nouveaux maîtres révolte autant que leur esprit : dans leurs œuvres, l'on ne peut supporter ni le ciel gris, le paysage ennuyeux, les maisons sordides ; ni les visages ridés, les corps déformés, revêtus de haillons ; ni la facture rude, qui accuse encore la rudesse de la pensée.

Et cependant le nouveau genre s'impose à tous les pays. En Angleterre, Madox Brown donne *le Travail* ; en Hollande, M. Israels peint toutes les misères, celles du paysan comme celles de l'ouvrier ; en Allemagne, M. de Menzel prépare, dans une suite de tableaux étudiés avec soin, son chef-d'œuvre, *le Laminoir*. Mais deux pays traitent plus volontiers la peinture d'ouvriers : ce sont la Belgique et la France.

La Belgique a Groux et M. Meunier. Charles de Groux est le peintre de la misère, des mansardes où râlent les poitrinaires. Dans ses sculptures, dans ses tableaux, Meunier dit la mine et les mineurs ; nul mieux que lui ne rend le pays noir : les montagnes à la végétation pauvre, les maisons aux toits rouges, les hautes cheminées, et, dans le fond de la tranchée, le train qui s'avance sur la voie trempée de pluie et souillée de charbon. Et nul mieux que Meunier ne rend les rudes figures des mineurs, au visage maculé de houille, aux traits tirés, au regard sombre. L'art belge devient aussi mystique avec MM. Frédéric et Lempoels qui dans les douleurs et les révoltes d'aujourd'hui cherchent l'espérance d'un avenir de concorde et de bonheur.

En France, Courbet crée la peinture d'ouvriers avec le *Casseur de pierres* en 1854. De nombreux artistes suivent son impulsion. Le plus vigoureux est M. Roll : toute son œuvre dit ce besoin du travail sans relâche, qui est le caractère propre de la société moderne. Le plus touchant de ces artistes, M. Raffaelli a vécu avec les pauvres, et nous peint les pauvres. D'abord leurs colères contre la destinée, contre la nature, contre les hommes plus cruels que la nature et que la destinée. Puis la misère, les rêves dans la campagne déserte des environs de Paris, devant les longues routes qui paraissent sans fin ; les rêves qui ne connaissent plus d'espoir, dans des yeux trop brûlés pour avoir des larmes, trop las pour qu'on y trouve un dernier regard de rancune ou d'envie. Enfin la résignation, comme dans *les Vieux Convalescents* du Luxembourg. L'automne et les feuilles, qui tombent sur la cour nue avec les taches pâles du soleil affaibli. Et les convalescents, des vieillards aux traits tirés, usés, flétris par tant d'années d'inutiles efforts ; tristes de leur maladie, de leurs souffrances, qui peuvent ne pas finir ; tristes de leur guérison, qui serait la lutte pour la vie à reprendre avec des forces inégales, le pain de chaque jour à gagner pour qui n'a plus la force de manger, et, de nouveau, après des semaines, des mois de sécurité, l'incertitude du lendemain. Ah! si la mort était venue, qu'ils craignent comme le malade de Tolstoï et qu'au dernier moment ils reconnaîtront comme lui pour la délivrance.

Les maîtres du naturalisme évitent d'ordinaire de pareilles émotions. Dans leur impassibilité l'on peut trouver l'application d'une formule, l'idée de l'art pour l'art, un reste de cet orgueil que vantait La Rochefoucauld, quand il condamnait la pitié, le pessimisme en est le principe, qu'il s'agisse du pessimisme pitoyable de Schopenhauer ou du pessimisme impitoyable de Nietzsche. Beaucoup d'écrivains ont affecté ce naturalisme stoïque, un petit nombre y ont réussi, comme Maupassant dans *Boule de suif*, la *Maison Tellier* et *Bel Ami*, M. d'Annunzio dans le *Triomphe de la mort* et M. Gerhart Hauptmann dans *le Voiturier Henschel*. Parmi les tableaux qu'inspire le même esprit, on peut citer tous ceux qui représentent des hôpitaux : ainsi le *Docteur Péan* de M. Gervex et *La Visite* de M. Jimenez ; puis les œuvres de l'école synthétique, comme la *Femme aux chèvres* de M. Liebermann, et celles de quelques symbolistes comme la *Guerre* de M. Franz Stuck.

Peu de maîtres doivent s'inspirer d'un pareil stoïcisme. Le calme d'un Gœthe veut sinon la joie, au moins l'oubli de la souffrance. C'est seulement en parlant de nos propres douleurs qu'il nous est glorieux de dire : Douleur tu n'es qu'un mot. Pour que l'artiste ait le droit de montrer cette sublime indifférence, il faut que son œuvre ne représente pas les maux d'un être en particulier mais figure dans ces maux ceux de l'humanité tout entière et qu'ainsi lui-même paraisse au-dessus de la souffrance.

Tandis que l'étude des milieux populaires produit des œuvres sociales et naturalistes, l'étude des classes riches et des centres artistiques ou littéraires développe le goût de la psychologie. Dans le même temps que George Sand, Spielhagen, Tourgueneff et Tolstoï créent le roman psychologique, les artistes se forment à l'étude des caractères en traitant l'anecdote. Et l'anecdote est d'abord de celles qui doivent plaire ; elle dira la jeune fille rêveuse ou gaie, la jeune femme amoureuse, la grande dame charitable. Puis, sous l'influence du socialisme, la peinture des classes riches se transforme : à la sentimentalité succède l'amertume. Artistes et littérateurs montrent l'enfant terrible, la jeune fille d'allures libres, la femme adultère, gandins et vieux beaux festoyant dans les restaurants de nuit.

De 1860 à 1870, la peinture de mœurs est tout entière anecdotique, que les salons y soient représentés ou les rues, qu'il s'agisse des chefs-d'œuvre de Menzel ou des toiles à succès de Frith, le *Derby* et la *Gare de chemin de fer*. Même après Manet la peinture des classes riches cherche l'ironie. Seul peut-être M. Stewart peint ses tableaux de fêtes mondaines avec l'unique souci de faire vrai et de bien faire. Mais l'humour abonde dans *l'Aurore* de M. Gregory. Un rideau tombé laisse pénétrer la lumière du matin dans un salon, où finit un bal ; la clarté blafarde noie la lumière jaunâtre et tremblotante des lustres, les visages sont pâles, les traits tirés ; les robes pompeuses et défraichies, les insignes de cotillon semblent des déguisements de mascarade.

Comme le naturalisme est la forme artistique obligée de la peinture d'ouvriers, seul l'impressionnisme rend toutes les nuances de la psychologie. D'abord l'impressionnisme s'attache au portrait. Après avoir exprimé les sentiments de leurs personnages, les artistes s'efforcent d'exprimer leurs propres sentiments, ils veulent décrire ce qu'ils éprouvent dans les rues, dans la chambre qu'une lampe éclaire à peine, dans les pièces pleines du bruit et de l'éclat d'une fête. Et l'on a la peinture des villes qu'on pourrait appeler la forme la plus moderne du paysage.

L'art nouveau reste longtemps l'art propre de Paris. Deux tableaux de Manet en sont les premiers chefs-d'œuvre. *Canotage* — un bateau coupé par le milieu comme ceux des gravures japonaises ; un homme, une femme en plein soleil. *Nana* devant sa glace, en corset bleu et jupon de dentelle, bas de soie gris-perle et souliers à hauts talons ; la fille, ni méchante, ni bonne, qui connaît seulement deux amours : son corps et le plaisir.

M. Renoir aime ces rayons, ces taches multicolores, qui font poésie tous les objets et tous les visages ; et la patine nacrée, que prennent en vieillissant ses tableaux, en augmente le charme. Même dans une scène triviale comme le *Moulin de la Galette*, le soleil effleure les feuilles frémissantes, se joue avec leurs ombres sur le sol diapré, les tables, les habits des danseurs, les jupes soulevées des danseuses, les visages et les vêtements des amoureux assis. Quand le soleil est de la fête, la tristesse même semble gaie et la laideur devient beauté.

M. Monet suit partout la lumière : dans les salons surchargés de draperies, où elle se glisse par traîtrise; dans les rues éclatantes; sur la cathédrale de Rouen, que le jour colore de toutes les nuances; sous la voûte de la gare Saint-Lazare. — Dans la pénombre le train s'avance sur les carrés polychromes que font entre les rails les rayons brisés par les vitres. Au dehors, à travers la fumée affaiblie, que renvoie la locomotive, nous apercevons dans un éblouissement de lumière la tranchée, dont les parois flamboient, et les hautes maisons du quartier de l'Europe.

M. Degas peint Paris la nuit : les cafés-concerts, les lieux de plaisir, l'Opéra surtout. Au-dessus de l'orchestre, où dans l'ombre une manche de musicien, une joue, un crâne apparaît crûment éclairé par la lampe d'un pupitre, nous voyons sous les feux de la rampe et contre le fond trouble des décors, les ballerines décolletées en petite jupe de mousseline, et, dans les maillots roses où tremblent des reflets, les jambes, nerveuses ou molles, spirituelles ou indifférentes, la coryphée, qui fait des pointes, le talon levé, le petit pied tendu dans le soulier qui craque, le cou-de-pied mince et le mollet nerveux remonté sous le genou.

Mais aujourd'hui l'art même de la vie parisienne est l'affiche : M. Meunier aux tons rudes, à la verve gouailleuse ; M. Steinlen, sombre, amer, le peintre de la misère ; M. Chéret dont les petites femmes à l'air moqueur, aux toilettes tapageuses ont cet aspect de figures lancées par un volcan, que Taine trouvait aux personnages du Tiepolo : le dix-neuvième siècle y finit dans un cancan endiablé ; parfois le bal semble un feu d'artifice, tant les verts ont d'éclat, tant les couleurs brillent et pétillent, surtout les rouges et les jaunes, tant les cheveux roux flamboient, les dents blanches étincellent entre les lèvres carminées, et les yeux, cerclés de bistre, jettent des éclairs.

Le meilleur peintre de Paris est un Italien, Nittis ; il n'aime pas tel détail de la ville, il aime la ville même ; les rues, les places, les ponts, les boulevards bordés d'arbres fleuris, verts, jaunes ou morts, le soleil qui se reflète dans l'asphalte brûlante, dans la neige ou dans la boue.

Et le talent de Nittis se fortifie encore pendant son séjour en Angleterre. Nul n'a mieux rendu l'impression de l'étranger qui arrive à Londres en automne. Le pont de Charing Cross, le brouillard. Au-dessous de soi l'on sent vaguement un fleuve invisible ; dans la buée opaque, l'on devine vaguement une ville immense. Partout scintillent des lueurs de couleurs différentes. Le train s'arrête : nous regardons avec plus d'attention ; nos yeux exercés découvrent partout des lumières d'abord inaperçues. Après ces lumières, de nouvelles encore ; nous en soupçonnons d'autres aux taches claires du brouillard. Et plus grande nous apparaît la ville, plus nous nous sentons seul.

Aucun Anglais n'a peint Londres comme Nittis, pas même M. Gregory, dont les œuvres sont pourtant pleines de verve. Mais, dans l'école écossaise formée sous l'influence de M. Whistler, que de charmants tableaux de la vie anglaise : savant dans l'art de rendre la lumière, l'impressionnisme renouvelle ces sujets communs dont les peintres anglais nous ont si longtemps fatigués. Ainsi le *Lawn-Tennis* de M. Lavery et les pastels de M. Guthrie.

Le Danemark a M. Kröyer qui connaît toutes les gaietés du soleil, tous les mystères des lumières que les hommes ont inventés ; M. Johansen le peintre du foyer. Nul ne sait comme lui grouper une famille sous l'abat-jour d'une lampe, si bien que le père, la mère, les enfants soient tous compris dans la clarté chaude et qu'au delà tout soit obscurité.

Qu'il peigne la Suède ou Paris, M. Zorn se plaît aux reflets multicolores, qui se jouent sur les toilettes et les jolis visages des femmes aux yeux hardis ; le Norvégien M. Thaulow aime l'hiver, les eaux, qui charrient sous la lumière rouge du couchant.

Et la peinture des villes commence à peine, ce sera l'art du vingtième siècle. Sans doute le paysage ne saurait disparaître. Toujours certains hommes se plairont à rendre les beaux sites ou les effets de la lumière sur la campagne ; mais le sentiment s'affaiblit qui inspira les maîtres du dernier siècle. La peinture de paysans finira quand finiront les paysans. Au contraire la psychologie de l'ouvrier est à peine esquissée, et pas un peintre du peuple n'a donné de synthèse qu'on puisse comparer au *Semeur*, à *la Femme aux chèvres*, à *la Glèbe*.

D'autre part, l'étude des villes réserve au peintre bien des surprises et des jouissances, comme il peut y trouver de puissantes synthèses : peu d'artistes ont encore suivi la voie que Menzel a tracée dans le *Laminoir*. Et le nouvel art décoratif trouvera aussi des motifs nouveaux dans les lignes des monuments, le raccourci des rues, des rivières que franchissent les ponts chargés de monde, les reflets des becs de gaz et des globes électriques, dans la silhouette des voitures, des chevaux, des passants comiquement affairés, des femmes à la taille fine et bien prise, à la démarche élégante, à la jupe coquettement retroussée. Puis, après les villes d'aujourd'hui, les villes de demain aux larges avenues sillonnées d'automobiles, aux immenses constructions en fer. Car l'amour des villes remplacera l'amour de la nature jusqu'au jour où quelque Rousseau, las de civilisation, découvrira de nouveau la nature.

CHAPITRE PREMIER.

MENZEL (1).

I

Le fondateur de la nouvelle peinture de mœurs en Allemagne est un Prussien, M. Adolphe de Menzel. Seul, en dehors de toute école et presque de toute influence, il a suivi l'évolution complète de l'art allemand : peintre d'histoire, de genre historique, de cérémonies officielles ; peintres de mœurs de la cour, des classes riches, de la bourgeoisie, des ouvriers ; classique d'abord, puis romantique, puis éclectique, puis naturaliste, enfin dans ses derniers tableaux presque impressionniste. Mais toujours nous le trouvons original. Quel qu'en soit le sujet, un *Menzel* se reconnaît de suite. Chaque œuvre du maître dit son

(1) Adolphe Menzel naquit à Breslau en 1815. Son père était graveur, et, dès le plus jeune âge, l'enfant mania le burin : à treize ans, il donnait une planche, qui représente un sujet de l'histoire romaine. En 1830, le vieux Menzel s'établit à Berlin, il mourut bientôt et le jeune homme se chargea de nourrir sa mère et ses frères. Adolphe Menzel fit ses études à l'Académie mais nul ne prit garde à lui avant l'apparition de ses gravures sur l'*Histoire du Brandebourg*. Le premier tableau de Menzel est de 1836 ; en 1839, il peignit le *Jour du Jugement*. De 1839 à 1842 parurent les deux cents bois pour *la Vie de Frédéric le Grand* par Kugler. Ils sont exécutés avec le plus grand soin ; Menzel rapportait lui-même ses dessins sur le bois. Il compléta sa première œuvre en donnant deux cents vignettes ou culs-de-lampe pour l'édition complète des *OEuvres de Frédéric*, par l'État prussien (1843-1849). Le talent du dessinateur s'y montre plus sûr encore et l'imagination de l'artiste s'y donne libre carrière. L'on y trouve des portraits (les souverains et les princesses du temps, le comte Brühl, ministre d'Auguste le Fort, La Mettrie, Fontenelle, Bollin, J.J. Rousseau, le président Hénaut), des allégories, des satires, les plus mordantes peut-être pour le *Palladion*, le poème où Frédéric se moquait de son favori d'Argens. Suivirent les *Héros de la guerre et de la paix* (1855), puis *l'Armée de Frédéric* : d'abord trente-deux bois (1852), puis 453 lithographies en couleurs (1857).

caractère et ce caractère est tout énergie. Comme Bismarck, Menzel ne craint pas qu'on l'appelle un barbare. Le peintre est de la même race que l'homme d'État; le Nord n'a jamais produit de plus durs génies. L'un et l'autre n'ont trouvé que dans un âge avancé la pleine maîtrise de leurs facultés. Aussi sera-ce marqués par la vieillesse que la postérité voudra se rappeler leurs visages. Seules les rides pouvaient imprimer à ces traits rudes toute la rudesse, qui leur donne une manière de beauté. Voici M. de Menzel, tel que nous le montre le célèbre buste de M. Reinhold Begas. La tête ovale, petit, trapu. Chauve et rasé. Un cadre blanc : quelques cheveux sur les tempes, de la barbe rude au bord des joues, sous le menton. Le front bombé, coupé de rides horizontales. Deux rides verticales entre les sourcils hérissés. Sous les lunettes, qui ont creusé la peau, meurtri la paupière plissée, des yeux durs, perçants, les yeux d'un observateur et d'un humoriste; un nez court, légèrement aquilin, aux narines frémissantes, la bouche large et sans lèvres, aux plis tombants, la mâchoire inférieure avançante, le menton court et volontaire. Le visage de Menzel a quelques traits du visage d'Ibsen : aussi bien l'un et l'autre ont-ils également compris la misère, la petitesse de l'homme sans avoir jamais un mot de colère, de pardon ou de pitié (1).

Dans tous les sujets, M. de Menzel se montre soucieux de la vérité. De lui comme de M. Liebermann, l'on dit qu'il se plaît à la laideur; mais Dürer s'y plaisait aussi, et Rembrandt, et Shakespeare, et Gœthe lui-même dans maintes scènes de *Gœtz*, de *Faust*, et d'*Egmont*. Chez eux ce n'est pas affectation comme dans notre école romantique. Les artistes du Nord ont l'instinct du laid : ils le découvrent parce qu'ils l'aiment, il l'aiment pour y trouver des formes plus nettes, des sentiments plus énergiques, une telle force qu'auprès d'elle la puissance calme semble faiblesse, un tel relief qu'il fait paraître la beauté ennuyeuse et plate. Voyez une tête de Vieux Juif de Rembrandt, une bataille de ribauds de Brower ou de Diez, une foule de

(1) M. Boldini a peint de Menzel un beau portrait en 1895 (*Galerie Nationale* à Berlin).

Menzel, les *Fabricantes de conserves* de M. Liebermann; lisez la scène des Sorcières dans Macbeth, ou la *Puissance des Ténèbres* ou le début de l'*Assomption d'Hannele*, et vous reconnaîtrez que l'auteur trouve à représenter cette laideur un plaisir d'artiste. C'est en gravant à l'eau-forte que Gœthe a conçu la scène de Faust chez la sorcière. Dans l'amour qu'ont pour le laid les artistes du Nord, il y a l'instinct de l'eau-forte comme l'instinct de la sculpture dans l'amour de Phidias pour les belles formes, l'instinct de la peinture dans l'amour du Titien pour les chaudes couleurs.

II

Après des gravures et des tableaux d'inspiration romantique, M. de Menzel, l'un des premiers en Allemagne, résolut de se consacrer à l'histoire, mais il comprit que, pour donner de véritables compositions historiques, l'artiste doit restituer fidèlement les costumes et les mœurs d'une époque, connaître les traits et le caractère des personnages. Il choisit donc le règne de Frédéric II. Les monuments du grand roi, ses institutions, ses œuvres littéraires, les souvenirs de ceux qui l'avaient connu, faisaient paraître son règne contemporain et son ironie convenait à l'esprit sarcastique du jeune artiste. Menzel réunit des documents de toute espèce : costumes, livres, estampes et tableaux; il s'inspira de Chodowiecki, le maître graveur du dix-huitième siècle. Ainsi préparé, il orna de centaines de bois d'abord l'*Histoire du Brandebourg*, puis la *Vie* et les *Œuvres* de Frédéric II. Et pour la verve, l'humour, l'imagination, le naturel, le souci de rendre les moindres traits de chaque visage et d'en marquer les sentiments, la science de l'anatomie, l'habileté à surprendre le détail typique, ces bois resteront parmi les chefs-d'œuvre de la gravure moderne. Pour la première fois, on voyait des gestes naturels, des attitudes simples, Frédéric, ses ministres, ses grenadiers peints comme des Allemands, non plus comme les Romains de David. Et Menzel ne représentait pas seulement la cour et l'armée, mais la Prusse avec ses forêts, ses sables, ses marais ; Berlin, les monuments de Frédéric Ier et de Frédéric II; mais le peuple tout entier, hobereaux, ministres protestants, bourgeois, artisans, les paysans eux-mêmes dans les occupations les plus triviales de leur vie de chaque jour.

Après les gravures, les tableaux.

La Table ronde de Sans-Souci (1850), est une œuvre supérieure : nous y trouvons une facture franche malgré la minutie des détails, une couleur juste, presque du plein-air (1).

1750. La grande salle ronde, blanche et or. Des colonnes corinthiennes, disposées deux par deux, en supportent la coupole, dont nous voyons seulement la corniche. Entre ces colonnes, à gauche, une statue. Dans le fond, une porte pour l'usage des laquais ; à droite, une grande baie vitrée ouvrant sur le parc ensoleillé. Par terre un tapis oriental à fond rouge. Au milieu de la pièce, la table et les convives. Frédéric à trente-huit ans : grand, droit, le front découvert sous les cheveux poudrés, le teint frais, le profil régulier, le nez droit, à peine recourbé du bout: il porte l'uniforme bleu foncé, ouvert sur un gilet blanc. A droite du roi, le général Stille en uniforme rouge. Sans prendre garde à lui, Frédéric, un peu hautain, l'air moqueur, aimable pourtant, s'entretient avec Voltaire assis près du général. Élégamment vêtu de violet, avec la longue perruque, Voltaire se penche en avant : nous voyons son visage de profil. Cinquante-six ans, maigre, maladif, le front dégarni, les pommettes et les maxillaires saillants, le regard plein de feu, la bouche pincée, presque dure. La main droite nerveusement appuyée sur la table, la gauche relevée comme pour préciser du geste le sens de chaque mot. Il dit un compliment, quelque chose comme ce madrigal :

(1) Nous sommes censés nous trouver dans la pièce: les personnages assis autour de la table sont de dimensions inégales et Frédéric, qui nous fait face, est le plus petit de tous.

Les fileuses des destinées,
Les Parques, ayant mille fois
Entendu les âmes damnées
Parler là-bas de vos exploits,
De vos rimes si bien tournées,
De vos victoires, de vos lois,
Et de tant de belles journées,
Vous crurent le plus vieux des rois.
Alors des rives du Cocyte
A Berlin, vous rendant visite,
La mort s'en vint avec le Temps !
. . . .
Que l'inhumaine fut trompée!
Elle aperçut de blonds cheveux
Un teint fleuri, de grands yeux bleus...

Mais déjà le temps des aimables confidences est passé. « On me fait, » écrit Voltaire, « plus que jamais patte de velours... mais. » Et le sourire du roi, ses lèvres serrées, suffisent à nous expliquer ce « mais. »

Trois personnes suivent la conversation de Frédéric et de Voltaire. Assis à la gauche du roi et vêtu de bleu comme lui, le maréchal Keith daigne, avec une morgue britannique, faire aux deux convives la grâce de les écouter. Son voisin, le comte Algerotti, vêtu de marron-clair et poudré, met à suivre la discussion de Voltaire toute l'ardeur d'un méridional; le voisin d'Algerotti, le comte Rothenburg, en bleu, a l'air d'un Allemand soucieux de s'instruire. A côté de Voltaire et vêtu, comme tous les officiers, de l'uniforme bleu, celui que l'histoire connaît sous le nom de Mylord Maréchal s'est détourné pour causer avec un convive que nous voyons de dos, en habit marron, de grands revers de dentelle sur les manches, une longue perruque poudrée. En face du roi, son favori d'Argens, grand, les traits réguliers, en habit vert : il cause avec La Mettrie. Petit, gros, le visage large, les yeux brillants, une longue perruque sans poudre, le médecin-philosophe rit bruyamment: n'est-ce pas son métier de rire? En 1751, Voltaire écrit à Madame Denis : « La Mettrie brûle de retourner en France. Cet homme si gai, et qui passe pour rire de tout, pleure quelquefois comme un enfant d'être ici. » La gaieté forcée de La Mettrie, la disgrâce déjà pressentie de Voltaire, voilà la philosophie du tableau de Menzel. Les yeux durs de Frédéric nous font prévoir et l'arrestation de Francfort, et sa lettre sur la mort de son médecin familier en 1751. « Nous avons perdu le pauvre La Mettrie. Il est mort pour une plaisanterie en mangeant tout un pâté de faisan... Il était gai, bon diable, bon médecin et très mauvais auteur ; mais en ne lisant pas ses livres, il y avait moyen d'en être très content. »

En 1852, Menzel exposa le *Concert de Flûte*. Pour le coloris et l'éclairage, c'est son meilleur tableau : tout en l'écaillant, le temps lui donne une riche patine, qui le fait sembler d'un vieux maître.

Le salon des concerts du palais de Sans-Souci, tel que nous le voyons aujourd'hui, l'un des meilleurs modèles du style rocaille. Des boiseries blanches aux moulures d'or, des glaces, des panneaux, que Pesne a décorés de sujets dans le goût de Boucher ; au plafond un grand lustre ; des appliques de part et d'autre de la glace du fond, qui reflète le lustre, les appliques, les candélabres ; la lumière de chaque bougie fidèlement suivie par le peintre, comme elle tombe sur les nymphes des panneaux, la dorure d'un filet, les losanges blancs et marrons du parquet, les chairs ou les vêtements, le tout cependant fondu, sans rien de heurté, de telle sorte que cette toile aux cent lumières nous apparaît dans un seul effet de lumière.

Sous la glace, la princesse Wilhelmine, femme du margrave de Bayreuth : assise sur un sofa rouge, vêtue de blanc, la tête penchée. Une mantille entoure son visage mélancolique, elle regarde tendrement son frère qui joue de la flûte. A droite de la princesse Wilhelmine, dans des fauteuils et formant le cercle, la princesse Amélie qui s'évente, et sa dame d'honneur ; derrière elle et debout, Graun attentif, Maupertuis les yeux au plafond, Bielfeld souriant, le comte Gotter. A droite de la glace, la vieille comtesse Camas et le major Chazot.

MENZEL (ADOLF VON)

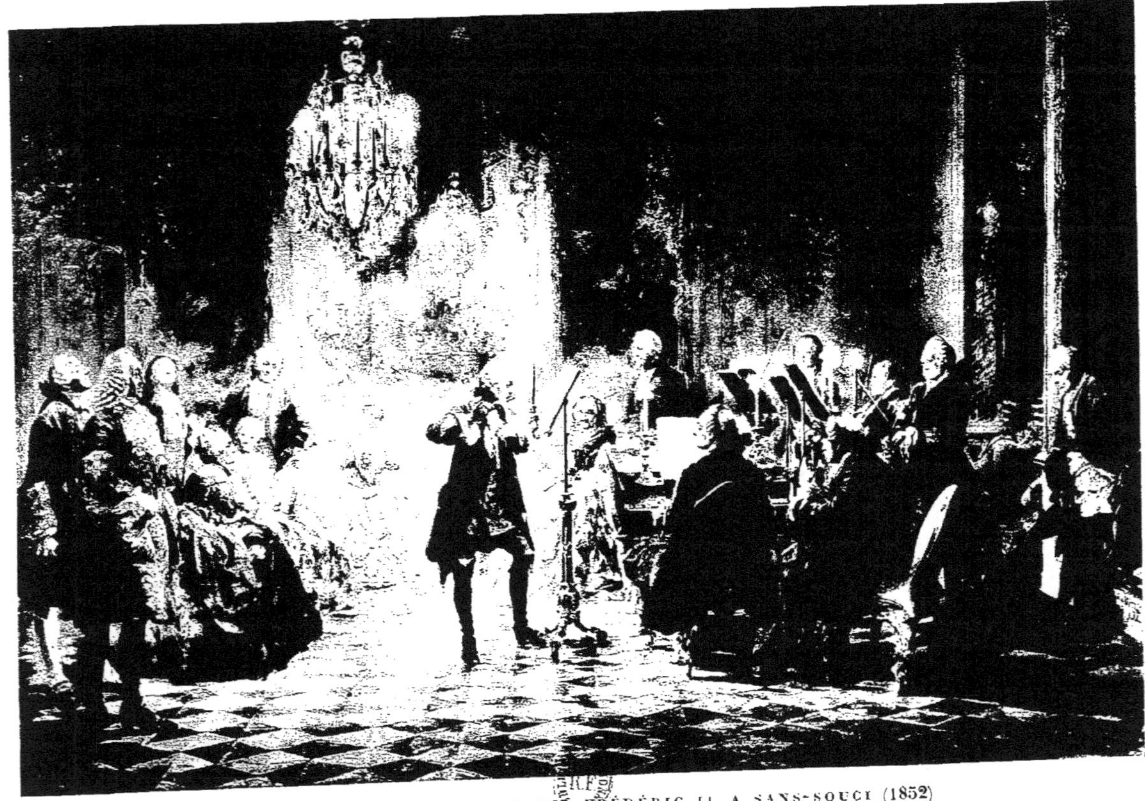

LE CONCERT DE FLUTE DU ROI FRÉDÉRIC II A SANS-SOUCI (1852)

H. 1m,42 — L. 2m,05.

(Galerie nationale, à Berlin.)

Avec la permission de la Société photographique (Berlin et Paris).

Entre les fenêtres, Quanz, le professeur du roi, impatient, comme s'il craignait une faute prochaine.

Devant lui, un peu dans l'ombre, les musiciens, en tenue sévère, les bougies de leurs pupitres reflétées sur leurs perruques poudrées, leurs visages attentifs. Au piano, Philippe-Emmanuel Bach ; près de lui, le violoncelliste; plus loin Franz Benda tenant l'alto, et deux violonistes.

Sous le lustre, devant un pupitre dont les bougies éclairent en plein son visage, Frédéric II debout, habit bleu à parements rouges, culotte et gilet blancs, bas noirs. De profil, encore jeune, poudré, un ruban noir à la petite queue nattée, la flûte appuyée à sa bouche pincée ; il s'oublie dans une improvisation. Guerre et politique n'existent plus pour lui ; à de certains moments le roi prétend n'être qu'un musicien.

1857. *Frédéric II et Joseph II à Neisse* (le 25 août 1769.) Le jeune empereur veut connaître celui, qui ne lui paraît plus l'ennemi de sa famille mais le héros du genre humain. En uniforme vert, le manteau blanc sur les épaules, il monte l'escalier du château épiscopal; derrière lui viennent le maréchal Landon et le chef de partisans Hadick.

Suivi du prince Henri de Prusse, du prince royal, de Seydlitz et de Tauentzien, Frédéric a descendu quelques marches pour aller au-devant de son hôte. Le jeune empereur s'élance pour l'étreindre passionnément et s'écrie : « Maintenant tous mes vœux sont accomplis, puisque j'ai l'honneur de presser dans mes bras le plus grand des monarques et des capitaines. » Frédéric sourit, tremblant et fatigué comme un homme vieilli avant l'âge ; il semble se dire : « Je sais ce que la gloire me coûte. » Puis l'expérience ne lui apprit-elle pas que l'homme jeune a, comme les femmes, la faculté d'aimer passionnément et de vite oublier? Cependant ses yeux, presque mouillés, montrent le héros touché de la passion qu'il inspire (1). (Château de Weimar.)

(1) L'œuvre historique de M. de Menzel comprend encore les tableaux suivants. En 1854, *Frédéric en voyage* : un beau paysage, de tons noirs, — autour du roi

III

En 1861, le roi Guillaume chargea M. de Menzel de représenter la cérémonie du couronnement à Kœnigsberg. Cette œuvre empruntée à la vie moderne fit connaître à Menzel sa véritable vocation : il devint l'historien de la Prusse contemporaine, surtout de la foule berlinoise. Et dans ses œuvres nous trouvons en même temps cette foule représentée avec ses senments de foule, son instinct ou sa volonté, et chaque personnage étudié en particulier ; la psychologie de la foule ainsi opposée à celle des individus.

En 1848, Menzel avait déjà fait une esquisse, qui représentait les funérailles des insurgés tombés sur les barricades. L'ensemble de la composition nous donne l'idée du peuple honorant les martyrs de la liberté. Mais regardons les personnages : une femme, qui se sait belle quand elle pleure ; des étudiants, restés enfants, qui tirent vanité de leurs insignes ; un homme politique irrité qu'on s'occupe des morts et non pas de lui, les gardes nationaux embarrassés de leurs armes. Des gens crient et gesticulent, s'encouragent et s'insultent ; M. Prudhomme s'éloigne en haussant les épaules.

Même dans le tableau du roi partant pour la guerre de 1870, (Galerie Nationale), M. de Menzel n'a pu retenir sa verve. Sans doute, sous les *Linden* aux maisons pavoisées, nous ne voyons qu'hommes au front découvert et femmes inclinées. Pas de cris. La foule semble grave, même recueillie. Nous assistons à l'un de ces événements dont dépend le sort d'une nation. Mais la foule n'a rien de commun avec les indi-

déjà vieux, l'air affairé, un seigneur, une dame courbée jusqu'à terre, des bourgeois, des paysans, un maître d'école, l'architecte. (Galerie Ravenée). En 1856, la *Bataille de Hochkirk*. En 1858, *Frédéric-Guillaume Ier dans une école populaire*. En 1862 : *Frédéric II au bal de cour de Rheinsberg*. Enfin *La Rencontre de Blücher et de Wellington à la Belle Alliance* (1858), et *Le Couronnement du roi Guillaume Ier*. Plus d'autres tableaux se rapportant à la Guerre de Trente-Ans, au dix-septième et au dix-huitième siècles.

vidus, qui composent la foule : des curieux, des enfants veulent voir ; une jeune fille pose ; une femme est sur le point de s'évanouir, d'autres femmes se montrent sentimentales ou coquettes. Un petit vendeur de journaux agace un boule-dogue muselé ; des boursiers lisent leurs dépêches ; un ancien soldat se met au port d'armes ; d'un geste emphatique, un père noble raconte ce qu'on faisait de son temps. Cependant, derrière le cocher raide, le chasseur les bras croisés, le roi se raidissant contre la fatigue et l'émotion, porte la main à son casque d'un geste las, tandis que la reine se cache le visage dans son mouchoir.

Deux tableaux complètent cette histoire de Berlin ; ils ne représentent plus la foule, mais la haute société : ce sont : *Le Souper après le Bal* (1870) et *Le Cercle de l'Empereur* (1879).

Le premier de ces tableaux nous apprend ce qu'était la cour prussienne avec son étiquette militaire. Les dames même saluent de l'air d'un soldat qui se met au port d'armes. Mais, fait-on connaissance avec ces gens guindés, on trouve de jeunes officiers, et de vieux dignitaires également empressés auprès des femmes, flattées des attentions des uns, friandes de l'amour des autres ; des amateurs de vieux vins et de bonne chère : un juge embarrassé de ses provisions, un officier blagueur, un diplomate à l'air anglais, qui mange gloutonnement.

Derrière eux, dans le salon rocaille, c'est un flamboiement de lumières, de toilettes et d'uniformes, et le peintre, amoureusement, suit les lueurs, suit les reflets sur les glaces, les sculptures, les robes de satin et de velours, les broderies, les épaulettes, se plaisant à ce contraste de tant de petitesse et de tant de splendeur.

Le Cercle de Cour semblerait une photographie. Au milieu, l'empereur, encore droit et vert, l'air bienveillant, presque paternel. Devant lui, une dame vue de dos : sa tournure, le mouvement de son voile, les plis de sa traîne trahissent son émotion ; elle se relève d'une profonde révérence et sent ses jambes se dérober sous elle. A droite, des diplomates roides.

A gauche, des hommes à la physionomie bien observée, une dame, qui, l'œil fixe, serre ses bras contre son corps et se mord les lèvres, crispée ; une jeune fille curieuse et coquette ; une autre jeune fille recueillie comme dans une église.

De pareilles œuvres nous font connaître l'esprit du Berlinois toujours observateur, même quand un événement semble retenir son attention, toujours froidement moqueur sous les apparences de la discipline et du respect.

IV

L'étude de la foule berlinoise conduisit Menzel au naturalisme. Son génie s'y montra d'abord humoristique. Dès 1851, parut l'aquarelle : *Dans un coupé de chemin de fer.* — Une dame, sans chapeau, le buste droit, les mains sur ses genoux, sommeille en face de son enfant couché. Près d'elle, son mari dort, appuyé contre l'accoudoir du milieu, les genoux ployés et de côté, les pieds sur la banquette d'en face, une main sous la tête, l'autre entre les genoux, son chapeau melon de travers enfoncé jusque sur les yeux, la face congestionnée, le nez rouge, enflé, la barbe dépeignée.

Quarante ans après, Menzel reprit le même sujet. *A travers la belle nature.* — Une jeune femme, sentimentale malgré son embonpoint, qui, des fleurs à la main, regarde d'un air béat le dos d'un monsieur penché par la portière ; un enfant endormi, un professseur hirsute avec lunettes et lorgnette ; un importun préoccupé de réveiller son ami ; une dame élégante, ses jumelles braquées sur rien du tout, pour montrer son romantisme et son profil ; dans le cadre de la seconde fenêtre, la tête de l'employé, qui demande en souriant les billets (1892).

De 1867. *Un Dimanche aux Tuileries* — toute la vie parisienne du Second Empire mise en charge comme dans l'œuvre célèbre de Meilhac et d'Halévy. Le bout des quinconces de la Petite Provence, au printemps, par un beau soleil. Des enfants

MENZEL (ADOLF VON)

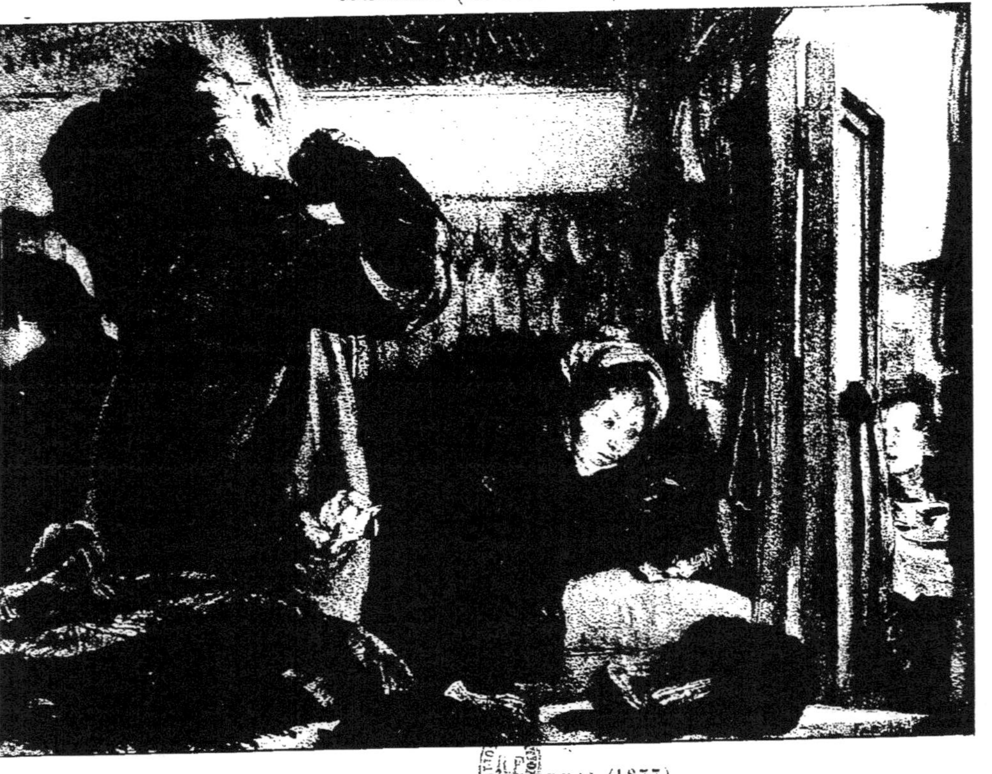

LE MATIN DANS L'EXPRESS (1877)

(Dessin à l'encre de Chine.)

Avec la permission de M. Wagner, à Berlin.

MENZEL (ADOLF)

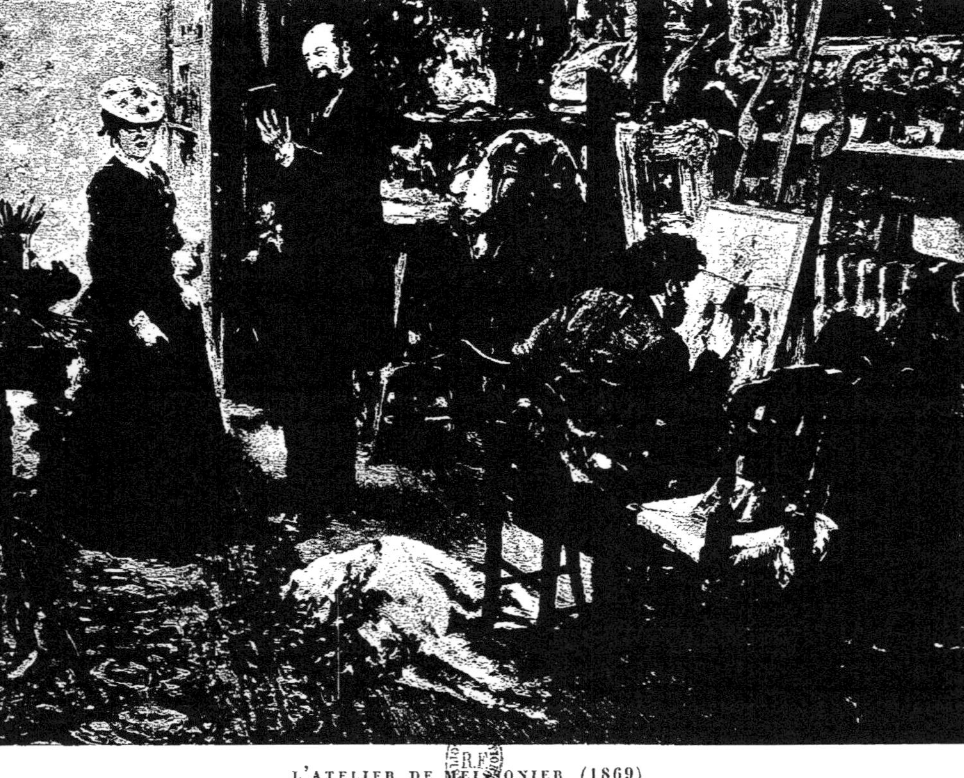

L'ATELIER DE MEISSONIER (1869)

Avec la permission de M. Wagner, à Berlin.

jouent, se disputent, et pleurent. Des bonnes, des nourrices les entourent; vêtues d'amples crinolines, des mamans les surveillent, que leurs maris devraient bien surveiller. Un Levantin, coiffé d'un fez, vend des étoffes. Plus loin, un spahi, des vieillards au chef branlant, amoureux d'un rayon de soleil. Un poète hirsute, des militaires retraités. En dehors des arbres, dans la belle lumière, un éblouissement de toilettes claires : chapeaux cabriolets avec de larges brides, ombrelles, jupes bouffantes, froufrous et rubans.

Plus tard, Menzel peignit les villes d'eaux, surtout Kissingen et Gastein, leur société mêlée de princes et d'aventuriers, les riches près des pauvres, les débauchés près des mourants, souvent eux-mêmes des débauchés ; le luxe, les vices, les misères des grandes villes au milieu des paysans d'abord étonnés, puis corrompus par le spectacle.

Dans ce genre, le chef-d'œuvre de Menzel est la *Procession à Gastein* (1880). Des rues étroites de la ville le cortège débouche sur la route, qui monte vers l'église. Des porte-bannières, le dais, puis des montagnards au visage respectueux. Mais, le long du chemin, les baigneurs regardent, curieux : un protestant s'indigne ; appuyé contre un mur, un libertin détourne la tête en fredonnant; un gros monsieur barbu tonne contre la superstition au milieu de dames étonnées ou préoccupées de leur toilette.

V

L'œuvre proprement réaliste est supérieure.

La Foire de Noël à Berlin (1866). Un soir de pluie. Contre le fond sombre des grandes maisons se détachent les lumières des baraques, et leurs reflets se jouent sur les visages heureux des papas et des mamans, qui gâtent leurs enfants ; sur les visages bouffis des enfants, qui se disputent et se frappent ; les reflets caressent les jupes ou les pelisses de fourrure et, glissant dans la boue, font des taches de feu entre les vêtements sombres.

En 1867, *le Service divin dans le bois de Kosen*. Des hêtres immenses aux troncs élancés ; sous le feuillage, les sentiers, qui montent, une clairière où prêche le pasteur, les notes claires des bonnets de paysannes et des toilettes des baigneuses. Au premier plan, des gens s'en vont : une femme ouvre son ombrelle, un monsieur remet son chapeau. La beauté sévère du paysage forme un contraste saisissant avec les attitudes banales des assistants.

L'année 1876 voit l'apparition du chef-d'œuvre de Menzel : *le Laminoir*.

La manufacture de rails de Königshutte en Silésie. Les cloisons à coulisse sont tirées ; le jour pénètre de tous côtés. Dans la lumière d'un bleu violet, qu'obscurcit la fumée, et qu'au fond la clarté d'un brasier tache de rouge, nous voyons comme un écheveau de barres, de poutres, de courroies, des roues, la suite des laminoirs. Ici des ouvriers sont réunis autour d'une femme qui leur apporte à manger ; là, d'autres se lavent demi-nus (Menzel a fait de leurs corps des Académies dignes des maîtres classiques). Au milieu du tableau, une lueur éblouissante : la pièce de fer va passer sous le laminoir. Chauffée à blanc, les bords encore rouges, des étincelles bleues et roses. Armés de grandes pinces, des ouvriers aux bras nus poussent la pièce sous les rouleaux ; derrière le laminoir, d'autres ouvriers se préparent à la recevoir ; la grue mobile la soulèvera pour la déposer devant le second laminoir. Et les reflets du fer chaud deviennent blancs et rouges sur la chair des bras et des visages, violets et vert foncé sur les vêtements plissés ; et les barres de métal, les traverses de bois ont de sombres lueurs, et les spirales de la fumée paraissent de feu. Et l'œuvre tout entière est vie, effort, puissance, et semble nous donner la synthèse de l'Allemagne qui commençait alors à se former : l'industrie, le commerce, les usines, les chemins de fer, les bateaux, la volonté chez tous de s'en-

MENZEL (A.)

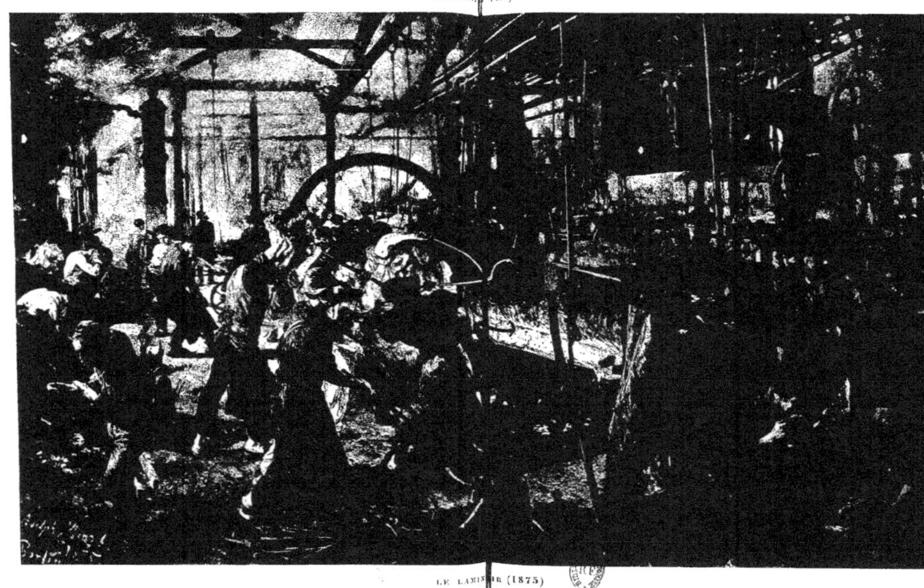

LE LAMINOIR (1875)
H. 1m,57 — L. 2m,53.
(Musée de Berlin.)

richir ; l'influence de l'Amérique, où des millions d'Allemands apprennent la lutte pour la vie, la démocratie et la liberté.

Depuis, Menzel a de nouveau représenté le travail dans la *Forge à Gastein* (1879 et 1881) et des scènes de marchés italiens, mais le *Laminoir* restera son œuvre décisive: car le *Laminoir* marque une date dans l'histoire de l'art allemand, une date dans l'histoire même de l'Allemagne ; celle où ce pays de poètes, de philosophes, de paysans et de soldats est devenue un pays de commerçants et d'ouvriers (1).

(1) Dans l'œuvre complète de Menzel nous trouvons des essais de tous genres, tableaux, dessins, aquarelles, gouaches, etc. La belle tête de *Rabbin*, qui semblerait de Rembrandt (de 1851, retouchée en 1882), le *Christ dans le Temple*, de 1851, une composition sur transparent, l'un des premiers essais du naturalisme dans la peinture religieuse. Des scènes de genre historique. Des paysages, l'église de Salzbourg, d'autres églises de style rococo, des japonaiseries, des vues de ménagerie, des diplômes d'honneur, comme celui qui fut exposé à l'Exposition de 1889. Et M. de Menzel travaille toujours, maître de sa main, observateur et sarcastique. L'empereur lui a conféré l'Aigle Noir.

CHAPITRE II

MAX LIEBERMANN ET L'ÉCOLE NATURALISTE

Menzel n'eut pas d'élèves, mais avec le temps son exemple transforma tous les genres. D'ailleurs la restauration de l'Empire avait mis fin à l'art historique : plus n'était besoin de célébrer le passé. L'on s'essayait à la peinture de l'Allemagne moderne et le développement du commerce et de l'industrie, les manufactures, les grandes villes exigeaient un art différent de celui de Knaus et de Vautier.

L'influence de l'école française s'imposa d'abord à Munich : en 1869, Courbet y avait rendu le naturalisme populaire; l'exposition de 1879 fit connaître la manière des impressionnistes, leurs efforts pour peindre la lumière, les reflets et le mouvement. Mais longtemps encore Munich conserva la tradition des coloristes; séduits par toute nouveauté, les peintres y changent trop souvent de principes et de facture. C'est à Berlin et dans le Nord, que, sous l'impulsion de Menzel, s'est formée l'école naturaliste allemande.

La lutte y fut longue et rude. L'art idéaliste et de Cornelius, les traditions de Kaulbach et de l'école historique, les pratiques des coloristes, la manière des peintres de batailles et de cérémonies officielles, le passé sous toutes ses formes y était devenu populaire, et le public protesta contre les premières expositions des *Onze*, les maîtres qui ont fondé l'art allemand contemporain. Aujourd'hui, ces maîtres triomphent, mais les *Worpsweder* doivent soutenir les mêmes attaques : on ne comprend ni leur couleur inspirée de Böcklin, ni leur large manière qui rappelle l'art décoratif des Japonais, ni leur réalisme, que la rudesse du pays représenté rend plus rude encore.

Mais ces attaques ne prouvent-elles pas qu'à Berlin les peintres ont conservé toute leur ardeur et que le public a gardé pour l'art tout l'intérêt d'autrefois ?

I

Le chef de l'école naturaliste allemande est M. Liebermann (1). Dans le beau portrait que M. Zorn a peint de lui, nous le voyons chauve, les cheveux des tempes et la moustache noirs, le visage ovale, le nez aquilin, un puissant faisceau de rides entre les sourcils noirs très arqués, les yeux perçants, comme une expression de dédain dans le sourire qui découvre les dents blanches et relève les plis des joues, le dédain de l'artiste qui, préoccupé seulement de son œuvre, vit à l'écart et du public et des coteries.

Deux qualités font de M. Liebermann un maître : d'abord sa sincérité, ensuite sa puissance de synthèse.

Pour être sincère, pour rendre exactement ce qu'il voyait, M. Liebermann se servit d'abord des tons noirs de Munkacsy. Puis, sous l'influence de l'école de Barbizon et des Hollandais, les anciens comme les modernes, il donna des œuvres qui sont à la fois hardies et d'une facture précise. Les meilleurs de ses tableaux représentent des orphelines hollandaises. J'en sais un

(1) Parmi les peintres, qui, avec Menzel, frayèrent la voie à l'école naturaliste moderne, il faut citer : à Berlin, K. Gussow (1843) ; à Hambourg, Max Michael (1823-91) ; à Vienne, A. von Pettenkofen (1821-89).

M. Max Liebermann est né à Berlin en 1849. Elève de Steffeck puis de Pauwels, il exposa en 1872 ses *Plumeuses d'oies* (Berlin), de tons noirs, mais d'une belle faculté d'observation et d'une rare énergie. Puis, venu à Paris, il entra dans l'atelier de Munkacsy tout en étudiant les œuvres de Millet ; il peignit alors *Le Champ de Betteraves* et *Frère et Sœur* (exposé à Paris en 1876). Puis, M. Lieberman s'établit en Hollande où il s'inspira du maître Israëls. En 1878, il exposa à Munich *Le Christ dans le temple*. Enfin, devenu vraiment original, il produisit *La Crèche d'Amsterdam* et *L'Asile des Vieillards* (1881), qui lui valut une médaille au Salon de Paris. Depuis lors, je citerai parmi ses meilleures œuvres : *Le Cordonnier*, *Concert dans une brasserie*, nombre de tableaux représentant des asiles de vieillards ou des étables à pourceaux. Le Musée du Luxembourg a de M. Liebermann ; *Jardin de la Brasserie de Braunenburg*. Pour *Les Raccommodeuses de filets* et *Les Enfants au bain*, voir p. 168 et 169.

qui est charmant. — Une allée de tilleuls devant un long bâtiment où des pilastres séparent les grandes baies vitrées. La lumière se joue gaiement entre les feuilles frissonnantes; sur la terre, sur les murailles elle jette des reflets clairs, coupés d'ombres dentelées qui sembleraient grouiller. Assises sous les fenêtres dont nous voyons le bas, debout, se promenant, jouant, les orphelines, enfants ou jeunes filles, la robe et le corsage noirs d'un côté, rouges de l'autre, tablier et bonnet blancs, cou nu, bras nus, sous les cheveux blonds le fin profil un peu long, le teint éclatant ; toutes, dans leur misère, joyeuses de leur jeunesse et du soleil. (1881. Exposé à la *Sécession* de Berlin en 1899).

Puis la manière de M. Lieberman devint plus franche. Entre ses premiers et ses derniers tableaux, on trouve le même contraste qu'entre le *Joueur de luth* de Cassel et l'*Hille Bobbe* de Berlin ou les dernières peintures de corporations de Harlem. La vigueur de M. Liebermann, sa franchise de facture sont telles, qu'il est devenu comme malgré lui un virtuose. Ainsi les *Baigneurs* et la *Rue d'un village hollandais*. — Sous les arbres, des maisons rouges ; au fond la campagne. La route à l'épaisse boue multicolore, une voiture attelée d'un cheval. Des hommes, des enfants. Au premier plan, deux jeunes filles s'arrêtent pour causer. Grandes, bien découplées, la jupe courte, le cou et les bras nus : l'une vue de dos, poussant une brouette ; l'autre, de face, et tenant à deux mains sa vache qui broute. Un coq, des poules picorent dans la boue. Sur tout le tableau, la buée lourde de la Hollande, où se fondent les couleurs.

Mais la grandeur de l'œuvre de M. Liebermann vient de sa puissance de synthèse. C'est le peintre de la misère et de la laideur : son œuvre semble inspirée par cette pensée de Schopenhauer : « Travailler et souffrir... pour vivre ; vivre... pour travailler et pour souffrir ». Et la nature, qu'il peint, semble triste comme ses personnages et comme eux épuisée. Son art a la rudesse de sa pensée : des teintes grises, la couleur jetée par plaques, la maîtrise du plein-airisme, cet effort incessant vers le mieux, le plus vrai, qui fait que tant de chefs-d'œuvre de Michel-Ange sont restés des ébauches ; cette largeur de la pensée que seuls deux maîtres naturalistes ont eue avant lui : Millet et Joseph Israëls.

M. Liebermann est fort dans ses œuvres, qui représentent des groupes : les *Raccommodeuses de filets*, l'*Hospice des vieillards*, les *Fabricants de conserves*, où nous voyons des êtres humains aux gestes réguliers comme les mouvements des machines. *Les Fileuses* : quatre vieilles femmes, dont les poses lasses, les figures ridées sous les grands bonnets blancs, sont des synthèses de vies banales, laborieuses et souffrantes.

M. Liebermann est plus fort quand ses tableaux ont un seul personnage. Ainsi : *Dans les dunes*, un vieillard marchant accablé sous son fardeau ; puis le même vieillard assis, épuisé, vaincu par la misère de chaque jour, par ses propres efforts, par le découragement. Tous ces tableaux donnent l'impression du travail si pénible et si prolongé, qu'il ne produit ni murmure, ni révolte, mais une mélancolie muette et comme une sorte de stupeur.

Plus triste encore est *La Femme aux chèvres* — un ciel gris, la dune grise, du sable, rien que du sable. Par le sentier rude, malgré le vent qui fouette ses jupes, une femme monte, pauvrement mise, vieille, lasse. Elle nous tourne le dos ; de son visage ridé à peine distinguons-nous le profil sous le bonnet blanc. Une de ses chèvres marche à côté d'elle, peinte en raccourci, et si exactement qu'elle semble avancer ; l'autre chèvre, tournée vers nous, s'est arrêtée pour brouter un peu d'herbe épargnée par le vent de mer. Et la vieille la tire, et les muscles gonflés, la corde tendue donnent l'illusion de la réalité. La touche heurtée, la peinture rocailleuse rendent le tableau pénible à regarder. Sur la main de la vieille, presque coupée par la corde, la pâte est si épaisse et d'une facture si rude que, dans tout le tableau, l'on ne voit rien que cette main, l'on ne saisit rien que cet effort. L'effort de l'homme meurtri par la fatigue journalière sous un ciel trop bas pour permettre le rêve ou l'espérance.

II

Des naturalistes allemands, les uns font seulement œuvre de peintre, empruntant leurs sujets à toutes les classes comme à tous les pays ; les autres se choisissent un domaine déterminé pour y faire, en même temps qu'œuvre de peintre, œuvre d'observateur et quelquefois de philosophe.

Des premiers, deux surtout me semblent marquer les étapes du naturalisme allemand.

M. Kuehl (1850), (de Dresde) se rapprocherait de M. Leibl, au moins dans ses premières œuvres. Il peint la Hollande (*Question difficile*, musée du Luxembourg) ou Lubeck, sa patrie.

Entouré de marais et de douves, baigné par la Trave, que remontent de gros bateaux, Lubeck est encore une vieille ville : nombre de monuments et de maisons y rappellent les temps glorieux de la Hanse. Toujours l'on y bâtit en brique : roman, gothique, renaissance, baroque et rocaille, tous les styles s'y transformèrent pour devenir des styles de brique et de tuile émaillée. Mais M. Kuehl néglige la grande place avec son bel hôtel de ville, son pilori, ses arcades, ses tourelles et les curieux clochers de ses églises. Il préfère l'Hôpital du St-Esprit. Trois pignons : ceux des côtés plus bas et flanqués chacun de deux tourelles ; au milieu, la chapelle, avec trois grandes fenêtres ogivales, et sur la pointe de la nef un clocher. Dans l'intérieur de cette chapelle, transformée en salle de réunion, les vieillards en blouses bleues sont assis devant des cloisons jaunes. La lumière, qui tombe des hautes fenêtres, flotte autour des visages rouges ; au fond, des gens vont et viennent, que l'on a peine à distinguer. (Galerie Nationale, à Berlin.)

M. Louis Dettmann (1865) doit sa popularité à deux tryp-

LIEBERMANN (MAX)

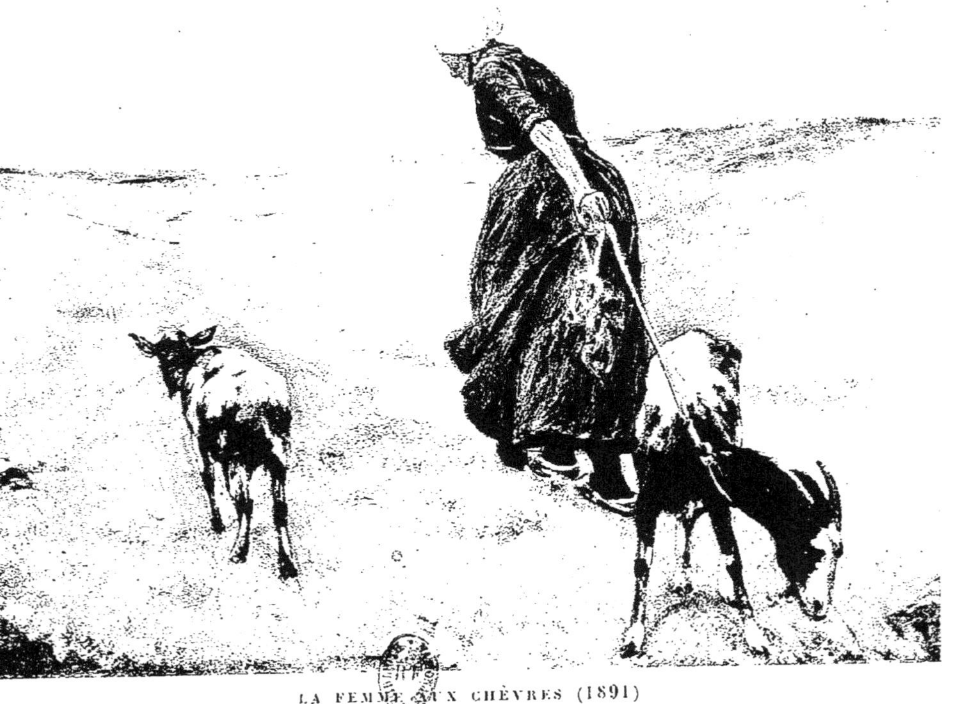

LA FEMME AUX CHÈVRES (1891)

(Musée de Munich)

Avec la permission de M. Max Liebermann.

tiques : *La Poésie populaire* (1864) et *Le Travail* (1896) peints en plein air avec les teintes claires qu'il avait apprises en traitant l'aquarelle.

Amitié, amour, patriotisme, tels sont les sujets favoris de la peinture allemande. Voici comment l'artiste les représente. — Sur le volet de gauche, une route, dans le lointain les tours d'une ville : un jeune étudiant presse les mains de deux compagnons que, pour de longues années, il va quitter. — Dans le tableau même, le printemps, des prairies en fleurs, un large fleuve, au-dessus l'horizon clair du soir et le croissant pâle de la lune. Contre un massif aux larges fleurs épanouies, un ouvrier, une ouvrière vus de dos enlacés. — Sur le volet droit, une rivière, deux dragons reconnaissant des soldats morts.

Le Travail. A gauche : un ménage d'ouvriers; le père, la mère, deux enfants attablés pour le repas du soir. — *A droite :* le fils quittant l'aïeul et partant en apprentissage sous la conduite du père. — *Au milieu :* la place d'un village. Dans le fond l'église, le grand mur du cimetière, que surmontent des arbres. Au premier plan, devant la maison du forgeron, quatre ouvriers qui réparent une roue ; trois d'entre eux la maintiennent avec des pieux, le quatrième lève son marteau pour frapper.

Dans ces derniers temps, M. Dettmann a renoncé à la peinture claire; il ne cherche plus à donner de synthèses. Mais son talent devient sûr et sa manière franche. Il applique une pâte grasse et se plaît à tous les jeux de la lumière. Ainsi la *Noce de pêcheurs* dans un village de la Baltique — une pauvre église éclairée du côté gauche. Quelques pêcheurs, des femmes. Devant l'autel, le fiancé en vêtements de ville, la fiancée en blanc. Un vieux pasteur les unit. Et de l'autel, à droite, dont nous voyons deux cierges, se répand une clarté jaune sur les fleurs qui ornent la table de communion, les vêtements de gaze de la mariée, la robe et les longs cheveux blancs du pasteur.

III

D'autres peintres, s'inspirant de l'ancien art de Dusseldorf, ont voulu peindre l'Allemagne contemporaine, fixer les types de chaque classe et de chaque région.

M. Bokelmann représente la foule anxieuse, qui se presse à la porte des prêteurs sur gages. M. Brütt (1849), dont la facture, d'abord jaune et pâteuse, devient tous les ans plus hardie, représente les juges, les boursiers, les hommes d'affaires, et plusieurs des portraits qu'il a faits d'eux resteront pour compléter les études de Freytag, de M. Paul Lindau et de M. Sudermann. Son tableau le plus populaire a pour titre : *Acquitté* (1884). — L'escalier du palais de justice; à gauche, un lion de pierre sur un large piédestal. Au premier plan des indifférents, des curieux. En haut du perron, la foule s'écoule par les portes ouvertes : des avocats, un vieillard appuyé sur des béquilles; un homme de loi, courbé par l'âge et la vie routinière, son parapluie dans la main droite, un dossier sous le bras gauche. Contre le piédestal, l'ouvrier que le jury vient d'acquitter, tient sa femme et sa fillette embrassées.

Le tableau qui créa la peinture d'ouvriers, est le *Changement d'équipe au Saint-Gothard* de M. Fleischer (1850). Sur le versant Italien des Alpes. Au fond, l'entrée du tunnel et, sous la voûte noire, les deux lanternes d'une locomotive qui ramène une équipe. Au premier plan, des groupes d'ouvriers. Pour la plupart des Italiens. Au milieu, deux socialistes discutant vivement la question des salaires. A droite, des femmes : un homme fait sauter son bébé. A gauche, une cantine : des filles jouent de la guitare, des jeunes gens se grisent; une femme avec ses enfants attend son mari pour l'empêcher d'aller au cabaret. (1886 — Berlin).

Le succès obtenu par ce tableau détermina quelques artistes

à tenter la psychologie de l'ouvrier allemand. M Kampf, le peintre d'histoire, étudie l'ouvrier des grandes villes industrielles de la Westphalie et des bords du Rhin, travailleur, intelligent, ami du plaisir, spirituel, blagueur même, d'opinions avancées, envieux et trop souvent misérable. Son œuvre la plus forte est *Devant le théâtre.* Dans la clarté des lampes électriques de l'opéra ouvert en face, des dames aux riches toilettes, des messieurs serrés dans leurs fourrures. Au premier plan, repoussée en dehors de la lumière qui meurt à ses pieds, une pauvresse, son enfant dans ses bras. Sous la lourde capeline, des cheveux mal peignés, un dur visage vu de profil, la bouche amère, les joues décharnées, les pommettes saillantes des poitrinaires, les yeux hagards et menaçants.

Depuis que l'impressionnisme a remplacé le naturalisme, la peinture de mœurs est devenue surtout peinture de villes. S'inspirant du *Laminoir* de Menzel, les uns représentent les chantiers du *Vulkan* à Stettin, les forges et les manufactures. D'autres s'éprennent d'une ville comme un paysagiste d'une baie ou d'une vallée. Les mélancoliques aiment quelque Bruges la Morte pour sa mélancolie sœur, d'autres les grandes cités bruyantes et fiévreuses, comme M. Zola aime Paris. Au second étage du Musée de Hambourg, l'on trouve une collection de tableaux, d'aquarelles, de dessins et de gouaches qui représentent la ville. M. Hermann peint les derniers canaux bordés de maisons à pignons dans ce quartier qu'on a détruit pour établir le Port-Franc. M. de Bartels, pour montrer les pêcheurs, emploie le dessin rude, les couleurs rouges qui lui sont propres. Dans sa manière hardie, M. de Kalckreuth figure, à grands coups de pinceau comme fouettés, les vagues jaunes qui, à la marée haute, se pressent, se poussent, sautent contre les pieux d'un signal. MM. Herbst, Marx, Ruths, Rodeck, Lutteroth, M. Dettmann surtout, nous disent les laideurs pittoresques du port ou des quartiers pauvres tandis que M. Skarbina rend avec ses couleurs chaudes et chatoyantes les toilettes, les chapeaux provoquants, les jolis visages et les enfants aux cheveux blonds, qui cherchent, comme les vieillard, le soleil de la Terrasse de l'Elbe.

L'un des meilleurs tableaux de Hambourg est *Le retour des ouvriers des docks* par M. Grethe de Carlsruhe (1864). Dans la rouge lueur du soir, l'Elbe coule droit vers nous. Au fond un pont, à gauche les docks, une cheminée d'usine, à droite des bateaux de profil. Au milieu et de face la grande carène rouge d'un navire en radoub. Au premier plan, la rivière couvre tout le tableau ; nous voyons à gauche le bord d'un vapeur enveloppé de fumée. Et sur l'eau, lourde de reflets polychrome comme en peint M. Thaulow, ces reflets fondus eux-mêmes dans la pourpre du couchant, les barques descendent le fleuve, chargées de marins aux vestes bleues plaquées de reflets rouges, les premières grandes, en relief, avec les figures rudes, les dernières des taches, où les hommes ne sont que des points. (Médaille d'honneur à Dresde, en 1899.)

M. Kuehl peint Dresde — Ainsi : la ville sous la neige, à la tombée du jour. Au fond le théâtre, l'hôtel Bellevue, les maisons, dont les fenêtres s'éclairent; plus près le pont d'Auguste, avec les becs de gaz, les lanternes des tramways et des voitures ; au premier plan, sous la terrasse de Brühl, le grand quai désert, où brillent seulement quelques réverbères et partout la réflexion des lumières sur la neige, dans la boue, dans les eaux grosses de l'Elbe qui se brisent en écume contre les arches du pont (1899).

Tout une école peint Berlin. Son maître est M. Skarbina. Il aime tout de Berlin, et la Sprée sous les grands arbres, qu'il rend avec de douces teintes bleutées; et les canaux bordés de vieilles masures, et les usines, et les quartiers misérables.

Mais ce qu'il aime surtout, ce qu'aiment M. Stahl et ses émules, c'est la vie de la grande ville, le mouvement, les larges rues trop étroites pour les voitures et la foule pressée, cette foule aux vêtements divers : allemands, étrangers, bourgeois, ouvriers, paysans ; les officiers aux longues tuniques ;

les soldats aux uniformes sanglés, les femmes en robes claires de printemps ou, l'hiver, emmitoufflées dans leurs fourrures : les mains gantées relèvent la jupe, découvrent la bottine vernie, les dessous de soie et de dentelle qui papillottent au soleil.

La nuit tombée, quel spectacle, en décembre surtout! Dans la brume où tout se confond, à travers les flocons de neige, les lumières brillent, reflétées par les vitres, sur les trottoirs luisants, qui semblent un miroir, dans la boue où se mêlent les couleurs : et voici le flamboiement des devantures avec leurs arbres de Noël, leurs étoffes étalées, l'orfèvrerie, les bijoux, les bocaux rouges, bleus, jaunes, des parfumeurs et pharmaciens; voilà les lanternes blanches des coupés, les lanternes rouges des tramways, le gaz, les rangées de petites lampes multipliées par les glaces et les tables en marbre des brasseries, les transparents des théâtres, les globes électriques qui, à travers la brume, font des trouées d'un blanc bleuté. Et dans les reflets de ces lumières, les voitures arrêtées, la foule, les parapluies, les fourrures, les chapeaux excentriques; une magie de couleur que Venise n'a pas connue (1).

(1) M. Skarbina, d'origine croate, est né à Berlin en 1849. Il donna d'abord des peintures de la vie de Frédéric II, *Le réveil d'une personne que l'on croyait morte* (1878), puis à Paris (1885) des œuvres impressionnistes, dont quelques-unes excellentes comme *Le marché aux poissons de Blankenberge*, *Avant le départ* (marins normands), exposé de nouveau à la *Sécession* de Berlin en 1899. La *Galerie nationale* a de lui *Faiseuses de dentelles à Bruges*, le Musée de Dresde *Cabaret belge*.

Parmi les peintres de mœurs, il faut encore citer MM. de Uhde et Firle (voir Peinture religieuse), MM. Hoecker, Echtler, M. Reinicke, un humoriste (1860), tous à Munich. A Berlin, M. Stahl (1863).

La caricature allemande date de 1848 : les deux principaux organes furent le *Kladderadatsch* de Berlin et les *Fliegende Blätter* de Munich. Parmi les artistes, qui ont contribué à cette dernière feuille, il faut citer Schwind, M. Spitzweg, M. Busch (1832), Oberländer (1845), le plus fécond et le plus original, Stuck le peintre symboliste, etc.

LIVRE V

LA PEINTURE RELIGIEUSE

Après avoir étudié la peinture d'histoire et les principaux genres qui s'en sont dégagés, il convient de rechercher quelle influence ces genres et la peinture d'histoire ont exercée d'une part sur l'art religieux et d'autre part sur l'art symbolique.

L'art religieux nous apparait sous trois formes distinctes : idéalisme traditionnel, naturalisme historique et symbolisme impressionniste. Et dans cet art, tel qu'il existe aujourd'hui, nous retrouvons ainsi toute l'évolution des arts au dix-neuvième siècle.

Les idéalistes, surtout Cornelius et les Nazaréens, pensaient que leur mission était de rendre l'idée du Divin intelligible à tous, de montrer Dieu, bien suprême et vérité absolue, comme la beauté souveraine; car avec Winckelmann et Schiller, ils admettaient une beauté souveraine dont toutes les beautés de ce monde ne sont que des ébauches. Et leur art était simple, comme le doit être un art qui exprime des idées, chaste jusqu'à repousser les formes amples et les couleurs éclatantes, suivant le précepte de Kant que l'essence du beau est le désintéressement.

Sous l'influence du romantisme, l'esprit religieux se transforma. Au calme de Cornelius, à la sérénité d'Overbeck succéda la sensibilité des maitres de Dusseldorf et d'Ary Scheffer dans le *Christ consolateur* ou le *Saint Augustin*. Mais pour comprendre combien la sensibilité religieuse d'alors différait de celle d'aujourd'hui, il faut comparer aux *Hymnes à la Nuit*, au *Génie du Christianisme*, aux *Harmonies Poétiques et religieuses*, les écrits de Ruskin, l'*Assomption d'Hannele,* la *Rédemption* de Tolstoï, les œuvres de M. de Vogüé, de M. Brunetière, le dernier livre de M. d'Haussonville. D'une part, l'esprit personnel des romantiques : ils cherchent l'appui de Dieu mais seulement dans leurs propres luttes, ils demandent les consolations de Dieu mais seulement pour leurs propres souffrances. D'autre part, la conscience de la solidarité sociale, la pitié, la croyance que le Christianisme est avant tout la religion des humbles.

D'ailleurs, l'art des Nazaréens ne représente pas les croyances religieuses de l'Europe moderne comme *la Communion de Saint Jérôme* représente les croyances du dix-septième siècle. Tandis que le catholicisme d'aujourd'hui continue celui du siècle dernier, la tradition de l'art chétien, que nous suivons facilement des Primitifs à Raphaël, de Raphaël au Corrège et au Vénitiens, et de ceux-ci aux Bolonais, est interrompue à l'époque de la philosophie rationaliste. Les œuvres de Vanloo, de Vien, de Dietrich, de Tiepolo ne revèlent pas les sentiments religieux de leur époque; rien n'y parait du mysticisme, qui devait aboutir en Allemagne au Romantisme et en France aux culte du Sacré- Cœur.

Overbeck au contraire s'inspira des Préraphaélites, mais le mysticisme du quatorzième siècle est naïf, celui du dix-neuvième siècle serait plutôt précieux. Giotto et Saint François-d'Assise prêchent l'amour de la vie, mais les romantiques allemands et français sont mélancoliques, et Maistre est sombre comme Lamennais. Ensuite l'idéalisme d'Overbeck procède des doctrines de Kant et rien ne répugne autant à la foi catholique que la morale de Kant, d'un stoïcisme tout orgueil et d'une métaphysique toute raison.

Aussi la simplicité des Nazaréens semble-t-elle affectée; sous des couleurs qui prétendent rappeler les peintres du Midi, leurs tableaux trahissent la tristesse du Nord et la philosophie du dix-neuvième siècle sous les formes de l'art du moyen âge.

Depuis la fin de l'école nazaréenne et des écoles qui en procèdent, comme celle de Flandrin, combien d'artistes ont voulu restaurer l'ancien idéalisme! Aucun n'y a réussi. Plusieurs causes paraissent contribuer à cette décadence de l'art traditionnel : le respect d'un canon, qui arrête la liberté du peintre (or l'art d'aujourd'hui est un art de liberté); la piété des fidèles, qui se plaît aux reproductions d'images miraculeuses, enfin et surtout la vente en gros de statues et de gravures faites par des commerçants et non par des croyants. Aussi bien ni la foi ni le génie ne pourraient renouer une tradition rompue : qui dit tradition, dit continuité. Le rationalisme du dix-huitième siècle a mis fin à l'évolution séculaire de l'art chrétien; ce n'est pas dans l'école de la tradition qu'il faut chercher les œuvres les plus puissantes de l'art religieux du dix-neuvième siècle.

*
* *

Depuis 1830, le développement des études historiques ne cessa d'influencer les croyances religieuses : au lieu d'étudier l'idée du christianisme, ou d'exalter avec les romantiques la poésie de ses cérémonies et de ses légendes, l'on voulut raconter son histoire, montrer son action à travers les âges. Puis les écrivains s'attachèrent à la vie du Christ; avec chaque ouvrage, le récit qu'ils en firent prit un caractère plus précis.

Chez les non croyants, les deux termes extrêmes de cette évolution sont marqués par le livre de Strauss, qui est encore tout exégèse, et le livre de Renan, qui se rapproche du roman. Un fait montre combien pendant ces trente années, les sentiments avaient changé. En 1864, Strauss dut refondre son ouvrage : il y présentait les événements racontés par les évangiles comme des mythes grecs ou des légendes hébraïques; dans sa *Vie de Jésus pour le peuple allemand*, la seule qu'on lise maintenant, il s'efforce d'imiter Renan : bien des faits, tenus d'abord pour des mythes, sont reconnus vrais ou du moins vraisemblables ; l'exégèse est abandonnée pour un récit, tantôt historique et tantôt romanesque.

Dans les milieux religieux, l'influence des études historiques se répandit plus lentement. Cependant les principaux écrivains catholiques ou protestants n'ont pas négligé les travaux des archéologues, comme le prouvent le livre du père Didon et quelques œuvres importantes parues récemment en Allemagne.

L'art suivit la science. Il voulut restituer les principales scènes de la vie du Christ, de la Vierge et des Saints. L'étude des textes sacrés et les progrès des sciences historiques permettaient de connaître l'état de la Judée sous le règne de Tibère; les récits des voyageurs faisaient supposer que les mœurs des Arabes et des Juifs d'Orient n'avaient pas changé depuis des milliers d'années. C'était sous le ciel et dans les paysages de la Palestine, au milieu de villages arabes, qu'il convenait de peindre les épisodes de l'Écriture sainte. En France, Horace Vernet fut le premier à mettre ces théories en pratique, l'œuvre de Bida et de Doré vaut par l'imagination, celle de M. Tissot par la sincérité. En Angleterre, les Préraféalites s'essayèrent dans le même genre. Hunt exposa vers 1860 son *Christ enfant au milieu des docteurs*. Les artistes de tous les pays ont suivi cette voie : il suffit de rappeler les noms de Gustave Richter, de Piglhein, de MM. de Munkacsy et Siemiradski.

Pour méritoires que fussent leurs efforts, ces maîtres ne semblent avoir servi ni la cause de l'art, ni celle de la religion. D'abord la science a contesté l'exactitude de leurs restitutions. Plus nous étudions l'Orient et plus nous devons reconnaître que l'Orient aussi s'est transformé, lentement sans doute mais constamment. La conquête romaine, l'islamisme, les croisades, les invasions des Turcs l'établissement de l'empire ottoman ont changé les mœurs et les croyances des Syriens; rien ne permet de croire qu'une coutume, observée aujourd'hui existât, il y a deux mille ans.

La peinture d'histoire religieuse encourt un plus grave reproche. Elle donne des décors archéologiques ou des tableaux de genre mais point d'œuvres religieuses. On le vit bien quand M. Verestchagin peignit la vie du Christ comme celle d'un artisan de la Palestine. Beaucoup crièrent au sacrilège. Cependant les intentions du peintre n'étaient pas condamnables, son art seul était faux. Pourquoi représenter une scène, qui n'a point de sens en dehors de la religion, si l'on en veut enlever tout sentiment religieux? Aucun maitre choisirait-il le premier mendiant du Trastevere pour nous rendre les traits de César? le premier pâtre de Macédoine pour figurer Alexandre? que sont des yeux sans le regard? des lèvres sans leur moue ou leur sourire? qu'est une grande scène historique sans la foi de l'orateur et l'enthousiasme de la foule? Et par des tableaux du genre oriental, par des restitutions archéologiques de l'ancienne Rome ou de la vieille Gaule, ou de l'Allemagne au neuvième siècle, l'on voudrait expliquer l'action du christianisme dans le monde!

*
* *

Aussi, dans la philosophie, dans la littérature, dans l'art, vit-on bientôt succéder à l'étude de l'histoire du christianisme l'examen des sentiments et des idées, que chaque homme d'aujourd'hui, croyant ou incroyant, doit au christianisme. Ceux-là même qui n'ont pas la foi fêtent ses jours fériés, admirent les monuments et les œuvres d'art que son génie a suscités, parlent, écrivent, peignent, et surtout agissent comme des chrétiens. Si toutes les morales présentent les mêmes caractères généraux, la morale chrétienne a des caractères propres, et ces caractères propres, nous les retrouvons chez Renan comme chez Taine, dans les œuvres de Schopenhauer et de Tolstoï comme dans celles d'Ibsen et de Nietzsche. Fait-on abstraction de l'idée d'honneur, qui est surtout germanique et féodale, tous les jugements que nous portons aujourd'hui sur la vie privée et la plupart de ceux que nous portons sur les actes de la vie publique sont inspirés ou par la morale même du christianisme, ou par des sentiments que la tradition y rattache.

Un pareil examen psychologique a suscité des œuvres dogmatiques comme celle de M. Lecky : *Histoire de la morale du temps d'Auguste au temps de Charlemagne* et des œuvres littéraires comme *Au delà des forces* et *la Cloche engloutie* ou l'*Homo sum* de M. Ebers.

D'autre part l'ennui dans les classes riches, la misère dans les classes ouvrières, le sentiment de malaise et d'inquiétude, qui est l'un des caractère de la société européenne à la fin du dix-neuvième siècle, les doctrines pessimistes enfin ont ramené à la religion nombre de philanthropes et de penseurs. Mais chez beaucoup la foi manquait; chez d'autres, la foi s'attachait à certains dogmes en particulier et presque à l'exclusion des autres. A tous, le christianisme apparaissait et comme la réunion des humbles, et comme la morale de la pitié.

De cette double inspiration naquit une religion toute subjective : chez les croyants d'abord, mais dans la mesure seulement que permettaient le dogme et la pratique; puis chez ceux qui, ne croyant pas, étaient plus libres de choisir un seul principe du christianisme et de l'interpréter dans le sens qui leur convenait.

L'art suivit la voie tracée par la philosophie et la littérature : chaque peintre voulut exprimer ce qu'il pensait du christianisme, réveiller dans l'âme du spectateur des sentiments de foi et de pitié qui semblaient disparus. Aussi l'art religieux, devenu symbolique, a-t-il choisi la forme d'art de la psychologie, l'impressionnisme.

Dans les pays catholiques, où l'interprétation du dogme reste immuable, l'artiste peut difficilement recourir au symbolisme. Cependant il conserve le droit de chercher des images, qui rendent sa propre foi, sa propre piété, telle que l'atavisme les a faites, et son caractère, et son éducation; même de choisir pour ces images des scènes de l'Écriture. Mais alors son œuvre exprimera moins les sentiments des personnages sacrés que ses propres sentiments. Tel est l'art de quelques-uns des symbolistes français, de M. Maurice Denis par exemple, qui emprunte volontiers ses formes aux Primitifs italiens, sa couleur à M. Besnard, ses fonds à Puvis de Chavannes mais de tous ses emprunts fait une œuvre sienne parce qu'elle dit sa religion éprise de mystère et de silence.

Chez les protestants, l'art chrétien est devenu symbolique comme le christianisme lui-même. Schleiermacher voit dans les dogmes les différents moments de la conscience religieuse de l'humanité. Pour compléter cette doctrine, les écoles théologiques de l'Allemagne enseignent aujourd'hui que le Christ est Dieu dans ce sens qu'Il est la plus haute expression de la vie divine de l'homme, ou même dans cet autre sens que Son enseignement établit le règne du Divin sur la terre. Ces idées ont transformé le protestantisme dans tous les pays, même en Angleterre; et, consciemment ou inconsciemment, les symbolistes protestants s'en sont inspirés.

Pour montrer que l'œuvre du Christ se continue dans le monde, les uns peignent le Christ au milieu d'hommes d'aujourd'hui. Ne trouvons-nous pas dans l'Évangile :

« Le bien ou le mal que vous faites au plus pauvre d'entre vous, c'est à moi-même que vous le faites? »

Dans son tableau de la *Lumière du monde*, Hunt nous montre le Christ couronné d'épines : une lanterne à la main, il frappe de porte en porte pour trouver la demeure du Juste. A l'exemple des célèbres maîtres allemands, MM. de Gebhardt et de Udhe, les peintres scandinaves M. Skredsvig et M. Edelfeldt nous montrent le Christ au milieu de paysages du Nord et prêchant à des hommes du Nord — dans la lumière grise de l'automne, sur la rive du fiord que bordent les arbres dépouillés, la Madeleine, une paysanne de Finlande, tombe aux pieds de Jésus, vêtu de blanc, qui étend la main pour la bénir. — L'influence de cet art protestant s'est même fait sentir en France, où elle a produit les œuvres de M. Blanche, de M. L'Hermitte et de M. Béraud.

D'autres artistes représentent des scènes de la vie chrétienne. Le Christ n'est pas présent, mais l'on songe à la parole de l'Écriture : « Toutes les fois que plusieurs se réuniront pour prier en mon nom, moi-même je serai au milieu d'eux. » Ainsi le *Service divin* en Finlande, par M. Edelfeldt; l'*Eucharistie* par M. Gari Melchers. Parfois même l'ombre du Christ apparaît au milieu de l'assemblée comme dans *Heureux les pauvres* de M. Fritjof Smith. Peut-être l'inspiration de ces tableaux n'est-elle pas rigoureusement chrétienne mais nul ne saurait contester qu'elle ne soit religieuse. A défaut de la foi, l'on y trouve une émotion sincère et pieuse; et la rudesse voulue de la facture, l'étrangeté des couleurs et des effets de la lumière font encore mieux ressortir les caractères distinctifs de l'art religieux moderne : c'est un art triste, populaire et subjectif.

Et son histoire présente ainsi la même évolution que celle des autres arts. Idéaliste d'abord, il devient naturaliste, puis impressionniste; c'est-à-dire que les peintres s'inspirent d'abord de la raison et de l'imagination, puis de l'observation, puis du sentiment; et déjà le symbolisme annonce un art nouveau, celui du vingtième siècle, qui sera un art de synthèse, c'est-à-dire un art de volonté.

CHAPITRE PREMIER

LA PEINTURE RELIGIEUSE DE L'ALLEMAGNE CONTEMPORAINE

Des nations de l'Europe, l'Allemagne serait peut-être celle qui a le moins conservé son ancienne foi religieuse. Sans doute protestants et catholiques y remplissent encore les églises le dimanche, les souverains font officiellement profession d'un culte, et, les socialistes exceptés, les auteurs populaires n'y sont pas hostiles au christianisme. Mais les ouvrages scientifiques, les définitions des dictionnaires prouvent que la tradition n'exerce plus d'influence sur les intelligences et, pour la conduite de la vie, l'on remarque au moins chez les protestants du Nord ce qu'Ibsen signale chez les Scandinaves : le respect de la lettre du christianisme avec l'oubli croissant de son esprit.

Cependant nous trouvons en Allemagne toutes les confessions : catholiques ultramontains, catholiques libéraux, vieux-catholiques, protestants de toutes sectes depuis ceux qui sont presque des catholiques jusqu'à ceux qui professent les doctrines de Strauss. Par suite, la peinture religieuse révèle les inspirations les plus diverses.

Et la technique change avec l'inspiration. D'une manière générale l'on peut dire que les traditionalistes restent fidèles à l'idéalisme; que les peintres d'histoire suivent, les uns les principes de l'école coloriste, les autres ceux du naturalisme; enfin que les symbolistes emploient volontiers les procédés de l'impressionnisme. Mais chaque genre connaît toutes les inspirations et toutes les factures. Aussi, pour comprendre la peinture religieuse de l'Allemagne moderne, convient-il d'étudier chaque genre en particulier et d'y suivre l'évolution de l'ancien idéalisme au naturalisme, puis à l'impressionnisme.

Deux remarques doivent pourtant dominer cette étude. D'abord, les maîtres de la peinture religieuse ne sont plus des catholiques comme au temps d'Overbeck mais des protestants ou même des libres penseurs. Ensuite la plupart de ces maîtres, y compris MM. Böcklin et Max Klinger, s'inspirent plutôt de la philosophie que de la religion, si bien que leurs œuvres relèvent de l'art symbolique et non de l'art chrétien.

I

Dans ses formes anciennes, le traditionalisme est encore représenté par quelques Nazaréens, les peintres de genre de Dusseldorf et les coloristes de Munich.

La dernière œuvre importante de l'Ecole nazaréenne est la série des cartons de Geselschap pour l'*Église de la Paix* à Potsdam. Comme un naturaliste, Geselschap faisait ses études d'après nature; il y rendait fidèlement les traits de ses modèles, si rudes que fussent ces traits, mais, comme les maîtres du commencement du siècle, il prétendait dans ses fresques idéaliser la nature. Aussi, plus vigoureux que ses fresques, ses cartons n'ont-ils pas la vigueur de ses études.

Des cartons religieux de Geselschap le meilleur est l'*Adoration des Bergers* (1897). Un portique ouvert; par la baie du fond l'on aperçoit une ville, un paysage méditerranéen. Les types semblent d'Italiens du Midi qui auraient du sang arabe. Au milieu, la Vierge, à genoux devant la Crèche, où l'Enfant-Dieu ouvre pour la première fois ses bras rédempteurs. Près de la crèche, et de même agenouillés, un enfant, un vieillard, plus loin un jeune homme, un patriarche au front chauve, aux mains jointes; derrière eux saint Joseph, une femme, un garçon qui porte un agneau, un berger. A droite, deux figures aperçues par la baie; au premier plan, l'âne et le bœuf, deux pâtres : l'un joue de la flûte, l'autre souffle dans ses pipeaux, de jolies têtes italiennes, pleines de vie et de gaieté. Le naturalisme fait le charme de cette tardive production de l'idéalisme. Geselschap prétendait montrer que l'art ancien vit toujours; il ne montrait rien sinon que cet art est mort.

Les peintres de genre ont donné quelques tableaux agréables comme les *Madones* de M. Brütt et de M. Defregger, et celle de M. Knaus, dont le type est, en plus noble, celui d'une tsigane.

L'école coloriste a produit un chef-d'œuvre : la *Pietà* de Böcklin, mais, pour montrer les tendances de cette école, mieux vaut décrire la *Pietà* et le *Crucifiement* de M. Stuck.

Pour sa *Pietà* (1890), M. Stuck s'est inspiré du tableau d'Holbein au Musée de Bâle.

— Sur la pierre du sépulcre, le Christ étendu raide. Debout près du corps livide, la Vierge dans son manteau sombre, ses mains seules lumineuses, qui cachent son visage.

Le *Crucifiement*. Une plate-forme. A gauche, des prêtres aux vêtements rouges et noirs. Dans les bras d'une femme, la Vierge évanouie. A droite, sur des croix, leurs pieds touchant le sol, l'un des larrons dans l'ombre, l'autre au premier plan et se tordant; au milieu le Christ couronné d'épines, la tête aux longs cheveux noirs pendant sur la poitrine, le visage calme jusque dans la mort. Au bas de la plate-forme, les figures hideuses de la foule, qui hurle.

Et si l'œuvre nous paraît belle et forte, qu'y reste-t-il de l'idéalisme d'autrefois, qu'y reste-t-il même de l'esprit chrétien?

Des peintres naturalistes, le plus puissant est M. Gabriel Max; il prétend analyser les sentiments et même les sensations des personnages sacrés.

L'Annonciation. Comme fond, des nuages avec des têtes d'anges. Devant un pupitre couvert de riches étoffes, la Vierge, agenouillée sur un coussin, a retourné la tête. Une lueur trouble se dégage des longs cheveux noirs épars sur les épaules. Les yeux disent le pur amour, les lèvres disent l'extase. Un visage jeune et beau, mais du type étrange, qui plaît à Gabriel Max et fait penser au Léonard : pâle, les joues pleines, la lèvre supérieure un peu longue; l'expression de ferme douceur que donne un esprit absorbé dans une seule pensée. Et voilà qu'un ange apparaît, aux grandes ailes étendues, vague comme un fantôme. Les jambes se perdent dans la tunique fondue en vapeur, le sein est celui d'une mère, les mains se croisent sur le sein pour adorer, et le visage semble le visage même de la Vierge, mais avec le mystère de l'Incarnation dans le sourire et la douleur de la Pietà dans les yeux baissés.

D'un autre peintre, une pareille conception aurait pu révolter, mais M. Max a mis dans son œuvre une si pieuse émotion, il a montré tant de joie dans les traits de Marie, tant de tristesse dans ceux de l'ange, que l'impression ressentie est vraiment religieuse: nous pensons aux Litanies des Heures Joyeuses, des Heures Douloureuses, des Heures Triomphantes. Si le tableau avait pour titre un rêve de la Vierge et non l'Annonciation, les croyants ne pourraient que l'admirer; car l'idée en est grande : la Vierge mise en face de la Mère de Douleur, la jeune fille heureuse et belle acceptant volontairement la souffrance, parce que Dieu l'exige et le salut du genre humain.

Mais comme au siècle dernier l'abus du rationalisme avait amené le romantisme, la prétention d'expliquer les miracles de l'Écriture par les récentes découvertes de la psychologie ou même de la physiologie devait produire une réaction mystique. Elle s'est marquée heureusement dans deux œuvres de la jeune école impressionniste où l'on trouve sans doute plus de grâce que de vigueur.

M. Dürr (1851) : *Madone.*

— Un soir silencieux et doux; le ciel pur, transparent. A gauche, un massif d'arbres. De profil, assise sur un banc de mousse, la Vierge, qui tient l'Enfant Divin, semble une claire apparition. En face d'elle, trois anges agenouillés; l'un joue de la viole, un autre souffle dans une flûte double, tandis que e troisième, son hautbois oublié, regarde avec extase la Madone.

M. Volz (1855) : *Maria.*

— Le matin. Un paysage aux lignes simples, un clocher baignés dans une douce lumière. Au premier plan, sous l'ombre des arbres, des champs enclos de planches et, sur un banc, les pieds dans l'herbe où se jouent les rayons, Marie assise : tunique blanche, voile blanc, une mince auréole, pâle, presque de profil, les mains jointes sur le livre que supportent ses genoux.

Tandis que ces peintres s'efforçaient de renouveler l'ancien idéalisme, d'autres traitaient le genre historique avec une conscience tout allemande : ainsi M. Hermann Kaulbach, M. de Munkacsy, M. Albert de Keller, l'un des premiers maîtres de l'impressionnisme. L'œuvre la plus complète de cette école est le panorama du *Crucifiement* par Piglhein (1888). Le paysage de Jérusalem, la ville aux maisons blanches, les collines arides, où ne poussent que des oliviers, les pentes rocheuses du Golgotha et la foule aux amples vêtements, fidèlement copiée d'après une foule d'aujourd'hui.

Mais les deux œuvres qui, dans leur sincérité, prouvent le mieux les dangers du genre, sont celles où M. de Menzel (1851) et M. Liebermann (1879) représentent l'Enfant Jésus au milieu des Docteurs : des Juifs polonais au front chauve, à la longue barbe, au nez aquilin, qui tiennent leur menton, réfléchissent ou discutent opiniatrément en crispant leurs doigts crochus.

II

Pour bien comprendre l'art religieux symbolique de l'Allemagne contemporaine, il faut d'abord étudier l'exposition *Bierck* de 1898.

Voici quel était le sujet proposé (1) : représenter le Christ seul

(1) M. Théodore Bierck avait mis le sujet au concours. Chaque peintre écrivit une lettre pour expliquer ses intentions.

et sans rappeler aucune scène de sa vie, le représenter dans un portrait, qui donnât la synthèse de son caractère.

Deux peintres seulement envoyèrent des tableaux : M. M. Gabriel Max et M. Brütt.

M. Max :

— Devant une arche, dont la pénombre laisse apercevoir deux apôtres en costume oriental, le Christ s'avance : de longs cheveux blonds, une fine barbe encadrent son pâle visage aux traits réguliers, presque féminins, à la bouche doucement énigmatique, aux yeux souffrants et rêveurs. Comme les Madones de M. Max, son Christ dit le mystère, la chair faite céleste par l'extase, le visage rendu plus beau par la souffrance volontaire oubliée dans la sérénité.

A la porte d'une humble maison, M. Brütt nous montre le Christ consolateur, qui, la main sur son cœur, se reproche de ne pouvoir guérir toutes les souffrances.

M. Skarbina peint avec ses chaudes couleurs un paysage idéal, qui rappelle *L'Enchantement du Vendredi Saint.*

Parcival. — Comme aujourd'hui la plaine me semble belle. Jadis j'ai connu des fleurs merveilleuses ; pleines de désir, elles m'enveloppaient même la tête. Mais plantes, boutons et fleurs ne m'ont jamais paru si doux, paru si tendres ; jamais toutes choses ne m'ont semblé si naïvement belles, ne m'ont parlé un si confiant langage d'amour.

Gurnemanz. — C'est l'enchantement du Vendredi saint... De leur sainte rosée, les larmes repentantes du pécheur fécondent le jardin et la plaine.... Toute créature suit joyeuse les traces saintes du Rédempteur pour Lui adresser sa prière. Ne pouvant Le voir lui-même sur la croix, elle regarde l'homme racheté de la faute et de l'effroi par le sacrifice sans tache du Dieu d'amour... Délivrée du péché, la nature a retrouvé son innocence première.

Mais dans ce paysage mystique, M. Skarbina donne à son Christ en robe sombre le visage d'un homme d'aujourd'hui. Les longs cheveux bruns, la barbe noire, les joues pâles, le front saillant, les yeux fixes et presque durs nous montrent le rêveur à l'énergie concentrée, qui s'indigne de l'infortune des humbles, et, passant du songe à l'action, se prépare à les délivrer.

Pour M. Arthur Kampf, le peintre de l'ouvrier socialiste de la Westphalie, le Christ représente tous ceux qui, depuis des siècles, ont vainement lutté, vainement travaillé, vainement souffert. Les bras découragés, ses livres laissés inutiles, il réfléchit, et son visage ravagé, ses yeux fiévreux, sa bouche amère semblent demander : Mon Père, pourquoi m'avez-Vous abandonné?

Les artistes de l'école de Munich ont surtout cherché la belle couleur et la lumière. Dans un paysage romantique, M. Zimmermann peint le Christ en robe blanche, le profil fin, la bouche dure, les yeux mouillés de larmes. Devant un ciel d'orage et de feu, M. Marr représente un rêveur aux traits féminins, au front fuyant, aux yeux tristes et profonds. De M. Stuck, un profil sur fond noir, et régulier comme une médaille : le nez presque droit, les yeux sévères, le front d'un Olympien ; et les longs cheveux, la barbe assyrienne accusent encore la netteté des traits.

Chez deux peintres seulement nous trouvons une inspiration vraiment religieuse ; ce sont MM. Hans Thoma et de Uhde.

M. Hans Thoma.

— Un cadre, surmonté d'un fronton : en haut la croix; sur les côtés, les animaux qui symbolisent les évangélistes, la vigne et les épis du froment. Un paysage idéal : des plaines cultivées, une colline avec un village. Le Christ debout, vêtu de la tunique sans couture ; il est peint jusqu'aux genoux. Sa main droite tient la fleur de la Passion. Le visage d'un Allemand blond, rêveur et doux, le front carré, les cheveux longs, la barbe bouclée; sous les sourcils espacés, de grands yeux bleus rêveurs.

M. de Uhde nous montre le Christ toujours agissant. Dans une gerbe de lumière qui, enveloppant son corps, se répand comme à travers lui sur le monde, Jésus, les bras pliés, les mains levées pour bénir; son visage dit l'extase, mais cette extase que donne l'amour de tous les hommes.

*
* *

Les principaux maîtres du genre symbolique sont MM. de Gebhardt, de Uhde et Max Klinger. Je consacre un chapitre aux deux premiers; l'œuvre religieuse de M. Max Klinger ne saurait se séparer de son œuvre philosophique. Parmi les tableaux des autres peintres religieux, en voici trois qui marquent distinctement les phases principales de l'évolution de l'art moderne.

Le Christ bénissant les Champs de M. Steinhausen.

— Un paysage simplifié, dont la composition rappelle et l'art de Rotmann, et le nouvel art décoratif. A gauche une masse d'ombre; le feuillage d'un grand arbre. Au milieu, en pleine lumière et sous le ciel sans nuage, les lignes très nobles d'une contrée à peine ondulée. Au premier plan, une colline dominant la plaine où paissent les troupeaux. Le Christ, assis et de profil, bénit les moissons; son manteau paraît gris dans le clair-obscur, qui fait le visage sombre; les cheveux sont noirs, et, sortant des manches de la tunique blanche, les mains pâles semblent fondues dans la clarté du couchant.

Le Vendredi Saint, de M. Julius Exter.

— Un triptyque; les petits panneaux avec des anges vêtus de longues robes de brocart, les poses contournées, les mouvements violents, la bouche ouverte, les yeux hagards; devant eux, des lys immenses. Au milieu, un plateau sans un arbre; sur la croix, le Christ lumineux aux traits si effacés, qu'à peine on les distingue. Autour de la croix, quelques hommes, un cercle de femmes à genoux, en robes noires, avec des coiffes ou de lourds bonnets, les traits tirés, les mains jointes. Deux surtout sont remarquables, au premier plan et de profil : une vieille penchée en avant, si raide qu'elle semblerait bossue, les mains l'une contre l'autre, les doigts allongés, le menton pointu sur les pouces croisés, l'air stupide; l'autre jeune et belle, les mains levées, ses grands yeux noirs pleins d'amour dans son visage gras et sensuel. (Munich.)

Enfin les fresques de M. Sascha Schneider dans l'église de Colln près de Meissen (en Saxe).. Un arc en plein cintre au-dessus d'une abside ogivale. Des personnages deux fois plus grands que nature. En haut, le Christ sur une croix lumineuse; de part et d'autre un ange assis. A gauche, et descendant, des soldats, des joueurs de trompettes, nus, avec des manteaux de couleurs vives, des armes éclatantes ; deux anges les conduisent, vêtus de blanc. Au bas et faisant face au cortège, les morts ressuscitent dans un cimetière aux grands cyprès : l'un encore endormi sur la dalle funéraire, l'autre debout dans la fosse ouverte, essayant d'ouvrir ses paupières appesanties, et ses mains hésitantes tâtant l'air comme font les nouveau-nés.

A droite et debout les Anges destructeurs de l'Apocalypse. La Mort, un squelette à barbe blanche et vêtu de noir. La Guerre, un géant roux, la tête couverte d'une peau de fauve dont la gueule crache des serpents. La Peste, un cadavre nu, entre ses mains un arc bandé. Vêtue d'une longue robe violette, la Faim au visage de Voltaire, une longue perruque blanche bouclée, sourit et joue avec une balance. Au-dessous, les damnés précipités dans l'abîme sans fond.

Et, mieux que les autres genres, le genre symbolique nous montre ainsi le développement de l'individualisme. Chez M. Steinhausen, le dogme, interprété librement, est encore le dogme. Qu'en retrouvons-nous dans les œuvres de M. Schneider? Il ne nous apprend même pas ce qu'il pense du christianisme, mais seulement ce qu'il pense en étudiant le christianisme. La religion du pardon et de la pitié ne lui inspire rien que la lutte pour la vie telle que Darwin et Spencer l'ont comprise, la principe de la force primant le droit, dont Nietzsche a fait le fondement de sa morale.

III

Autant et plus que la peinture religieuse, les Allemands ont cultivé ce qu'on pourrait appeler le genre religieux. D'abord l'histoire des persécutions ou la vie des saints : je rappellerai seulement les œuvres de MM. Baur et Gabriel Max. Puis des scènes pieuses du moyen âge et de la Renaissance, comme Beischlag aimait à les peindre. Enfin des scènes pieuses de la vie moderne. Dans son tableau de l'*Église*, M. Leibl représentait des paysannes, qui sentaient peu et ne pensaient à rien. L'*In Christo* de M. Max Thédy (1858) nous montre au contraire un effort pour analyser les émotions que donne la prière.

— Quatre religieuses dans le banc d'une chapelle : la première tournée de profil comme étonnée, inquiète même; la seconde d'âge mûr et, suivant l'expression vulgaire vraiment confite en dévotion; la troisième, jeune, tenant à deux mains son livre ouvert, les yeux pleins de ferveur; la quatrième, vieille, ridée, les mains jointes, la tête baissée et priant avec componction.

Deux tableaux marquent bien les tendances extrêmes du genre religieux contemporain.

M. Gabriel Max, *Notre père* (Dresde).

— Contre le mur gris, où pend une photographie entourée d'une couronne, un lit blanc à l'édredon rouge repoussé. A genoux, dans le désordre de ses vêtements de nuit, une jeune fille a laissé tomber la lettre aux mauvaises nouvelles et joint aussitôt les mains pour prier. Dans le visage bouffi, morbide, aux lèvres décolorées, aux joues pâles, dont les cheveux noirs augmentent la pâleur, deux yeux ardents, humides, désespérés et cependant encore pleins d'espérance. Cette foi est la foi qui transporte les montagnes.

M. Frithjof Smith : *Heureux les pauvres*. Une église de

MAX (GABRIEL)

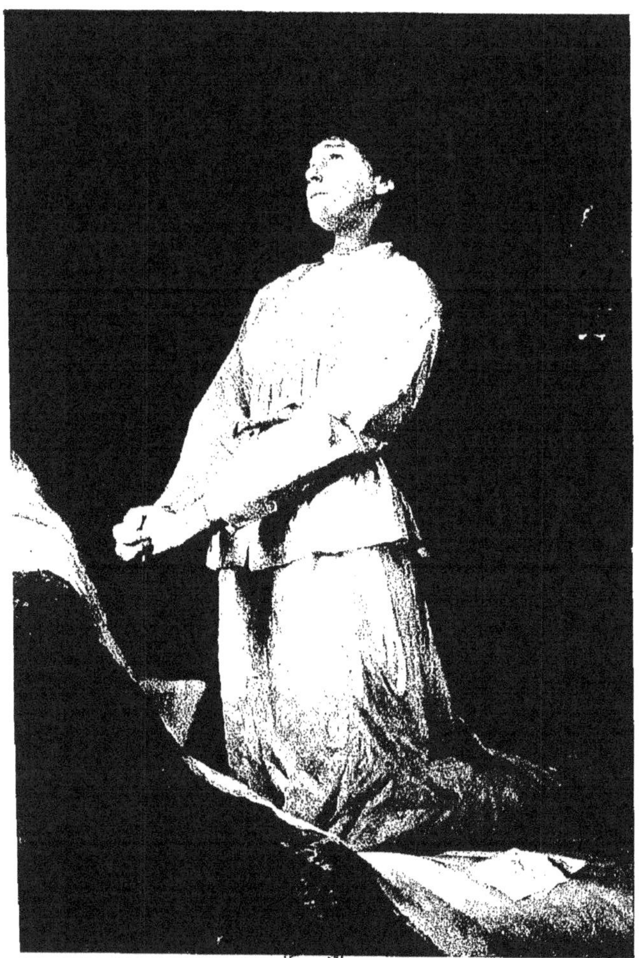

NOTRE-PÈRE (1887)
H. 1m,56 — L. 1m,09.
(Musée de Dresde.)

Avec la permission de l'Union photographique, à Munich.

village. Dans les bancs, rien que des faibles : un vieillard, des femmes, des enfants. Et, vague dans la vague clarté, qui tombe des fenêtres, l'image lumineuse du Christ : il étend les mains et dit : « Heureux ceux qui souffrent car ils seront consolés. Heureux ceux dont le cœur est simple, car le royaume de Dieu leur appartient. »

Et ces œuvres révèlent moins de piété que de recueillement ; au lieu de la foi nous y trouvons le désir de la foi ou seulement le souvenir de la foi perdue (1).

(1) Parmi les peintres religieux, il faut citer d'abord ceux qui traitent encore les anciens sujets dans la manière idéaliste : à Munich, M. Baumeister ; à Berlin Plockhorst (1825-1895) dont la meilleure œuvre est le *Moïse* du Musée de Cologne. Dans l'école coloriste de Munich : M. Ernst Zimmermann (1852) qui a peint le beau tableau de l'*Adoration des Bergers* (Munich) ; M. Defregger (*Vierge* et *Sainte Famille*) ; M. Echtler, qui s'inspire de Sassoferrato ou de Carlo Dolci. Des peintres d'histoire, comme M. Hermann Prell, des naturalistes comme M. Brütt ont donné aussi des *Vierges* ou des *Saintes Familles*, qui rappellent les Nazaréens par la composition, et par la couleur l'école de Munich.

M. Steinhausen (1846) se rapproche des Prérafaélites anglais. Comme eux, il cultive tous les genres : peinture, gravure, lithographie ; la sculpture (médaillons représentant les dieux antiques) ; l'art décoratif (ainsi des études de plantes pour reliures). M. Steinhausen s'est essayé dans des sujets variés ; il a peint, dans une maison de Francfort, des fresques sur le *Songe d'une nuit d'été*. Il a dessiné ou lithographié des compositions pour beaucoup de contes, entre autres : *Schneewittchen et les Sept nains* et *la Gardeuse d'oies*. On a de lui des portraits, entre autres son portrait avec ses enfants. Dans ses grandes œuvres il méprise la couleur et son dessin simplifié manque souvent de fermeté.

On lui doit la fresque du monastère de Saint Théobald à Wernigerode dans le Harz. *Le Crucifiement*. — Au sommet d'une montagne, le Christ en croix. A gauche, la Madeleine agenouillée, un chevalier debout, la main sur l'épaule de son fils qui a mis un genou en terre. Une dame, les bras ouverts. Des pauvres. A droite, un malade couché soutenu par une femme à genoux. Deux docteurs qui discutent. Une femme avec des parfums. Des gens du peuple. Deux hommes nus, l'un bien portant, l'autre malade. — Au-dessous du *Crucifiement*, la *Cène*. — Le Christ au milieu de la table, les mains étendues. En face de lui et vu de dos, un homme à genoux, qui prie. De part et d'autre du Sauveur, des ouvriers, des paysans, des femmes, des enfants, tous des Allemands d'aujourd'hui mais vêtus de costumes de convention Et leurs rudes visages disent la souffrance du travail journalier, de la douleur devenue coutumière, la foi dans Celui qui est venu, l'inexprimable angoisse que leur cause son départ. « Encore un peu de temps et vous ne me verrez plus. »

Parmi les lithographies de M. Steinhausen, je signalerai : *Soyez sans crainte*. — Un paysage de Millet ; quelques nuages à peine dans un ciel de printemps. Au loin, des laboureurs. Au premier plan, un homme qui dort, accablé de fatigue. Et les traits tirés de cet homme, la contraction de ses paupières closes nous trahissent des rêves impurs. A ses pieds, le serpent tentateur, un crocodile au buste d'homme, avec une tête de faune plus méchante. Mais, debout, la femme élève son enfant vers le ciel, leur amour rachètera celui qui va faiblir. — En 1899, M. Steinhausen a publié l'illustration de l'*Etudiant en voyage* de Clemens Brentano.

L'on doit à M. Corinth (1858) *La descente de Croix* (1895). Cinq bustes sur un ciel livide : la Madeleine embrassant le cadavre du Christ, porté sur le suaire que tiennent deux apôtres; derrière, la Madone aux yeux fixes. Et le *Crucifiement* (1898). Toutes les figures pressées sur le premier plan : le Christ, dont le corps tombe en avant; Saint Jean soutenant la Vierge, deux saintes femmes, et derrière, les larrons; le visage de celui de droite, un visage d'ouvrier aviné, est proprement hideux. — M. Pfannschmidt de Dusseldorf a donné en 1899 un beau tableau : la *Présentation du Christ au Temple*; les costumes sont, du moins en partie, de l'époque du Christ, les visages sont d'aujourd'hui.

CHAPITRE II

EDUARD VON GEBHARDT ET FRITZ VON UHDE

Les deux maîtres allemands dont l'inspiration est le plus religieuse sont MM. de Gebhardt et de Uhde. L'un et l'autre semblent ne voir dans le christianisme que le symbole des sentiments mystiques et charitables qui subsistent dans l'homme d'aujourd'hui ; mais leurs conceptions de ce symbole diffèrent comme leurs talents.

I

Le christianisme de M. Gebhardt est protestant, et même puritain. Dans les traditions de toutes les écoles, il cherche ce qu'elles ont de rude : à Rembrandt, il prend son clair-obscur. à Raphaël sa composition solennelle, aux Primitifs flamands leurs couleurs franches, les plis raides des draperies, les gestes et les postures gauches. Chez les maîtres allemands du seizième siècle, dont les œuvres nous donnent comme la synthèse des idées de la Réforme, il trouve les visages pleins de foi et d'énergie des soldats et des martyrs : ces visages nous feront mieux comprendre l'indifférence et la mollesse des visages d'aujourd'hui. Mais M. de Gebhardt sait que nul art n'est fort, qui n'est pas naturaliste ; il choisit donc ses modèles parmi les robustes paysans de l'Esthonie, sa patrie ; leur type est le vieux type allemand, tel que l'ont peint Cranach et Dürer.

Trois tableaux nous font bien comprendre l'évolution de l'art de M. de Gebhardt. — Dans sa jeunesse, il s'inspire directement des Primitifs Flamands et sa religion est celle du Dieu de miséricorde.

La fille de Jaïre (1864). — Une chambre dans une vieille maison allemande : murs nus, grosses poutres, meubles d'un travail grossier. A droite, un homme au visage ridé, qui retient à la porte les voisins curieux. De face trois apôtres inquiets. A gauche, le lit. Pieusement, la mère lève le voile posé sur le front de la morte, une enfant d'une dizaine d'années, aux membres grêles, à la fine tête, aux joues tirées. Plein de pitié, Jésus se penche ; sa main gauche s'appuie au lit ; sa main droite touche le front de l'enfant ; son geste est doux, ses yeux sont doux ; sa bouche, que la barbe ne cache pas, a de ces paroles que les femmes trouvent pour consoler les enfants. Et la petite, les mains sur sa poitrine, comme sa mère les a placées en l'ensevelissant, regarde le Maître de ses grands yeux stupéfaits d'enfant naïf, qui veut comprendre et ne comprend pas, ses grands yeux, qui disent à la fois l'étonnement craintif et l'espérance, et, malgré ses membres las encore, la mort déjà presque oubliée, tant la jeunesse fait son corps souple et son âme innocente.

Un séjour en Italie, la pratique de la fresque donnent au maître une composition plus ample, et sa pensée aussi s'élargit.

Le Sermon sur la Montagne. — Au seuil d'un bois, le Christ assis, les apôtres debout derrière lui. De ses mains tendues, le Maître semble supplier la foule, qui l'entoure. Ne prêche-t-il pas l'Évangile des pauvres ? Pourquoi n'est-il pas compris ? Mais hommes, femmes, enfants, paysans, ouvriers l'écoutent curieux, étonnés, charmés parfois, jamais convaincus. Sur aucun de ces visages, même celui de la jeune fille aux yeux rêveurs, même celui de l'ouvrier socialiste, qui penche la tête, les bras croisés, ou celui de la mère, qui serre contre elle ses enfants, nous ne lisons la foi, la reconnaissance ou l'amour (1893).

Enfin M. de Gebhardt s'inspire de Rembrandt ; sa couleur devient chaude, il se plaît aux effets de la lumière. Mais avec l'âge sa conception de la vie se fait plus sombre : le Christ n'implore plus, il menace.

GEBHARDT (E. VON)

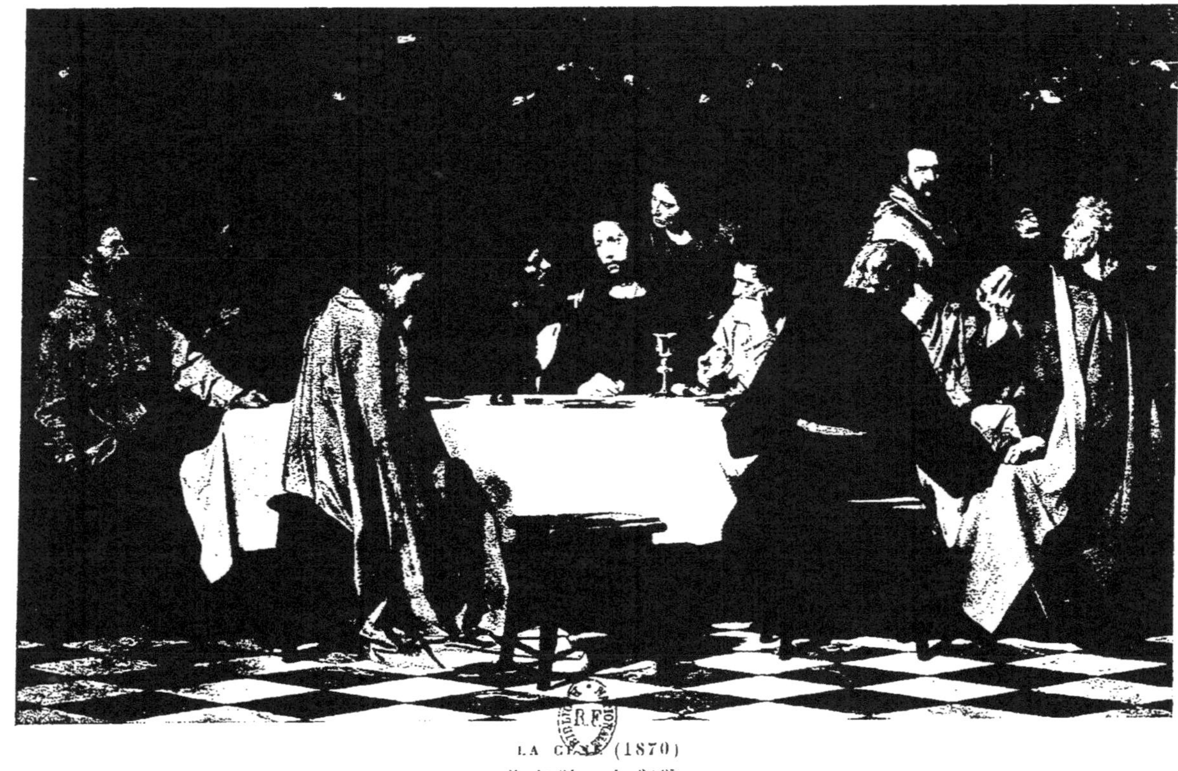

LA CÈNE (1870)

H. $1^{m},94$ — L. $3^{m},05$.

(Galerie nationale à Berlin.)

Avec la permission de la Société photographique,
(Berlin et Paris, rue Vivienne.)

La Résurrection de Lazare. Dans le cimetière, bordé de peupleś gris et de cyprès noirs, les dalles blanches des tombes. Quatre hommes dépouillant du suaire Lazare assis : le corps est décharné, les yeux aux paupières lourdes sont hagards. Il appuie sa main sur son front, s'efforce de réfléchir et ne peut. A gauche la foule étonnée ; et devant elle, à genoux, Marthe effrayée, la Madeleine en extase. Mais le Christ au visage sévère touche de sa main droite le front de la pécheresse ; sa main gauche lui montre le ciel. Il semble dire : « Je n'ai pas rappelé Lazare à la vie, pour qu'aucun de vous en ressente de la joie. Je savais que sa tâche n'était pas achevée, ni la vôtre. Combien d'efforts, de luttes et de souffrances ne me rendrez-vous pas en retour de ce miracle ? » (1896) (1).

(1) M. de Gebhardt est né dans l'Esthonie en 1838. Son père était ministre protestant. Après avoir travaillé à Saint-Pétersbourg, à Dusseldorf, en Hollande, M. de Gebhardt s'établit à Dusseldorf. Son premier tableau : *L'entrée du Christ à Jérusalem* (1863) faisait déjà connaître les grandes lignes de son art. — Un paysage allemand ; des visages allemands ; les poses, les gestes, les mœurs, les maisons de l'Allemagne ; enfin des costumes allemands mais ceux que l'on portait du temps de Luther. L'artiste n'eut pas le même courage que M. de Uhde : il n'osa pas représenter les scènes du Nouveau Testament avec les costumes d'aujourd'hui. Dans cette première œuvre, Gebhardt prêche encore l'évangile de la douceur et du pardon. Monté sur un âne, le Christ au visage souriant, ouvre les bras à tous les misérables : ouvriers, paysans, mendiants, les femmes, les enfants l'entourent, se prosternent devant lui, couvrent de fleurs la route, qu'il doit parcourir.

Dans cette première manière nous avons encore la *Cène* (1870). — Une pièce, décorée de boiseries dans le style de la Renaissance. Autour d'une table oblongue, les apôtres assis. Sur le devant, deux se retournent et nous les voyons de profil. Entre eux, la place laissée vide de Judas : vêtu d'un long manteau d'un jaune orange, il ouvre discrètement la porte du fond pour s'échapper ; seul, il a le type juif. Aux bouts de la table, des apôtres étonnés, irrités, consternés. Dans le milieu, un groupe de quatre personnes. Le Christ, vêtu d'une tunique violette, est assis entre Jean à droite et Pierre à gauche, Jacques se tient debout derrière lui. Jean, les prunelles fixes, le visage dur, que ses longs cheveux et sa robe rouge font paraître plus dur encore, a les deux mains appuyées sur l'épaule du Maître ; Pierre, en bleu, accoudé, la main sur le menton, regarde avec des yeux sombres. Jacques, en jaune, se penche vers le Sauveur comme pour le consoler. Cependant Jésus tient dans chaque main un morceau du pain qu'il vient de rompre et le calice est devant lui. Pâle dans le cadre de la barbe et des longs cheveux roux qui pendent, il tourne vers Jean sa tête un peu inclinée. Son regard est voilé de tristesse mais sa bouche semble dire : « Pour le fils de l'homme, il en sera selon ce qu'il est écrit. » (Berlin).

Le Crucifiement (1873, Hambourg). — Dans le fond, un paysage avec de grands arbres, des soldats, une femme avec des enfants, des paysans qui crient.

II

Au contraire de M. de Gebhardt, M. de Uhde nous peint le Christ souffrant et pitoyable, qui se mêle aux pauvres d'aujourd'hui non seulement pour les encourager et les guérir, mais encore pour vivre leur vie, souffrir leurs souffrances, rêver leurs vagues espérances. Et son art même révèle son inspiration : le naturalisme, le plein-air ; avec un dessin hardi et la science de tous les effets de la lumière, une pâte fine, presque transparente, une touche délicate parfois jusqu'à la subtilité.

Laissez venir à moi les petits enfants (1884. Leipzig). — Une chambre éclairée par deux fenêtres. Le Christ en tunique bleue et pieds nus, assis sur une chaise : de profil, les cheveux longs, la barbe courte taillée en pointe, le visage régulier, rêveur et doux. Un tout petit enfant a posé sa tête sur les genoux du Christ, qui le caresse ; une fillette au regard naïf met sa main

Sur un tertre, les croix : le mauvais larron blasphémant, le bon larron les yeux fixés sur son Sauveur. Le Christ, le haut du corps tombé en avant, la tête exsangue ; déjà mort. Au pied de la croix, une femme étendue par terre sans connaissance ; la Vierge dans les bras de saint Jean, Joseph d'Arimathie ; Marthe, d'autres femmes, les apôtres, la Madeleine un genou en terre, la tête penchée et se tordant les mains, les yeux fermés, la bouche convulsionnée par la douleur.

Devenu professeur à la classe de peinture à Dusseldorf (1874), M. de Gebhardt s'attacha davantage à la couleur et s'efforça de rendre le clair-obscur de Rembrandt. En même temps, pour s'affermir dans la voie qu'il avait choisie, il voulut retracer dans plusieurs tableaux des scènes du temps de la Réforme : *Le pendule* (1874), *Dispute* (1875), *Un Réformateur* (1877), *Élèves du Couvent* (1882), etc. De la même époque nous avons : *L'Ascension* (1881, Berlin), *Le Christ sauvant Pierre des flots*, (1881, Ziegenhals), *Pietà* (1883, Dresde). Plusieurs voyages en Italie donnèrent à M. de Gebhardt le goût de la fresque ; il y apprit aussi la composition. Raphaël surtout l'inspira, le Raphaël des *Cartons* et des dernières *Chambres* du Vatican. Il accepta donc de décorer une salle du couvent protestant de Loccum, près de Hanovre. Ses fresques représentent : *Saint Jean-Baptiste, les Noces de Cana, le Sermon sur la Montagne, la Femme adultère, la Guérison du paralytique, Jésus chassant les vendeurs du Temple.* — Depuis il a donné *Ecce Homo* (1889, Dusseldorf), *Jésus et le jeune homme riche* (1892, Dusseldorf), *Jésus enfant au milieu des docteurs* (1893), *la Résurrection de Lazare* (1896), etc.

dans la main gauche du Sauveur et la lumière se jouant sur la tête blonde en fait comme le centre du tablean. Tout autour, des enfants en vêtements grossiers, avec de lourds souliers, des poses naturelles, des visages souriants pleins de douceur et de confiance.

Le Sermon sur la montagne (1888). — Un plateau, d'où l'on aperçoit les toits d'un village, les pentes nues des hauts sommets ; une prairie aux herbes mêlées de fleurs. Sur un banc, le Christ, la main levée vers le ciel. Devant lui, des enfants, une femme debout aux grands yeux rêveurs ; une autre femme, à genoux et priant, des paysans, des paysannes agenouillés ou debout, leurs faux, leurs râteaux dans les mains. Et sur tous ces visages, on lit le recueillement, la foi, la piété. Si le Christ sévère de M. de Gebhardt n'a trouvé que des tièdes ou des indifférents, le Christ compatissant de M. de Uhde rend leur sourire aux lèvres qui ne souriaient plus, leurs larmes aux yeux qui ne pouvaient plus pleurer.

Enfin *La Cène* (1886, médaille d'honneur à l'Exposition universelle de 1889). — Le soir. Une grande salle. Les objets, les hommes comme estompés dans une brume dorée. En face de la fenêtre, les apôtres assis autour d'une table, des robes grossières, de longs manteaux : tous à contre jour et vus de face, de rudes têtes d'ouvriers allemands, qui expriment l'affection, la naïve confiance, la tristesse ou l'étonnement. Seul de profil et seul en plein jour, le Christ regarde doucement Judas, qui s'est levé ; le regard du maître semble dire : Sa faute n'est pas sienne, l'ignorant ne comprend pas son crime.

Et voilà bien l'idée que l'artiste semble se faire du christianisme : la communion des humbles, des souffrants, des misérables dans un idéal de pitié, de résignation, avec l'espérance lointaine d'un temps meilleur, qui serait celui de la souveraine justice et de l'universel amour.

Dans d'autres tableaux, M. de Uhde se montre plus hardi encore. Il ne représente plus le Christ au milieu du peuple, il confond le Christ avec le peuple même.

Noël (1888). — Une grange. A gauche, des paysans éveillés en sursaut: leur lanterne à la main, ils vont où la voix céleste les appelle. A droite, assis sur les pièces de la charpente, des anges en robe blanche, les âmes des enfants morts de misère. Au milieu, une chambre sous les combles, la clarté vague de l'aube. Dans le fond, un homme endormi contre une échelle. Sur un grabat où se reflète la lueur vacillante d'une lanterne, à genoux, les mains jointes et l'air pensif, une ouvrière regarde son enfant qui dort (Dresde).

La Fuite en Égypte. — La nuit ; sous un ciel gris, la plaine couverte de neige. Au loin, les feux du village, où des hommes connaissent le bien-être et les joies de la famille. Transis, découragés, las, un ouvrier, une femme qui porte son enfant, s'éloignent péniblement de la hutte, d'où le maître les a chassés.

L'Adoration des Mages (Magdebourg). — Une pauvre chambre de paysans, si sombre qu'à peine on voit saint Joseph, mais dans la fenêtre, la Vierge est assise, une ouvrière, une enfant, à la robe commune, aux longs cheveux pendants, aux traits à peine formés, aux grands yeux bleus doux et rêveurs, timides et comme effarouchés. Tremblant, son fils, vêtu de blanc, se serre contre elle. Et par cette fenêtre le soleil entre radieux, illuminant la Vierge et l'Enfant, se jouant sur les visages des Mages aux rudes figures, vêtus comme au moyen âge: l'or qu'ils apportent, leur encens et leur myrrhe ne seraient-ils que les rêves des légendes oubliées? (1).

Ainsi les peintres religieux de l'Allemagne aiment le christianisme pour y trouver la communion des humbles. En oppo-

(1) Saxon, de vieille famille, le fils du président du Consistoire Évangélique de Dresde, M. de Uhde, (1848), servit dix ans dans un des régiments de cavalerie à la mode. Cinquante ans aujourd'hui, grand, droit, l'œil rêveur, la bouche plutôt mélancolique et cependant avec son visage aux traits arrêtés, le regard décidé, les longues moustaches, quelque chose encore de l'officier. Comme M. Liebemann, M. de Uhde est un élève de Munkacsy : ses premiers tableaux ont la

UHDE (FRITZ VON)

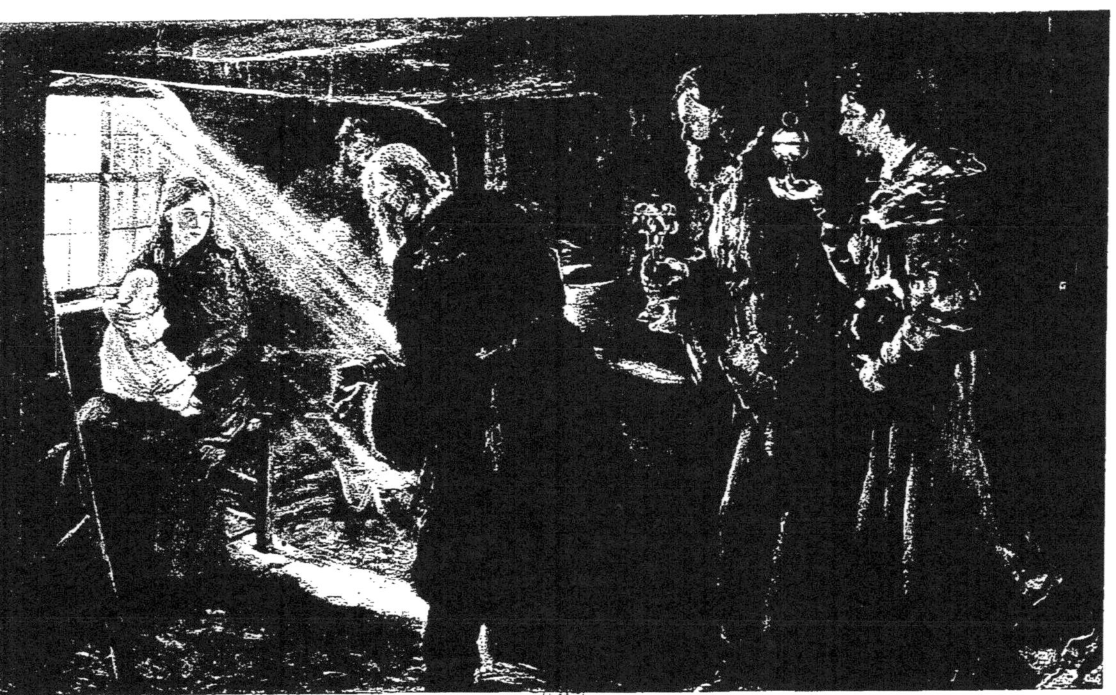

L'ADORATION DES MAGES (1896)

(Musée de Magdebourg.)

Avec la permission de la Société photographique (Berlin et Paris, rue Vivienne).

sition à ces vertus, que Nietzsche appelle les vertus des maîtres et qu'exaltent les symbolistes, ils prêchent eux les vertus des esclaves : la modestie, l'obéissance, le pardon, la douceur. Le Christ leur apparaît comme le Dieu, qui veut connaître la douleur et la mort, afin que son exemple soit une consolation à quiconque doit souffrir et mourir. Les yeux pleins de larmes du Fils de l'Homme apprennent aux faibles la résignation, l'espérance dans ce paradis de Dieu sur la terre, qui est la pitié accordée et rendue.

L'Assomption d'Hannelé de M. Gerhart Hauptmann nous donne la synthèse des idées chères à MM. de Gebhardt et de Uhde. Meurtrie des coups de son père, le maçon Matteru, jetée dehors dans la tourmente, Hannelé s'est réfugiée dans l'asile des pauvres. On la couche, on la soigne, mais la fièvre la prend. Elle rêve que, morte et vêtue d'habits splen-

couleur noire du maître et montrent le désir de se rapprocher de Hals et de Téniers. Ainsi *La Chanteuse* exposée à Paris en 1880 ; *Le Concert de Famille* et les *Chiens savants* (1881). L'influence de Bastien Lepage lui fit abandonner les tons noirs pour le plein-airisme, dans la *Scène d'auberge* de 1881 et *Les Couturières* de 1882. M. de Uhde se rendit alors en Hollande, et, comme M. Liebermann, il ne put résister à l'influence du maître Israëls. De cette époque datent : *Le Joueur d'orgue de Barbarie* (1883); *la Leçon de Tambour* (1883); et *A la Campagne* (1884). La même année, M. de Uhde exposait à Berlin, puis à Paris, son célèbre tableau religieux : *Laissez venir à moi les petits enfants.* L'ancien officier que beaucoup traitaient encore d'amateur, était devenu l'un des maîtres de la peinture moderne.

De tous les naturalistes, M. de Uhde est le plus exact. Quand il peint un tableau d'intérieur, il suppose le spectateur dans la pièce même, où se trouvent ses personnages. Par suite, il peint, comme dans la réalité, les personnages et les objets du premier plan très grands, ceux du second plan petits, ceux du fond tout à fait petits. Ainsi dans *Seigneur Jésus sois notre hôte*, les hommes et les chaises, qui se trouvent devant la table, sont deux fois plus grands que ceux qui sont placés derrière.

Depuis 1884, M. de Uhde a surtout donné des tableaux religieux et des portraits ; mais il n'a pas cessé ses études proprement naturalistes. En 1885, *Un Joueur d'orgue dans un orphelinat hollandais ;* en 1887, *La Procession d'enfants sous la pluie*, où il égale Menzel. En 1889, la même année où la *Cène* obtenait la médaille d'honneur à l'Exposition universelle, deux bons tableaux, exposés à Munich. Le premier rappelait Bastien Lepage — contre un enclos de légumes, une jeune fille assise, de face, en raccourci et baignée de lumière. — Le second représentait une chambre d'enfants. — La lumière vient de la fenêtre, dont un battant est fermé, l'autre ouvert. En face une maison. Dans les reflets, que jettent et cette maison, et les tentures, les meubles, les rideaux blancs du battant fermé, le jeu des prismes sur les battants de la double fenêtre ouverte, nous apercevons la mère, qui coud

dides, des hommes l'ont mise dans un cercueil de verre.

Voici que Mattern arrive ; il trouve un étranger.

L'Étranger. — Salut à toi, maçon Mattern.

Mattern. — .... Que veux-tu?

L'Étranger. — J'ai couru, mes pieds saignent; donne-moi de l'eau pour les laver... Je n'ai pas mangé depuis ce matin. J'ai faim.

Mattern. — .... Travaille.

L'Étranger. — Je suis un travailleur.

Mattern. — Un gréviste......

L'Étranger. — Je suis un médecin...

Mattern. — Je ne suis pas malade, je n'ai pas besoin de docteur.

L'Étranger. — ... Tu ne veux pas me donner à boire, pas me donner à manger, et moi cependant je te guérirai malgré toi......

Mattern. — Va t'en... J'ai tous les os en bon état. Je ne veux pas de docteur. C'est compris?.....

L'Étranger. — Je viens du Père et je retourne au Père. Qu'as-tu fait de son enfant?

Mattern. — Est-ce que je sais où elle se traîne?...

L'Étranger. — Tu as un cadavre dans ta maison.

dans l'ombre, deux fillettes assises, l'une dans la fenêtre, et presque à contre-jour, l'autre de profil et recevant le jour en plein visage; au milieu de la pièce, une enfant debout, vue de face, tournant le dos à la fenêtre et, par suite, comme auréolée de clarté.

Parmi les tableaux religieux de M. de Uhde, je citerai encore. *Seigneur Jésus sois notre hôte* (réduction au Luxembourg). — Une chambre dans une maison de paysans, qu'éclairent deux fenêtres, dont l'une à moitié fermée. Par la porte encore entr'ouverte, le Christ aux pieds nus est entré doucement. Il porte la longue tunique bleue; une légère auréole flotte au-dessus de sa tête, doux et triste, il lève la main droite pour bénir. Se levant de leur modeste repas, les pauvres gens se sont tournés vers le Maître. Le grand-père, dans le fond, a les mains jointes. Le père en blouse bleue, avec de gros sabots, son bonnet à la main et la tête baissée, demande au Maître de s'asseoir. La mère apporte la soupe. Les enfants ouvrent de grands yeux étonnés. Et l'on croit entendre la parole du maître. « Heureux les pauvres d'esprit, car le royaume du ciel leur appartient. » Puis viennent les *Disciples d'Emmaüs* (1885), une seconde *Cène* (1897), le *Crucifiement* (1898), *Tobie, Jésus et Nicodème* (le même sujet traité par M. de Gebhardt, à Dusseldorf).

M. Walter Firle (1853) s'inspire d'abord de M. Liebermann et de M. Kuehl dans sa *Prière du matin dans une maison d'orphelines en Hollande*. — Comme fond, deux grandes baies à petits carreaux; l'on aperçoit les maisons voisines et les rayons obliques du matin (venant de droite) éclairent en plein la salle. A droite, de face et le dos à la lumière, une vieille femme assise dans un fauteuil,

Mattern aperçoit alors Hannelé : « Où as-tu pris ces beaux habits et ce cercueil de verre? ...» Mais les porteurs se tournent vers Mattern et lui crient: « Assassin! assassin! » Et, comme Judas, Mattern s'enfuit pour aller se pendre.

L'étranger s'approche alors d'Hannelé; il l'appelle.

HANNELÉ. — C'est lui.
L'ÉTRANGER. — Qui suis-je?
HANNELÉ. — Toi.
L'ÉTRANGER. — Dis mon nom.
HANNELÉ. — Saint, Saint.
L'ÉTRANGER. — Je connais toutes tes peines, toutes tes souffrances... Mais j'enlève de toi toute bassesse et je te donne la lumière éternelle.

Alors, pendant qu'une douce musique retentit et que, chantant, les anges parent la chambre de tapis et de fleurs, l'étranger dévoile à Hannelé les merveilles du Paradis : les maisons de marbre aux toits d'or, les fontaines qui répandent du vin, les tours, les rues pavées de roses, les murailles de la cité céleste qu'entoure le vol des cygnes au blanc plumage.

Puis l'Étranger appelle les enfants du ciel: « Ce pauvre corps, émacié de souffrance et de fièvre, enveloppez-le doucement, prenez bien garde de ne point heurter sa chair malade. Sans même battre des ailes, portez-le dans la douce lumière de la lune... Et vous la coucherez (la pauvre Hannelé) dans un lit de soie; et vous lui donnerez le vin de pourpre, les plus beaux fruits... parez-la de toutes les splendeurs... charmez-la de toutes les musiques. »

Ainsi rêve Hannelé. Celle à qui la vie n'a réservé que la souffrance trouve le bonheur dans cette vision du ciel dont la religion console son agonie.

les mains jointes; à côté d'elle un table; derrière la table, une bonne qui s'arrête. A gauche, les orphelines forment cercle, robe foncée, tablier blanc, grand fichu blanc, leurs cahiers blancs, toutes dans la fenêtre, les unes de face, d'autres de profil, la dernière de dos, et la lumière inonde les fichus blancs, les bonnets blancs, les cheveux blonds, et se joue sur les visages ovales aux joues roses, aux yeux bleus. — Puis M. Firle s'est inspiré de M. de Uhde dans ses tableaux religieux surtout dans la *Nativité* (Munich).

Comme pour M. Jaurès, le christianisme est pour M. Hauptmann et M. de Uhde, le chant qui longtemps a bercé la misère humaine. Mais ce chant, ils l'aiment, ils l'adorent, et le proclament vraiment divin, comme la meilleure consolation qu'aient encore trouvée le besoin et la douleur.

LIVRE VI

LES SYMBOLISTES

La *grande peinture* d'autrefois comprenait deux genres dont l'un était la peinture religieuse, l'autre la peinture mythologique et symbolique. Ce dernier genre a suivi la même évolution que l'art entier du dix-neuvième siècle. Souvent l'on parle du néo-symbolisme comme d'une création de l'époque actuelle. Ce n'est rien que le symbolisme idéaliste du commencement du dix-neuvième siècle transformé progressivement par la peinture d'histoire, le naturalisme et l'impressionnisme. Et maintenant comme alors et comme toujours, le symbolisme se manifeste sous deux formes qu'il faut étudier séparément.

I

Dans la première, l'artiste ne veut pas se contenter de reproduire les êtres et les objets de la nature, il leur cherche un sens rationnel ou mystique. Cette première forme du symbolisme se confond, au dix-neuvième siècle, avec l'histoire des religions (1). Époque de raison, le dix-huitième siècle condamnait toutes les religions, le christianisme comme les cultes de l'antiquité. Aux religions il faut l'imagination et le sentiment;

(1) Sans doute le symbolisme des religions est double : elles créent leurs symboles, tantôt en cherchant des explications abstraites pour des objets concrets et tantôt en cherchant des formes concrètes pour des idées abstraites; mais, quel que soit leur procédé, Hegel a raison de dire que, dans tous les temps et tous les pays, les religions et l'art ont commencé par le symbolisme.

et la philosophie rationaliste n'admettait ni l'imagination, ni le sentiment.

Quand Rousseau prétendit ramener l'homme à la nature, l'étude des anciennes religions devint populaire; on comprit vaguement que leurs mythes et leurs pratiques étaient les plus sûrs indices qui nous restent des croyances et des mœurs de l'homme primitif. *Les Idées sur l'histoire de l'humanité* sont de 1785-92, *les Ruines* de 1791. Et, dans le même temps, Schiller écrivait *les Dieux de la Grèce,* Gœthe, la *Fiancée de Corinthe* et le *Dieu et la Bayadère ;* puis ce furent le *second Faust* avec le *Retour d'Hélène à Sparte* et le *Prométhée délivré,* de Shelley.

Sans doute, ces premiers efforts trahissent encore l'esprit du dix-huitième siècle. Chacun refaisait les anciennes religions selon sa convenance. Les rationalistes les expliquaient d'après les idées générales de leur philosophie et les romantiques leur attribuaient leurs propres inspirations. Mais Gœthe, dont l'esprit a dominé le dix-neuvième siècle, donnait déjà la définition du symbolisme moderne quand il écrivait : Si j'ai besoin du déisme pour les actes de ma vie morale, je suis panthéiste, comme savant, et, comme poète, polythéiste.

L'art imita la littérature et devint symbolique. Et les uns figuraient par des scènes de l'antiquité leurs principes personnels : ainsi Mengs et David; les autres représentaient leurs passions et leurs rêves : ainsi Prud'hon, Schinkel et Cornelius.

Les efforts des romantiques n'en préparèrent pas moins la science de l'histoire. Comme la vie politique des peuples disparus, on étudia leur vie religieuse. Dès lors plus de dissertations, plus de lyrisme : des faits. Sans doute, les livres des premiers savants nous paraissent arides : sans idées générales, sans émotion, comment comprendre les religions anciennes ? Les faits seuls, c'est la lettre d'une religion sans son esprit. Mais cette étude aride était nécessaire. Il fallait écarter les conceptions fausses du rationalisme, la sentimentalité fausse du romantisme; il fallait produire des documents qui permissent d'établir la science des religions sur des données certaines.

Et, de nouveau, l'art suivit la science. Philosophique d'abord avec Kaulbach, proprement symbolique même dans *la Bataille des Huns* et *la Destruction de Jérusalem*, puis de plus en plus précis et ne cherchant que rarement le symbole dans la *Thusnelda* de Piloty ou l'*Entrée d'Alaric à Rome* de Lindenschmit.

L'évocation des scènes du passé avait séduit l'imagination, éveillé ce qui semblait des souvenirs. Ces hommes aux religions étranges n'étaient-ils pas nos ancêtres? et l'on s'imaginait sentir ce qu'eux-mêmes avaient senti. Comme les romantiques, les néo-symbolistes abandonnent la science et la philosophie pour le mysticisme; mais tandis que les romantiques prêtaient au passé leurs propres émotions, les néo-symbolistes veulent connaître les émotions du passé. L'homme moderne éprouve une volupté, morbide sans doute, à se dissoudre dans le Nirvâna des Bouddhistes, à se perdre dans le Grand Tout des brahmanes; il prétend goûter et les joies sauvages des bacchantes et les joies mystiques des ascètes, revivre toutes les religions non seulement par la raison mais par l'imagination, mais avec son cœur et avec ses sens.

En France, Victor Hugo donna *la Légende des siècles*. *Le Sacre de la femme*, *Pan*, *l'Aigle du casque* sont des œuvres proprement symboliques. Leconte de l'Isle adora tous les dieux du passé. Dans les bois aux mille plantes, sur le bord du grand fleuve « pareil au bleu lotus du ciel », il montre les brahmanes absorbés dans la contemplation de Bhagavat,

> . . . . essence des essences,
> Lumière, qui fait vivre et mourir à la fois.

Ou bien il répète les paroles d'Orphée calmant le centaure Chiron, qu'irritent les fureurs proches des Bacchantes :

> Les pleurs me sont sacrés, qui tombent de tes yeux;
> Mais la vie et la mort sont dans la main des dieux.

Ou encore, il dit comment l'éternel Runoïa, chassé de sa tour blanche de neige par la Vierge chrétienne, disparut en blasphémant « dans l'écume et les bruits de l'abîme ».

L'inspiration de Gustave Moreau est plus personnelle. Dans sa *Philosophie de l'art*, Taine appelle la Léda du Corrège une jeune fille abandonnée et contente de s'abandonner; celle de Michel-Ange est « une reine de la race colossale et militante »; mais l'œuvre de Léonard nous apprend « le mystère des anciens jours, la profonde parenté de l'homme et de l'animal, le vague sentiment païen de la vie une et universelle ». Voici comment Moreau décrit sa *Léda* : « Le dieu se manifeste, la foudre éclate... Le cygne-roi, auréolé... pose sa tête sur celle de la blanche figure toute repliée en elle-même dans la pose hiératique d'initiée... les Faunes... et les Nymphes adorent; tandis que le Grand Pan, symbolisant toute la nature dans un geste de prêtre, appelle tout ce qui vit à la contemplation du mystère (1). »

En Angleterre, deux œuvres marquent l'effort de la nouvelle école pour expliquer les mythes anciens et les transformer en allégories. Ce sont : l'*Atalanta* de M. Swinburne et l'*Épopée de l'Hadès* de M. Lewis Morris.

Voici le chant de l'*Atalanta* en l'honneur de Vénus Anadyomène :

Une fleur du mal est née de l'écume de la mer, l'écume de sang, une fleur rouge comme le sang, amère de fruit. Sa graine? le rire et les larmes. Ses pétales? la folie, le mépris... Qui t'a poussée à naître, Aphrodite, la mère de discorde? Avant toi, il y avait quelque repos sur la terre, quelque répit des larmes... Qu'avais-tu à faire parmi nous, ô toi dont la ceinture est la tristesse, toi née de la semence des mers pour l'angoisse et la maladie, comme un aiguillon, une piqûre, une épine?

La tragédie de M. Swinburne nous révèle l'une des maîtresses facultés du caractère anglais : l'indépendance et l'originalité affectée. Le poème de M. Morris nous fait connaître la qualité opposée du caractère anglais : le goût de la vie bourgeoise, un respect de la tradition qui parfois semblerait banal.

L'Aphrodite de M. Morris parle ainsi :

Je suis née de l'écume étincelante, dont s'éclaire la crête de la vague bleue, la mystique vague que l'haleine grandissante de la pure aube

(1) Paul Flat. Introd. au *Musée Moreau*.

de la vie soulève dans les calmes profondeurs d'une jeune âme. Silencieuse, étendue sur la courbe palpitante d'une jeune poitrine encore hésitante, fraîche éclose des profondeurs de la vie, tendre comme la rose qui s'ouvre, je repose nue-nue mais sans honte : la honte est pour le mal et non pour l'innocence.

Nous retrouvons les mêmes sentiments dans la peinture. L'*Astarte syriaca* de Rossetti, c'est l'*Aphrodite* de M. Swinburne. — Deux anges mystiques levant les yeux au ciel, et, devant eux, Astarté, grande, puissante, dans sa tunique orientale, une riche ceinture sous les seins, une seconde ceinture autour des hanches, les épaules, les bras nus, le cou long et fort, les joues creuses sous le lourd capuchon des cheveux roux et crêpus cachant le front, retombant sur les seins, le regard fatal, le nez de la déesse avec les narines frémissantes de la courtisane, la bouche large, bien dessinée, aux épaisses lèvres de pourpre, cette bouche dont Swinburne dit qu' « elle étreint les lèvres et les mord, la cruelle bouche rouge à l'écume de sang, qui semble une fleur empoisonnée ».

Près de l'*Astarte* de Rossetti, la *Psyché* de Burne Jones paraît une figure maladive. — Un lac dans un cirque de montagnes. Les mains appuyées sur un rocher qu'entourent des narcisses, les jambes dans l'eau, Psyché nue (que Pan console), pâle, mince, les traits tirés, ses cheveux blonds peignés raide, le regard plein d'angoisse, la bouche naïvement douloureuse. Et Pan lui-même aux pieds de bouc, simple, maladif, le symbole de la nature, telle que les modernes la comprennent, pleine d'un mysticisme et d'une tristesse contre nature.

C'est en Allemagne que le culte des religions mortes atteignit son apogée. Baireuth devint un temple où, dans l'ivresse de l'empire rétabli, les Allemands restaurèrent le culte de leurs anciens dieux. Les arts plastiques s'inspirèrent de Wagner. Mais, si populaires que soient les peintures de MM. Dielitz, Kray et Pyxis, elles ne sauraient se comparer aux fresques romantiques de Steinle et de Schwind. Tout au contraire, l'étude de la mythologie grecque suscita un maître, Böcklin, qu'on peut appeler le Wagner de la peinture. Après lui, MM. Klinger, Stuck, Greiner, Schneider, L. de Hofmann ont donné des œuvres qui resteront comme les plus originales de la fin du dix-neuvième siècle.

Le symbolisme mythologique semble aujourd'hui près de son terme. Bientôt l'histoire des religions n'intéressera que les savants; la foule n'y trouve déjà plus que ses propres sentiments. Dans les écrits et les pratiques des théosophes et de leurs émules, Bouddhisme, Brahmanisme, culte de Zoroastre, etc., apparaissent comme si déformés, qu'à peine l'on y reconnait les religions primitives. Il en est de même pour la littérature et pour l'art. Que reste-t-il de l'Odin scandinave dans le Wotan de Wagner? de l'Aphrodite grecque dans celle de Swinburne? de l'Astarté phénicienne dans la déesse sadique de Rossetti? la Léda de Moreau est française et les Centaures de Böcklin sont allemands.

Et l'art, comme la science des mythologies, nous redit ainsi toute l'évolution du dix-neuvième siècle. D'abord, les idées générales du dix-huitième siècle et la sentimentalité personnelle des romantiques; puis les faits, l'histoire et les sciences d'observation; enfin la subjectivité des modernes avides d'impressions. Mais déjà paraît un art de synthèse, qui, sous prétexte de classer, se créera une antiquité de fantaisie, un art égoïste et despotique, et cet art sera celui du vingtième siècle.

II

La seconde forme du symbolisme est l'opposé de la première : s'inspirant d'une idée, d'un sentiment, d'une impression, l'artiste cherche une image qui les représente.

Le plus souvent, le symbole figure une idée : dans nos œuvres d'art, c'est seulement par exception que nous procédons comme les peuples anciens du concret à l'abstrait; il nous est naturel au contraire de procéder de l'abstrait au concret. L'homme primitif pensait par images, nous pensons par idées. Il naissait artiste, nous naissons philosophes. Aussi, dans les premières métaphysiques, trouvons-nous plus de comparaisons que d'arguments. Par contre, peu d'œuvres d'art montrent aujourd'hui de beaux contours imaginés ou copiés pour leur beauté même, la laideur cherchée seulement pour l'énergie de ses reliefs : laideur et beauté doivent expliquer des pensées et ne sont que des symboles.

C'est au dix-huitième siècle, époque d'idées générales, que triomphe le symbolisme des idées. La poésie et les arts ne connaissent alors que l'allégorie ; mais, si le genre nous semble froid dans les œuvres sévères : la *Henriade*, les *Odes* de Rousseau, le tombeau du maréchal de Saxe, qui ne le trouverait charmant dans les poésies légères de Voltaire et l'*Embarquement pour Cythère* de Watteau?

A la fin du dix-huitième siècle, au début du dix-neuvième, le symbolisme est ce que nous appelons ordinairement idéaliste, s'entend fait à la fois d'intelligence et de sentiment, partie rationaliste et partie romantique. En France, la littérature produit les poésies d'André Chénier, *Corinne*, *les Natchez*. Dans l'art, David et Gérard (*Amour et Psyché*) représentent la tradition classique, tandis que le romantisme commence avec *La Justice poursuivant le meurtrier* et *l'Enlèvement de Psyché*, par Prud'hon, *Le Rêve du bonheur* par Constance Mayer. Et ce symbolisme mi-classique et mi-romantique se continuera par Ingres, Chassériau, Cabanel, jusqu'à M. Jules Lefebvre et M. Bouguereau.

En Angleterre, les *Lakists* et Shelley (*Le Nuage*, *la Violette fanée*, *la Fleur sensitive*) renouvellent le symbolisme de Pope ; mais, dans la peinture, seul, Reynolds cultive l'allégorie. Si l'Espagne n'a pas de poète, elle produit Goya dont les *Capricios* nous révèlent l'imagination d'un homme du moyen âge et l'esprit d'un moderne. A défaut d'artiste, un grand poète, Léopardi, représente en Italie l'école symboliste. Dans le *Genêt*, il nous enseigne le néant des choses humaines ; dans l'*Amour et la mort*, il nous dit comment « la discipline de l'amour nous façonne à la mort, et fait comprendre au naïf esprit de la jeune fille abandonnée toute la gentillesse du mourir. »

En Allemagne, Goethe devient le maître du symbolisme dans le *Second Faust* et dans ses *Ballades*. Hegel regarde le *Roi de Thulé* comme le chef-d'œuvre de la poésie lyrique contemporaine. Le vieux roi révèle sa passion sans prononcer une parole. Il a jeté dans les flots le gobelet qu'il tient de sa fiancée. Et voici la fin de la ballade. « Il le vit tomber, s'emplir, s'enfoncer dans la mer. Les yeux de lui tourner. Oncque n'a bu goutte depuis. » L'exemple de Goethe inspire toute l'école romantique. Heine nous montre sa *Lorelei* assise sur un rocher au-dessus du Rhin, « et peignant ses cheveux d'or, avec un peigne d'or. Elle chante un chant d'une mystérieuse et violente mélodie. Dans le petit bateau, le batelier pris d'un mal sauvage ne regarde plus les écueils, il ne regarde qu'en haut. Je crois qu'à la fin les vagues engloutirent barque et batelier; voilà ce qu'avec son chant a fait la Lorelei. » L'art produit les *Cavaliers de l'Apocalypse* et la *Jérusalem nouvelle* de Cornelius, la *Mort ennemie* et la *Mort amie* de Rethel, les légendes de Steinle et de Schwind.

1830 et 1848 marquent des dates dans l'évolution de l'art vers le réalisme. Comme tous les genres, le symbolisme se transforme. D'abord, il se confond avec la peinture d'histoire, d'après la théorie de Vischer, que Dieu se révèle dans les efforts de l'humanité. Puis le naturalisme apparaît et dans la peinture d'histoire et dans l'ancien art idéaliste. En France, on peut suivre cette évolution de Prud'hon à Chassériau, de Chassériau à Baudry. La Belgique a Wiertz, l'Angleterre a Turner. L'Allemagne voit Henneberg et Spangenberg succéder à Steinle et à Schwind; Böcklin, Stuck et Klinger relèvent de l'école naturaliste. Enfin un symbolisme nouveau apparaît dans la peinture de paysans et dans la peinture d'ouvriers. Le *Semeur* de Millet et le *Travail* de Madox Brown sont des œuvres symboliques, comme aussi les *Casseurs de pierres* et le *Laminoir* : Courbet ne prétend pas nous montrer un casseur de pierres quelconque, il représente la misère humaine; et Menzel ne peint pas simplement une usine, il nous fait comprendre la puissance du travail humain.

Puis le naturalisme objectif se transforme progressivement en impressionnisme subjectif. Par là, le symbolisme nouveau diffère du symbolisme d'autrefois. Celui-ci figurait des pensées et des sentiments communs à tous les hommes; et il les figurait par l'expression que ces pensées ou ces sentiments donnent le plus souvent aux traits du visage. D'autres fois, il montrait les ruines que les passions produisent dans le monde ou les effets bienfaisants de la foi et de la charité. Souvent encore le symbolisme employait des signes conventionels. Dans les fresques du moyen âge et de la Renaissance, ce n'est pas l'attitude ou l'air du visage qui nous permet de distinguer les vertus cardinales ou théologales, mais seulement le fait que la Foi tient un calice, l'Espérance une ancre, la Prudence un serpent.

Les nouveaux symboles, au contraire, sont subjectifs; ils ne représentent pas des sentiments communs à tous les hommes mais les sentiments propres du peintre ou du poète, souvent même ils ne rendent que ses impressions passagères. Les artistes comme les philosophes du dix-huitième siècle imaginaient un homme idéal, dont tous les hommes devaient se rapprocher. C'est pour cet homme idéal qu'ils écrivaient, pour cet homme idéal qu'ils légiféraient. Artistes et philosophes d'aujourd'hui ne connaissent que des individus; bien plus, ils ne connaissent que des moments de la vie de chaque individu. Niant la personnalité, ils s'inquiètent seulement de l'impression passagère. Le présent leur semble indépendant du passé comme de l'avenir.

Subjectif dans le fond, le nouveau symbolisme est également subjectif dans la forme. Pour exprimer les idées et les sentiments qui lui sont propres, l'artiste ou le poète cherche des perceptions qui lui soient propres. Sans doute, chacune de nos perceptions nous est personnelle et toute image que nous formons se compose des souvenirs de nos perceptions personnelles. Mais, parmi les données des sens, quelques-unes affectent un caractère si général, que, en dehors de l'idéalisme transcendental, on peut leur reconnaître une valeur objective absolue : telles sont les perceptions du toucher qui nous apprennent la forme des objets. Celles de l'ouïe et de l'odorat varient davantage suivant le tempérament des individus; la vue elle-même ne présente pas les mêmes garanties que le toucher; chacun de nous ne connaît qu'approximativement la façon dont les autres voient les couleurs et les ombres.

Le symbolisme d'autrefois employait seulement ces données des sens que l'on pourrait appeler objectives. Tout au contraire, le symbolisme d'aujourd'hui prend volontiers les données les plus subjectives. L'influence de la musique l'a transformé, depuis que les opéras de Wagner sont devenus populaires. Wagner est à la fois compositeur, poète et décorateur. En associant l'accompagnement et les paroles, il encourage les poètes à continuer les tentatives de Victor Hugo, de Poe et de Swinburne, à chercher des effets de sons. Wagner fait plus encore, il compose ce que les Allemands appellent ses grandes *fresques harmoniques* des Filles du Rhin, de la caverne des Nibelungen, du Walhalla, des Walkyries; il invente lui-même ses décors et les fait se transformer progressivement : cependant des vapeurs cachent la scène, et l'orchestre, imitant le bruit de la mer, des flammes, de la tempête, achève de nous persuader que nous rêvons ; mais comme dit Calderon, « la vie tout entière n'est-elle pas un songe ? »

Wagner est devenu l'inspirateur de la peinture contemporaine. M. Fantin-Latour traite les principales scènes de la *Tétralogie* et du *Tristan*, et plusieurs de ses tableaux nous donnent presque l'impression de la musique. M. Whistler intitule ses portraits des *harmonies*. De fait, la plupart des impressionnistes se servent des couleurs comme les musiciens se servent des sons : ils ne s'adressent plus ni à la raison ni à l'imagination, ni au sentiment, ils agissent directement sur les nerfs. Et par là, l'impressionisme marque bien le dernier terme de l'évolution qui, progressivement, a détruit l'art idéal du commencement du siècle, pour aboutir au réalisme et à l'individualisme.

En France, Baudelaire cherche le premier à rendre par des

images nos fugitives impressions. Dans beaucoup de ses poésies il est encore romantique et naturaliste.

Quand don Juan descendit vers l'onde souterraine
Et lorsqu'il eut donné son obole à Charon,
Un sombre mendiant, l'œil fier comme Antisthène,
D'un bras vengeur et fort saisit chaque aviron.

Montrant leurs seins pendants et leurs robes ouvertes,
Des femmes se tordaient sous le noir firmament,
Et, comme un grand troupeau de victimes offertes,
Derrière lui traînaient un long mugissement...

Tout droit dans son armure un grand homme de pierre
Se tenait à la barre et coupait le flot noir;
Mais le calme héros courbé sur sa rapière
Regardait le sillage et ne daignait rien voir.

Des pièces plus courtes, des vers disséminés révèlent au contraire le maître de l'impressionnisme.

Ainsi :

La Nature est un temple où de vivants piliers
Laissent parfois sortir de confuses paroles;
L'homme y passe à travers des forêts de symboles
Qui l'observent avec des regards familiers.....
Comme de longs échos, qui de loin se confondent.....
Les parfums, les couleurs et les sons se répondent...

Vous pouvez mépriser les yeux les plus célèbres,
Beaux yeux de mon enfant, par où filtre et s'enfuit
Je ne sais quoi de bon, de doux comme la nuit!

Ma douleur, donne-moi la main; viens par ici.
...Vois se pencher les défuntes années,
Sur les balcons du ciel, en robes surannées;
Surgir au fond des eaux le Regret souriant;
Le soleil moribond s'endormir sous une arche,
Et, comme un long linceul traînant à l'Orient,
Entends, ma chère, entends la douce nuit qui marche.

L'art subit la même influence. Moreau peint le poète consolé par une étrange déesse née de l'horreur sainte des bois. Après les allégories de la *Paix* et de la *Guerre*, du *Travail* et du *Repos*, où le naturalisme renouvelle l'esprit classique, Puvis de Chavannes cherche des formes simplifiées ; il se plaît aux grands paysages du *Ludus pro patria*, de *l'Hiver* et du *Bois sacré cher aux Arts et aux Muses*. Après lui, le symbolisme français produit cinq maîtres de talents bien divers : M. Henri Martin, à la facture originale, aux couleurs troublantes, dont l'art rappelle le moyen âge et l'antiquité, comme le Dante dont il s'est inspiré; M. Cazin qui, par ses tons gris, nous rend bien la solitude de la *Ville morte*, la tristesse d'*Agar et Ismaël* ; M. Carrière, le peintre de la mélancolie silencieuse : ses teintes effacées, brumeuses ont un mystérieux charme de rêve ; M. Redon et M. Besnard, de hardis coloristes : tous deux cherchent l'étrange, mais l'un dans le rêve et l'autre dans la réalité.

Le maître du symbolisme anglais moderne est Dante Gabriel Rossetti. Comme Dante célèbre sa Béatrice, Rossetti célèbre dans son tableau et son poème de la *Bénie Damoiselle* sa femme morte après deux années de mariage.

La *Bénie Damoiselle* se penchait sur la balustrade en or du ciel. Et ses yeux étaient plus profonds que la profondeur des eaux..... et ses cheveux qui couvraient ses épaules étaient jaunes comme la moisson... Elle tenait trois lys dans ses mains et les étoiles dans ses cheveux étaient sept.

Le tableau nous montre sous la balustrade d'or deux bustes d'anges avec des plumes de paon, et derrière la Damoiselle un troisième ange au regard fixe et mystérieux.

Et le soleil avait disparu ; le croissant de la lune semblait une plume qu'emporte le courant... Elle parla, et sa voix rappelait la voix des étoiles qui chantent. « Je voudrais qu'il fût venu... car il viendra... n'ai-je pas prié? n'a-t-il pas prié? Rien peut-il résister à la force de deux prières? »

Alors la Damoiselle rêva de jours heureux vécus avec le bien-aimé retrouvé. Puis, tout à coup s'interrompant :

Elle regarda, dit Rossetti, elle écouta, elle dit, moins triste de parole que douce : « Tout cela, quand il viendra », et elle se tut. Les rayons convergeaient sur elle, des rayons pleins de vols d'anges. Ses yeux prièrent, elle sourit (Je vis son sourire). Mais leur route se perdit dans les sphères lointaines. Alors elle posa ses bras sur la balustrade d'or, et elle cacha sa tête dans ses mains, et elle pleura. (J'entendis ses larmes.)

Comme dans la *Symphonie romantique* Berlioz fait du motif de sa *Dame* tantôt une élégie, tantôt un poème épique et tantôt une chanson triviale, ainsi Rossetti ne cesse de nous présenter sous toutes les formes le visage de la morte : c'est la Vierge, c'est une fée, c'est Aphrodite. La bouche surtout le hante, la belle bouche aux lèvres nettement dessinées, à la couleur de pourpre. Dans ses rêves de morphinomane, il la revoit sans cesse chaste, naïve, pieuse, tendre, passionnée, mystique, impitoyable dans l'*Astarte syriaca*, qui est une sorte d'hymne de la folie chanté en l'honneur de cette bouche devenue le symbole de la Nature une et universelle.

Rossetti est le fondateur de la jeune école anglaise, mais ses œuvres trop personnelles ne la représentent pas aussi complètement que les poèmes de M. Swinburne et les tableaux de Burne Jones.

Voici un fragment de la *Ballade de la vie.*

Et je trouvai en rêve une place de vent et de fleurs, de doux arbres, pleine et couleur de gazon joyeux, et dans le milieu une dame comme l'été vêtue de douces heures ; sa beauté brillait, tel un clair de lune... Et de sa bouche, la triste rose rouge, lourde, semblait triste de douces choses évanouies. Elle tenait par les cordes une petite cithare faite de la forme d'un cœur, et les cordes étaient les cheveux à la subtile couleur de quelque joueur de luth trépassé, qui, dans les jours passés, avait fait de délicieuses choses. Et les sept cordes avaient nom : charité, tendresse, plaisir, chagrin, sommeil et péché, la dernière était cette aimante bonté, de la pitié sœur sans pitié.

Et voici la *Ballade de la mort.*

Et j'aperçus alors la semblance de ma dame couronnée, vêtue de cérémonie, morte. Douce encore mais sans rougeur maintenant était la bouche close dont les hommes vivaient et mouraient. Et douces mais vides de la couleur bleue du sang étaient les grandes paupières recourbées qui soutenaient les yeux. Et doux mais pareil à de l'or terni était le poids de couleur pesé dans ses tresses. Et doux mais comme un habillement reteint était son corps vêtu d'amour d'antan.

Burne Jones nous peint l'*Escalier d'or* que descendent des jeunes filles belles et pures comme des anges, et, comme la dame de Swinburne, vêtues de douces heures mais la bouche pleine de douces choses évanouies. Et Burne Jones nous peint le *Miroir de Vénus,* un lac où des vierges du type qu'a créé Botticelli se mirent et ne peuvent se reconnaître. Et Burne Jones nous peint l'*Enchantement de Merlin* inspiré par les vers de Tennyson. Le vieillard est couché, l'on dirait un mort, mais la passion brille dans ses yeux sinistrement ouverts. Debout, la jeune fille tient le livre, son œil est dur, sa bouche moqueuse. Cédant aux prières de Viviane, Merlin a trahi son secret.

En un moment elle a fait le charme des pas entrecroisés, des mains balancées, et, dans le chêne creux, il gît comme un mort, perdu pour la vie, pour l'action, pour son nom, pour sa gloire. Mais elle de crier : J'ai rendu mienne sa gloire; de crier plus fort : Le fou. Et la courtisane s'enfuit dans la forêt, et le fourré se referma derrière elle, et l'écho de la forêt répéta : « Le fou ! »

Le plus célèbre des symbolistes anglais n'appartient pas à l'école prérafaélite. M. Watts est un indépendant; il n'emprunte à personne ses symboles ni les formes qu'il leur donne. Voici l'*Espérance* assise sur la sphère terrestre ; les yeux bandés, elle penche son oreille contre sa lyre pour entendre si les cordes rendent encore un son. Voilà *l'Amour et la Mort.* — La porte d'une maison. Vue de dos, en longue tunique et voilée, la Mort veut ouvrir cette porte de sa main puissante étendue. Et l'Amour l'arrête, l'enfant nu aux grandes ailes. Et sa bouche est suppliante, et ses yeux sont douloureux. L'amour vaincra-t-il la Mort? Non, la Mort ne regarde pas et son bras est fort comme le Destin. (1)

Mais Watts, Burne Jones, Rossetti n'ont trouvé que les formes du symbolisme moderne. M. Whistler lui donne la couleur; on nomme l'art troublant de Whistler celui de la symphonie en

(1) Je n'ai pas besoin de rappeler que, pour étudier le préraféalisme, il convient avant tout de lire le livre de M. de la Sizeranne.

couleur. Pour lui, la symphonie de la couleur est la symphonie d'une âme, soit que ses teintes mystérieuses nous rendent les délicatesses des femmes d'aujourd'hui, leurs hésitations, leurs doutes amoureusement cultivés, ces morbidités choyées qu'on appelait *fin de siècle;* soit que dans une chambre vide et grise, contre un mur nu, il nous montre Carlyle, un homme tout d'une pièce et rude entre les rudes : —de profil, dans la même pose que la dame âgée du Luxembourg, le visage usé, la bouche amère, le regard douloureux, son grand chapeau sur les genoux, enveloppé dans son manteau, tremblant déjà du froid de la tombe proche, du froid de la solitude faite autour de lui dont la gloire remplit le monde, dont les œuvres changent la vie des hommes et des peuples.

En Allemagne, la littérature et l'art modernes procèdent de Wagner. Chez lui, tous les sentiments ont leur image plastique comme leur motif musical. Le Gral figure la foi, l'Anneau du Nibelung le lucre, le Casque enchanté le mensonge, le breuvage de Siegfried l'ivresse de la gloire et des plaisirs, celui de Tristan la volupté, sœur de la mort.

Après Wagner, le plus grand symboliste de l'Allemagne moderne est Nietzsche. Tous les chants du *Zarathustra* sont remplis d'images mais le dernier livre tout entier est un grand poème allégorique.

Dans sa caverne, que défendent les animaux symboliques, le serpent et l'aigle, Zarathustra réunit le roi de droite, le roi de gauche, le sorcier, le pape, l'homme le plus laid (Judas), le mendiant volontaire, l'Ombre, le conscient de l'esprit, le prophète du malheur et l'âne. Il y célèbre la Cène avec eux et leur parle de l'homme supérieur. Et tous l'honorent comme leur sauveur.

Mais voilà que, se levant avant l'aurore, Zarathustra les trouve endormis et pense : « Non, ceux-là n'étaient pas les compagnons qu'il me faut... mes hommes à moi me manquent encore. »

« Ainsi parla Zarathustra. Alors s'accomplit le prodige. D'innombrables oiseaux l'entourèrent voltigeant; tels étaient autour de sa tête le bruit des ailes et la presse qu'il dut fermer les yeux. Et vraiment il semblait qu'un nuage fût tombé sur lui, un nuage de flèches comme il s'en abat sur un nouvel ennemi. Mais c'était ici un nuage d'amour s'abattant sur un nouvel ami. » Que m'arrive-t-il? « pensa Zarathustra dans son cœur étonné et il s'assit lentement sur la grosse pierre, qui se trouvait près de l'entrée de la caverne. Mais, comme il jetait les mains autour de lui, au-dessous de lui, au-dessus de lui, pour se défendre de la tendresse des oiseaux, voilà qu'il advint un plus grand prodige : sans le remarquer il enfonça ses mains dans une épaisse et chaude crinière; en même temps un rugissement retentit, un doux et lent rugissement de lion. Et en vérité, quand le jour parut une puissante bête fauve était couchée à ses pieds..... Et se levant, il dit :

Le lion est là, mon heure est venue. Ce matin est mon matin... qu'il resplendisse donc, le grand Midi. »

Le symbolisme de Wagner et de Nietzsche inspire aujourd'hui tout l'art allemand. Böcklin donne l'*Ile des Morts*, les *Adorateurs du Feu*, la *Nature*, la *Vie*, M. Klinger publie l'*Amour et la Mort*, M. Stuck peint la *Guerre* et le *Péché*.

Mais, dans toutes ces œuvres, nous voyons l'effort d'un art nouveau. Le symbolisme allemand remplacera le symbolisme anglais ; et, comme celui-ci est un art d'analyse, celui-là est un art de synthèse.

III

Les lois mêmes de l'évolution veulent que les arts commencent par l'imitation, se renouvellent par l'observation et l'analyse, et aboutissent à la synthèse. Aussi tous les genres de la peinture au dix-neuvième siècle ont-ils donné des synthèses. L'idéalisme a produit la *Justice* de Prud'hon et l'*Apocalypse* de Cornelius, le naturalisme, le *Semeur*, le *Travail*, le *Laminoir*. L'impressionnisme prétend maintenant trouver des synthèses qui, au contraire des anciennes, soient purement subjectives. Mais peut-on composer une image synthétique avec des ébauches de couleurs ou même de lignes, ou les symboles de certaines sensations du toucher, de l'odorat ou de l'ouïe? Comme signes d'une émotion fugitive, de pareilles esquisses ont leur intérêt; comme éléments de synthèses, il semble difficile de les utiliser. Et nous le voyons bien dans les œuvres de M. Henri Martin. Plus son style devient ferme et sa composition savante, plus sa facture, toute d'impressions dans l'origine, devient systématique et même conventionnelle, d'une convention sans doute qui lui appartient en propre. Et, tout en reconnaissant qu'il a raison, nous regrettons parfois le charme et l'imprévu des notations d'autrefois.

Les grandes compositions de M. Max Klinger suggèrent des remarques différentes. A l'exemple de Hans von Marées, il s'efforce de donner la perception de l'espace, de nous faire comprendre ou même sentir que les corps sont entourés d'air. Et, comme dans son *Jugement de Pâris*, où l'on trouve seulement cinq personnages, il s'y efforce dans son *Olympe*, où l'on en trouve plus de trente. Devons-nous l'approuver ou penser que son labeur l'a mal servi? A-t-il raison de vouloir exprimer des idées philosophiques par des impressions très délicates que ressentent quelques artistes raffinés sans réussir à les rendre comme ils le souhaiteraient? Dans chacune des figures de ces artistes, on devine l'effort, la recherche, la retouche, comme des interrogations restées non répondues. Et ce sont proprement ces tentatives toujours infructueuses et toujours répétées, qui nous donnent l'impression de l'air; car nous ne voyons pas l'air, et sans doute nous le devinons moins aux teintes des objets qu'à la synthèse que tire inconsciemment notre cerveau des données de tous nos sens. Or de pareilles curiosités sont le charme d'une ébauche : ne nuisent-elles pas à l'effet d'une grande composition? Et, dans ce même tableau de M. Klinger, je signalerai les tons crus qu'il donne à l'armure de Mars : ces tons symbolisent la violence et la guerre ; et sans doute la pensée d'un pareil symbolisme est venue à l'artiste des efforts tentés pour assimiler les couleurs et les sons, puis pour découvrir les sentiments, que les uns et les autres éveillent le plus souvent en nous. Mais, sans l'aide d'un commentaire, nous ne comprendrions pas de semblables intentions et ces tons crus déparent un tableau, tenu dans les teintes grises des plein-airistes.

Beaucoup de peintres allemands cherchent aujourd'hui des effets analogues. Grâce à la manière dont ils nous montrent comme fondues des couleurs juxtaposées, M. Herterich a fait de son *Ophélie* une étrange et douce vision : a-t-il aussi bien réussi dans son *Saint-Georges* ? Les tons violents, les plaques sans modelés conviennent à la *Danse des morts* de M. Slevogt. — Dans le désordre d'une nuit de bal masqué, une jeune femme décolletée entraîne un domino. Sous le masque du domino nous apercevons la Mort. — La même facture peut convenir à la *Danaé*, que, par un sentiment de pruderie exagérée, l'on a retirée de la *Sécession* de Munich; elle étonne quelque peu dans l'*Enfant prodigue*.

Et le symbolisme moderne va plus loin encore. Après avoir fondu les couleurs, il mêlera les lignes; pour devenir décoratif, il traitera toutes les formes et jusqu'au corps humain comme de simples ornements. Dans les compositions de M. Mucha, les cheveux des femmes, les contours de leurs hanches se perdent en lianes, en arabesques aux couleurs variées, et, sur le fond d'argent, les traits étranges, les yeux rêveurs, la ligne des bras, la pointe des seins indiqués par des traits d'or ne sont que des motifs de décoration comme les fleurs, les plantes, les spirales et les courbes. Nous voici revenus au principe même du style rocaille, aux Hermès et aux Cariatides du Zwinger avec leurs piédestaux tordus et leurs épaules en volutes.

Sans doute impressionnistes de la couleur et impressionnistes de la ligne ont produit des œuvres charmantes, mais ils n'ont pas su créer un style décoratif, ni peindre de grandes compositions. Pour devenir proprement synthétique, le symbolisme moderne cessera d'être un art d'impressions, il deviendra un art de volonté.

Après les synthèses d'idées, les synthèses de faits, les ébauches de synthèses d'impressions, l'on aura des synthèses d'actes. Déjà les œuvres de M. Stuck et de M. Klinger nous donnent la sensation de l'énergie ; nous y reconnaissons non pas des rationalistes qui discutent, des romantiques qui rêvent, des naturalistes qui observent, des impressionnistes qui sentent mais des hommes modernes, qui veulent, qui travaillent, qui sont avant tout impatients d'agir.

Ce symbolisme de la force n'existe encore qu'en Allemagne. Il semblerait, que, dégoûtée de l'idéalisme d'autrefois, l'Allemagne ne voulût rien comprendre que la lutte pour la vie. Comme elle n'a pas connu de bornes dans son enthousiasme pour l'idéal, elle ne connaît plus de bornes dans sa haine de l'idéal, du moins dans sa haine de ce qu'on appelait autrefois l'idéal. Mais la morale réaliste d'aujourd'hui a deux tendances contradictoires : le socialisme et l'individualisme.

Aucun peuple n'a poussé plus loin que les Allemands le principe que l'individu devait se sacrifier à la société ; dans son ensemble, le socialisme est un système allemand, comme il compte en Allemagne le plus grand nombre d'adeptes. D'autre part, chez aucun peuple la philosophie n'a revendiqué plus hautement les droits de l'individu contre la société ; Nietzsche condamne la pitié, la solidarité, il les nomme les vertus des esclaves.

> *Du renoncement à soi-même comme du signe d'une vie appauvrie.* Rien n'y fait. Tous ces sentiments de dévouement, de sacrifice au prochain, toute cette morale qui veut comme nous faire sortir de nous-mêmes, il faudra l'examiner, la juger sans pitié, comme aussi l'esthétique de la contemplation désintéressée, cette menteuse excuse dont se rassure aujourd'hui un art sans virilité.

Ou encore :

> *De la pitié comme d'un symptôme de dégénérescence.* Que partout où l'on prêche aujourd'hui la pitié, le psychologue tende l'oreille : à travers toute la vanité, tout le bruit, qui est le propre de ces prédicateurs comme de tout prédicateur, enroué, criard, il lui viendra un véritable écho de *mépris de soi-même.* Ce mépris appartient à cet assombrissement, cet enlaidissement de l'Europe, qui se développent depuis un siècle, à moins qu'il n'en soit la propre cause.

Nulle part, la grande crise de la morale moderne n'est donc

plus vive qu'en Allemagne, et rien ne fera mieux comprendre cette crise que l'étude de l'art allemand contemporain. Si les doctrines philantropiques, si la pitié, le socialisme inspirent beaucoup des peintres religieux, consciemment ou inconsciemment la plupart des symbolistes partagent les croyances que Nietzsche enseigne dans son *Zarathustra*. Mais déjà les doctrines opposées tendent à se concilier, surtout dans l'art. La violence n'est pas la force. C'est de la force, mais de la force calme et mesurée, que l'art allemand et l'art européen devront s'inspirer pour produire, au vingtième siècle, les synthèses originales d'un art tout ensemble indépendant et classique.

CHAPITRE PREMIER

BÖCKLIN (1)

Le plus grand des symbolistes allemands est Arnold Böcklin. Dans sa jeunesse, grand, fort, les traits réguliers, les yeux bleus à la fois malicieux et rêveurs, les lèvres riantes, tout son être nous dit la force, la santé, la joie de vivre, un maître de l'humour, de la couleur et de la fantaisie. Septuagénaire aujourd'hui, le visage ridé, la bouche mélancolique, le regard resté rêveur mais sans l'éclat ni la gaieté d'autrefois, Arnold Böcklin nous apparaît comme le poète philosophe, toujours profond, triste parfois, qui a renouvelé l'art du dix-neuvième siècle. De l'Allemand, il a le penchant à la rêverie et l'habitude des synthèses philosophiques; du Suisse, le culte jaloux de la

(1) Né à Bâle en 1827 et le fils d'un riche marchand de soieries, A. Böcklin doit d'abord s'employer dans le comptoir de son père; mais, à peine libre, il court au Musée. Holbein est son maître de prédilection. Quand les conseils d'amis obtiennent la liberté du jeune homme, il se rend à Dusseldorf pour y travailler sous Schirmer, dont les paysages historiques sont alors tenus pour des chefs-d'œuvre. Puis Böcklin étudie à Anvers, à Bruxelles, à Paris. La révolution de 1848 cause la ruine de son père. Il connaît de longues années de misère. Dans l'esprit de celui que la nature a créé pour être le peintre de la vigueur et de la joie, ces malheurs font naître la mélancolie; dans son œuvre l'on trouve la douleur unie à la gaieté brutale. Mais un vague instinct l'attire vers l'Italie, il vit sept années à Rome avec Begas, Passini, Feuerbach, épouse une Romaine, dont le type puissant et beau lui servira de modèle. Ne pouvant ni attirer l'attention, ni vaincre la misère, Böcklin se rend à Munich; ses enfants et lui-même y tombent malades de la fièvre typhoïde. Mais, dans le même temps, l'une de ses œuvres gagne les suffrages du public; la galerie de Munich l'achète, c'est *le Pan dans les roseaux* (1857). — Un ruisseau entre des roseaux énormes; Pan assis, le syrinx à la bouche; et la lumière, glissant entre les hautes herbes, se joue dans l'eau par taches d'or. Avec ce tableau finit la première époque de la carrière de M. Böcklin.

Professeur à Weimar (1860-62), où il connaît M. Begas et Bonaventura Genelli et s'inspire de Preller, puis à Munich, puis de nouveau en Italie, enfin à Bâle (1866-71), M. Böcklin peint alors ses premières œuvres originales. D'abord celles de la galerie du comte Schack à Munich : *Pan effrayant un berger* (1868); *les Pé-*

liberté, le goût du naturalisme. Rendre d'une manière concrète, souvent même trivialement concrète les croyances du passé ou les spéculations de la pensée moderne, voilà même le génie propre de Böcklin. Un long séjour en Italie a donné à ce génie le sens de l'harmonie qui lui manquait ; dans les œuvres de la maturité du maître, visions confuses, scènes pénibles ou triviales, tout a revêtu cette forme heureuse et belle, que Nietzsche veut appeler « méditerranéenne ».

Böcklin est surtout un paysagiste, d'aucuns disent le plus grand paysagiste du dix-neuvième siècle. Il aime la nature, passionnément même, au point de s'oublier des heures à rêver dans la forêt ou devant la mer. Mais, comme Ruysdael, comme Claude Lorrain, Böcklin ne copie pas la nature, il l'observe pour la refaire à sa fantaisie. Un bruit inspire au musicien une première harmonie, une seconde, puis tout un rêve d'harmonies. De même un site aimé inspire à Böcklin un premier site idéal, puis un second, puis tout un rêve de sites idéaux. Dans combien de marines avec des rochers Böcklin ne se forma-t-il

lerins d'Emmaus, un paysage biblique, qui rappelle Schirmer, et *l'Anachorète à genoux sur un rocher* (1863), *la Villa au bord de la mer* (deux fois 1864), *l'Auberge romaine* (1864) ; *la Plainte du berger* (1865) ; *la Chevauchée de la mort* (1869), *la Caverne du dragon*, *le Meurtrier poursuivi par les furies* (1870), *la Villa italienne au printemps*, (1871). Outre les tableaux de la galerie Schack, *la Bacchanale* de 1854, les fresques du musée de Bâle, *la Danse du Printemps* à la galerie de Dresde (1868), d'autres variantes de la *Villa au bord de la mer*.

Avec le retour du peintre à Munich commence la troisième période, celle des œuvres d'abord violemment attaquées, puis fanatiquement admirées. Ses portraits de lui-même, sa *Pietà* de Berlin (1873), le *Château en ruines* (1878, Breslau) et ce qu'on appelle les œuvres en bleu ; une maladie de la vue lui rend toutes les couleurs pénibles fors le bleu. C'est aussi l'époque des nombreuses représentations du printemps, tantôt sous forme symbolique, tantôt dans des paysages italiens. Alors aussi l'on voit apparaître les Tritons, les Centaures, tous les êtres du monde mythologique retrouvé par Böcklin. (*Champs-Elysées* 1878, Berlin.)

Böcklin s'établit à Florence en 1879 et nous avons les œuvres « monumentales » *l'Ile des morts* (1880) (Leipzig) *Prométhée* (1882), *l'Ermite jouant du violon* (1882, Berlin), *le Bois sacré* (Hambourg), *le Burg au bord de la mer* (1883), *Dans le jeu des vagues* (1883, Munich), *le Silence dans les bois* (1885, Berlin et Hambourg), *Calme* (1887), *Idylle de la mer* (1887), *Vita somnium breve* (1888).

La vieillesse vient mais le génie du peintre reste aussi vigoureux. Seulement sa main est plus hésitante. Parmi les dernières œuvres, il faut citer *le Retour*, le tryptique de la *Vierge* (1890), *un Saint prêchant aux poissons* (1892), *Vénus genitrix* (1892), *Polyphème*, *les Cavaliers de l'Apocalypse*, etc.

pas avant de trouver dans l'*Ile des Morts* la forme monumentale qu'il voulait?

Mais les paysages de Böcklin ne sont pas vides. Le génie du paganisme revit en lui. Sous les bois silencieux, près des flots, au fond des gorges, un murmure, une ombre, un rayon font naître une image dans son esprit, image si vague que bientôt il ne peut rien s'en rappeler. Une seconde fois, la solitude éveille le même fantôme, et l'artiste croit reconnaître un dieu, un centaure, une nymphe. Enfin, après des années, Böcklin peut répéter les vers du Faust :

> Encore, vous vous approchez de moi, formes indécises qui de bonne heure vous êtes montrées à mon regard troublé. Chercherai-je cette fois à vous retenir?... vous vous pressez. C'est bien, restez telles qu'autour de moi vous montez hors de la vapeur et du brouillard. Mon cœur tressaille, rajeuni par le souffle enchanté qui enveloppe votre cortège.

Et l'art de Böcklin est complexe comme son inspiration. Tout d'abord son art est traditionnel : nul n'a plus fidèlement étudié les maîtres de la Renaissance. Il cherche à rendre leurs formes, sans y réussir toujours : non pas qu'il ne dessine bien, ses sculptures prouvent la sûreté de sa main ; mais, tout à son inspiration, il ne fait pas d'ébauches ; trop impétueux, son ardeur peut le trahir. Böcklin s'efforce aussi de retrouver les tons des Vénitiens et de Rubens. Il étudie leur facture, il étudie jusqu'à la composition chimique de leurs couleurs. Ses premiers tableaux ont gardé tout leur éclat ; la patine que leur donne le temps ne fait qu'augmenter leur beauté. Et Böcklin se rattache encore aux anciennes écoles par la qualité de sa pâte qui rappelle les maîtres italiens, par la sûreté de son pinceau, par sa manière sobre et précise.

L'art de Böcklin est ensuite naturaliste. S'il peint toujours des paysages idéaux, il y reproduit les nuages, les rochers, les arbres de chaque espèce, l'herbe même avec un soin scrupuleux : sa conscience en peignant les lames et l'écume égale celle de Harrison et de Moore. Crée-t-il des monstres, leur organisme est si bien étudié, que des savants ont écrit sur les monstres de Böcklin. Du Bois Raymond ne lui reprochait même que cette exactitude anatomique : il admettait les centaures idéaux de la Grèce, mais pas ceux de Böcklin, dont les deux colonnes vertébrales se soudent naturellement, dont les deux cœurs, le double système d'artères et de veines ne semblent pas se contrarier.

Enfin l'art de Böcklin est impressionniste. Il a fait pour la couleur ce que Wagner a fait pour la musique. Wagner a découvert des résolutions d'accords simples comme les plus communes. Mais il se plaît aussi à des suites de dissonnances, que beaucoup jugent déplaisantes ou morbides. Dans chaque tableau, Böcklin se pose un nouveau problème de couleur. Et si parfois il le résout dans la belle manière classique du Titien de l'*Assomption*, parfois il décide de la solution avec la hardiesse d'un Monet, d'un Whistler ou d'un Besnard. Quand le temps aura fini de patiner la *Pietà*, on la comparera aux œuvres des grands Vénitiens. Dans le *Jeu des vagues* les teintes sont celles mêmes de la nature. L'*Ile des morts* relève de l'impressionnisme comme le comprend Whistler, mais, dans les *Naïades*, Böcklin défie Monet, et plusieurs de ses paysages de printemps sont les plus crus que l'on ait peints.

Aussi, bien que les symbolistes de l'Allemagne procèdent de Böcklin, aucun n'a tenté de le copier. Car ce maître au génie classique est, de tous les maîtres, le plus personnel.

I

Peintre inspiré, A. Böcklin a toujours donné des tableaux originaux ; mais, dans chacun d'eux, son originalité s'est affirmée davantage, si bien que les premiers sont d'un classique et d'un coloriste, les derniers d'un impressionniste. Peintre consciencieux et volontaire, Böcklin a toujours donné des compositions longuement méditées et fortement composées ; mais, dans chacune d'elles, la pensée devient plus profonde et

BÖCKLIN (ARNOLD)

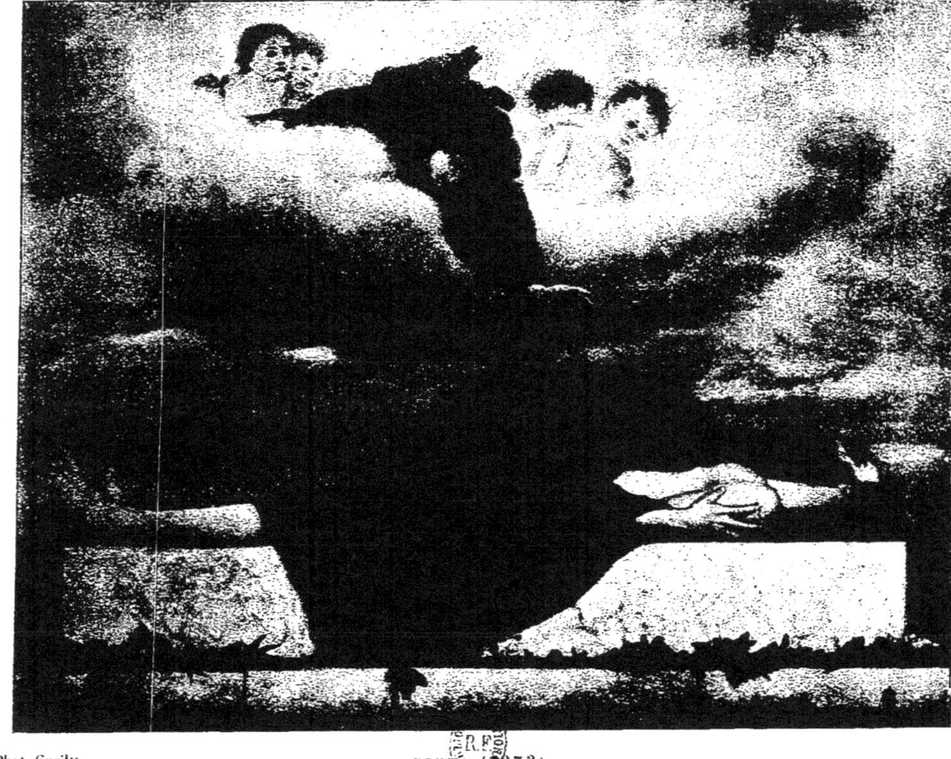

Phot. Gurlitt.

PIETÀ (1873)

H. $1^{m},66$ — L. $2^{m},08$.

(Galerie Nationale, à Berlin.)

Avec la permission de M. Weber à Leipzig.

la forme plus monumentale. La carrière de Böcklin est une carrière de travail, d'efforts et de luttes; comme Wagner, il n'a cessé de renouveler sa manière, et c'est à l'âge de soixante ans qu'il a peint ses chefs-d'œuvre.

Cependant la personnalité de Böcklin nous apparait comme si puissante, son art comme si différent de tout art, que l'on peut présenter de sa production un tableau d'ensemble sans y distinguer les époques.

Böcklin a traité tous les genres.

Des portraits, les plus beaux peut être, ceux qu'il a peints de lui-même, l'un inspiré par Holbein avec la Mort derrière lui (Berlin).

Des allégories : Le *Génie de la nature* (fresque au musée de Bâle) la *Mélancolie*, le *Drame*, les *Ages de la vie*, l'*Espérance*, la *Nuit*, le *Gardien du trésor*.

Des scènes gaies prises surtout dans le monde antique. Ainsi la *Taverne romaine*. Des scènes terribles, comme l'*Invasion des barbares*, cette gorge, où des voyageurs fuient devant un dragon. Le *Château assailli par des pirates*. — La mer. Un rocher à pic que trois arches relient aux écueils du rivage. A mi-hauteur, une terrasse, des maisons; au sommet, une tour carrée. Un ciel de tempête. Des flammes. Les vagues qui déferlent, et, dans les bateaux ballottés, les pirates prêts à débarquer.

Des scènes religieuses. — Dans une cabane, ouverte au vent, un vieil ermite, vêtu de la robe de bure, joue du violon devant une madone. Le regard d'enfant, les joues restées fraiches entre la barbe blanche et les longs cheveux blancs, prouvent que le vieillard n'a jamais connu la passion. Nous pensons à cette religieuse du moyen âge qu'une musique inconnue ravit en extase; dans l'église en ruines, elle prie depuis des siècles, oublieuse de tout dans un songe du ciel. Sur le mur à moitié détruit de la cellule, deux anges : un petit garçon aux cheveux blonds, à la bouche rieuse; une fillette brune avec des yeux rêveurs. Debout, sur la pointe des pieds, un troisième ange plus espiègle regarde par une fente de la porte. Ces anges de

Böcklin semblent presque des Faunes par leur santé, leur belle humeur, leur sourire inconscient; ils sont humains, tant son génie leur donne l'expression de la vie, les montre enfants et même gamins. Et cependant leur pureté les fait chrétiens comme leur sympathie pour la douleur.

Böcklin a peint plusieurs *Pietà*. L'une rappellerait le *Bellini* de Berlin, une autre le *Quentin Matsys* de Munich. La *Galerie nationale* en possède une célèbre. Dans le ciel orageux, une trouée de lumière; sur les nuages des têtes d'anges. A gauche, un garçonnet blond, qui pleure; une fillette brune au regard étonné. A droite, un enfant se frotte les yeux avec la paume de ses mains; un autre enfant se penche en avant, désolé. Sombrement vêtu, dans la trouée lumineuse, un ange s'élance, sa main droite comme retenue aux nuages, sa main gauche tendue, compatissante. Sur la terre, contre le ciel bleu, un tombeau blanc, le Christ blanc, étendu roide; et, couchée sur le cadavre, une grande forme, cachée dans un manteau bleu, qui tragiquement l'étreint, la main gauche sur la tête du Christ, ses doigts dans les cheveux, l'autre sur le bras qu'elle presse de ses doigts puissants. C'est la Vierge invisible, le symbole de la douleur.

Pour rendre ses rêves, Böcklin imagine des paysages doux comme ses visions d'Italie. *Le voyage de noces* — une gorge aux rochers abrupts, aux arbres noueux ; dans le fond, la rivière au pied des collines. Puis *Regards d'adieux à l'Italie; Les Ages de la vie*. Böcklin aime le printemps de Toscane : le ciel d'un bleu léger d'où fuient les derniers gros nuages, les prairies d'un vert cru aux fleurs de toutes couleurs, les hauts cyprès qui semblent noirs, les oliviers gris, les peuples au tronc clair, les ruisseaux qui sautent sur les cailloux des gorges puis coulent paisiblement dans la vallée fertile, les collines couronnées de maisons aux toits de tuiles, aux terrasses cachées sous la verdure. Enfin la *Villa sur le bord de la mer*. — Sous un ciel gris avec des nuages roses, un promontoire, de hauts cyprès penchés par le vent, des massifs de rhododendrons, un portique

BÖCKLIN (ARNOLD)

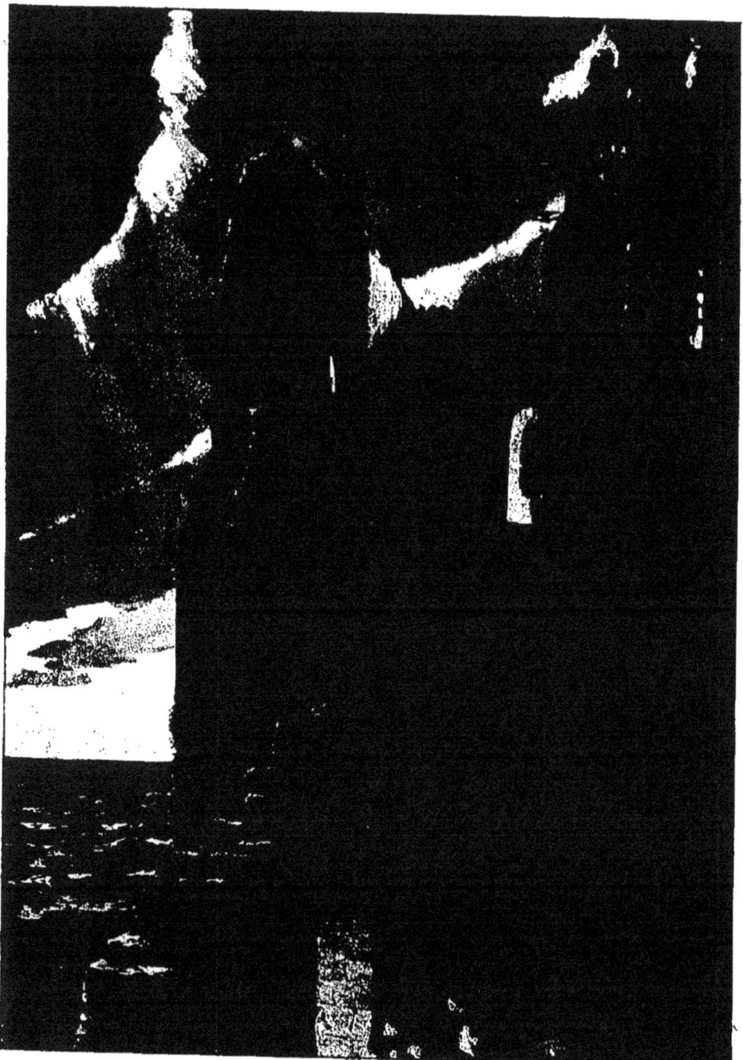

LE CHATEAU PRÈS DE LA MER (1883)

H. 1m,15 — L. 0m,85.

(D'après l'eau-forte de M. Max Klinger.)

Avec la permission de M. Fritz Gurlitt à Berlin.

BÖCKLIN (ARNOLD)

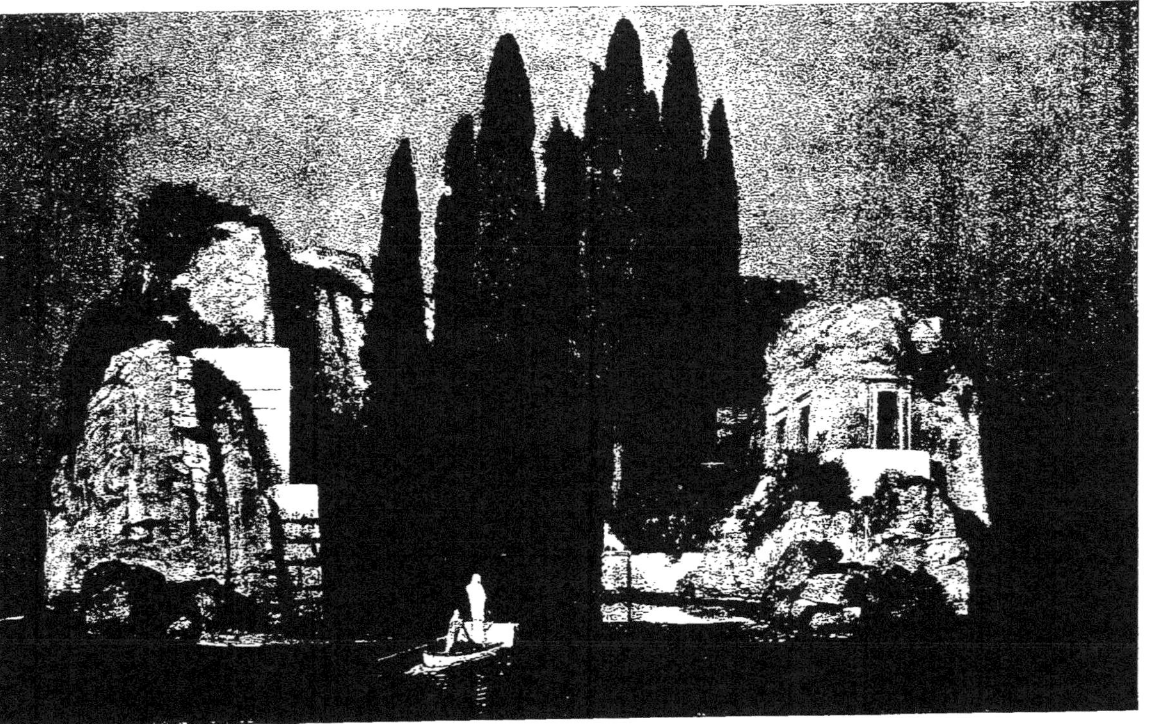

L'ILE DES MORTS (1880)

H. $0^m,74$ 1/2 — L. $1^m,22$ 1/2.

(Comtesse Marie d'Oriola (Budesheim). Variante au Musée de Leipzig.

Avec la permission de l'Union photographique, à Munich

rougi par les derniers feux du soleil. Au pied d'un escalier, sur la plage de la baie, une femme enveloppée dans un manteau sombre : les vagues, bordées d'écume, viennent mourir à ses pieds. Et nous avons le même paysage sous un ciel bleu (la villa plus éclairée, les massifs parés de fleurs printanières). Et nous l'avons comme embrasé dans la lueur tragique du couchant.

Et Böcklin imagine des sites romantiques comme le *Château en ruines* battu par les vagues sous un ciel d'orage percé de longs rayons d'or; cet autre château en ruines, qui s'élève au-dessus d'une vallée arrosée par un fleuve. *Le bois sacré*. — Un long marais aux herbes vertes, aux fleurs blanches. Des arbres le bordent : à gauche des peuples au tronc clair, au feuillage clair; à droite des pins au tronc noir, au feuillage noir. Entre les arbres gris, le ciel transparent; entre les arbres noirs, la mer d'argent, à l'infini. Au pied des peuples, l'autel du feu, où l'on accède par des dalles, qui coupent le marais. Et des profondeurs mystérieuses des bois, une procession de prêtres blancs s'avance. Les premiers arrivés sont prosternés devant l'autel.

Enfin l'*Ile des Morts*. — Sous le ciel pur de la nuit, qu'emplit la clarté de la lune invisible, la mer, un rocher de la forme d'un croissant, où sont creusés des tombeaux. Entre les pointes du croissant, une allée de hauts cyprès : au fond, sous la lueur blème, comme l'entrée de l'*Au-delà*. Et voici que lentement un bateau s'approche. A l'arrière, une ombre rame d'un geste régulier, implacable comme le Destin. A l'avant, un fantôme blanc debout près d'un cercueil blanc. Et nous pensons à l'*Hymne au tombeau* de Zarathustra :

« Voilà l'île des tombeaux, l'île silencieuse. Ces tombeaux sont ceux de ma jeunesse. J'y porterai une couronne de vie toujours verte.

« Ainsi je pensai dans mon cœur et je traversai la mer.

« O vous, fantômes; ô vous, apparitions de ma jeunesse, regards de l'amour, moments divins, que tôt vous m'êtes morts! Aujourd'hui je pense à vous comme à mes morts...

mais de vous, mes chers morts, un parfum s'élève, qui délivre le cœur et fait couler les larmes. Vraiment ce parfum émeut, affranchit le cœur de celui qui doit naviguer solitaire. »

II

Paysages fantastiques, scènes idéales, figures symboliques nous montrent seulement l'ébauche du songe de Böcklin. Il a rêvé du monde jeune encore où, comme le dit Victor Hugo, la terre restait « molle du déluge. » Pour peindre ce monde, Böcklin prend aux montagnes de la Suisse leurs verdures, à ses torrents leurs tourbillons; l'Italie lui donnera la mer bleue, le ciel pur, les couchers de soleil, les paysages, les cyprès et les ruines mêmes : comme Le Poussin et Claude Lorrain, Böcklin ne peut s'imaginer l'Italie sans ruines. Sur ces verdures, ces tourbillons, les cyprès, le ciel et la mer bleus, il répand une aveuglante lumière qui fait penser au vers de la *Légende des siècles*.

Tant ces immenses jours avaient une aube immense.

Et nous nous rappelons Hauptmann dans la *Cloche engloutie*.

Mère de tout, o lumière (Urmutter Sonne), que tes enfants... nourris du lait de tes mamelles... jettent tous leur cris de joie en suivant ta course glorieuse dans le ciel... Cette fête. Vous savez la parabole de l'enfant prodigue ; c'est la parabole de la mère lumière à ses enfants égarés... La cloche merveilleuse chante en tons doux, doux comme les cris d'amour des oiseaux et des bêtes ; toute poitrine étrangle... La cloche chante un hymne perdu, oublié, l'hymne de la patrie, l'hymne des enfants aimés, puisé aux profondeurs du puits de la fable, connu de tous, mais de nul entendu. Et, comme l'hymne s'élève mystérieux, fiévreux, tantôt sanglot de rossignol, tantôt rire de colombe, la glace fond dans chaque poitrine humaine ; la haine, la rancune, la colère, l'angoisse, la souffrance s'épanchent en chaudes, chaudes, ah ! combien chaudes larmes.

Böcklin rêve aussi d'une race de héros, qui soient comme le veut Nietzsche « des lions riant... par delà le bien et le mal. »

Mais, peintre, Böcklin se représente tous les sentiments par des formes et des couleurs : le *Surhomme* lui apparaît comme l'animal humain dans l'ivresse de sa force. Pour le représenter avec toutes les violences de ses colères et de ses amours, la réalité ne saurait suffire. Böcklin fait revivre les êtres mythiques de la Grèce. D'abord, les dieux ; leur beauté les dira les enfants des pays où brille toujours le soleil. Puis les Centaures, les Pans, les Sylvains, les Naïades, les Tritons ; ils nous rappelleront le Nord par leur brutalité, leurs faces rougeaudes, leurs corps gras, leur bonne humeur, comme aussi par leur front soucieux, leurs yeux songeurs, qui semblent chercher le brouillard par delà le ciel bleu.

Le monde conçu par Böcklin est prodigieux, mais il nous semble vrai. Sites fantastiques ou réels, lumière intense, dieux classiques, Tritons à la face triviale, son génie a su fondre tous les disparates dans un ensemble harmonieux. L'œuvre de Böcklin nous fait penser au plafond de la Sixtine ; l'on pourrait appeler Böcklin un autre Michel-Ange, lui aussi créateur de Titans, mais de Titans gais, charnels et brutaux.

*
* *

Voici quelques scènes du monde rêvé par Böcklin.

Dans le *Printemps d'amour*, une source, que guette un pâtre en haut d'un rocher couvert de mousse et comme enveloppé de branches fleuries ; des amours dansent, d'autres font de la musique.

Encore le printemps : au pied d'une colline, la nymphe de la fontaine tient son urne penchée ; derrière elle une grotte où deux enfants jouent. Dans le ciel, la ronde des amours. Des Satyres. Gros et joufflu, le plus âgé glisse sur l'herbe. Pour boire à la fontaine, le plus jeune, un coude appuyé sur le ventre du vieux, hausse ses pattes de chevreau grandissant plus épaisses que ses cuisses poilues...

Böcklin excelle à peindre les dieux cornus. Dans ce bois, une femme nue chevauche un Pan qu'elle pique de son bâton.

Sur cette roche, nous surprenons deux Faunes à surveiller Diane endormie : à la vue des belles jambes nues, l'un, d'âge mûr, trahit une surprise ahurie ; l'autre, un vieillard, sa hideuse lubricité.

Accroupis, ceux-là guettent une source qui sommeille. Leurs lèvres épaisses s'allongent, leurs yeux se mouillent, leurs joues tannées rient entre les cheveux blancs et la barbe grise. Que volontiers leurs mains s'étendraient vers la belle rêveuse ! mais elle pourrait fuir ; tremblants, ils regardent et n'osent remuer.

Les maîtres du monde de Böcklin sont les Centaures. Penché sur l'eau, celui-ci voit jouer des poissons. Cet autre se fait mettre un fer en plaisantant avec les forgerons. Des paysannes le regardent ahuries. Un troisième centaure apprend à sa compagne comment l'on franchit d'un bond les précipices.

Toute cette vision du monde jeune est résumée dans les *Champs-Élysées*.

Un paysage idéal aux montagnes dorées par le matin. Des rochers d'où tombe une cascade. Au-dessous, une grotte d'azur dont les eaux s'épanchent dans un lac que bordent de vertes prairies aux fleurs éclatantes. Sous les peupliers, la danse des jeunes hommes nus, des vierges aux longues tuniques, autour de l'autel des dieux toujours propices. Sur le bord du lac, un couple goûte l'amour, sans craintes ni remords, que donne la saine, la sainte inconscience. Dans l'eau bleue presque noire, deux cygnes nagent l'un vers l'autre lentement. Derrière eux, deux sillons droits qui s'éloignent. Devant eux, leurs images réfléchies en rides pâles : de plus en plus petites, elles s'enfoncent dans l'abîme lumineux du ciel aux beaux nuages qui se reflète entre les masses sombres des reflets des arbres. Contre un bouquet de roseaux, deux naïades, tapageuses et gamines. Leurs longs cheveux sont parés de fleurs : l'une est blonde, l'autre brune. Le soleil rend leur blanche peau éclatante, se joue en prismes sur les écailles polychromes de leurs cuisses, tandis que, dans les flots fouettés par leurs jeux, leurs ombres jettent des rides blanches et les rayons des rides d'or.

BÖCKLIN (ARNOLD)

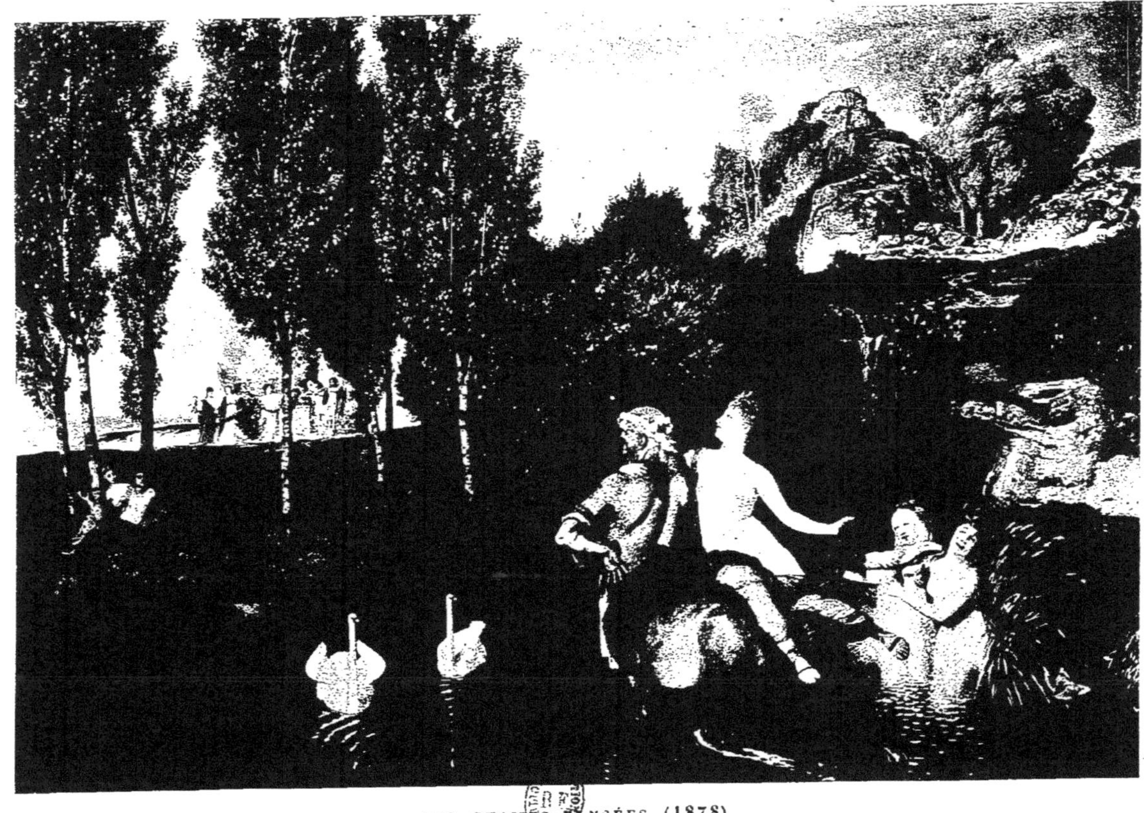

LES CHAMPS-ÉLYSÉES (1878)

H. $1^m,50$ — L. $2^m,50$.

(Galerie Nationale, à Berlin.)

Avec la permission de la Société photographique (Paris et Berlin).

Calme, le centaure Chiron traverse le lac. Dans l'onde azurée ses pattes et sa queue laissent un remous d'écume; la lumière se joue sur son torse d'homme, sa croupe d'un brun-gris marquée de taches fauves. Des fleurs couronnent sa tête chauve, d'où pendent les cheveux blancs, mêlés à la barbe blanche. D'un regard jaloux, Chiron surveille l'un des cygnes, il soupçonne Jupiter, car sur son dos, il porte Hélène. De sa main droite passée sous le menton, la fille de Léda tient le cou du centaure; l'autre main joue avec le voile de gaze rouge qui flotte autour des belles jambes. La tête relevée, elle ne voit pas le cygne; son regard cherche encore dans le ciel son rêve d'un amour divin.

Et nous pensons à *la nuit classique de Walpurgis*, quand le Pénée, soudain éveillé, s'écrie :

Agitez-vous, roseaux murmurants, respirez doucement, joncs leurs frères; bruissez, légères pousses des prairies, et vous, rameaux des peupliers, que vos bruits tremblants consolent nos rêves interrompus.

Quand les nymphes disent à Faust :

Ce qu'il te faut, c'est te coucher ici, reposer dans la fraicheur tes membres fatigués, jouir du calme qui te fuit toujours. Écoute nos murmures; pour toi nous frémissons, pour toi nous coulons, pour toi nous tremblons.

FAUST. — Je m'éveille! Puissent-elles rester ces formes inoubliables!... Sont-ce des rêves ou des souvenirs?... Des ondes se glissent dans la fraîcheur des bois épais, doucement remués; loin de se précipiter, à peine coulent-elles. De toutes parts, cent fontaines se réunissent dans le bassin pur, dont les bords se creusent doucement pour former un bain. De jeunes et belles femmes, que mon regard charmé voit une seconde fois dans le miroir humide!... Des cygnes, qui, sortant des anses, nagent d'un mouvement majestueux et pur... Mais l'un, hardi, se rengorgeant, superbe, passe au milieu des autres, rapide; son plumage se gonfle, une vague sur les vagues... Il violera le lieu sacré.

Chiron apparaît alors, emporté dans une course folle. Faust saute sur la croupe du centaure et le supplie de parler d'Hélène.

CHIRON. — Les Dioscures venaient de délivrer leur sœur des mains de bandits... Ceux-ci les poursuivaient. Les marais d'Éleusis arrêtèrent la sainte fuite des *Jumeaux*. Les frères passèrent à gué ; je pataugeai, je nageai, je la transportai sur l'autre rive. Hélène alors de sauter sur le sol : elle caressait ma crinière humide, me flattait, me remerciait, délicieusement fine et sûre d'elle-même, séduisante, jeune, la joie du vieux.

Tel est ce monde heureux où nul ne connaît de contrainte ni de remords, le monde de la force et de la liberté.

Mais la violence des Centaures cause leur perte ; nous assistons à leurs luttes prodigieuses. Deux se poignent, tandis qu'un troisième, cabré, soulève un rocher pour les en écraser. A droite, deux autres Centaures renversés. Dans un fouillis de jambes qui ruent, de bras qui se débattent, deux têtes hideuses : un vieux râlant, un jeune, qui mord à pleine bouche le bras du vieux étouffé.

C'est la fin d'un monde ; déjà s'approche la Déesse du silence.

Une forêt, rien que le bas des troncs nus des sapins ; entre deux troncs, une éclaircie, quelque vague pays de rêve. Dans la forêt même, la licorne à la tête hideuse, aux yeux de feu ; et sur son dos, rousse, couronnée de bleuets, vêtue d'une robe bleu clair avec des paillettes d'argent, une déesse impassible, aux grands yeux sans regard. (*Le Silence dans le bois.*)

* * *

Mais, dans cet âge des dieux, la mer couvre les deux tiers du globe, la mer nourricière qui baigne toute choses d'azur et de lumière. Sur ses bords, des plages salies d'algues polychromes, de grands arbres, des rochers. Ici deux Sylvains pêchent : appuyé sur une perche, un vieillard regarde d'un air narquois : son compagnon jeune et fou a pris une naïade dans son filet. Sous le poids trop lourd, le bâton casse ; d'un coup de queue le poisson-femme aux grands yeux effrayés peut emporter dans l'eau et bâton et filet.

Plus loin, des récifs. La vague écume et rejaillit en poussière de prismes ; des naïades, des dieux-marins, des enfants-

BÖCKLIN (ARNOLD)

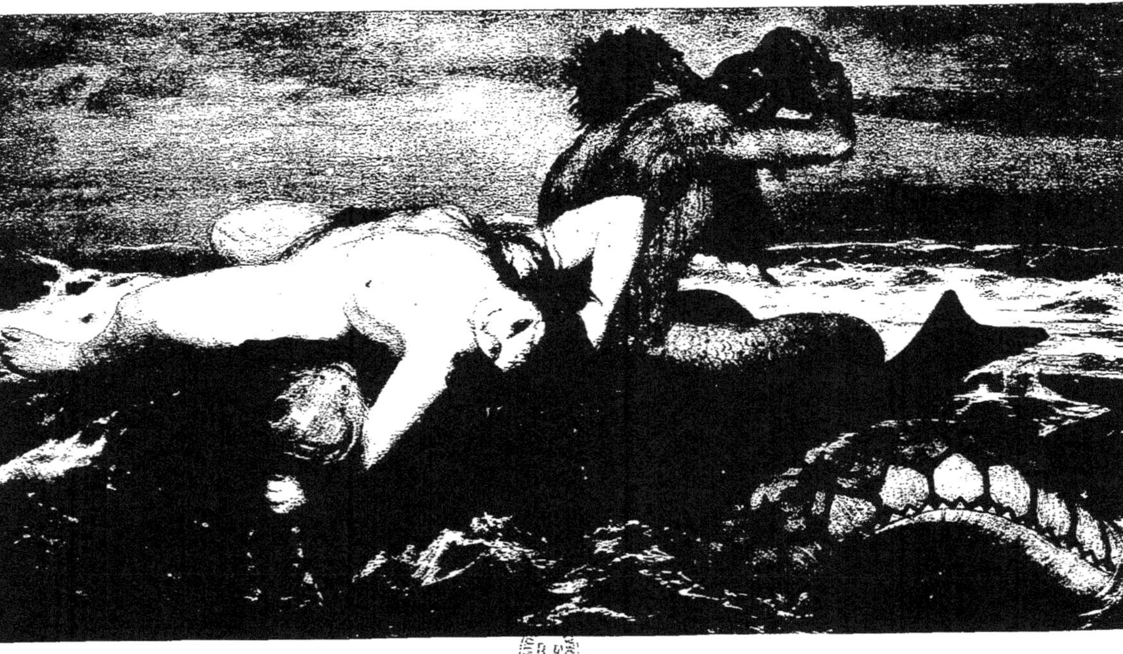

TRITON ET NÉRÉIDE (1873)

H. $1^m,02$ — L. $1^m,90$.

(Galerie Schack, à Munich.)

Avec la permission de l'Union photographique, à Munich.

poissons se poursuivent, se culbutent, se narguent sous les cascades ou dans les tourbillons. (*Les Naïades*. Bâle.)

L'*Idylle de la mer*. Un écueil plat. Un Triton, aux cheveux blond filasse, traîne deux phoques tenus par les oreilles ; une nymphe couchée sourit, son bébé dans les bras ; un enfant aux yeux dilatés de surprise regarde les monstres battus par les lames écumantes.

Plus avant encore, un rocher vert de mousse. Un Triton assis sonne de la conque ; couchée sur le dos, une Néréide tient par le cou un gigantesque serpent de mer.

Le même rocher, la même nymphe plus lascivement étendue ; un autre Triton aux pattes de phoque, au visage douloureusement amoureux et jaloux.

Dans le *Jeu des vagues*. Sous un ciel bas, gris et noir, aux trouées d'un bleu pâle, la mer sombre avec des plis qui sembleraient moirés, des gouffres glauques au fond d'argent, des abîmes d'écume. Pataugeant bruyamment, un centaure marin, le torse couleur de bronze, le ventre gonflé, galopait à la poursuite d'une nymphe. Soudain il s'arrête cabré, l'écume ruisselle sur sa croupe. Dans la vague soulevée le corps aux pieds palmés apparaît déformé par la réflexion, partie sombre et partie glauque. Les bras ouverts ; entre les cheveux noirs, la barbe noire, rien qu'une bouche béante, deux grands yeux dilatés. Pour échapper, la nymphe plonge, tête en bas, les genoux ployés, les hanches, les pieds hors de l'eau ; à la joie d'une vieille nymphe, qui fait la planche, le centaure aperçoit des rondeurs qui lui rendent sa perte cruelle. Devant eux, un dieu cynique et rieur, au visage rouge, à la blanche barbe limoneuse, aux rares cheveux blancs couronnés de lotus, son torse jaune hideusement poilu. Autour de lui l'eau prend de vilains reflets. De la main droite, il entraîne une naïade. Elle ne sait pas nager, s'appuie à l'épaule du maître. Blonde d'un blond filasse, couronnée d'algues rousses, la chair éclatante, ses larges hanches d'une femme, ses cuisses recouvertes de blondes écailles, pour jambes d'énormes queues de poisson aux reflets métalliques. Ses yeux regardent terrifiés, ses grands yeux glauques à la pupille toute petite dans la prunelle énorme. Qu'elle abandonne l'épaule protectrice, elle se noie; qu'elle s'y cramponne, les petits yeux brûlés de luxure, le gros rire du hideux vieillard lui présagent son sort.

Le *Calme*. Une mer d'argent sans une ride, où tout se reflète avec de grandes ombres noires presque droites comme sur un miroir de métal. Là-bas, quatre têtes surnagent, lubriques et grotesques. Ici trois nymphes au corps blanc, aux cuisses recouvertes d'écailles polychromes, taquinent un vieux triton qui joue sur une lyre faite du mât et des cordages de quelque vaisseau échoué.

Sur un rocher, une naïade s'éveille au milieu de ses mouettes au collier noir. Elle aperçoit le hideux fantôme des abîmes, poisson hors de l'eau et dans l'eau cadavre blême et gonflé aux bras faits d'algues traînantes; démesurément ouverts, les yeux du monstre marquent l'étonnement de qui a vu les hideurs du fond de la mer.

Cependant au-dessus des flots de pourpre on aperçoit le corps géant de Prométhée allongé sur le Caucase, tandis que de l'écume des ondes s'élève Vénus Anadyomène.

CHAPITRE II

MAX KLINGER, FRANZ STUCK ET HANS THOMA

Le monde des êtres forts et libres rêvés par Böcklin et par Nietzsche est une chimère ; l'homme ne peut pas, l'homme ne veut pas s'affranchir des douleurs et des misères, parce que douleurs et misères sont le prix de ses affections. Pour exprimer cette idée, M. Gerhart Hauptmann a trouvé le beau symbole de la *Cloche engloutie*. Les nymphes et les sylvains de la montagne ont englouti l'ancienne cloche chantée par Schiller, la compagne des joies et des peines de la vie familiale. Avec leur aide, le maître se flatte de fondre la cloche du *Surhomme*, délivré de tous les attachements de l'homme. Et soudain la cloche engloutie recommence de sonner ; elle rappelle la femme et les enfants oubliés, la pauvre maison, témoin de tant de larmes et de rires innocents ; elle rappelle l'église où l'homme a pris sa femme, fait baptiser ses enfants, porté le cercueil de son père et de sa mère. La vieille cloche sonne, sonne toujours, disant l'homme moins malheureux au milieu des misères partagées de la vie humaine que dans l'orgueilleux égoïsme de la vie surhumaine.

Henri (le fondeur). — La cloche, la cloche.
Rautendelein (la fée de la nature). — Quelle cloche ?
Henri. — La vieille cloche, la cloche engloutie. Elle sonne, elle sonne. O trahison ! Je ne veux pas l'entendre. Au secours, au secours !
Rautendelein. — Henri, viens à moi, mon Henri.
Henri. — Elle sonne... que Dieu m'aide ! qui m'a trahi ainsi ? Entends comme elle gronde, comme le son enterré, la tonnante tourmente vont toujours grossissant .. (à la fée) Je te hais... Loin de moi, esprit maudit. Anathème à toi, à moi, à mon œuvre, à tout. Me voici. Je suis là. Je viens, je viens. Mon Dieu, ayez pitié de moi !

Et Nietzsche, le grand individualiste, sentant la folie proche, poussait dans les monts de l'Engadine ce cri de désespoir.

Mes amis, nuit et jour je vous attends, mes amis ! où restez-vous ? venez. Il est temps, il est temps. Mais c'est pour vous que le glacier blême s'est aujourd'hui paré de roses. Le torrent vous cherche, et, passionnés, le vent, les nuages se pressent, se poussent dans l'azur pour vous épier du plus haut qu'il peuvent voler.

Mes amis ! Enfin vous voilà, mes amis ! Hélas je ne suis pas celui que vous cherchiez. Vous hésitez, vous vous étonnez : que ne grondez-vous ?... Ne suis-je plus le même ! Ma main, mon pas, mon visage, que trouvez-vous changé ? Ce que je vous suis, mes amis, ne le suis-je donc pas ?

Je suis devenu un autre? pour moi-même un étranger? Je me suis échappé à moi-même ? un lutteur, qui trop souvent s'est vaincu ? qui trop souvent s'est bandé contre sa propre force ? blessé, mutilé de ses propres triomphes ?

Je cherchai où le vent souffle le plus fort? J'appris à demeurer où personne ne demeure, dans les zones désertes des glaces et des ours? J'ai désappris l'homme, désappris Dieu, le blasphème comme la prière? Je suis devenu le spectre qui erre sur les glaciers ?

— Mes vieux amis ! Voyez ! maintenant, vous me regardez, blêmes, pleins d'amour et d'effroi. Non, partez ; ne m'en voulez pas ! Ici, vous ne pourriez demeurer, ici au plus haut des rochers, au seuil même des glaces. Qui veut vivre ici, doit être chasseur et pareil au chamois.

Chasseur, je le suis, et quel chasseur. — Voyez, comme mon arc est bandé ! Seul le fort des forts peut le bander ainsi. Mais malheur ! la flèche est plus dangereuse qu'aucune flèche. Hors d'ici ! pour votre salut, hors d'ici !

Vous vous détournez ? Oh ! mon cœur, tu en supportas trop ; rien n'a lassé ton espérance. Pour de nouveaux amis garde ta porte ouverte. Adieu les vieux amis ! Adieu tout souvenir ! Tu fus autrefois jeune, voici une jeunesse meilleure.

Des amis, eux, non, des spectres d'amis ! Cela revient encore la nuit frapper à mon cœur, à ma fenêtre, et me fixer, et me dire : Nous, nous... jadis... — mots fanés, qui avaient la senteur des roses !

C'est la lutte des deux cloches, la cloche de l'Homme et la cloche du Surhomme, c'est l'angoisse de Nietzsche superbe de sa solitude, effrayé de sa solitude, que veulent rendre les chefs de l'école symboliste allemande. Mais chacun donne du problème sa propre solution.

KLINGER (MAX)

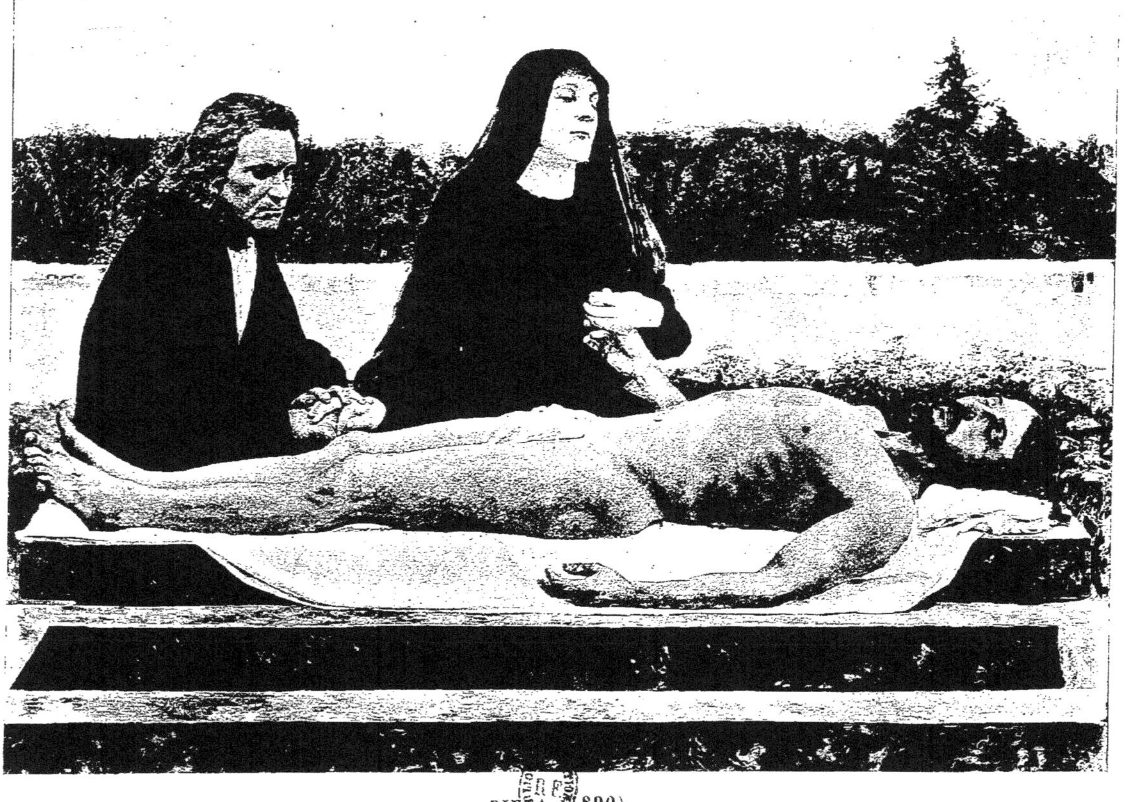

PIETÀ (1890)

H. 1m,50 — L. 2m,05.

(Musée de Dresde.)

Avec la permission de la Société photographique (Berlin et Paris).

I

M. Klinger nous enseigne le fatalisme et la résignation stoïque.

En 1882, le célèbre critique danois, M. Brandes mettait M. Klinger avec Ibsen, Björnson, Flaubert, Renan, Stuart Mill, etc, parmi les représentants de l'esprit moderne (*Moderne Geister*) et terminait ainsi sa notice :

« Observateur du premier ordre, Klinger étudie fidèlement la réalité. Sans pitié même à force d'être fidèle, il n'épargne pas les nerfs du spectateur, lui rend chaque impression dans tout ce qu'elle a de pénible. Mais au fond du cœur Klinger est panthéiste. Son imagination s'est frayé son chemin jusqu'à la source primordiale d'où la vie s'échappe, débordante. Il crée avec la nature, au besoin la recrée. Il forme de nouveaux organismes comme de nouveaux monstres fabuleux, trouve de nouvelles expressions pour les sentiments, des images neuves ou renouvelées pour le bonheur, le besoin, l'effroi et la destruction. »

M. Klinger publia d'abord ses dessins pour la *Vie du Christ* (1878) puis son illustration de l'*OEuvre d'Anacréon*. En 1881, parut la suite d'eaux-fortes qu'il intitule : *Paraphrase sur la trouvaille d'un gant*. Le gant d'une jolie femme ramassé au patinage, conservé jalousement et devenu l'objet de rêves étranges, terribles parfois et parfois comiques, tantôt multiplié comme les sujets des affiches américaines, tantôt gigantesque, le symbole du destin. Ici, l'océan et, sur la conque de Vénus, le gant, qui conduit un attelage de chevaux marins; là, près de la mer, un autel, et le gant adoré par des vagues, qui écument des roses.

Deux suites d'eaux-fortes ont surtout fait connaître l'imagination de l'artiste et l'esprit du penseur. La première a pour titre : *L'Amour*.

A Böcklin (Dédicace). — La mer houleuse, une montagne.

Assise au milieu des sirènes, Vénus apprend à Cupidon comment il doit bander son arc.

En Voiture. — Le printemps. Des roses, des marronniers en fleurs. L'arrière d'une victoria : sur la banquette, une femme songe en regardant une rose. Un jeune homme l'aperçoit.

A la Porte. — La grille d'un parc. Sur le seuil, la dame tend sa main au jeune homme, qui porte cette main à ses lèvres.

Le Baiser. — La nuit. Dans le pénombre, une haute terrasse, un grand arbre. Au bas, la rivière, un bateau. A cheval sur le parapet, l'amant étreint passionnément sa maîtresse.

La Nuit. — Une chambre. Dans le cadre de la baie ouverte, un décor fantastique que la lune éclaire : des arbres du nord, une rivière, des arcades, un fond de paysage d'Italie. Devant la fenêtre, un lit ; les amants enlacés, plutôt semblables à des morts ; et l'on pense aux vers de Wagner :

« Douce, éternelle nuit de l'amour, s'éveiller de toi, quelle angoisse ! Puisse la douce mort, la mort ardemment désirée qu'est l'amour nous délivrer de l'angoisse... nous affranchir à jamais de la nécessité du réveil. »

Suivent deux songes. L'Amour maudit : *Adam et Ève* à genoux devant la Mort et le Péché. L'Amour racheté : — enlacés comme Francesco et Paola, les amants s'envolent dans le ciel ténébreux, par delà les mondes oubliés ; un ange de lumière leur montre dans un miroir leur image transfigurée. (*Nouveaux rêves*).

Le Réveil. — La chambre encore sombre. Par la fenêtre ouverte on voit le soleil se lever derrière les montagnes. Assise au bord du lit, la femme au visage dur regarde une image de l'Amour impitoyable, qui tient une barre dans ses mains.

La Honte. — Une route qui descend. Par-dessus le parapet, des têtes de rieurs. En bas, sur le mur de soutènement, en plein soleil, l'ombre d'une femme, et cette femme baisse la tête pour ne pas voir son ombre. A côté, une mégère hideuse et gigantesque, la Honte.

La Mort. — Sur un lit, l'amante, qui vient de mourir. L'amant en larmes tient la tête du cadavre. Au pied du lit,

KLINGER (MAX)

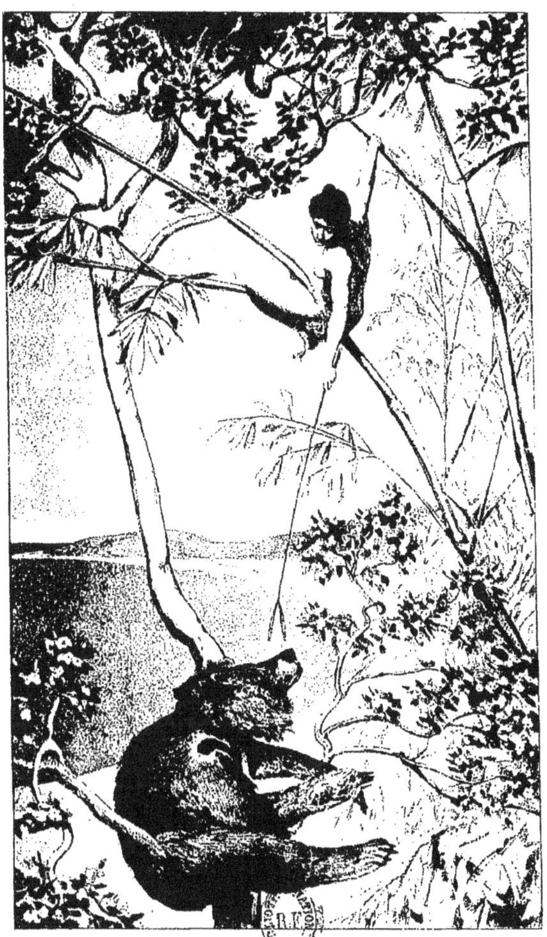

L'ELFE ET L'OURS

(Eau-forte. — Intermezzi.)

Avec la permission de l'éditeur Th. Stræfer, Nuremberg.

un homme sombre, le visage couvert de son manteau ; il a pris le nouveau-né, lui montre l'horizon noir de l'avenir.

La seconde suite d'eaux-fortes est consacrée aux *Lieder* de Brahms. Pour les premières compositions, M. Klinger se contente de donner des encadrements et des vignettes. Mais, dans l'*Hymne au Destin*, qui fait de Brahms l'égal de Wagner, M. Klinger abandonne le texte et rend les images que la musique éveille en lui.

Seul au bord de la mer, Brahms à son piano prélude par de graves accords. Devant le piano, une harpe avec le masque d'un dieu marin, qui regarde de ses yeux encore vides. Hors des flots, une naïade s'élève pour inspirer le compositeur, tandis que, dans le ciel nuageux, s'agitent des formes étranges et colossales.

L'*Hymne du Destin*, c'est l'histoire de la lutte des Titans, les grands révoltés contre l'Olympe invincible. D'abord l'*Assaut* : — dans l'ombre, les Titans roulant des rocs, s'élançant, tombant, hurlant; dans la clarté, calmes et beaux, Apollon et Diane, qui de leurs flèches sûres, percent les Furieux.

Puis, *La Nuit*. — Sur la terre, les corps immenses des Titans étendus. Les hommes errent hagards. Dans le ciel nuageux, une lumière.

Cette lumière, Prométhée la ravit. A peine, dans les ténèbres, distingue-t-on la foule qui tend les mains, suppliante. Dans un sillon de feu, Prométhée descend avec le présent divin.

La Danse. — Les hommes célèbrent le retour du Titan libérateur.

L'enchaînement de Prométhée. — Et tous les biens devenus dès lors inutiles : *Homère*, *La Naissance de Vénus*. Pourquoi la poésie? Pourquoi la beauté? Tout est vanité, rien que vanité. — *La Mort*, *La Misère*.

Mais voici *Prométhée délivré*. Dans un paysage fantastique, le Titan, libéré de ses chaînes, réfléchit, la tête dans ses mains. Près de lui, Hercule appuyé sur la massue. Dans la mer écumante, les Océanides élèvent les mains vers leur frère. Et l'on pense au dernier vers du Parsifal de Wagner :

« Rédemption soit au rédempteur. » Mais le rédempteur se demande anxieux : Avec mes chaînes, toutes ces chaînes tomberont-elles, qui retiennent l'humanité captive ?

Comme peintre, M. Klinger a produit de belles œuvres d'un réalisme brutal ; volontairement, il rend sa composition sèche, presque maladroite, son dessin heurté, sa couleur déplaisante. Ses deux meilleurs tableaux sont la *Pietà* et le *Christ dans l'Olympe*.

La Pietà (1890, à Dresde). Des tons plus rudes que les plus rudes des Primitifs. Un mur blanc barre le fond du tableau : par delà, nous voyons un paysage d'Italie, des cyprès, des pins, des oliviers, la ligne bleue de la mer. Devant le mur, un champ de plantes sauvages. Dans ce champ, le sarcophage ouvert, une caisse de marbre jaune enfoncée dans le sol et le dépassant à peine de son rebord. Derrière le sarcophage, sur le couvercle enveloppé du linceul, le cadavre nu du Christ aux longs cheveux : la barbe blonde, les traits tirés, les yeux clos, la bouche entr'ouverte ; la main gauche repose sur le linceul, la droite dans la main gauche de la Vierge à genoux. Vêtue de bleu, un voile bleu sur la tête, les paupières alourdies par les larmes, les lèvres tendues comme dans le désir d'un dernier baiser, la Mère de Douleur abandonne son autre main entre les mains de Saint Jean, agenouillé dans sa tunique rouge, un coude sur le couvercle du sarcophage. Brun-roux, les cheveux pendants, le visage glabre, une rude figure comme en peint M. de Gebhardt ; ses yeux tristes ne peuvent se détacher du cadavre torturé de son Maître.

Le Christ dans l'Olympe. Un tryptique : des palmiers en séparent les parties.

Sur la prédelle. — *A gauche*, le monde antique, une statue de la *Force vaincue* : la tête cachée dans ses mains, elle foule un rocher de ses pieds nerveux, et ses formes robustes, ses muscles tendus rappellent Michel-Ange. *A droite*, le monde chrétien, l'*Espérance* : le buste brisé aux reins d'une femme émaciée, qui, renversée en arrière, le visage douloureux, tend vers le ciel ses mains crispées, et l'on dirait un Botticelli sculpté. — Au milieu de la prédelle, une peinture brossée noir et fauve avec des lueurs rouges et vertes. De leur long sommeil écrasé, les Titans, les Titanes s'éveillent péniblement, de grands corps tourmentés comme ceux des tombeaux des Médécis. De leurs mains, de leurs piques, plusieurs commencent à frapper la montagne ébranlée, tandis que d'autres étirent leurs membres oppressés par le poids de l'Olympe.

Le tableau. — Un ciel gris moutonné avec des taches rouges et bleues, comme on en voit dans le Nord de l'Allemagne. L'Olympe fleuri. — Sur le volet de gauche, des nymphes mises en fuite par l'assaut des premiers Titans délivrés. Sur le volet de droite, Mars et Pluton vainement irrités.

Le tableau même. — A droite, le sommet de l'Olympe ; un temple grec au milieu d'un bois de sapins. Au pied du sommet le trône recouvert d'un manteau rouge, où siège Jupiter. Non pas le dieu puissant d'Homère, dont le regard lance l'éclair ; un vieillard aux membres grêles : pareil au Wotan de Wagner, il sent approcher *le Crépuscule des Dieux*, et, las, se résigne à l'arrêt de la Fatalité. Le front dénudé, le visage amaigri, les cheveux et la barbe chenus, son corps nu sans graisse, ni muscles, à peine soutient-il Ganymède, qui se presse contre lui, terrifié. Il est grand pourtant, et le groupe du vieillard et de l'enfant peut se comparer aux meilleures œuvres de l'art classique. Autour du trône, les dieux consternés emportent Vénus évanouie, courbée en deux, dans sa tunique blanche et son manteau rouge (un corps digne de Cornelius). Cependant, à l'horreur des Grâces nues, mais suivi des quatre Vertus nouvelles portant la croix, le Christ vêtu de jaune, roux, couronné d'or, s'approche calme et doux. Nous le voyons de profil. En vain Bacchus, un voile noir autour des hanches, lui tend la coupe des plaisirs ; en vain l'Amour le menace, un géant nu, la jambe droite tendue, le corps rejeté en arrière, le bras droit replié pour frapper. Le Christ avance la main, il bénit ; et Psyché, ses cheveux blonds épars, amaigrie, pâle, s'affaisse sur le sol, pressant la main droite du Sauveur; de païenne, l'âme humaine est devenue chrétienne (1).

(1) Deux tableaux de M. Klinger méritent encore d'être décrits. *Le Jugement de Pâris* (1886). — Un tryptique, deux volets très étroits séparés du milieu par des colonnettes. Sur les trois panneaux, un paysage inspiré de Puvis de Chavannes. Une colline avec de grands arbres, la mer, des rochers à pic. Sur une plate-forme, comme un jardin à la française. Pâris aux cheveux bruns est assis, il tient la pomme fatale; derrière lui, Mercure debout, le dos tourné. Devant lui, Héré nue, le diadème dans ses cheveux noirs, les bras ouverts, orgueilleuse de son sein toujours fécond. Pallas, vue de face, le buste découvert, une tunique rouge attachée à la taille, et défaisant ses cheveux roux. Aphrodite, de profil, encore enveloppée dans son manteau. Elle n'est pas belle comme la féconde Héré ou la sage Pallas, mais provoquante et perfide, avec un regard vicieux dans ses yeux d'enfant, un sourire méchant sur sa bouche sensuelle. — Le volet de gauche représente un buste de femme sur un haut piédestal, dont le bas, sculpté dans le cadre, porte une tête de faune. Sur le cadre du volet de droite est sculpté un Triton écrasant la tête d'un dauphin, qui se tord. La queue du monstre est peinte et porte une tête de Gorgone. Appuyé sur son arc, l'Amour, semblable au démon, regarde Aphrodite d'un œil sympathique et cruel.

Le Crucifiement (1887-91) souvent exposé, est l'une des œuvres les plus discutées de M. Klinger. — Un paysage des environs de Sienne. Sur une colline lointaine, une ville avec des tours carrées et des coupoles blanches. Au premier plan, le sommet du Calvaire, pavé de grosses dalles; les trois gibets, des personnages symboliques. A gauche, une femme nue, vêtue d'une chlamyde, la Beauté; un homme nu, appuyé sur une lance, la Force. Puis un politique qui accuse; derrière lui, un homme de loi, un banquier. Un lettré assis, gravant l'inscription de la croix; un autre, l'index de la main droite appuyé dans le creux de la main gauche. Un prêtre indifférent. Tous ces hommes vêtus de costumes conventionnels, rappelant ceux de la Renaissance italienne. Au milieu du tableau, la croix du bon larron vue de face; une croix basse aux bras très étendus; les pieds du supplicié touchant presque le sol. Brun, les cheveux crépus, le visage tout poilu, il tourne vers le Christ des yeux pleins de repentir et de bénédictions. Derrière la croix, un homme, une femme nus. Devant et debout contre le corps du larron, qu'il cache presque, Saint Jean, de face, revêtu d'un long manteau, dans une attitude raide et presque hiératique. Avec Marthe, une robuste femme, il soutient la Madeleine qui s'affaisse, les bras tendus et se tordant les mains. Dans le dessin, que possède le Musée de Dresde, les lignes de la Madeleine sont pures, les traits d'une beauté presque trop molle. L'attitude de la pécheresse renversée avec son doux visage de charme, d'amour et de douleur semblerait d'un art un peu morbide. Sur le tableau, la pose devenue roide fait penser au Pérugin de la galerie Pitti. N'était pour les épaules pleines et l'harmonieuse ligne de la hanche, le corps au pied tordu semblerait d'un Primitif. A gauche du groupe, la Vierge, de profil, les mains sur la poitrine, robe claire, manteau, bonnet et voile sombres, vieille, le visage dur, sa bouche sans dents trop rudement fermée. A droite et sur le bord du tableau, le mauvais larron, qui se tord. Le Christ nu, au profil régulier, dont la barbe, taillée comme sur les statues d'Assyrie, allonge encore les lignes, la couronne d'épines, les cheveux longs en petites boucles. Son regard fixé sur la Madeleine est presque dur et semble vouloir scruter les secrets de ce cœur trop aimant.

STUCK (FRANZ)

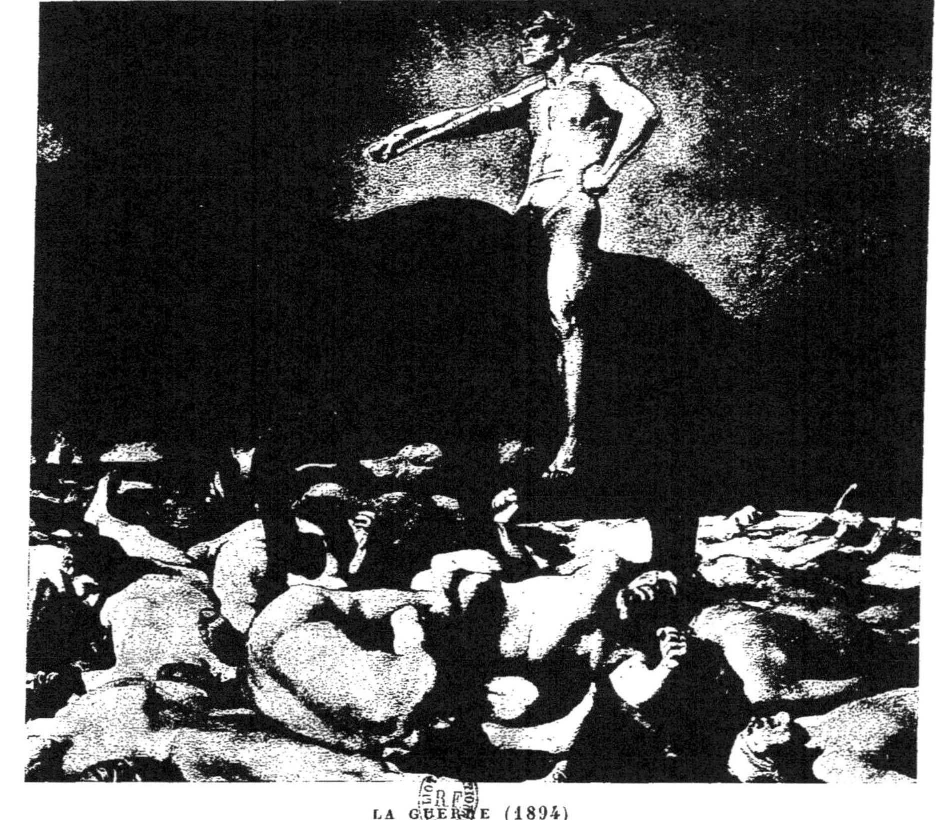

LA GUERRE (1894)

(Musée de Munich.)

II

De la vie, M. Klinger comprend surtout l'amertume, et son remède est le stoïcisme : et son art dit la méditation, ces angoisses de la conscience, ce besoin de se vaincre soi-même, que Nietzsche appelle la dernière ressource de l'antique cruauté. De la vie M. Stuck comprend surtout la lutte, et son remède est l'énergie : et, tout d'énergie comme son inspiration, son art procède par des lignes simples jusqu'à la brutalité, des figures fièrement campées et dessinées à grands traits, des tons rudes, éclatants, sans nuances, un coloris plus vigoureux que celui des impressionnistes les plus vigoureux, sobre cependant comme celui des maîtres de l'art classique.

M. Stuck envisage la lutte pour la vie sous trois formes différentes : une ardeur humoristique, l'amour et la mort.

D'abord l'humour et le *Combat de Faunes*, qui rappelle Böcklin. — La pâte épaisse et rocailleuse ; des tons éclatants. Une muraille de rochers, deux Satyres assis. A droite, une forêt sombre ; sur le seuil, la foule des Sylvains, des Pans, des Nymphes et des Dryades nues. Au grand soleil, deux Faunes se sont rués l'un sur l'autre, se frappant comme les boucs de leurs têtes cornues ; au-dessous des hanches un poil épais couvre leur corps de bête, mais, sous la lumière, leurs torses d'homme paraissent blancs : l'un tient ses bras noueux croisés sur sa poitrine ; l'autre serre les poings, prêt à frapper. Sur le sol brillant, les deux ombres mêlées font une figure grotesque.

Puis l'amour dans maintes œuvres au faire rude, aux sombres couleurs, surtout le vert et le bleu. La plus saisissante est *le Péché* (Munich). — Le buste d'une femme nue au pâle visage impassible, pâli encore par le contraste des cheveux noirs, qui, sur l'épaule gauche, tombent tout d'une nappe. De cette épaule

Dans ses dernières planches, M. Klinger emploie simultanément tous les procédés de la gravure, et se sert plus souvent de la taille-douce que de l'eau-forte. Le chef-d'œuvre de M. Klinger est la suite de planches : la *Mort*.

pend un gigantesque serpent ; s'enroulant au ventre, il se relève contre le flanc droit et sur le sein appuie sa tête hideuse.

Enfin la lutte et la mort. Un art brutal entre tous ; des tons noirs et bruns avec de blêmes reflets ou des lueurs d'incendie, des flaques de sang.

Ici l'homme contre l'homme. *Le Meurtrier*. — Un étroit goulet entre deux rochers abrupts. A la clarté de la lune, que les nuages voilent, on aperçoit la mer grise. Dans le goulet, où l'eau prend des reflets étranges, le meurtrier s'enfuit loin du cadavre abandonné qui, parmi les flaques claires, semble une grande tache noire. Mais, adossées à la falaise, les Furies guettent le coupable. Des serpents les enlacent. Vêtues jusqu'à la ceinture de haillons noirs, elles montrent, livides de lune, leurs poitrines décharnées, leurs hideux visages aux yeux hagards.

Là les peuples contre les peuples. *La Guerre* (Munich). — Sous un ciel noir avec des plaques de feu, la plaine d'où s'exhalent des vapeurs immondes. Dans une boue de sang, empilés, pressés, des corps livides : d'aucuns couchés sur le dos, roides, la bouche ouverte, les yeux fixes ; les autres tombés en avant, roulés sur le côté, hideusement tordus dans un dernier spasme. Et sur ces cadavres, la Guerre s'avance lentement : un homme nu, au corps bruni, le front ceint de lauriers d'or, son glaive sanglant sur l'épaule droite, le poing gauche contre la hanche ; il monte un cheval noir, qui, la tête basse, la langue pendante, renifle les cadavres, dont à peine il peut se dépêtrer (1).

(1) A M. Stuck, dessinateur, nous devons des esquisses, des pochades d'un humour toujours gai bien que parfois amer. Sa collaboration au *Fliegende Blätter* a fait la fortune de cette feuille. Je citerai, entre autres, tout une suite de gravures représentant le public aux expositions de tableaux de Munich : Cook's tourists, Anglaises excentriques, Allemands ventrus, professeurs hirsutes, paysans bavarois à la démarche lourde, à l'air ahuri. L'amour sous cent formes diverses. Des allégories. Des scènes d'étudiants. Dans *Cartes et vignettes* un délicieux dessin : perché comme un oiseau japonais sur une tige trop mince, qui surmonte son nid, l'Amour à l'air espiègle caresse une cigogne. Enfin les douze mois, d'excellents dessins de la vie des champs.

Parmi les tableaux de M. Stuck, il faut encore citer *Lucifer* (1890), *La Chasse fantastique*, *L'Exil d'Ovide*, *Le Cadavre d'Orphée*, *Œdipe et le Sphinx* ; un Crucifiement, une Pietà (pour le *Sphinx* voir la fin de ce chapitre).

HANS THOMA

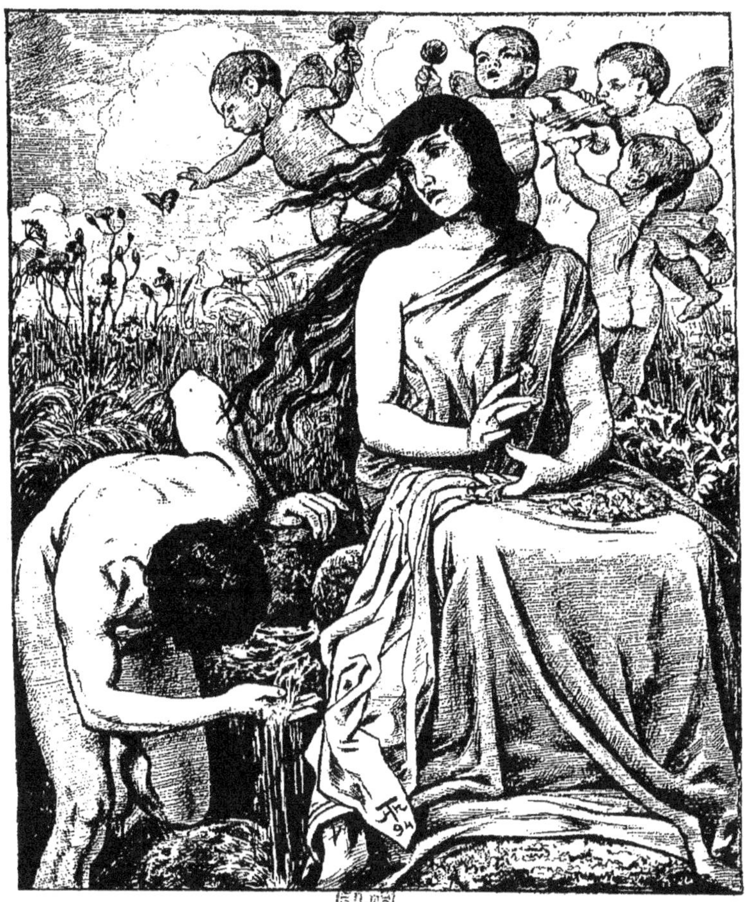

FLORA
Lithographie

Avec la permission de MM. Breitkopf et Härtel, à Leipzig.

III

D'autres artistes cherchent à l'énigme humaine une réponse moins triste. Grand poète comme les maîtres anglais et comme eux peintre hésitant, M. Hans Thoma s'inspire d'abord des paysanneries allemandes et françaises.

Ainsi *Le Violoniste de village* (1871). Des champs, plus loin une maison. Contre une barrière, à l'ombre d'un arbre, un enfant assis sur un billot. Il joue du violon en étudiant un livre posé sur ses genoux. Blouse, pantalon retroussé, gros souliers. Figure de grande bonne volonté, d'énergie douce et de médiocre intelligence.

Viennent ensuite des mythologies dans le style de Böcklin. *Flore* assise, des fleurs dans sa robe, l'air douloureusement étonné. Éprise sans doute du beau pâtre nu, qui boit à la fontaine. Derrière eux, des Amours.

Le vieillard de la mer. — Sur un rocher, au bord de l'Océan, le vieillard accroupi, le menton entre les genoux, les jambes relevées et serrées dans les bras. Autour de lui, des phoques coquetant comme des chiens.

Enfin M. Hans Thoma se crée un art personnel. Comme Rousseau, il réve de l'humanité affranchie de la civilisation et retournant à la nature. Dans des paysages qui rappellent Puvis

Voici les premiers tableaux, qui, avec le *Combat de Faunes*, ont décidé du succès de M. Stuck (1889).

Innocentia. — Sur un fond d'un blanc écailleux, le buste d'un jeune garçon au visage pâle, aux bras nus, la poitrine recouverte d'une gaze blanche, moins écailleuse que le fond, mais moins douce que les chairs. L'enfant tient dans ses mains un lys. Du fond blanc, rien ne se détache que les cheveux noirs, les lèvres rouges, et les grands yeux sombres au regard un peu triste dans leur naïveté.

Le Gardien du paradis. — Comme fond, l'éblouissement du Paradis; des fleurs de toutes les nuances, mais toutes ces nuances fondues dans l'éblouissement; et l'on dirait des fleurs de pierres précieuses; c'est en plus fruste le même art que le *Givre* de Monet. Devant, en pleine lumière, l'Ange, s'appuyant sur l'épée lumineuse, fortement posée à terre. Toujours ses grandes ailes d'ombre défendront à l'homme le bonheur. (En 1891, le *Paradis Perdu*, exp. à Paris 1900.)

de Chavannes, mais avec un coloris sombre et même dur, M. Thoma nous montre ici la vie simple du Paradis Terrestre, des Faunes et des Nymphes de Böcklin, des moutons paissant près des lions. Là c'est le jeune homme, formé par l'éducation anglaise, qui, sain, bien fait, sans se troubler de science ni de philosophie, se développe par le sport et la vie en plein air. Sous les arbres que le printemps commence à verdir, dans les pelouses fleuries, au bord d'une rivière aux calmes circuits, le nouvel Émile dompte des chevaux, joue du chalumeau ou se mêle aux rondes des jeunes filles (1).

*
* *

Coloriste éclatant, le plus hardi des impressionnistes, M. Louis de Hofmann (1861) a d'abord cherché la cause du mal dans le *Péché originel*. (*Secession* de Munich, 1893). — Comme fond, le paradis terrestre, qui lentement s'engloutit sous l'eau des lacs toujours plus haute. Dans la clarté fantastique, les arbres du Paradis flamboient, rouges, verts, jaunes avec des tons crus ; dans l'eau étincelante, leurs reflets flamboient rouges, verts, jaunes, avec des tons fondus. Des algues, des narcisses, des fleurs de la rive l'on ne peut distinguer les fleurs reflétées ; et l'on croirait que ces fleurs sont de feu.

Au premier plan, Adam et Ève assis. Des figures plus grandes que nature, le dessin lâche et souvent incorrect. A gauche, Ève, la tête contre ses bras croisés sur les genoux ; si grande est sa honte qu'elle n'ose montrer son visage. A droite, Adam, aux traits d'enfant, son coude gauche sur le genou, son menton dans sa main. Il regarde Ève coupable d'un air triste, naïf et rancunier.

Puis comme M. Stuck explique l'énigme du monde par l'idée de la lutte, M. de Hofmann lui trouve cette solution : l'ivresse de vivre.

(1) L'on doit à M. Hans Thoma des paysages aux tons sombres et d'un style décoratif ; des portraits, le meilleur, de lui-même ; des scènes symboliques comme le *Grâl* ; d'excellentes lithographies, comme la *Fuite en Égypte*.

HOFMANN (L. VON)

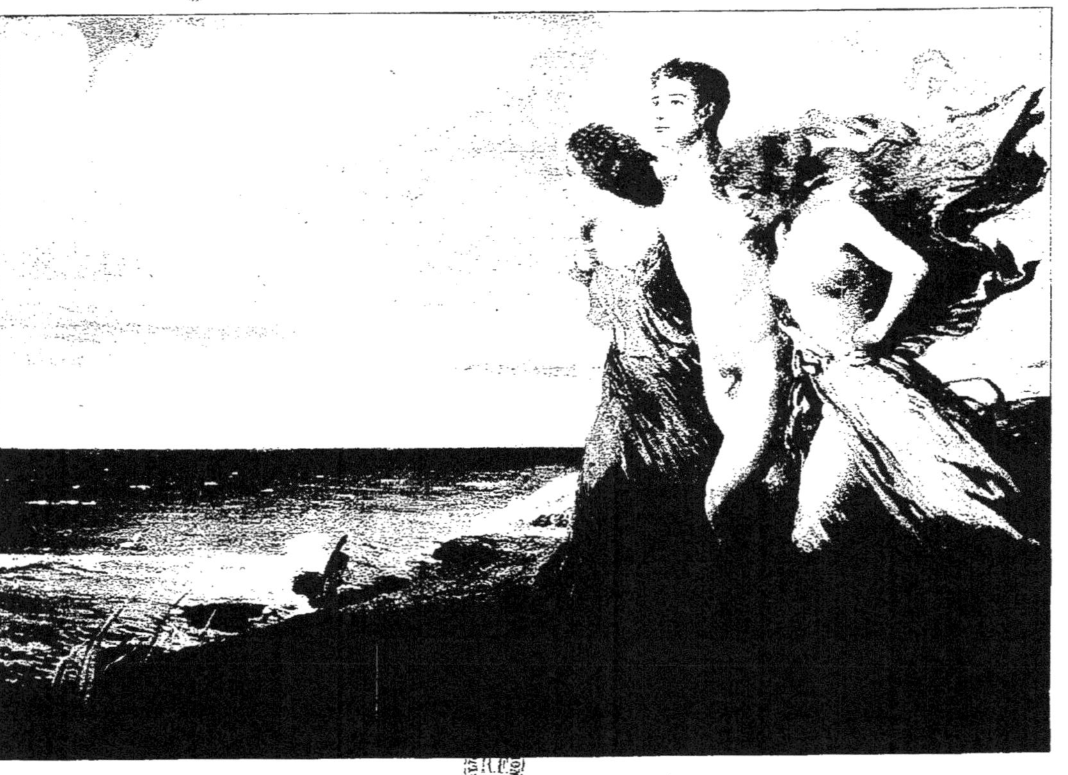

TEMPÊTE DE PRINTEMPS (1898)

(D'après l'héliogravure du Pan IV, 1898.)

Avec la permission de M. Louis de Hofmann.

Tempête de printemps. — Un tableau moins grand, au dessin plus ferme, au coloris moins dur mais aussi éclatant. L'inspiration est celle du poète Japonais : « Qu'entends-je? L'orage, la tempête. Pêcheurs, rentrez en toute hâte. Non, non, soyez sans crainte; la montagne a bien son orage mais un orage de fleurs naissantes. »

Au bord de la mer. Le vent pousse les nuàges, pousse les vagues aux crêtes d'écume. Au devant de la tempête, leurs cheveux, leurs vêtements rejetés derrière eux, un jeune homme, deux jeunes filles courent comme des fous. Le jeune homme nu. Il tient par l'épaule sa compagne de droite : vêtue d'une tunique, le cou nu, les pieds nus, celle-ci regarde vers la mer. étonnée. L'autre femme, le buste découvert, un profil de Botticelli, les traits durs, les yeux hantés par l'idée fixe. De son bras droit elle enlace le jeune homme qui l'a prise par la taille. Elle a son poing gauche sur la hanche. Son manteau, sa jupe ses cheveux flottent au vent. Tous sont ivres de la senteur marine, ivres de lutte, d'amour, de printemps et de vie. Sombres cependant : l'ivresse de la lutte, de la folie, pas celle de la joie (1).

Puisque la jeune école symboliste prétend nous révéler l'état moral de l'Allemagne contemporaine, cherchons quels

(1) Il faut citer aussi les illustrations de M. de Hofmann pour le *Pan* : une ronde de jeunes filles pour la poésie de Rainer Maria Rilke. « Jeunes filles, vous semblez les jardin par les soirs d'avril : dans beaucoup de directions le printemps, mais nulle part un but; » Adam et Ève; une ballade; dessin pour un miroir.

M. de Hofmann a peint de nombreux tableaux. Les meilleurs sont *Lever du soleil* (1894), *Idylle* (1896), *Baigneuses* (1898), *Source* (1898).

Nombreux sont les artistes, qui, à l'exemple de ces maîtres, cherchent à trouver de nouveaux symboles pour des idées nouvelles, à rendre ces symboles par les formes et les couleurs de l'impressionnisme le plus hardi : A Munich. — M. Volz (1855), un précurseur; M. Schuster-Woldann; puis les chefs de la jeune école : M. Exter (1863), M. Herterich, M. Max Slevogt, M. Corinth, M. Samberger (1861), M. de Zumbusch; M. Riemerschmied (1868) (*Paradis* à Dresde); M. Hart-

sont les sentiments et les croyances des représentants les plus connus de cette école. A peine chez quelques-uns retrouve-t-on l'idée d'une Providence ou même d'une Raison supérieure, qui dirigerait le monde. Dans la nature comme dans l'humanité, la plupart voient l'action de forces aveugles. Et, comme la philosophie nouvelle n'admet plus la Providence, elle n'admet plus la vie future. Longtemps l'Allemagne avait gardé la consolation de l'idéal : Dieu repris dans le cœur de l'homme, suivant l'expression des théologiens protestants; l'homme idéal, suivant celle de Schiller et de Hegel. Mais la philosophie moderne répudie aussi l'idéal. En face de ses passions et de ses maux, l'homme se trouve donc sans foi comme sans espérance. Ses maux lui apparaîtront dans toute leur hideur, ses passions dans toute leur brutalité.

Son premier sentiment sera celui de la *dépendance*, tel que M. Sasha Schneider le représente dans un dessin devenu populaire. — De ses bras étendus un gigantesque monstre noir forme un cirque : au fond, la tête hideuse aux yeux de feu. Dans le cirque, un homme nu, vu de dos, le front baissé, des chaînes à ses bras, qui pendent inutiles. C'est la mouche dans la toile de l'araignée; l'on pense à Claude Frollo écrivant sur le mur : *Ananké!*

En effet, l'homme dépend d'abord de la Fatalité. Aucun

mann (1861) (*Adam et Ève* à Munich); M. Fritz Erler (1868) qui a donné : *Le Patineur et la Fée des glaces.*

A Dusseldorf, M. Willy Spatz (1861) le peintre de la femme : sa pâte est fine, son coloris d'une pâleur délicate; (le Musée de Dusseldorf a de lui un beau tableau : l'*Adoration des bergers*); M. Alexander Frenz, qui s'inspire de Böcklin; M. de Beckerath, hardi et original dans la *Harpie.*

A Carlsruhe, M. Heine (1867) A Bâle, M. Sandreuter.

M. Sasha Schneider dont je décrirai encore le *Christ aux Enfers.* A droite, Pluton, couronné de la mitre. Derrière lui, la Mort; autour de lui, les démons. Au milieu, dans la gloire, le Christ écrasant le serpent. De ses bras étendus, il fait signe aux damnés, qui, pareils aux Titans, s'élancent hors des flammes, criant, levant les bras, brisant de leurs dents leurs chaînes tordues; les femmes, plus douces, tendent leurs mains à leur Sauveur ou cherchent, comme hypnotisées, l'énigme du sommeil et du réveil.

M. Lugo (1840), l'un des maîtres du paysage héroïque avec Böcklin et Hans Thoma. Enfin les deux maîtres graveurs M. Stauffer Bern (1857-91) et M. Greiner (1871), qui a donné l'eau-forte *Dante aux Enfers* et les lithographies *Danseurs*, la *Femme* (une suite de planches; médaille d'honneur à Dresde, 1899).

SCHNEIDER (SASCHA)

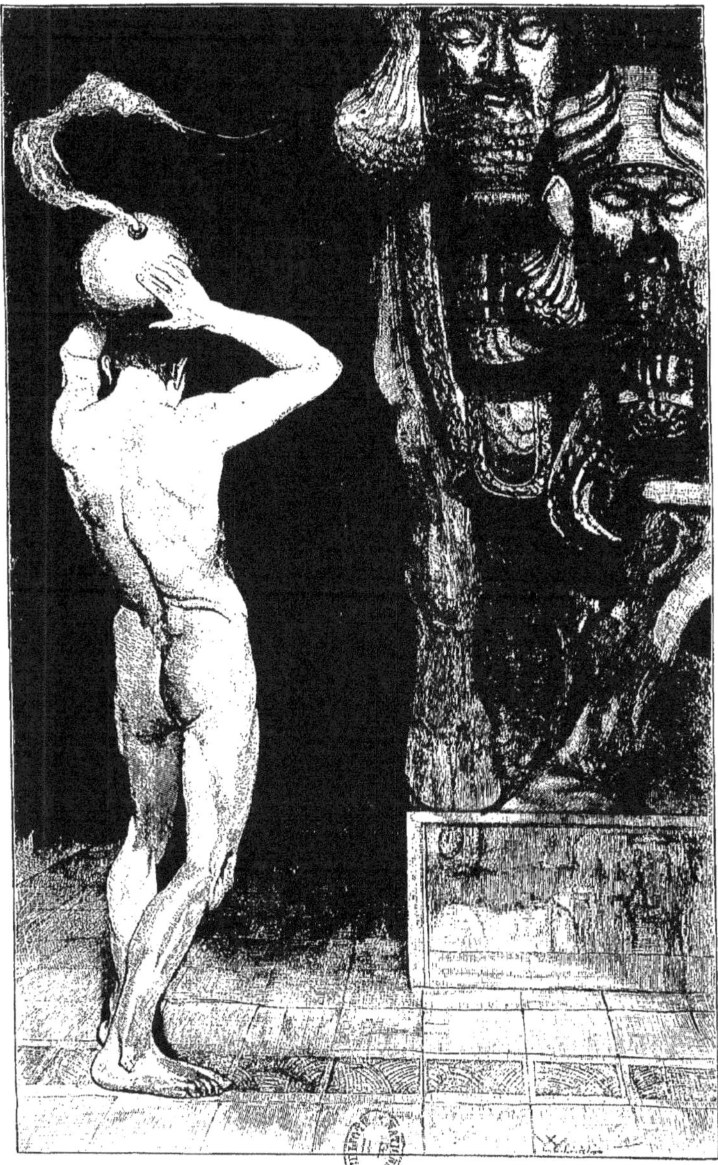

L'ANARCHISTE

Dessin

Avec la permission de M. Weber (Illustrirte Zeitung) Leipzig.

temps n'a produit une œuvre sombre comme la planche de M. Klinger : *Integer Vitae.* (Dans *la Mort.*) — Assis contre une montagne, ses pieds sur les villes des hommes écrasées, le Destin. Seule dans le ciel sans nuage, sa tête chauve et glabre aux lèvres sans passion, aux yeux sans regard, au front sans pensée. Ses bras allongés forment la crête même de la montagne; le droit se perd sous un volcan; d'un sablier le gauche enfonce dans un précipice tous les dieux, que l'homme invoquait : comme les dieux de haine et de luxure, les dieux de puissance et de beauté, ceux-là mêmes, qui enseignaient le pardon et la pitié. Au bas de la montagne, l'homme vertueux s'approche du gouffre pour demander aux dieux le prix de sa vertu. Le gouffre est vide, les dieux ont disparu. Le vice, la vertu auraient le même prix, le néant.

Puis l'homme dépend de la souffrance et de la mort. Le philosophe de l'Allemagne est encore M. Klinger dans ses *Petits Plaisirs de M. de la Mort*, la première partie de sa grande œuvre.

Voici l'un des petits plaisirs. — Un paysage, comme en aiment les idylles. Au bord de l'étang, la mère s'est endormie près du berceau de son enfant. Le soir tombe, couvrant les arbres et les eaux d'une brume dorée, qui devrait guérir tous les êtres des souffrances et des labeurs du jour. Non, le soir est perfide : à la faveur des ténèbres, la Mort vient et vole l'enfant; nous les voyons déjà loin, elle marche vite, l'enfant la suit de son pas inégal. *La Camarde* l'aura sans doute leurré par quelque fausse promesse; peut-être a-t-il connu ce dégoût qui faisait dire à Lessing : « A peine né, mon fils mourut. Un sage en vérité; sitôt qu'il vit le monde, il voulut en sortir. » Quand la mère s'éveillera, un sillon d'herbes couchées, grandi par les rayons obliques de la lune, voilà tout ce qui lui restera de son enfant.

Et l'homme dépend de la société.

Parmi les prisonniers des lois les uns se révoltent stupidement : M. Schneider les représente dans l'*Anarchiste*. — L'entrée d'un palais. Des statues colossales d'hommes-taureaux, comme à Ninive. Un homme élève au-dessus de sa tête la bombe allumée, qu'il va jeter. Et les monstres sourient. Combien, depuis des siècles, les ont menacés sans changer le pli de leur bouche de sphynx, ni le calme hiératique de leurs traits divins!

Parmi les prisonniers, d'autres se soumettent stupidement. M. Klinger les peint dans la *Misère*. — Un ciel brumeux, les ombres d'une armée en marche. Au pied d'une colonne ruinée, de cyprès battus par le vent, les forçats du travail, le cou pris dans le carcan : un vieillard; une femme qui allaite son enfant; un jeune homme au regard faux, au sourire amer; derrière eux, des rangées de têtes souffrantes. Les forçats prennent leur repas, et le garde-chiourme lève sur eux son fouet.

Et voilà, dans le tableau de Böcklin, les *Cavaliers de l'Apocalypse*, qui galopent par-dessus les maisons des villes en flammes, apportant la peste, la faim, la guerre et la mort.

Mais les grands sont-ils plus heureux? M. Klinger nous répond dans sa belle planche du *Temps* foulant aux pieds la *Gloire* aux ailes brisées; M. Heyne dans ce tableau où, monté sur une estrade, un clown masqué tend une couronne à la foule des ambitieux, qui lèvent leurs mains toujours leurrées.

Déçu par la gloire, l'homme voudrait trouver sa consolation dans l'amour. Mais le temps est passé des idylles. Des peintres modernes, les uns représentent l'amour fatal et malheureux, tel que Schopenhauer l'a compris et que Wagner l'a célébré dans le *Tristan*. Ainsi M. Gabriel Max dans *un Chant de Heine*, M. Klinger dans ses planches de l'*Amour*.

D'autres, plus amers, s'attaquent moins à l'amour qu'à la femme.

Voici la femme coupable.

La Femme, le Diable et le Péché de M. Otto Greiner. Couchée nue sur un lit, la femme aux formes provoquantes, au sourire voluptueux et cruel, repose, inconsciente du mal qu'elle a fait. C'est l'idée des *Supplices* de M. Mirbeau. Au pied du lit, le Diable, au visage d'un César romain, prend la pomme, que lui présente le Péché, un monstre au nez camard, aux yeux louches.

Voici la femme triomphante.

D'abord la spirituelle gravure de M. Max Klinger, l'*Elfe et l'Ours*. — L'anse aux formes capricieuses d'un paysage japonais. Sur la branche d'un arbre, un ours. Sur la tige trop frêle d'un bambou, une elfe, corps de femme, pieds de bouc, sourire provoquant, yeux moqueurs. D'une baguette elle agace le museau de l'ours maladroit qui jamais ne l'atteindra.

Puis la *Naissance de Vénus* de M. Frenz. — Debout, près de la mer bleue, où la conque rose semble un berceau, l'enfant nue, les mains sur sa nuque à l'épaisse chevelure. Et, contre un trépied, où brûle l'encens, l'homme à genoux, les mains jointes, le front dans la poussière. Ses yeux hagards, sa bouche lascive, jusqu'à ses oreilles de faune, tout en lui semble adorer les rondeurs audacieusement exposées de ce jeune corps superbe des désirs inspirés.

Voici enfin la femme cruelle.

Le Sphinx, de M. Stuck. — Sur un rocher, une femme aux membres de lion, allongée comme une bête à l'affût. Au pied du rocher un homme à genoux étreint le monstre. Pressant contre lui ses beaux seins, ses blanches épaules, le couvrant de ses cheveux rejetés en avant, la femme-sphynx penche sur son amant son pâle visage au profil pur, aux yeux amoureux sous les paupières baissées; la femme-sphynx baise éperdument son amant sur la bouche, tandis que ses griffes s'enfoncent dans les reins étouffés, broyés de l'enlacement des pattes velues, qui sont à la fois d'un être humain et d'une bête (Buda-Pesth).

La Salomé de M. Klinger. — Le buste en marbre de la courtisane. Vêtue d'une ample tunique; le cou nu, les bras croisés. Le visage impassible aux narines frémissantes, à la bouche lascive, aux yeux superbement cruels. Contre ses flancs, deux têtes : Saint-Jean-Baptiste aux lèvres tuméfiées par la souffrance, aux yeux éteints par la mort; Hérode aux paupière alourdies, aux traits déformés par la luxure (Leipzig).

A ces maux existe-t-il aucun remède? M. Klinger a d'abord répondu : la mort.

La Mort libératrice. — La planche représente un sépulcre, où gît le cadavre d'une femme. Au-dessus, une fresque. — Vêtu de blanc, une palme à la main, le Christ, qui est la Mort, s'avance bénissant. Il s'adresse à tous; mais hommes, femmes, enfants, vieillards, tous fuient effrayés. Seul, un apôtre tombe aux pieds du Maître et l'adore reconnaissant. Car le sépulcre porte cette inscription tirée de Schopenhauer : « Nous ne craignons que les formes de la mort; en vérité tous nos désirs ont un seul but, la mort. »

Cependant, à la fin de son ouvrage, M. Klinger semble chercher une autre consolation pour l'humanité. C'est d'abord la pensée de la nature éternelle.

La Mère et l'Enfant. — Un bois de cyprès, symbole de la mort. Sous les arbres, la mer éclairée par le matin ; rien ne finit que pour recommencer. Comme disent les Indiens, le Grand Tout ne fait que changer de vêtements. Au premier plan, une chapelle de la Renaissance Italienne. Un sarcophage sombre; entre les supports, l'herbe en pleine lumière. Sur le sarcophage, la mère étendue morte, froide et déjà raide, sa pâle tête toute jeune tombée en avant. Assis sur la poitrine de sa mère, l'orphelin au crâne trop fort regarde, les yeux grands ouverts.

Puis l'auteur semble revenir à l'idéal.

Et pourtant! (und doch!). — Sur le fond sombre de la campagne, un homme lève les bras vers le ciel aux grands nuages mystérieux.

A la Beauté. — Dans une clairière que bordent de grands arbres penchés par le vent, l'homme à genoux devant l'océan d'où monte le matin. Il existe quelque chose pourtant qui n'est pas le crime, la douleur et la mort.

Après avoir étudié ces œuvres de l'école symboliste contemporaine, il suffit de se rappeler la *Jérusalem nouvelle* de Cornelius, le *Magnificat des arts* d'Overbeck, Veit, Führich, Steinle, Schwind, pour comprendre combien l'esprit de l'Allemagne a changé. Le symbolisme était autrefois l'art idéaliste par excellence. Plus que tout autre aujourd'hui, cet art idéaliste nous enseigne le réalisme dans sa brutalité. Mais l'idée de la lutte pour la vie, naturelle aux Anglo-Saxons, paraît effrayer les Allemands. Si pratique que devienne leur esprit, ils se rappellent encore les rêves de Schiller. D'où la mélancolie de l'art dans un pays prospère entre tous. Pauvre, l'Allemagne oubliait sa misère avec des vers et des légendes. Riche, il semblerait qu'elle ne puisse oublier les poésies d'autrefois même dans la puissance, même dans la richesse et les plaisirs.

CONCLUSION

PREMIÈRE PARTIE

I

L'histoire de la peinture allemande au dix-neuvième siècle nous offre donc l'exemple d'une évolution logique et complète. Logique, car nous voyons s'y succéder toutes les formes de l'art de figurer les objets depuis le dessin sans couleur jusqu'à la couleur sans dessin. Complète, car les peintres allemands du dix-huitième siècle imitaient des maîtres étrangers ; ceux d'aujourd'hui sont des indépendants, qui rejettent toutes les traditions ; l'histoire de l'école allemande moderne commence avec le dix-neuvième siècle et finit avec lui.

La division en siècles est rarement heureuse pour l'historien. Comment séparer de Rousseau et de Goethe le mouvement intellectuel du dix-neuvième siècle, ne pas commencer en 1789 l'étude de son développement social et politique? Comment ne pas comprendre que, depuis vingt-cinq ou trente années, la société européenne, dégoûtée de la guerre, absorbée par des soucis industriels et commerciaux, présente tous les caractères qu'aura la société du vingtième siècle? Cependant, quoiqu'en Allemagne la peinture ait suivi les idées et les mœurs, le dix-neuvième siècle renferme toute son histoire. En voici la raison. Sorti de la réaction littéraire de 1750, l'art de l'Allemagne moderne est de cinquante ans postérieur à cette réaction. D'autre part, si l'art contemporain présente des caractères particuliers, formé lentement de 1860 à 1890, cet art nous apparait dans son ensemble comme la dernière évolution de l'art allemand du dix-neuvième siècle.

*
* *

Il convient donc de résumer l'histoire de l'école allemande. Au dix-huitième siècle, l'Allemagne a de bons maîtres. Mais, qu'ils soient éclectiques comme Dietrich, classiques comme Mengs ou naturalistes comme Chodowiecki, ces maîtres ne sauraient avoir de successeurs : l'art des uns est tout personnel; l'art des autres marque la limite extrême d'une évolution séculaire. La peinture allemande doit en revenir aux débuts; rien qu'elle sache ne saurait lui servir. Il lui faut un principe nouveau. Idéaliste, elle s'inspire de conceptions littéraires et philosophiques. Au lieu des formes transitoires de la nature et de l'humanité, les peintres représentent ce qu'ils en croient les types immuables. Méprisant couleur et technique, ils cherchent la composition et le dessin : l'étude des statues grecques, de Michel-Ange et de Dürer leur apprend l'un et l'autre. L'art du dix-neuvième siècle, retrouve ce qui manque à l'art du dix-huitième : des lignes simples, des formes puissantes, qui expriment de profondes pensées.

Dans l'idéalisme, nous trouvons trois tendances tantôt hostiles et tantôt réunies.

D'abord l'antiquité classique. *Carstens* fonde le genre du carton monumental. *Cornelius* est le plus grand génie de l'Allemagne dans la première moitié du dix-neuvième siècle. Ses fresques de Munich, ses cartons de Berlin font penser au plafond de la Sixtine.

La seconde tendance est le mysticisme. L'école catholique s'inspire des primitifs italiens. Au contraire de Cornelius, qui procède par synthèses, les *Préraphaélites* allemands méritent le surnom d'*atomistes*. Mais leur chef, *Overbeck*, conserve dans ses grandes œuvres la savante composition de Raphaël. Les

Nazaréens se répandent dans toute l'Allemagne : *Führich* professe à Vienne, *Veit* à Francfort, *Hess* et *Schraudolph* à Munich, *Schadow* à Dusseldorf, où sa tradition se continue jusqu'à nos jours avec *Deger*, *Ittenbach* et les *Müller*.

La troisième tendance de l'idéalisme est le romantisme. Incapable de trouver la forme qui lui conviendrait, le romantisme reprend le paysage idéal, tel que l'ont formé Claude Lorrain et Ruysdael. Il y a trois genres de paysages idéaux. Le *paysage héroïque* : un site imaginaire y devient le décor d'une scène de la légende ou de l'histoire; fondé par Carstens et son élève *Koch*, le genre atteint son apogée chez *Preller*, le peintre de l'Odyssée et *Schirmer* le peintre de la Bible; puis Böcklin peuple les sites imaginaires d'êtres mythiques que lui seul a rêvés. Ensuite les *Vues idéalisées* de lieux célèbres dont l'esprit est celui de l'*Itinéraire de Paris à Jérusalem* et du *Pèlerinage de Childe Harold* : le maître de cette manière est *Rottman*; ses élèves, transformant ses principes, en tirent le paysage aux grandes lignes, tel qu'en France nous le trouvons chez les Vernet, Corot et Harpignies. Enfin le *paysage de sentiment*, qui veut rendre un état d'âme, et, pour mieux l'exprimer, ajoute aux sites rendus des ruines, une église, une scène romantique; fondé par *Friedrich*, développé par *Richter* et *Lessing*, ce genre aboutit d'une part à l'*Ile des Morts* de Böcklin, de l'autre au paysage impressionniste.

La seconde période, celle de la peinture d'histoire, est contemporaine du mouvement hégélien et du développement des sciences historiques. La peinture d'histoire marque un premier effort de l'idéalisme vers le réalisme. Tout en les assouplissant, elle conserve la composition et le dessin de l'école idéaliste, mais sa facture se fait plus savante et et son coloris plus intense.

Romantique avec *Schnorr de Carolsfeld*, la peinture d'histoire devient proprement hégélienne avec *Kaulbach*, dont les fresques au Musée de Berlin symbolisent l'histoire de l'humanité; puis elle se rapproche de la manière des Belges et des Français. Les maîtres de cette nouvelle manière sont *Lessing*, le peintre de Jean Huss, de Luther et de la tradition protestante, et *Rethel* le peintre de Charlemagne, le défenseur de l'idée de l'unité allemande.

L'on retrouve la même tendance au réalisme dans la peinture de genre, qui commence à devenir populaire. *Steinle* et *Schwind* racontent les anciennes légendes; *Richter* les mêle à des tableaux idéalisés de la vie du présent. *Waldmüller* et *Danhauser* de Vienne créent la peinture de paysans que M. *Knaus* et *Vautier* à Dusseldorf, M. *Defregger* à Munich porteront plus tard à son apogée. Le paysan allemand, dont les mœurs, les croyances et les vêtements sont ceux du dernier siècle, forme ainsi comme un lien entre le passé et le présent, l'idéalisme et le réalisme.

***

Dans la troisième période, la peinture d'histoire devient proprement réaliste. Abandonnant les idées générales et les synthèses philosophiques, elle se préoccupe de donner des portraits ressemblants des grands hommes, de figurer exactement leur costume et les lieux qu'ils habitaient. La technique est celle qui convient aux sujets choisis. Toujours savante et harmonieuse, la composition est plus variée; le dessin, correct encore, n'a plus la même simplicité; par contre, la pâte devient grasse, la facture habile, la couleur éclatante. Le maître du nouveau genre est *Piloty*, le chef de l'école de Munich, dont *Makart*, *Matejko*, MM. *Hermann Kaulbach*, *Munkacsy* et *Brozik* continuent la tradition.

De la peinture d'histoire ainsi comprise tous les genres se développent : le portrait d'abord puisque les personnages sont traités comme des portraits; et l'on a MM. de *Lenbach* et

F.-A. de Kaulbach; puis le genre historique, avec M. *Diez*, plus tard avec M. *Klaus Meyer;* enfin le genre proprement dit avec MM. *Kurzbauer* et *Grützner*. Cependant *Feuerbach* et *Hans de Marée* vont au naturalisme, tandis que *Victor Müller*, *MM. Gabriel Max* et *A. de Keller* s'essaient dans l'impressionnisme.

***

La quatrième période consacre les découvertes faites pendant la troisième. Moins importante désormais que les genres qui s'en sont détachés, la peinture historique leur emprunte leur manière et n'est plus qu'un genre entre les autres. L'art se transforme : à l'enseignement traditionnel succède l'étude de la nature; on rejette l'ancienne technique, le dessin, et la composition pour des procédés divers et pour le plein-airisme.

Avec la tradition disparaît l'utilité d'un enseignement. Il n'y a plus d'école. Chacun peint la nature comme il la voit, sans se préoccuper d'aucune règle. Et c'est alors cette forme particulière du réalisme que l'on désigne d'ordinaire comme le naturalisme.

L'étude de la nature, le goût du nouveau sollicitent tous les talents. En même temps, les traditions méprisées ne sont pas oubliées. Chez les peintres les plus hardis, l'on retrouve les traces du dessin de Cornelius, de la composition et de l'esprit philosophique de Kaulbach, de la couleur et de la bonne technique de Piloty.

Tandis que les maîtres de la dernière période continuent de produire, deux noms dominent la période nouvelle, *Menzel* et *Böcklin*. A. Böcklin est un solitaire que beaucoup ne comprennent pas. Mais déjà l'influence de M. de Menzel renouvelle tous les genres : l'histoire, où MM. *Prell*, *Kampf* et *Vogel* s'inspirent de ses tableaux représentant la vie de Frederic II; la peinture religieuse où MM. de *Gebhardt* et de *Uhde* peignent le Christ au milieu d'Allemands : le premier choisit des bourgeois ou des paysans du temps de la Réforme, le second des ouvriers de nos jours ; le paysage, que traitent M. *Schönleber* et *Baisch* à Carlsruhe, M. *Dill* à Munich, MM. *Achenbach* et *Oeder* à Dusseldorf, MM *Gude* et *Schmidt* à Berlin ; enfin et surtout la peinture de mœurs avec MM. *Leibl, Kühl, Liebermann, Brütt, Kalckreuth* et *Skarbina*.

*
* *

La cinquième période est la période actuelle. Pour devenir proprement réaliste, l'art est obligé de s'analyser. A l'objectivité succède la subjectivité ; au naturalisme, l'impressionnisme. Et la psychologie donne ainsi au réalisme une forme plus moderne encore que le naturalisme. Mais chez plusieurs artistes de la présente génération nous trouvons une puissance de synthèse que ne possédaient pas ceux de la génération présente.

Le maître de l'École est un coloriste, *Böcklin*, le plus grand génie que l'Allemagne ait produit depuis Holbein et Dürer, et l'un des maîtres de la peinture dans tous les temps. A son genre se rattachent et *M. Hans Thoma* et les coloristes de Munich : *MM. Stuck, Herterich, Exter*, dont la manière se fait toujours plus violente.

Mais c'est de *M. Max Klinger*, peintre rude et profond, que s'inspirent les jeunes artistes comme *M. Greiner* et *M. Sascha Schneider*.

En même temps le paysage se transforme avec *MM. Leistikow, Keller-Reutlingen, Reiniger*, surtout *M. Vinnen* de Worpswede, tandis que la peinture naturaliste trouve de nouveaux maîtres dans *MM. Mackensen* et *Dettmann*.

Si brillante que soit la nouvelle école, sa manière ne laisse pas que d'inspirer des craintes pour l'avenir. Chez beaucoup, les qualités traditionnelles se perdent : les uns emploient des couleurs étranges ; les autres ont pour le coloris le mépris des Nazaréens. Le dessin qu'on voudrait synthétique et simplifié devient trop souvent arbitraire. Et, si l'on excepte les ouvrages de quelques artistes amoureux de l'Italie comme *MM. Klinger*,

Greiner et *Louis de Hofmann*, l'on trouve trop souvent une composition banale et négligée.

L'art veut et la tradition et l'originalité. C'est pour avoir été formés par une forte tradition que les artistes contemporains peuvent être originaux; l'on doit se demander qu'elle tradition ils laisseront à leurs successeurs.

II

L'évolution de l'art allemand correspond à celle de l'Allemagne elle-même.

D'abord, dans l'époque de paix forcée, qui succède aux troubles de la Révolution et aux guerres de l'Empire, c'est l'idéalisme résultant à la fois du rationalisme et de la réaction sentimentale, de l'admiration de Goethe pour le calme de l'art classique et des violences des romantiques qui, repoussant toutes lois, prétendent ne parler que d'eux-mêmes. Et cet idéalisme produit dans la philosophie les systèmes de Kant, de Fichte, et de Schelling, tandis que dans les mœurs l'on trouve le mysticisme, le désintéressement, le culte de la femme, les rêveries au clair de lune, les costumes romantiques. Et tous ces traits sont marqués dans les œuvres de Cornelius, d'Overbeck, de Rottmann et de Friedrich.

Les événements de 1830 et la philosophie de Hegel témoignent d'un premier effort vers le réalisme : ils amènent l'esprit libéral, l'influence grandissante de la bourgeoisie, la poursuite des libertés civiles et politiques, l'idée du progrès, le désir chez tous de restaurer l'ancien empire d'Allemagne. Les commencements de l'évolution industrielle et commerciale ont pour résultat l'agitation, la misère, les troubles, qui aboutissent à la Révolution de 1848. Et la peinture philosophique de Kaulbach, les œuvres politiques de Lessing et de Rethel, le genre, comme le comprennent Richter, les Autrichiens et les humoristes, rendent bien cette hésitation et cette effervescence.

Après les désillusions de 1848, rien ne subsiste plus de l'ancen idéalisme. Comme la philosophie, la conception de la vie se fait proprement réaliste. Et cette transformation du caractère allemand apparaît d'abord dans la bourgeoisie nouvellement enrichie : tous les arts en portent la trace, depuis l'architecture pompeuse jusqu'à la peinture pâteuse et colorée de l'école de Piloty.

Après la fondation de l'Empire, nous voyons succéder au réalisme de la richesse et des plaisirs le réalisme de la lutte pour la vie. C'est la poussée des pauvres, grisés par le rêve de la fortune promise, fortifiés par l'instruction obligatoire, puis disciplinés par le socialisme. Avec Nietzsche et Ibsen la philosophie devient brutale comme la vie. En Allemagne, aucune doctrine ne rappelle le mysticisme de Ruskin et de Tolstoï. Mais la richesse toujours accrue, les découvertes techniques, l'expansion commerciale annoncent l'ardeur, l'énergie, une compréhension très nette de la vie moderne, et l'art nouveau peint la société nouvelle, d'abord brutal dans le naturalisme, puis nerveux et personnel dans l'impressionnisme.

III

De cette transformation parallèle de l'art et de la société nous pouvons tirer la conclusion que dans les arts, les genres ne se développent pas séparément par une force qui leur soit propre. L'évolution d'un genre n'est qu'une des faces de l'évolution de l'art et de la littérature, et leur évolution n'est qu'une des faces de l'évolution d'un peuple.

Quand l'homme grandit, son intelligence et son caractère se développent comme son corps; quand la décadence vient pour lui, son cœur et son esprit en sont affectés comme ses organes. Ce qui n'empêche que jamais chez l'homme le progrès ou la décadence n'est complet : pour acquérir certaines facultés, il doit perdre les autres, la perte des meilleures n'est pas sans compensation.

Les mêmes lois valent pour la vie des peuples. Ils naissent, croissent, faiblissent et meurent. A toutes les époques, même à celles de progrès général, certaines qualités dégénèrent. A toutes les époques, même à celles de décadence générale, certaines qualités se fortifient. Mais, toujours, toutes les qualités d'un peuple restent dans une étroite dépendance, toutes évoluent en même temps et subissent les mêmes influences. Seulement ces influences peuvent être favorables aux vertus guerrières, défavorables aux vertus pacifiques ou réciproquement. Telle conception de la vie convient à la musique et ne convient pas aux arts plastiques; et la poésie fleurit le plus souvent dans les temps où la philosophie est en décadence.

Et ce rapprochement entre l'évolution des sociétés et celle des organismes est plus qu'une comparaison. L'une et l'autre sont régies par les lois mêmes de l'évolution, qui sont celles du temps et de l'espace. Tout être se forme par la réunion de forces indépendantes, dont le faisceau va toujours se resserrant; mais le resserrement trop étroit entrave l'action de ces forces, puis la suspend, et les corps organiques, d'abord fluides, ensuite plus solides, finissent par se solidifier tout à fait; si quelque maladie ne mettait fin à la vie de l'homme il s'ossifierait complètement. Ainsi mourrait toute race si d'autres races plus jeunes n'envahissaient progressivement les mêmes régions et ne donnaient l'illusion que l'ancienne race subsiste encore.

Et, pour les peuples comme pour les hommes, l'idéalisme de la jeunesse est le rêve de l'avenir. Et ce rêve est le pressentiment des qualités qu'ils montreront un jour. Ce que l'enfant désire, dit Goethe, lui arrivera sûrement; son désir est la conscience encore vague des virtualités qui sommeillent en lui. Dans l'âge de la force et de la lutte, l'homme et la nation ne peuvent plus songer. Quand la vieillesse vient, l'idéalisme reparaît; ce sont les lamentations de Jérémie pleurant sur des ruines. Mais, au contraire de la vie, dans la littérature et dans l'art, l'idéalisme a produit plus que le réalisme, car à toute époque, si l'on excepte l'art de Phidias, rares et incomplètes sont les synthèses du présent tandis que tout regret est la synthèse du passé comme toute espérance est la synthèse de l'avenir.

(1) A proprement parler, il ne saurait même y avoir de synthèse du présent, puisque le présent n'est qu'un instant. (Il est vrai que, chaque instant étant divisible à l'infini, la conception même de l'instant peut être considérée comme une synthèse.) Mais présent est mis ici pour le temps présent. Nous ne pouvons comprendre nos douleurs et nos passions, tant que nous les ressentons, juger une entreprise tant que nous y travaillons, obligés que nous sommes de nous occuper de chaque fait pour lui-même. Ainsi, c'est seulement après bien des années écoulées qu'un peuple peut comprendre une époque, en faisant abstraction des événements accessoires et en synthétisant les événements principaux.

DEUXIÈME PARTIE

I

Après avoir ainsi résumé l'histoire de l'Allemagne au dix-neuvième siècle et celle de son art, l'on peut se demander si la peinture allemande présente des caractères particuliers et quels seraient ces caractères.

Cherchons d'abord à préciser les traits distinctifs qui sont dans tous les pays ceux de la peinture moderne.

Personne ne confondrait avec aucun autre l'art contemporain, tel que l'ont fait les maîtres français depuis Courbet jusqu'à Monet, puis les Scandinaves et les Hollandais, enfin les Américains, les Écossais et les Allemands.

Bien que moins original, l'art de l'école historique a cependant ses qualités propres; et ces qualités se retrouvent chez tous ses membres, qu'il s'agisse des peintres de scènes dramatiques depuis Gros jusqu'à Lessing ou des coloristes depuis Delacroix jusqu'à Makart.

Enfin l'école classique se distingue par son dessin, ses couleurs pâles, sa composition savante et froide. David, Ingres, Cornelius s'inspirent de l'art antique et de l'art de la Renaissance comme les maîtres du dix-septième siècle et beaucoup de ceux du dix-huitième. Mais ils connaissent l'archéologie, imitent les œuvres de la sculpture, deux qualités auxquelles ces maitres ne prétendaient pas.

Nous reconnaissons donc trois grandes manières d'art originales au dix-neuvième siècle. Ont-elles des caractères communs?

Oui. Techniquement d'abord. La science, s'entend le souci

du dessin ou de la facture; l'étude de la nature; le désir d'être sincère, contrarié par des traditions de toutes les époques.

Puis les inspirations de la peinture moderne lui sont particulières. En premier lieu, je citerai la tristesse que l'on trouve dans les œuvres de David, comme dans celles de Delacroix et chez Corot comme chez Courbet. Ensuite une nervosité, mêlée de sensualité, dont le meilleur exemple serait peut-être la *Danse* de Carpeaux. Enfin, avec l'influence d'une société démocratique, une tendance de plus en plus marquée vers l'individualisme et vers le réalisme.

Tous ces caractères se retrouvent dans l'école allemande mais elle a de plus ses caractères propres.

Dans la technique, c'est surtout le soin minutieux que les maîtres allemands apportent à leurs œuvres, la patience qu'ils mettent à s'approprier les qualités demandées par une esthétique nouvelle ou le succès d'une école étrangère. Les Nazaréens n'avaient ni pâte, ni coloris, leur système le défendait; mais leur système voulait qu'ils dessinassent bien et leur dessin est irréprochable. Vers 1850, on recommanda la facture des vieux maîtres, et les jeunes gens passèrent leurs journées dans les musées à rechercher les procédés de Rubens ou du Titien. Quand le plein-airisme fut à la mode, tous se mirent à l'école des Français ou des Hollandais. Il n'est pas aujourd'hui un peintre scandinave, espagnol ou américain dont les Allemands n'aient analysé la technique et dont ils ne sachent reproduire les effets.

Ce même soin minutieux se retrouve dans l'art. Aucune école ne compose mieux que l'école allemande. Dans les œuvres des Nazaréens, la distribution régulière des masses semble même froide et monotone. Kaulbach prétendit réagir contre cette rigueur classique, il peignit la *Bataille des Huns*. Mais, dans la *Destruction de Jérusalem*, la *Tour de Babel*, la *Ba-*

taille de Salamine, il revint à l'inspiration de Schnorr et de Cornelius. De même pour Piloty et Makart: ils commencèrent par des scènes librement traitées et finirent par des composition d'une belle ordonnance : *Thusnelda* et *Charles Quint*. Tour à tour les réalistes, les naturalistes, les impressionnistes, les symbolistes ont protesté contre toute manière arbitraire de disposer les personnes et les objets ; cependant ne sont-ce pas des synthèses que les maîtresses œuvres de M. Liebermann, du comte de Kalckreuth, de M. Klinger, et des Worpsweder?

Avec la composition, le principal souci des peintres allemands est l'étude psychologique des personnages. Aucune physionomie, aucune attitude banales. Mais, dans les poses, dans les gestes, ces maîtres ne sont pas toujours heureux ; le dessin large des Italiens leur manque, et cette légèreté de main, qui permet en quelques traits de camper une figure. D'autre part, ils voudraient acquérir cette facilité : trop souvent inspirés par des modèles classiques, ils arrivent à l'emphase. Enfin, dans les corps nus, les réalistes exagèrent l'anatomie comme Dürer; tandis que les idéalistes emploient les gros muscles et les poses forcées de Michel-Ange.

Tout au contraire, l'école allemande excelle à dessiner les têtes. Dans toutes ses œuvres nous reconnaissons l'art admirable du portrait, fondé par Schaffner, Dürer, Denner et Graff. Classiques et Nazaréens peignaient toujours des profils grecs, mais ils les animaient par le regard et la physionomie. L'expression des visages fait le charme des légendes de Schwind comme des scènes bourgeoises de Richter, des scènes paysannes de Knaus, de Defregger et de Vautier. Même dans les *têtes idéales*, nous ne trouvons pas ces traits insignifiants qui plaisent aux Anglais. L'étude minutieuse des visages est l'un des caractères distinctifs de l'école allemande, surtout au dix-neuvième siècle.

Sous le rapport des sentiments, les qualités de l'école allemande sont aujourd'hui les mêmes qu'elle a montrées dans tous les temps. D'abord l'opposition entre le culte de la beauté appris des Latins et le naturalisme comme le symbolisme propres aux races du nord, puis le goût de représenter la religion, l'amour et la mort. Enfin le mysticisme, l'esprit populaire, un humour un peu lourd, le goût des sujets fantastiques et légendaires.

Mais, il est deux qualités de l'art ancien que l'art moderne a fort développées.

En première ligne je citerai l'influence de la philosophie. L'école allemande aime à symboliser des idées métaphysiques. De plus elle s'inspire directement de l'esthétique. Même l'esprit de révolte, qu'elle montre aujourd'hui contre tout idéal est, de fait, le résultat de principes philosophiques.

En seconde ligne, je mentionnerai la brutalité voulue. Seuls les Nazaréens semblent y échapper; encore leur goût de l'*atomisme* révèle-t-il le mépris de la délicatesse. Cornelius est brutal dans la *Prise de Troie* et dans les *Cavaliers de l'Apocalypse*. Kaulbach, Lessing, Rethel, le second surtout, cherchent la brutalité comme Piloty, comme la plupart des peintres de l'école historique ou de l'école paysanne; mais chez tous l'on trouve en même temps le souvenir de l'idéalisme, le désir de peindre les mœurs douces et patriarcales d'autrefois. Les maîtres contemporains ont perdu ce désir. Mystiques, M. Gabriel Max, M. de Keller, M. Exter ne voient dans l'extase que des troubles nerveux. Symbolistes, M. Klinger, M. Stuck ne symbolisent que les idées de Schopenhauer, de Darwin, de Büchner et de Marx. Cette brutalité pourrait prouver la force. Telle est du moins l'opinion des critiques allemands. Pour eux, la simplicité de l'art allemand moderne révèle la santé, l'émotion intense et le tempérament. Mais l'étranger remarquera surtout dans l'histoire de cet art la lutte entre l'idéalisme et le réalisme : au début du siècle, l'idéalisme l'emportait; aujourd'hui les meilleurs maîtres veulent le réalisme et le réalisme poussé, si besoin est, jusqu'à la brutalité.

II

La connaissance des caractères de l'art au dix-neuvième siècle nous permettra de porter un jugement sur les caractères de la société.

D'abord le dix-neuvième siècle en Europe.

D'une manière générale, on peut dire que les tendances de la société sont celles de l'art même.

D'une part, la science, d'où résultent les progrès industriels et l'expansion commerciale, l'étude de la nature et la sincérité. D'autre part, la tristesse et la nervosité mêlées de sensualité. Et l'étude de la société du dix-neuvième siècle nous montre aussi une tendance marquée à l'individualisme. L'évolution de tout organisme amène la séparation de plus en plus tranchée des fonctions de chaque cellule; puis la cellule se développe progressivement en organe composé de cellules, dont chacune aura sa vie indépendante et sa fonction particulière. Ainsi dans les sociétés d'une civilisation avancée nous trouvons le principe de la division du travail. Chaque individu joue un rôle spécial et déterminé. Puis, son originalité s'affirmant avec son caractère, il prétend choisir librement sa carrière, avoir ses croyances propres, sa manière personnelle de comprendre ses droits et ses devoirs. L'on a voulu contester les progrès de l'individualisme en comparant les actions de quelques hommes du passé à la vie monotone que presque tous mènent aujourd'hui. Mais comment juger la société d'une époque sur les romans faits après coup des exploits d'aventuriers? Sauf pour de certaines calamités plus fréquentes, l'existence du paysan, de l'artisan, du bourgeois, du hobereau, celle même du noble de cour était plus uniforme autrefois que n'est maintenant l'existence des personnes de ces mêmes classes, plus étroite était la dépendance des membres d'une famille, d'un corps d'état, ou d'un corps de métier, tous professaient les mêmes idées, tandis que dans la société moderne chacun a ses idées propres sur la vie sociale, sur la politique ou même sur la morale.

D'autres écrivains ont contesté les progrès de l'individualisme en montrant l'influence croissante des doctrines socialistes. Quel que soit l'avenir du socialisme, il semblerait que les ouvriers réclament un régime autoritaire faute de connaître la liberté. Avec la richesse, l'instruction, plus de répit de leur travail, ils acquerront le goût de l'indépendance. Déjà le despotisme des trades-unions anglais et américains devient moins jaloux; dans tous les pays les revendications des socialistes prennent chaque année un caractère plus pratique.

Les mêmes qualités et les mêmes défauts se retrouvent en Allemagne; mais l'évolution se marque davantage de l'idéalisme au réalisme. Depuis cent cinquante ans, aucun pays n'a subi d'aussi grands changements, et dans le système politique, et dans les croyances, et dans les mœurs. La vie d'un lord ou d'un bourgeois de la *Cité* sous Georges III différait-elle beaucoup de la vie de leurs descendants aujourd'hui? Bien des écrivains anglais contemporains souscriraient aux opinions de Pitt, comme d'autres à celles de Fox ou de Macaulay. L'influence du Darwinisme n'empêche pas les principes de Reid d'être encore les principes de tous. Mais aucun Allemand accepterait-il les opinions de Kant, de Fichte, de Hegel ou même celles de Schiller et de Goethe? Ce signe distinguera l'histoire de l'Allemagne au dix-neuvième siècle, que la transformation lente des croyances, des mœurs et des conditions économiques y semble avoir changé l'âme même du peuple.

III

Des caractères de l'art et de la société au dix-neuvième siècle, devons-nous tirer quelques conclusions sur les caractères que présenteront l'art et la société du vingtième siècle?

Traitons d'abord de l'art, et sans distinguer l'Allemagne des autres nations de l'Europe. Depuis quelques années, l'art et la littérature semblent suivre une nouvelle direction, Le mysticisme de Tolstoï, le symbolisme d'Ibsen, de MM. d'Annunzio et Gerhart Hauptmann, le succès des Préraphaélites anglais et des impressionnistes allemands, les œuvres de M. Brunetière, de M. de Vogüé, de la jeune école poétique française, tous ces efforts et d'autres encore ne révèlent-ils pas des tendances d'esprit contraires aux tendances naturalistes qui se manifestèrent dans tous les pays de 1860 à 1880 ?

Mais quelles sont proprement ces nouvelles tendances et comment faut-il les apprécier?

L'on a parlé d'une renaissance de l'idéalisme.

S'agit-il de l'idéalisme rationaliste et romantique du commencement du dix-neuvième siècle? Une pareille renaissance serait sans doute éphémère. Dans l'art ou la littérature, tout changement brusque est affaire de mode. L'évolution du rationalisme au réalisme a demandé deux siècles. Si le rationalisme devait de nouveau triompher, il lui faudrait plusieurs centaines d'années pour assurer son triomphe; et l'on ne comprend pas comment, par une évolution inverse à l'évolution achevée, l'Europe reviendrait au mode de penser qu'elle aurait eu des siècles auparavant.

De graves événements comme la Révolution Française et les guerres de l'Empire peuvent donner à la génération qui en fut le témoin, des sentiments particuliers. Mais de ces sentiments, ceux-là seuls subsistent qui appartiennent au développement normal de la société. Rien ne survécut du mysticisme des romantiques, tandis que leur goût de la couleur locale et leur libre peinture des passions se transformèrent en réalisme.

Aussi ne doit-on pas interpréter les tendances de l'art actuel dans le sens où beaucoup l'ont fait. Les exagérations du naturalisme commencent à disparaître; comme la plupart identifiaient exagérations et naturalisme, ils pensent que le naturalisme a lui-même disparu. C'est par esprit d'opposition contre les classiques, par dépit, que le public se refusa à regarder la réalité, c'est par l'exagération naturelle aux réformateurs que, dans leurs livres ou leurs tableaux, tant d'auteurs peignirent des scènes triviales ou brutales. Ainsi les romantiques se plaisaient aux histoires de brigands, recherchaient les antithèses et professaient la théorie du laid dans l'art.

Qu'est donc la tendance nouvelle? Elle nous apparaît sous trois formes distinctes : le symbolisme, l'impressionnisme et le goût de la synthèse.

D'abord le symbolisme. Les artistes cherchent des formes originales pour représenter les croyances morales de l'homme moderne, pour peindre ses besoins et ses passions. Mais aucun idéalisme ne paraît plus inspirer l'homme moderne, et ses symboles relèvent du naturalisme.

Après le naturalisme, l'impressionnisme. M. Muther range parmi les idéalistes tous les peintres subjectifs, M. Whistler par exemple. Mais tout art idéaliste doit abandonner l'individuel pour le général. Or rien n'est plus personnel qu'une impression. Loin de marquer une réaction contre le réalisme, l'art subjectif d'aujourd'hui en semblerait la forme la plus accusée.

La troisième tendance de l'école moderne est la synthèse. Or le goût de la synthèse annonce un art qui s'affermit, qui cherche dans une certaine mesure à devenir classique. Un pareil art ne relève pas forcément de l'idéalisme. Certaines synthèses *a priori* sont de pures idées; d'autres au contraire groupent des faits observés. L'art peut imiter la science; comment les synthèses de l'art seraient-elles alors plus idéalistes que celles de la science? La synthèse supposant l'abstraction doit être précédée de l'analyse. Dans la littérature et dans l'art, comme dans la science, le dix-neuvième siècle a surtout pratiqué l'analyse. Toutes les sciences cherchent aujourd'hui des synthèses; ainsi feront l'art et la littérature au vingtième siècle. D'ailleurs les synthèses de l'idéalisme étaient surtout des synthèses d'intelligence. Mais les synthèses de l'art contemporain présentent ce caractère particulier qu'elles sont des synthèses de volonté.

Assurément la philosophie ne fait plus de distinction rigoureuse entre les facultés humaines. L'intelligence nous apparaît d'une part comme mémoire et imagination, d'autre part comme raisonnement. Or la mémoire et l'imagination procèdent de la sensibilité. De même ne pourrait-on pas dire que le raisonnement procède de la volonté? N'y a-t-il pas comme une violation de l'ordre de la nature dans la disposition logique que le raisonnement donne aux phénomènes?

Mais, dans la pratique, certains raisonnements, certaines synthèses révèlent des principes communs à tous les hommes; seul, un système général peut les appeler des synthèses de volonté. D'autres raisonnements, d'autres synthèses au contraire portent la marque du caractère personnel de celui qui les conçoit. Or les synthèses du commencemnt du siècle étaient non seulement des synthèses *a priori* mais encore des synthèses générales. Les synthèses d'aujourd'hui ne sont plus seulement des synthèses *a posteriori* mais le plus souvent des synthèses volontaires. Nietzsche enseigne que nous avons le droit de refaire l'histoire à notre fantaisie, de la rendre telle qu'elle devrait être suivant notre tempérament. Il confond la science et l'art. Dans tout ouvrage de philosophie il ne voit que les mémoires de l'auteur. D'autre part, les naturalistes appellent l'art « une tranche de vie vue à travers un tempérament. »

Ce qui distinguera l'art du vingtième siècle, c'est qu'il procédera par synthèses de volonté; ces synthèses porteront l'empreinte de l'auteur. Dans l'art du dix-neuvième siècle, la personnalité du maître s'effaçait; dans l'art du vingtième elle s'affirmera brutalement.

L'art du vingtième siècle sera donc forcément réaliste, mais sans doute il évitera les excès du naturalisme. Germain ou latin, cet art tiendra de l'art du Nord en ceci, que l'idéal et le réel s'y trouveront rarement fondus. Idéaliser la nature est contraire à l'esprit des modernes; donner d'une idée un symbole pleinement concret n'est le fait que du mythe populaire ou de rares génies.

L'art de l'avenir ne connaîtra donc plus la beauté au sens qu'autrefois l'on attribuait à ce mot. Aussi bien, la beauté classique, et notamment la beauté du visage humain, telle que les Grecs la comprenaient, est-elle la plus simple de toutes les synthèses. Faisant abstraction de la couleur, de l'éclat des chairs, de l'expression des yeux ou du sourire, ils considéraient le visage comme une figure de géométrie. Les traits de César, de Cromvell, de Frédéric II, de Bismarck, d'Ibsen nous étonnent parce que nous ne pouvons en faire la synthèse trop difficile. Dans la vieillesse ces traits plus accusés deviennent plus simples et c'est pourquoi nous y découvrons une manière de beauté. Peut-être des hommes mieux formés que nous saisiront-ils des synthèses qui nous échappent. Comme dans la musique certains rythmes trop marqués semblent aujourd'hui puérils ; comme dans l'architecture nous nous ennuyons d'une banale symétrie, peut-être l'harmonie des lignes semblera-t-elle un jour une synthèse enfantine. Déjà Renan disait que, pour sublimes qu'ils fussent, les Grecs étaient toujours restés des enfants : ils ont trouvé la synthèse la plus facile des traits du visage humain, et ce sera toujours la plus simple comme la plus générale. Aucune autre d'ailleurs ne convient aussi bien à la sculpture. Mais non plus que les airs de vieilles danses, cette synthèse trop simple ne peut intéresser des esprits compliqués. Si l'art, le charme de l'humanité jeune, ne doit pas disparaître d'une humanité vieillie, il devra se renouveler et trouver d'autres synthèses moins simples, moins pures, moins voisines de la perfection mais plus originales et plus profondes.

*
* *

De ces conclusions portées sur l'art du vingtième siècle, peut-on en tirer d'autres, qui se rapportent à l'état social de l'Allemagne et de l'Europe du vingtième siècle?

L'Allemagne d'abord.

Qu'ils cultivent le naturalisme, la peinture religieuse ou le symbolisme, tous les maîtres allemands nous disent l'inquiétude, l'ironie, le rêve, ce mal de vivre, que les romantiques avaient connu et que l'on croyait pour jamais guéri. Inférieur à l'art allemand par ses conceptions comme par ses qualités techniques, l'art anglais nous fait connaître une société moins troublée. L'Angleterre peut avoir à traverser des crises dangereuses ; mais la race anglo-saxonne semble avoir trouvé dans l'exercice de ses vertus pratiques sa solution propre du problème de la vie. Tout au contraire, dans l'art comme dans la littérature de l'Allemagne, nous sentons l'angoisse d'un peuple qui n'a pu ni réaliser son idéal trop élevé, ni s'en affranchir tout à fait. Et nous devons alors nous poser cette question. Cet idéal, le bien-être sans cesse accru, le souci des intérêts quotidiens, l'influence de l'Angleterre et de l'Amérique, suffiront-ils à le faire oublier? Alors l'Allemagne ne serait plus l'Allemagne ; elle aurait abjuré son génie propre pour obéir au génie des Anglo-Saxons. Si le progrès matériel se montre impuissant à calmer les révoltes des penseurs et des mystiques, l'Allemagne doit redouter des révolutions, dont nul ne saurait prévoir les conséquences. Mais peut-être les Allemands réussiront-ils à concilier leurs rêves d'autrefois avec leurs besoins d'aujourd'hui, leur génie national avec les exigences de la civilisation moderne. Dans ce cas, la conception utilitaire des Anglo-Saxons ne serait pas, comme le pensent tant d'économistes, la seule qui puisse s'accorder avec le progrès matériel et le développement de la démocratie.

L'Europe ensuite. Que n'a-t-on écrit déjà sur l'Europe du vingtième siècle? Mais les seules prévisions que nous devions faire sont celles qui nous apparaissent comme les conclusions nécessaires de l'évolution du dix-neuvième siècle. Or, que nous apprend cette évolution? d'abord que l'esprit de l'homme se fait de plus en plus réaliste, ensuite, qu'après avoir cherché dans l'analyse les éléments de sciences nouvelles et d'un art nouveau, il tente aujourd'hui la synthèse des éléments ainsi découverts. Ce qui est vrai de la science et de l'art l'est aussi de la société. Le dix-neuvième siècle a voulu tout analyser : dans l'État et dans la famille, il a tenté les expériences les plus diverses. Le vingtième siècle cherchera une synthèse sociale. Y réussira-t-il? partiellement sans doute. Dans cent ans, il se pourrait que la société semblât plus stable qu'aujourd'hui. Ainsi, sous les Antonins, l'Empire était mieux organisé qu'à la fin de la République; ainsi l'esprit dogmatique et traditionnel du dix-septième siècle a succédé à l'anarchie du seizième, que le dix-neuvième siècle a rappelé.

Des guerres, des révolutions sembleront peut-être déjouer ces prévisions. Mais, pour graves que soient des événements, ils n'empêchent pas l'évolution lente et logique d'une civilisation. Après 1850, tous les gouvernements combattirent les idées libérales, mais, en rétablissant l'ordre, en développant la richesse, ils ont créé la société démocratique d'aujourd'hui. De même après 1870, toutes les nations du Continent ont adopté le service militaire obligatoire. Mais le service militaire c'est le paysan pris à la charrue, forcé d'apprendre à lire et à écrire, de vivre de la vie des villes ; la réforme démocratique de la société, commencée par les gouvernements autoritaires de 1850, le service militaire l'achève aujourd'hui. De même le vingtième siècle pourra connaître des guerres et des révolutions : elles n'empêcheront pas la société nouvelle de se constituer d'après les principes que le siècle a pressentis sans pouvoir les formuler (1).

(1) Souvent l'on a prétendu que l'art du dix-neuvième siècle n'avait pas de style propre. Pour les uns, la cause en serait au manque d'originalité des artistes modernes : habiles dans l'imitation, ils ne sauraient pas inventer. Pour les autres, c'est le développement de l'individualisme qu'il faudrait accuser; chacun travaillerait de son côté, ses efforts seraient vains parce que nul ne les seconderait, et dans l'ensemble la production artistique présenterait l'image de l'impuissance et du chaos.

Avant de répondre à cette accusation, il faut résoudre deux questions préliminaires.

D'abord l'on s'efforce aujourd'hui de créer un style et l'on se plaint qu'on n'y réussisse pas. Mais pas plus en art qu'en littérature l'on ne saurait créer un style. Il a fallu l'œuvre des siècles pour produire le drame anglais comme la langue de Shakespeare, et la tragédie française comme la langue du siècle de Louis XIV. Aucun artiste n'a inventé le style de la Renaissance, le Baroque ou le Rocaille : le temps seul l'a pu et les efforts de plusieurs générations.

Le second point est celui-ci. Toute époque a son style. Mais de notre style nous ne pouvons être pleinement conscients, comme jamais nous ne le sommes de nos qualités et de nos défauts. Dans un drame il est facile de donner du relief à un personnage épisodique, difficile de présenter clairement les traits du personnage principal. De même, habiles à distinguer les caractères propres d'une époque reculée, nous ne saurions le faire pour la nôtre.

Nous avons donc un style, mais serait-il moins original et moins fort que ceux des siècles précédents? Je répondrai d'abord à l'objection tirée de l'individualisme. Tout style suppose, dit-on, la communauté des idées et des sentiments; et les hommes d'aujourd'hui n'ont aucune idée, aucun sentiment en commun. L'objection a sa valeur. Il est certain que, plus l'humanité s'est développée et plus les styles se sont faits complexes, de l'égyptien au grec, du grec au romain, du romain au roman et au gothique, puis à la Renaissance, dont tous les styles modernes ne sont que des développements. Mais, il ne faut rien exagérer. L'individualisme a existé à toutes les époques et tous les hommes d'aujourd'hui ont des idées communes, ne seraient-ce que certaines idées morales. D'ailleurs, ce qui marque une génération, ce ne sont point les idées, c'est une manière particulière de comprendre la vie, qui est le résultat du caractère. Ainsi, monarchique ou républicaine, religieuse ou antireligieuse, la génération de 1860 a eu dans toute l'Europe des tendances libérales, qui étaient à la fois un héritage de 1848 et une protestation contre les gouvernements d'alors. La carrière du prince de Bismarck jointe au développement du darwinisme a eu au contraire pour résultat de faire admirer la théorie de la force, émise par Taine et par Nietzsche, et cette théorie a influé sur toute une génération. Bien que les caractères de la nouvelle génération ne soient pas encore bien marqués, l'on peut y reconnaître, avec le sens pratique et l'énergie, le désir de l'ordre et de la paix. Ainsi, malgré l'individualisme, chaque génération a son caractère propre, même aujourd'hui.

Voici maintenant la seconde objection. Nous imitons, dit-on. Sans doute, mais le dix-huitième siècle n'a-t-il pas imité? Son costume, d'abord, son mobilier, qui sont, fors les détails, ceux-mêmes du dix-septième siècle. Et cependant sa petite perruque poudrée remplaçant la grande perruque, ses vêtements de couleurs tendres, ses rubans, ses dentelles ne nous disent-ils pas tout l'esprit du siècle, comme, pour comprendre la transformation des mœurs et du caractère, il suffit de comparer au pied lourd d'un meuble Louis XIV le pied fin, élégant et tordu d'un meuble Louis XV ? Dans l'architecture, le dix-huitième siècle a copié tous les styles : le Louis XIV, le Baroque, la manière du Palladio, le Romain, le Grec; et cependant qui hésiterait sur l'époque des palais de Gabriel, sur celle du Panthéon, de Sans-Souci ou de Buckingham Palace?

Il en est de même pour le dernier siècle. Déjà nous parlons à bon droit d'un style Restauration, d'un style Louis-Philippe; et l'art du Second Empire nous apparaît comme distinct de l'art d'aujourd'hui. Ce qui est vrai de chacune de ces périodes doit l'être assurément du siècle tout entier. Depuis Rousseau et Gœthe jusqu'à MM. Anatole France, Swinburne, Ibsen et Gerhart Hauptmann, la littérature de ces cent cinquante dernières années nous apparaît comme marquée de caractères distinctifs. Il en est de même pour la musique, qui de Händel et de Gluck jusqu'à Wagner s'est transformée si bien que l'ancienne musique ne saurait plus intéresser la foule. Le costume du dix-neuvième siècle peut sembler laid, moins laid pourtant que celui du temps de Henri III ou du temps de Louis XIV ; ce costume est sans nul doute original. L'architecture et le mobilier du dix-neuvième siècle ont aussi leur cachet que nous ne pouvons encore préciser. C'est inconsciemment que le dix-neuvième siècle s'est formé son style; les monuments où il a prétendu imiter ne l'affirment pas moins que ceux où il a prétendu être original. Mais déjà nous pouvons marquer quelques-uns des caractères de ce style. Du dix-huitième siècle, transformé par Rousseau, le dix-neuvième siècle avait hérité la simplicité classique et depuis quelques années un effort vers la simplicité se marque dans le mobilier comme aussi dans l'architecture. Tout au contraire, gothique, Renaissance, baroque ou rocaille, l'architecture et le mobilier du milieu de ce siècle ont été lourdement chargés. Que l'on compare un salon d'il y a quarante ans ou même vingt ans à un salon blanc d'aujourd'hui, l'architecture et la décoration des anciens magasins du Bon Marché à celles des magasins ouverts à la fin de 1899 ! Mais, malgré leur simplicité relative, le style de l'Empire comme le style actuel sont encore des styles lourds. Le style du dix-neuvième siècle aura donc pour premier signe la lourdeur, l'abus de la richesse.

L'on pourrait en trouver d'autres : la nervosité par exemple et la sensualité. L'un et l'autre caractères sont marqués d'une manière décisive dans l'Opéra de Garnier, et plus encore dans sa façade de Monte-Carlo. Mais que l'on compare l'Opéra de Vienne à celui de Berlin, la façade de la Hofburg sur la place Saint-Étienne à la Cour Intérieure. Même le Parlement de Londres, exagéré encore à Buda-Pest, et les Law-Courts donnent l'impression du nerveux, de l'incertain, si on les compare par exemple au Palais du Congrès à Washington. Et je citerai encore le monument de Victor-Emmanuel à Rome, celui de l'Empereur Guillaume Ier à Berlin, celui de Gambetta au Carrousel.

Avec ces caractères, l'on en pourrait signaler un autre, qui distingue toutes les œuvres du dix-neuvième siècle de celles du dix-huitième, mais qui se marquera bien plus au vingtième siècle : celui de l'appropriation. Tous les monuments du dix-huitième ont le cachet de l'inutilité; de plus en plus au contraire les monuments du dernier siècle ont pris un caractère utile et par suite les masses sont de mieux en mieux distribuées. C'est par là que triomphe l'architecture de la fin du dix-neuvième siècle.

Par contre, la carcasse de tous les bâtiments étant en fer, la décoration est de moins en moins logique et toutes les lois de l'équilibre sont oubliées. Comme l'architecture en fer, de quelque manière qu'on la pratique, finira par produire un art nouveau, les façades illogiques, exagérant la lourdeur du style, seront l'un des caractères de l'architecture du dix-neuvième siècle.

FIN

APPENDICE

I. — Je donnerai ici des indications sommaires sur quelques artistes, dont je n'ai pu parler dans ce volume :

Andersen-Lundby, paysagiste danois vivant à Munich.
Becker (Jacob), 1810-72, peintre de genre à Dusseldorf.
Canal (Gilbert von), 1849, paysagiste de Munich.
Dahl (Christian), 1788-1857, paysagiste norvégien à Dresde.
Dietz (Feodor), 1813-70, peintre d'histoire et de batailles, à Carlsruhe.
Fehr, 1862, le peintre des coulisses et du corps de ballet, à Munich.
Füssli (J.-H), 1742-1825, peintre romantique né à Zurich, mort à Londres.
Gurlitt (Louis), 1812-97, paysagiste.
Hermann (Curt), 1854, peintre de portraits.
Jäger (Gustav), 1808-71, peintre d'histoire, surtout connu comme illustrateur.
Jordan (Rudolf), 1810-87), peintre de genre à Dusseldorf.
Kollwitz (Mlle Käthe) a donné une belle illustration des *Tisserands* exposée à Dresde en 1898.
Lepsius (Reinhold), 1857, peintre de portraits à Berlin.
Lotz (Karl), 1833, le maître le plus connu de la peinture monumentale en Hongrie.
Lugo (Émile), 1840. Principales œuvres : La légende d'Orphée pour la décoration d'une salle de concert. Ton majeur : *Orphée charmant les bêtes sauvages*. Ton mineur : *Orphée aux enfers*.
Neuhaus (Fritz), histoire et genre historique.
Petersen (Walter), 1862, peintre de portraits à Dusseldorf.
Propheter (Otto), un bon peintre de portraits.
Runge, 1777-1810, mort à Hambourg, précurseur de l'école naturaliste.
Speyer, peintre de la jeune école impressionniste de Munich.
Starke et Thielmann, de bons peintres de paysans.

II. Résumé de l'histoire des principales écoles.

DUSSELDORF

Les directeurs les plus connus de l'Académie sont : Cornelius, 1820; Schadow, 1826; Bendemann, 1858-67; Müller, 1883 † 1893; Janssen, 1895. — Peintres religieux. Avant 1880 : Schadow, Bendemann, Ittenbach, Deger, les Müller; depuis 1880 : M. de Gebhardt et ses élèves. — Peintres d'histoire :

Bendemann, Lessing, Rethel, Baur, Wislicenus, Gehrts; MM. Janssen et Kampf. — Peintres militaires : Bleibtreu, Camphausen, Sell; MM. Rocholl et Ungewitter. — Peintres du genre sentimental : depuis Schadow et Sohn jusqu'à Carl Hoff; du genre humoristique : Schrödter, Hasenclever; du genre paysan : Vautier, M. Knaus. — Paysagistes. Première période : Schirmer et Lessing. Seconde période : Kalckreuth, Gude, MM. Achenbach. Troisième période : MM. Oeder, Jernberg, Eugène Kampf, etc.

MUNICH

Principaux directeurs de l'Académie : Cornelius, 1825; Kaulbach, 1847; Piloty, 1874; M. F. A. de Kaulbach, 1886-88; M. de Löfftz, 1893-1900. — Peintres de l'école nazaréenne : Cornelius, Hess, Schraudolph. — Peintres d'histoire : Schnorr, Kaulbach, Foltz. — Coloristes : Piloty, Hermann et F. A. de Kaulbach, Makart, Ernst Zimmermann, Carl Marr, etc. — Peintres de genre : Spitzweg, Diez, Defregger, Claus Meyer, Grützner, Brandt, etc. — Portraitistes : MM. de Lenbach et de Keller. — Paysagistes : Rottmann, Schleich, Lier, Dill, Wenglein... — Parmi les peintres naturalistes, les plus célèbres sont MM. Leibl et de Uhde; les plus connus des peintres impressionnistes sont MM. Stuck, Herterich, Slevogt, Corinth, Exter, etc.

BERLIN

Peinture d'histoire imitée de Gros : Karl Begas, Wach. — Peintres formés à Paris entre 1850 et 1870 : Henneberg, Spangenberg, Gustave Richter, M. Carl Becker, M. de Werner. — École naturaliste : MM. de Menzel, Liebermann, Skarbina, Dettmann, Vogel, Hermann, Koner, etc.

VIENNE

École nazaréenne : Führich et Kupelwieser. — Genre : Schwind, Waldmüller et Danhauser. — Histoire : Rahl et Ch. de Blaas. — Coloristes : Makart, Feuerbach, Munkaczy, Hynais, Schram.

DRESDE

Paysage romantique : Friedrich, Richter. — Histoire : Bendemann, M. Hofmann, Hübner et M. Prell. – Portrait : M. Pohle. — Naturalisme : MM. Kuehl et Bantzer. — Symbolisme : M. Klinger (Leipzig).

CARLSRUHE

Paysagistes. — Paysage idéal : Schirmer, Lessing. — Paysage moderne : Baisch, M. Schönleber, M. Poetzelberger. — Peinture de paysans : Comte Léopold de Kalckreuth. — Coloriste : M. F. de Keller.

BIBLIOGRAPHIE

Parmi les publications originales, je rappellerai seulement :

M. Klinger : *Paraphrase über den Fund eines Handschuhes. — Eva und die Zukunft. — Amor und Psyche. — Intermezzi. — Ein Leben. — Rettung ovidischer Opfer. — Brahms-Phantasie. — Vom Tode*, etc.

M. Thoma (Hans), *Schwarzkunstblätter*. (Breitkopf u. Härtel).

M. Steinhausen : *L'écolier errant* de Brentano.

M. Greiner : *La Femme.*

Worpsweder : Deux albums d'eaux fortes, 1895 et 1898.

M. Vogeler : *Die Versunkene Glocke.*

HISTOIRES GÉNÉRALES

Muther : *Geschichte der Malerei im XIX^ten Jahrhundert* (3 volumes 700 gravures), trad. en anglais.

Cornelius Gurlitt : *Die deutsche Kunst des XIX^ten Jahrhunderts* (Berlin-Bondi. 1899).

Geschichte der deutschen Kunst (éditeur Grote, à Berlin), IIIe volume.

Dr. H. Janitschek : *Geschichte der deutschen Malerei.*

Dohme : *Kunst und Künstler der ersten Hälfte des neunzehnten Jahrhunderts* (Leipzig-Seelmann).

ÉDITIONS DE LUXE

Arnold Böcklin (trois volumes avec héliogravures). *Union photographique* à Munich (cet ouvrage ne contient pas de texte, mais il donne la liste chronologique des œuvres de Böcklin).

A. von Keller. Bruckmann, 20 photogravures, sans texte.

Max Klinger. Texte de Franz Hermann Meissner. Franz Hanfstängl avec héliogravures (1897).

Kaulbach (F. A. von). Héliogravures. Bruckmann.

Lenbach (Portraits de Franz v.) 40 portraits en photogravure. Bruckmann.

A. Menzel. — Texte de Max Jordan avec héliogravures. Bruckmann.

Franz Stuck. Héliogravures. Dr Albert, Munich.

Goethe-Gallerie (Kaulbach). Bruckmann.

Schiller-Gallerie, (Kaulbach, etc.). Bruckmann.

Das neunzehnte Jahrhundert in Bildnissen. Karl Werckmeister. — Société photographique à Berlin (1898), trois volumes parus.

Knachfuss : *Liebhaber Ausgaben — Künstler Monographien* avec illustrations (Velhagen et Klasing, Bielefeld et Leipzig).

Chodowiecki, L. Kaemmerer. — Defregger, A. Rosenberg. — Gebhardt, A. Rosenberg. — Klinger, M. Schmid. — Knaus, Ludwig Pietsch. — Lenbach, Adolf Rosenberg. — Menzel, Knackfuss. — Munkacsy, Walter Ilges, — Rethel, Max Schmid. — Richter Paul Mohn. — Schinkel, Hermann Ziller. — Schwind, Friedrich Haack. — Stuck O. J. Bierbaum. — Vautier, A. Rosenberg. — Werner, Adolf Rosenberg.

F. H. Meissner (Schuster et Loeffler-Berlin) : *Das Künstlerbuch.* Ont paru : Böcklin, Klinger, Stuck, Hans Thoma.

PÉRIODIQUES

Pan, (Fontane et Cᵒ, à Berlin). Tous les trimestres.

Deutsche Kunst und Dekoration. — *Fliegende Blätter.* — Munich.

Jugend (Hertel-Munich).

Die Kunst für alle (Union photographique). — *Dekorative Kunst* (Bruckmann).

Die moderne Kunst in Meisterholzschnitten (R. Bong Berlin). *Die Meister der Holzchneide Kunst* (Weber-Leipzig) : publications spéciales : Böcklin, Schneider (Sascha). Les *Worpsweder.*

La bibliographie que donne M. Muther à la fin de chacun des volumes de son bel ouvrage est à peu près complète jusqu'en 1895.

J'y signalerai seulement les noms suivants :

En allemand :

Toute l'œuvre de M. Hermann Helferich et de M. Cornelius Gurlitt. Particulièrement :

M. Helferich. Max Liebermann (*Kunst f. Alle,* 1887). — Baron Gleichen-Russwurm u. Böcklin (*Nation* 1889).

Cornelius Gurlitt : Böcklin (*Kunst f. Alle,* 1864). — Hans Thoma (*Kunst unserer Zeit,* 1890).

Conrad Fiedler : Hans von Marées (1889).
Otto Brahm : Karl Stauffer-Bern (1892).

En français :

Liebermann. — Paul Leroi. Silhouettes d'artistes contemporains. (*L'Art*, 1883.)

Munkacsy. — Guil. Guizot : Munkacsy et Paul Baudry (*Gazette des Beaux-Arts*, juin 1882.) (Il est inutile d'ailleurs de rappeler tous les articles publiés sur Munkacsy.)

Uhde. — Paul Leroi (*L'Art*, 1882). — André Michel (*Gazette des Beaux-Arts*, 1885). — J. Lafenestre (*Revue des Deux Mondes*, 1887). — C. Huysmans (*Revue contemporaine*, 1887). — Jules Lemaître (*Journal des Débats*, 1887). — R. de la Sizeranne (*La Grande Revue*).

LISTE ALPHABÉTIQUE

DES PEINTRES LES PLUS CONNUS DE L'ÉCOLE ALLEMANDE

AU XVIIIe ET AU XIXe SIÈCLE

Les noms précédés d'un astérisque sont ceux des peintres dont une œuvre est reproduite dans l'ouvrage.
La première page indiquée est celle où se trouve la biographie de l'artiste.

TABLE DES GRAVURES

Les astérisques indiquent les peintres vivants.

INTRODUCTION. — LE XVIIIe SIÈCLE

L'ÉCOLE IDÉALISTE

L'ÉCOLE HISTORIQUE

LES COLORISTES

LES NOUVELLES ÉCOLES

TABLE DES MATIÈRES

PREMIÈRE PARTIE. — LES ANCIENNES ÉCOLES

DEUXIÈME PARTIE. — LES NOUVELLES ÉCOLES

PARIS. TYPOGRAPHIE PLON-NOURRIT ET Cie, 8, RUE GARANCIÈRE. — 862.

PARIS

TYPOGRAPHIE PLON-NOURRIT ET Cie

8, RUE GARANCIÈRE

www.ingramcontent.com/pod-product-compliance
Lightning Source LLC
LaVergne TN
LVHW010516100826
845148LV00001B/16

* 9 7 8 2 0 1 2 7 2 4 3 3 4 *